Bases de Datos

Antonio Ahijado Sánchez

Bases de Datos

Primera edición, 2022
Segunda edición, 2025

Gran Via de les Corts Catalanes 594, 08007 Barcelona
Contacto: info@marcombo.com

Diseño de la cubierta: cuantofalta.es
Maquetación: D. Márquez
Corrección: Nuria Barroso
Directora de producción: M.ª Rosa Castillo

ISBN: 978-84-267-3781-6
D.L.: B 14064-2025

Impreso en Servicepoint

Printed in Spain

Libro ecológico
Impreso con papel procedente de bosques gestionados
de manera eficiente, libre de cloro.

Presentación

Tras muchos años de docencia impartiendo materias relacionadas con las bases de datos, tanto en formación profesional como en la universidad, he observado que existen pocos manuales enfocados a la práctica. Con esta obra pretendo que el estudiante sea capaz de trabajar de forma autónoma con una base de datos relacional, concretamente Oracle.

Los capítulos constan de un breve enfoque teórico y una gran colección de ejemplos y ejercicios resueltos y un gran número de ejercicios propuestos. Hay que destacar que existe un tema inicial en el que se explica cómo hay que instalar el software necesario para la realización de la parte práctica.

Este manual está orientado a estudiantes universitarios, pero, sobre todo, a estudiantes de los ciclos formativos de grado superior de la familia profesional de informática y comunicaciones, concretamente:

- Desarrollo de Aplicaciones Multiplataforma (DAM) y Desarrollo de Aplicaciones Web (DAW) para el módulo "Bases de Datos".
- Administración de Sistemas Informáticos en Red (ASIR) para el módulo "Gestión de Bases de Datos".

El contenido del libro está estructurado en dieciocho capítulos y uno introductorio, agrupados en seis bloques tal y como se muestra en el índice y se ajusta a los contenidos marcados por los estamentos educativos.

Como se dijo anteriormente, se intenta cubrir los módulos de bases de datos de todos los ciclos de grado superior, pero teniendo en cuenta las siguientes consideraciones:

- Para el módulo "Bases de Datos" de los ciclos formativos DAM y DAW se impartirán todos los temas menos el dieciocho.
- Para el módulo "Gestión de Bases de Datos" del ASIR se impartirán todos los temas menos el dieciséis y diecisiete.

Este manual tiene una guía didáctica en la que se incluyen las guías metodológicas de cómo impartir el módulo y la solución de todas las prácticas.

Para acceder a los ejemplos, gráficos y código informático que acompañan al libro, entre en www.marcombo.info con el siguiente código

Código: **MARCOMBO18**

Índice

Bloque 1

Introducción a las bases de datos

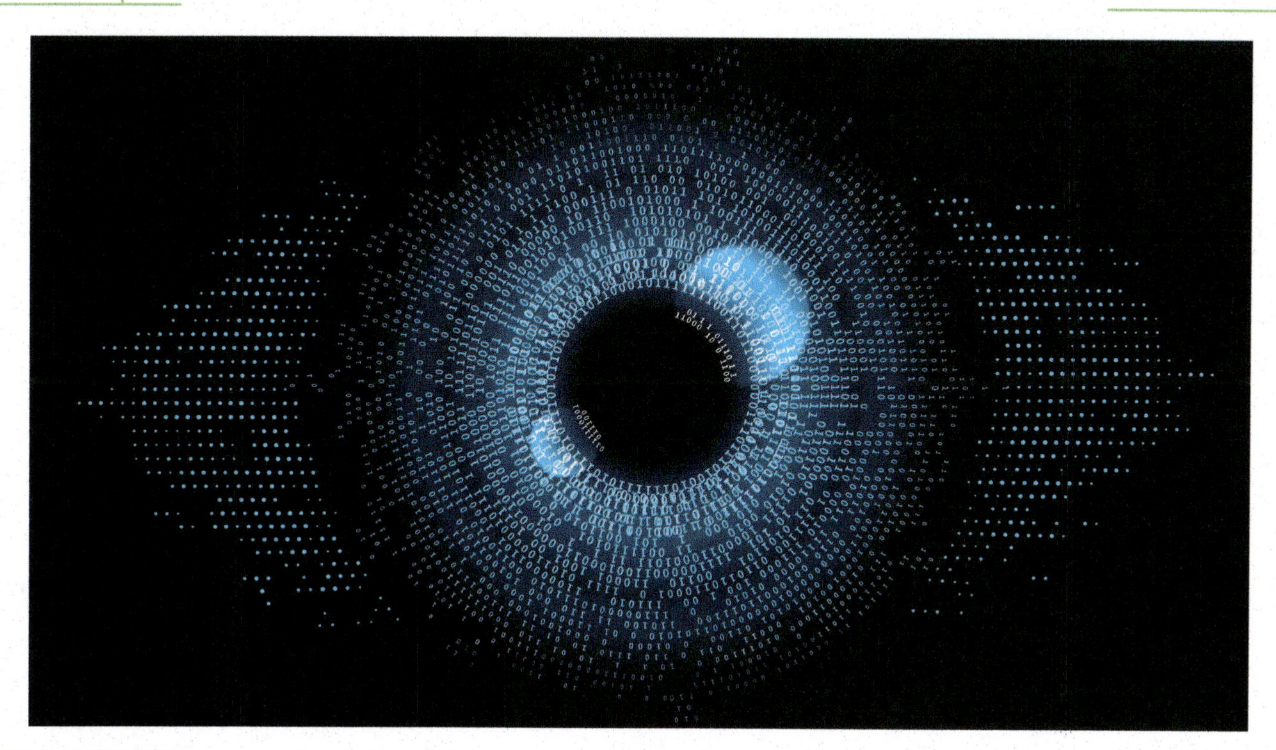

U 0

Tareas previas

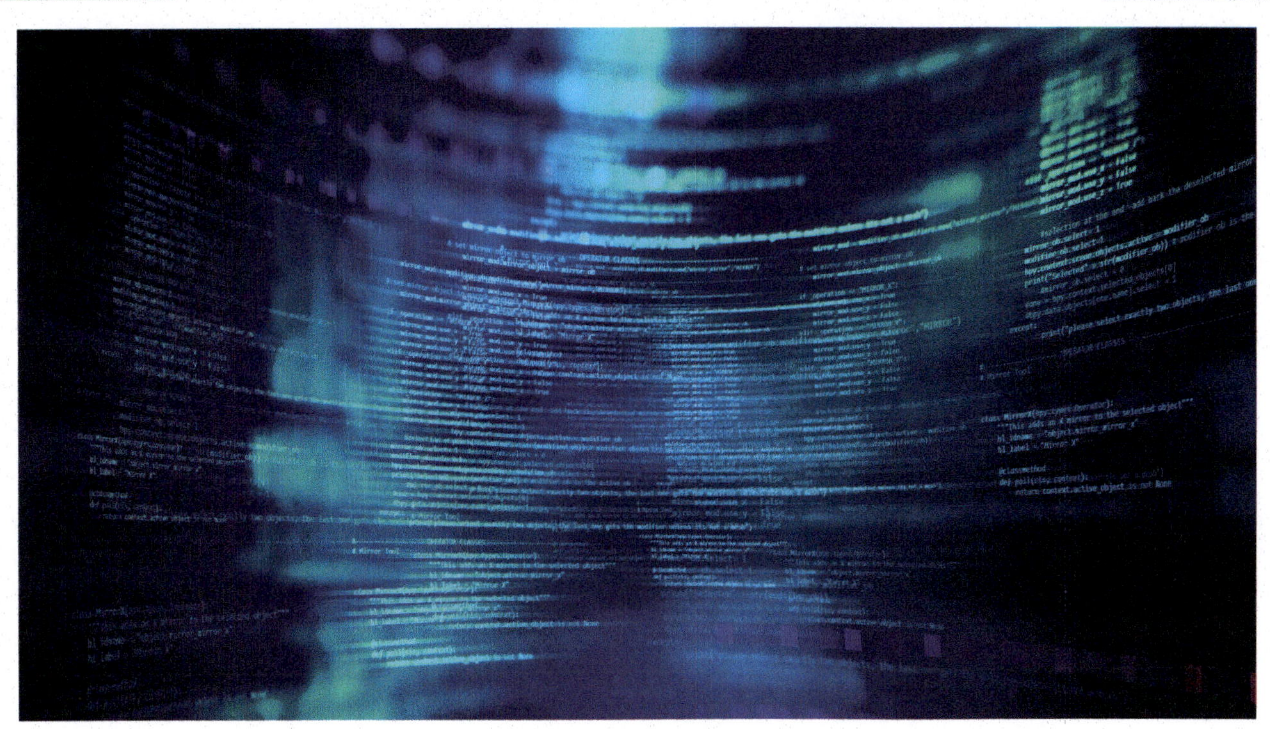

En esta unidad vas a estudiar:

- Introducción
- Instalación de Oracle Database 21^C Express Edition
- Instalación de Oracle SQL Developer 21
- Instalación de Data Modeler 21.4

Con su estudio, vas a ser capaz de:

- Instalar una base de datos, crear usuarios y esquemas.
- Instalar diferentes herramientas de desarrollo.

0.1 Introducción

Este capítulo tiene como objetivo crear una base de datos, implementar un sistema gestor Oracle Database 21ᶜ Express Edition e instalar las herramientas de desarrollo necesarias como son Oracle SQL Developer 21 y Data Modeler 21.4, para poder realizar todos los ejemplos y ejercicios de los temas posteriores.

0.2 Instalación de Oracle Database 21ᶜ Express Edition

GLOSARIO

Oracle Database 21ᶜ Express Edition: motor de base de datos que potencia todos los servicios de la misma, con gran poder de ejecución, rendimiento y disponibilidad.

Oracle Database 21ᶜ Express Edition es una edición gratuita de Oracle con gran poder de ejecución, rendimiento y disponibilidad. Está basada en Oracle Database Enterprise Edition (EE) y posee muchas de sus características, por tanto, es compatible con esta, permitiendo fácilmente la migración de una a otra. Puede ejecutarse en Windows y Linux.

Una de las ventajas de esta base de datos es su rendimiento, disponibilidad y seguridad.

Para instalar Oracle Database 21ᶜ Express Edition, se accede a la página oficial de Oracle; tras registrarse el usuario, se descarga para el sistema operativo que se desee. El enlace de descarga es: https://www.oracle.com/es/database/technologies/xe-downloads.html. El proceso de instalación es:

Imagen 0.1 Inicio de la instalación.

Imagen 0.2 Aceptación de la licencia.

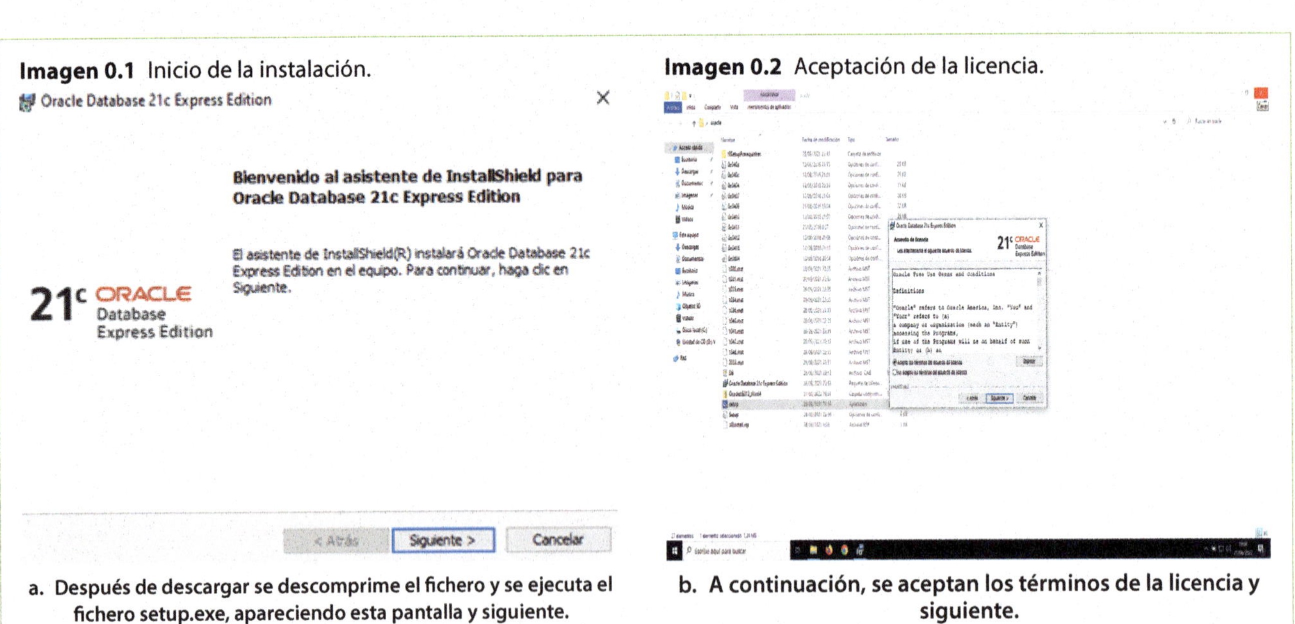

a. Después de descargar se descomprime el fichero y se ejecuta el fichero setup.exe, apareciendo esta pantalla y siguiente.

b. A continuación, se aceptan los términos de la licencia y siguiente.

Imagen 0.3 Carpeta de la instalación.

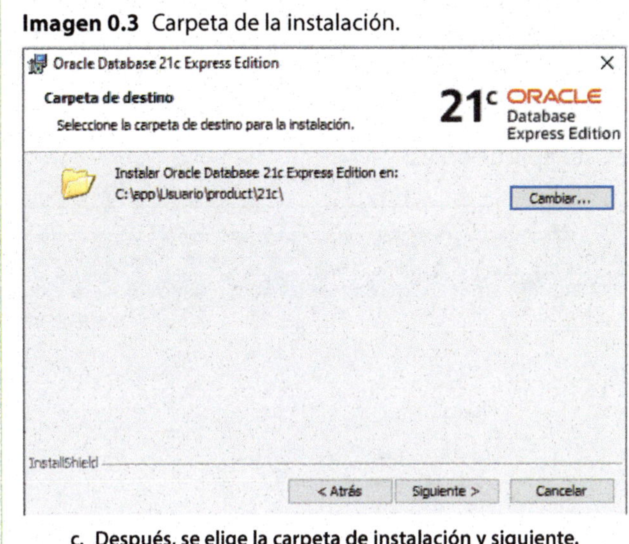

c. Después, se elige la carpeta de instalación y siguiente.

Imagen 0.4 Contraseña de SYSTEM.

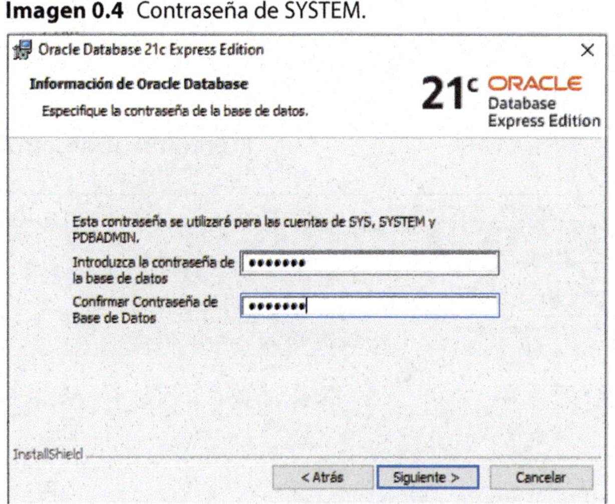

d. Luego, se crea una contraseña para el usuario SYS, SYSTEM, PDBADMIN, conviene recordar la misma y siguiente.

Imagen 0.5 Destino de la instalación.

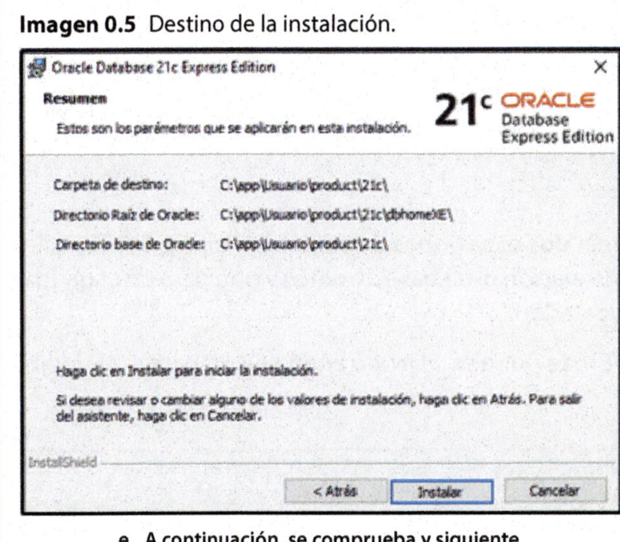

e. A continuación, se comprueba y siguiente.

Imagen 0.6 Proceso de la instalación.

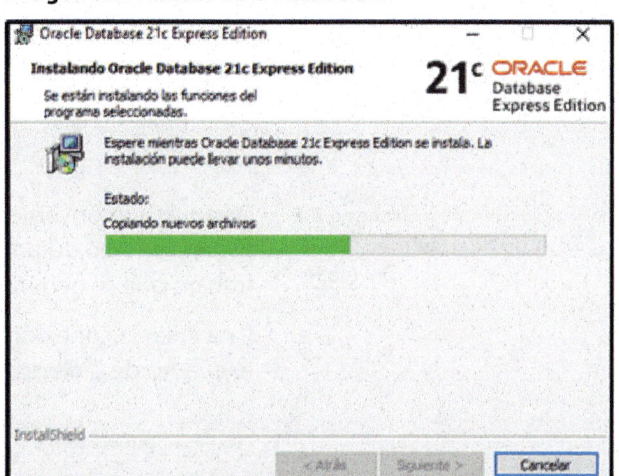

f. Por último, se deja terminar el proceso, tardando varios minutos y finalizar.

Para comprobar que el funcionamiento es correcto, vamos a inicio / Oracle – OraDB21Home1 / SQL Plus; se entra con el usuario (SYSTEM) y contraseña (manager) y tras conectarnos escribimos una orden SQL, por ejemplo: `SELECT * FROM CAT;` y se observa que el resultado ha sido satisfactorio.

0.3 Instalación de Oracle SQL Developer 21

Oracle SQL Developer 21 es una interfaz gráfica de usuario gratuita que permite a los usuarios, programadores y administradores de la base de datos realizar tareas de manera más rápida y amena. Es una herramienta de productividad cuyo objetivo es que el usuario que la utiliza pueda ahorrar tiempo y maximizar el rendimiento.

La dirección web de descarga es la que se muestra a continuación https://www.oracle.com/tools/downloads/sqldev-downloads.html y se elige aquella acorde con nuestro sistema operativo.

GLOSARIO

SQL Developer 21: interfaz gráfica y gratuita que permite a los usuarios trabajar con la base de datos Oracle a través de SQL.

Una vez descargada, se descomprime y se coloca la carpeta en la unidad de disco que se desee, siendo aconsejable hacerlo en C:. Esta aplicación es portable y no necesita ser instalada. Es conveniente crear un acceso directo del fichero sqldeveloper.exe, para tenerlo siempre a mano para arrancar la aplicación.

El entorno de desarrollo de esta aplicación es:

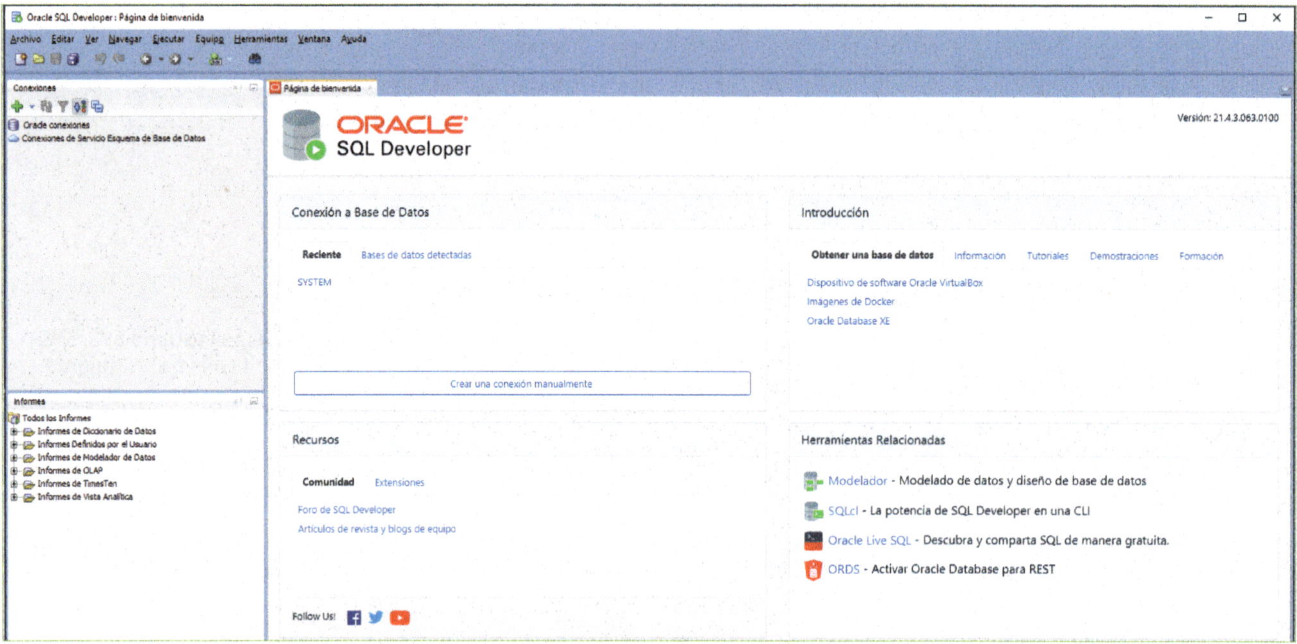

Imagen 0.7
Entorno de desarrollo de SQL Developer.

Después, es conveniente crear dos conexiones de usuario, una para SYSTEM cuyo usuario se creó durante la instalación de la base de datos y otra para un usuario de trabajo que se generará a posteriori.

Para crear la conexión SYSTEM se pulsa en el icono añadir (+) y aparece el siguiente cuadro de diálogo:

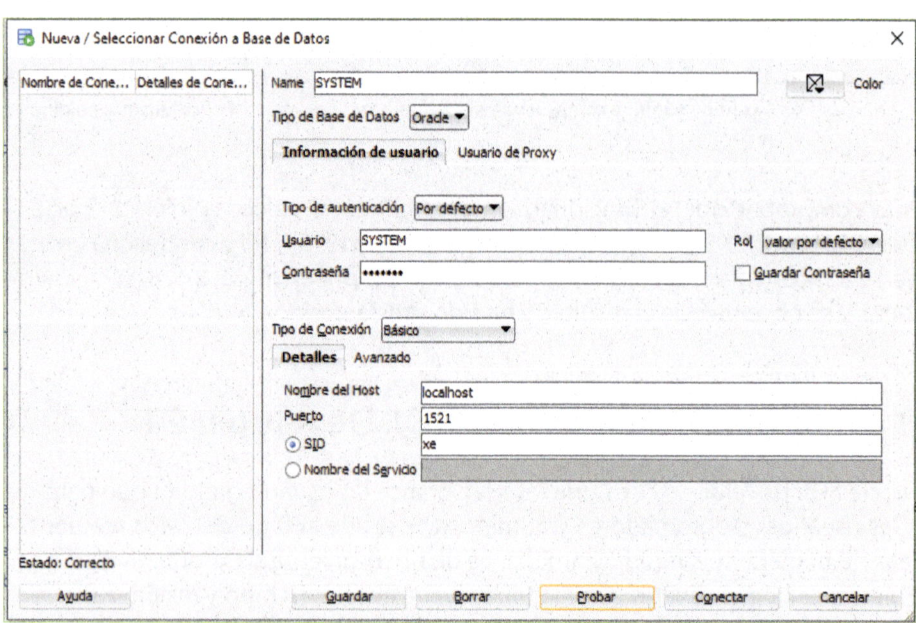

Imagen 0.8
Creación de la conexión del usuario SYSTEM.

El nombre de la conexión debe coincidir con el nombre del usuario, después se escribe el usuario y la contraseña (ambos son sensibles a mayúsculas y minúsculas). Se deja todo por defecto, se prueba y si es correcto conectamos y se escribe:

`ALTER SESSION SET "_ORACLE_SCRIPT"=TRUE;` y se ejecuta.

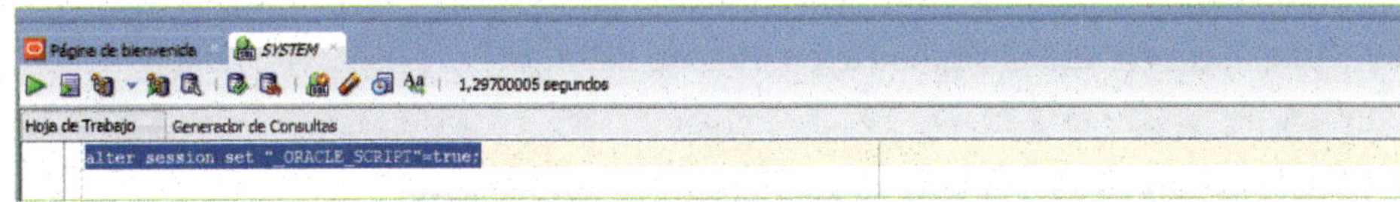

Imagen 0.9 Modificación de la sesión.

A continuación, se crea un usuario de trabajo para no interferir en SYSTEM.

Para ello se despliega la conexión SYSTEM, se va a otros usuarios y con el botón derecho del ratón se añade un nuevo usuario de nombre USUARIO y de contraseña usuario, y se elige el tablespace por defecto USER y el temporal TEMP, tal y como aparece en la imagen:

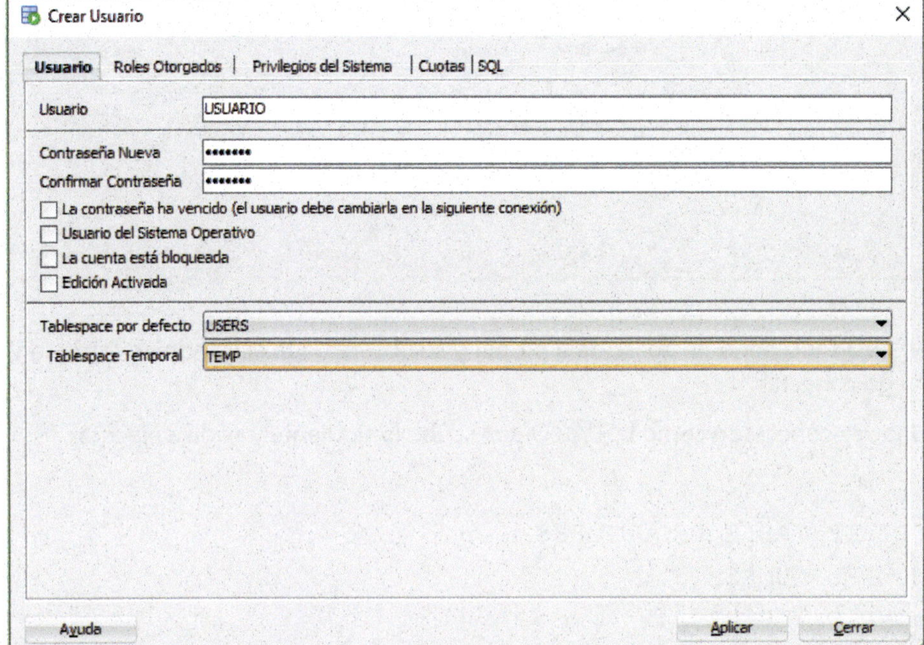

Imagen 0.10 Creación de usuario (I).

En la segunda pestaña marcamos los roles CONNECT, RESOURCE y DBA, y se aplican los cambios tal y como aparece en la siguiente figura:

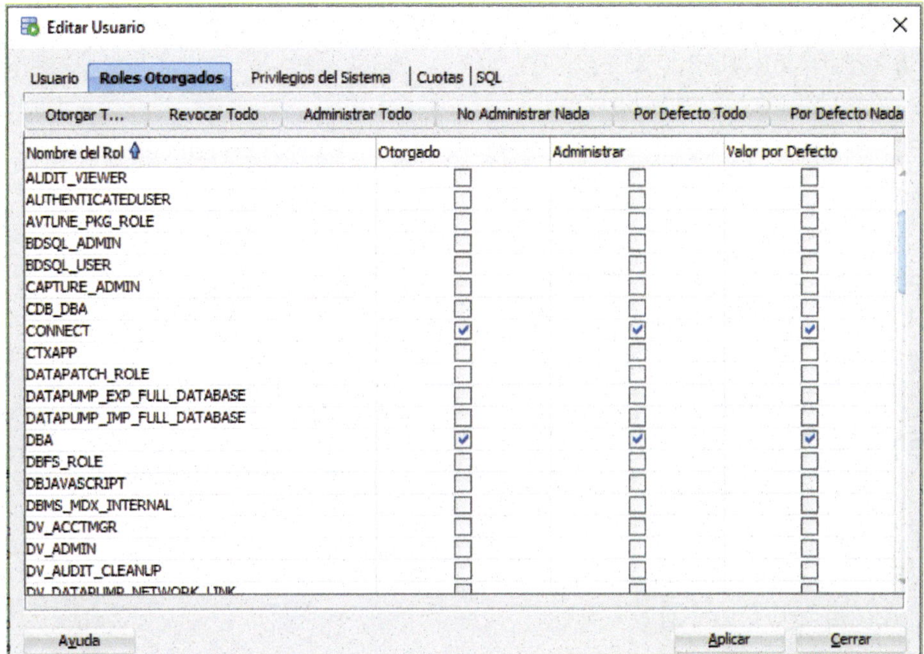

Imagen 0.11 Creación de usuario (II).

GLOSARIO

SYSTEM: usuario con capacidad de realizar tareas de administración en la base de datos.

Script: conjunto de órdenes almacenadas en un fichero de tipo SQL que realiza operaciones sobre la base de datos.

Tablespace: almacén lógico de ficheros de la base de datos.

Una vez creado el usuario, se crea la conexión de USUARIO, tal y como se hizo con SYSTEM, apareciendo el siguiente cuadro de diálogo:

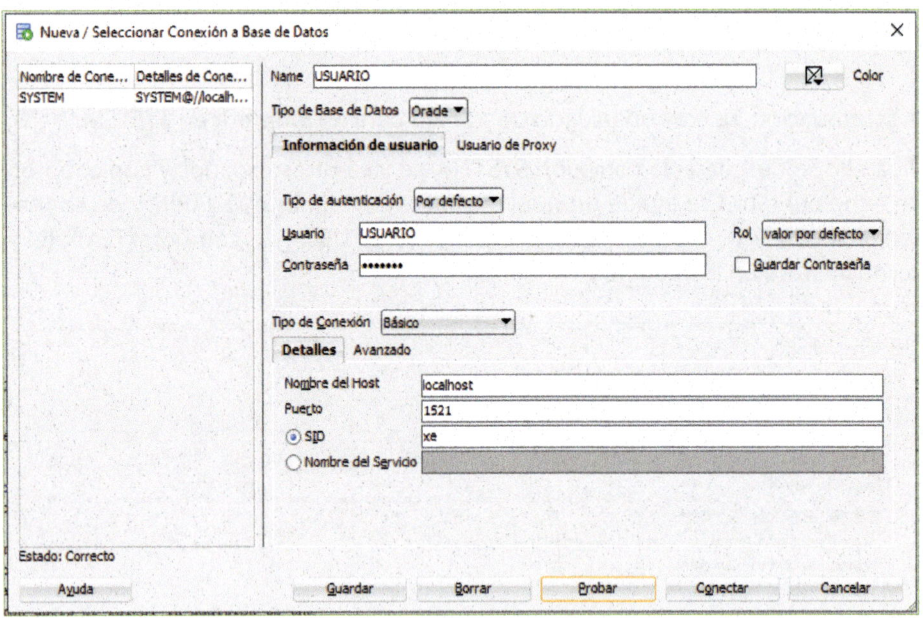

Imagen 0.12 Creación de la conexión USUARIO.

GLOSARIO

Privilegio: permisos que tienen los usuarios para realizar operaciones en la base de datos.

Rol: conjunto de privilegios.

Se deja todo por defecto, se da a probar y se observa que el estado es correcto y luego conectar.

Una vez conectado como USUARIO, se escribe lo siguiente y se da a ejecutar:

```
CREATE TABLE PROFESORES (
NUMPRO NUMBER(3),
NOMPRO VARCHAR2(25),
FNAPRO DATE,
JEFPRO NUMBER(3),
FINPRO DATE,
SALPRO NUMBER(7,2),
COMPRO NUMBER(7,2),
ESPPRO VARCHAR2(25),
PRIMARY KEY (NUMPRO),
FOREIGN KEY (JEFPRO)REFERENCES PROFESORES(NUMPRO)
);

CREATE TABLE CURSOS(
NUMCUR NUMBER(3),
TITCUR VARCHAR2(45),
PRECUR NUMBER(7,2),
EDICUR NUMBER(3),
HORCUR NUMBER(3),
FINCUR DATE,
FFICUR DATE,
CRECUR NUMBER(3),
NUMPRO NUMBER(3),
PRIMARY KEY (NUMCUR),
```

```
FOREIGN KEY (NUMPRO) REFERENCES PROFESORES(NUMPRO)
);

CREATE TABLE TIPOS_SALARIO(
TIPOSAL VARCHAR2(20),
INFERIOR NUMBER(4),
SUPERIOR NUMBER(4)
);

CREATE TABLE ALUMNOS(
NUMALU NUMBER(3),
NOMALU VARCHAR2(25),
DIRALU VARCHAR2(45),
CPOALU VARCHAR2 (5),
TELALU NUMBER(9),
EMAALU VARCHAR2(25),
PRIMARY KEY (NUMALU)
);

CREATE TABLE MATRICULADO(
NUMCUR NUMBER(3),
NUMALU NUMBER(3),
CALIFIC NUMBER(3,1),
PRIMARY KEY (NUMCUR, NUMALU),
FOREIGN KEY (NUMCUR) REFERENCES CURSOS (NUMCUR),
FOREIGN KEY (NUMALU) REFERENCES ALUMNOS(NUMALU)
);

INSERT INTO PROFESORES VALUES
(101, 'JUAN PÉREZ', '14/12/1990', NULL, '31/08/2015',
1950, NULL, 'WEB');
INSERT INTO PROFESORES VALUES
(102, 'ELENA ÁLVAREZ', '22/10/1993', 101,
'31/08/2018', 1450, 300, 'REDES');
INSERT INTO PROFESORES VALUES
(103, 'ALEJANDRO CASTILLO', '20/03/1989', 101,
'31/10/2015', 1950, 150, 'HARDWARE');
INSERT INTO PROFESORES VALUES
(105, 'MARTA SÁNCHEZ', '01/01/1990', 101,
'30/09/2016', 1700, NULL, 'WEB');
INSERT INTO PROFESORES VALUES
(106, 'PILAR GÓMEZ', '03/03/1992', 102, '30/11/2017',
1650, NULL, 'REDES');
INSERT INTO PROFESORES VALUES
(107, 'ISMAEL GARCÍA', '01/12/1992', 101,
'31/08/2016', 1700, NULL, 'SOFTWARE');
INSERT INTO PROFESORES VALUES
(104, 'MIGUEL ENCINAS', '14/02/1991', 107,
```

```
'28/02/2017', 1650, 300, 'SOFTWARE');
INSERT INTO PROFESORES VALUES
(108, 'EVA GALERA', '20/07/1991', 107, '30/04/2017',
1650, 150, 'SOFTWARE');
INSERT INTO PROFESORES VALUES
(109, 'RUFINO DELGADO', '14/07/1991', 105,
'31/08/2016', 1800, 150, 'WEB');
INSERT INTO PROFESORES VALUES
(110, 'ANTONIO DELGADO', '14/08/1991', 101,
'01/08/2018', 1500, NULL, 'WEB');
COMMIT;

INSERT INTO CURSOS VALUES
(201, 'INTRODUCCIÓN A XML', 600, 1, 30, '01/09/2017',
'01/09/2017', 3, 101);
INSERT INTO CURSOS VALUES
(202, 'PROGRAMACIÓN EN JAVA', 550, 1, 60,
'01/10/2017', '15/12/2017', 6, 104);
INSERT INTO CURSOS VALUES
(203, 'HTML 5 Y CSS', 400, 1, 40, '15/04/2019',
'30/06/2019', 4, 105);
INSERT INTO CURSOS VALUES
(204, 'PROCESADORES', 300, 1, 30, '01/05/2019',
'01/09/2019', 3, 103);
INSERT INTO CURSOS VALUES
(205, 'REDES LOCALES I', 425, 1, 40, '01/12/2019',
'28/02/2020', 4, 102);
INSERT INTO CURSOS VALUES
(206, 'PROGRAMACIÓN PYTHON', 550, 1, 40,
'15/01/2018', '28/02/1018', 4, 104);
INSERT INTO CURSOS VALUES
(207, 'PROGRAMACIÓN C#', 550, 2, 40, '01/03/2018',
'31/05/1018', 4, 104);
INSERT INTO CURSOS VALUES
(208, 'PROGRAMACIÓN RUBY', 550, 3, 40, /01/2019',
'01/04/2019', 4, 104);
INSERT INTO CURSOS VALUES
(209, 'REDES LOCALES II', 450, 2, 40, '01/03/2020',
'31/05/2020', 4, 102);
INSERT INTO CURSOS VALUES
(210, 'ANDROID', 600, 1, 40, '01/06/2020',
'31/08/2020', 4, 107);
INSERT INTO CURSOS VALUES
(211, 'SERVICIOS EN RED', 500, 3, 40, '01/06/2020',
'31/08/2020', 4, 102);
INSERT INTO CURSOS VALUES
(212, 'CONCEPTOS BÁSICOS RAL', 300, 1, 30,
'01/12/2020', '31/12/2021', 3, 106);
INSERT INTO CURSOS VALUES
```

```
(213, 'MONGO DB', 700, 1, 30, '01/09/2018',
'31/10/2018', 3, 108);
INSERT INTO CURSOS VALUES
(214, 'XBASE', 500, 2, 30, '01/11/2018',
'15/01/2019', 3, 108);
INSERT INTO CURSOS VALUES
(215, 'ÚLTIMAS TECNOLOGÍAS PB', 350, 1, 30,
'01/10/2018', '30/11/2018', 3, 103);
INSERT INTO CURSOS VALUES
(216, 'AJAX', 600, 1, 40, '15/12/2020', '28/02/2021',
4, 109);
INSERT INTO CURSOS VALUES
(217, 'WORDPRESS', 600,1, 30, '01/03/2021',
'30/04/2021', 3, 109);
INSERT INTO CURSOS VALUES
(218, 'JOOMLA', 600,1, 30, '01/04/2021',
'30/05/2021', 3, NULL);

COMMIT;
INSERT INTO ALUMNOS VALUES
(301, 'AARÓN CORREA', 'LAGUNA 25, MADRID', 28025,
620352322, 'A.CORREA@HOTMAIL.COM');
INSERT INTO ALUMNOS VALUES
(302, 'LUCAS BERNAL', 'ABASTOS 5, GETAFE', 28905,
620352203, 'L.BERNAL@HOTMAIL.COM');
INSERT INTO ALUMNOS VALUES
(303, 'RUBÉN DÍAZ', 'OROPESA 2, MADRID', 28025,
620352322, 'R.DIAZ@HOTMAIL.COM');
INSERT INTO ALUMNOS VALUES
(304, 'ROBERTO GIL', 'VALENCIA 5, PARLA', 28981,
620352322, 'R.GIL@HOTMAIL.COM');
INSERT INTO ALUMNOS VALUES
(305, 'ÁNGEL ALMANSA', 'ALEGRÍA 1, GETAFE', 28905,
622032322, 'A.ALMANSA@GMAIL.COM');
INSERT INTO ALUMNOS VALUES
(306, 'IVÁN GARCÍA', 'LUSITANA 6, MADRID', 28025,
620993222, 'I.GARCIA@HOTMAIL.COM');
INSERT INTO ALUMNOS VALUES
(307, 'MIGUEL SÁNCHEZ', 'SAL 7, LEGANÉS', 28914,
699352322, 'M.SANCHEZ@HOTMAIL.COM');
INSERT INTO ALUMNOS VALUES
(308, 'EMILIO ORTEGA', 'GORRIÓN 1, MADRID', 28025,
620993322, 'E.ORTEGA@GMAIL.COM');
INSERT INTO ALUMNOS VALUES
(309, 'MARIANO SIERRA', 'LEGANÉS 2, GETAFE', 28905,
620352993, 'M.SIERRA@GMAIL.COM');
INSERT INTO ALUMNOS VALUES
(310, 'EVARISTO SANZ', 'GETAFE 9, MADRID', 28025,
620352322, 'E.SANZ@HOTMAIL.COM');
```

```
INSERT INTO ALUMNOS VALUES
(311, 'DANIEL BLAYA', 'ISRAEL 8, GETAFE', 28905,
628882322, 'D.BLAYA@HOTMAIL.COM');
INSERT INTO ALUMNOS VALUES
(312, 'DAVID LÓPEZ', 'JAZMÍN 15, PINTO', 28320,
620389022, 'D.LOPEZ@HOTMAIL.COM');
INSERT INTO ALUMNOS VALUES
(313, 'ANDRÉS SIMA', 'SOL 63, GETAFE', 28905,
677752322, 'A.SIMA@HOTMAIL.COM');
INSERT INTO ALUMNOS VALUES
(314, 'FELIPE COSO', 'SATURNO 12, MADRID', 28025,
678752322, 'F.COSO@HOTMAIL.COM');
INSERT INTO ALUMNOS VALUES
(315, 'RUBÉN NARANJO', 'NEPTUNO 5, GETAFE', 28905,
620410322, 'R.NARANJO@GMAIL.COM');
INSERT INTO ALUMNOS VALUES
(316, 'LUIS DELGADO', 'REAL 45, LEGANÉS', 28914,
620000022, 'L.DELGADO@HOTMAIL.COM');
INSERT INTO ALUMNOS VALUES
(317, 'ANTONIO GIL', 'MAR 25, PARLA', 28981,
612152322, 'A.GIL@HOTMAIL.COM');
INSERT INTO ALUMNOS VALUES
(318, 'JESÚS ELEZ', 'RIOJA 6, MADRID', 28025,
620311322, 'J.ELEZ@HOTMAIL.COM');
INSERT INTO ALUMNOS VALUES
(319, 'JOSÉ RICO', 'ALICIA 4, LEGANÉS', 28914,
620322322, 'J.RICO@HOTMAIL.COM');
INSERT INTO ALUMNOS VALUES
(320, 'LUÍS MARTÍN', 'LEÓN 78, MADRID', 28025,
622222322, 'L.MARTIN@HOTMAIL.COM');
INSERT INTO ALUMNOS VALUES
(321, 'JUAN CERRO', 'GANDÍA 1, GETAFE', 28905,
620333322, 'J.CERRO@HOTMAIL.COM');
INSERT INTO ALUMNOS VALUES
(322, 'ANA RAMOS', 'GRAMÍNEA 2, PARLA', 28981,
620636322, 'A.RAMOS@HOTMAIL.COM');
INSERT INTO ALUMNOS VALUES
(323, 'SHEILA MARCOS', 'MÉXICO 2, PARLA', 28025,
624141322, 'S.MARCOS@GMAIL.COM');
INSERT INTO ALUMNOS VALUES
(324, 'FLOR ROSADO', 'TORREJÓN 35, GETAFE', 28905,
643252322, 'F.ROSADO@GMAIL.COM');
INSERT INTO ALUMNOS VALUES
(325, 'ALBA MUÑOZ', 'MANCHA 12, PARLA', 28981,
611152322, 'A.MUNOZ@HOTMAIL.COM');
INSERT INTO ALUMNOS VALUES
(326, 'ÁLVARO BRAVO', 'GALLO 2, GETAFE', 28905,
62035552, 'A.BRAVO@HOTMAIL.COM');
COMMIT;
```

```
INSERT INTO MATRICULADO VALUES (201, 301, 5.1);
INSERT INTO MATRICULADO VALUES (201, 302, 7.2);
INSERT INTO MATRICULADO VALUES (201, 304, 6.5);
INSERT INTO MATRICULADO VALUES (201, 305, 4.2);
INSERT INTO MATRICULADO VALUES (201, 306, 3.0);
INSERT INTO MATRICULADO VALUES (202, 303, 9.4);
INSERT INTO MATRICULADO VALUES (202, 310, 8.2);
INSERT INTO MATRICULADO VALUES (202, 307, 9.0);
INSERT INTO MATRICULADO VALUES (202, 308, 2.2);
INSERT INTO MATRICULADO VALUES (203, 309, 5.0);
INSERT INTO MATRICULADO VALUES (203, 312, 5.2);
INSERT INTO MATRICULADO VALUES (203, 311, 7.2);
INSERT INTO MATRICULADO VALUES (204, 316, 6.1);
INSERT INTO MATRICULADO VALUES (204, 313, 7.2);
INSERT INTO MATRICULADO VALUES (205, 314, 6.1);
INSERT INTO MATRICULADO VALUES (205, 315, 7.2);
INSERT INTO MATRICULADO VALUES (205, 320, 1.9);
INSERT INTO MATRICULADO VALUES (206, 317, 4.5);
INSERT INTO MATRICULADO VALUES (207, 319, 6.6);
INSERT INTO MATRICULADO VALUES (207, 318, 7.7);
INSERT INTO MATRICULADO VALUES (207, 325, 8.8);
INSERT INTO MATRICULADO VALUES (208, 321, 7.2);
INSERT INTO MATRICULADO VALUES (208, 322, 6.5);
INSERT INTO MATRICULADO VALUES (209, 324, 9.7);
INSERT INTO MATRICULADO VALUES (209, 323, 3.8);
INSERT INTO MATRICULADO VALUES (209, 326, 5.7);
INSERT INTO MATRICULADO VALUES (210, 301, 4.5);
INSERT INTO MATRICULADO VALUES (210, 302, 5.9);
INSERT INTO MATRICULADO VALUES (211, 305, 6.2);
INSERT INTO MATRICULADO VALUES (211, 306, 8.5);
INSERT INTO MATRICULADO VALUES (211, 310, 8.0);
INSERT INTO MATRICULADO VALUES (212, 312, 7.0);
INSERT INTO MATRICULADO VALUES (212, 313, 7.7);
INSERT INTO MATRICULADO VALUES (212, 314, 7.2);
INSERT INTO MATRICULADO VALUES (213, 316, 7.5);
INSERT INTO MATRICULADO VALUES (213, 317, 3.2);
INSERT INTO MATRICULADO VALUES (214, 306, 4.2);
INSERT INTO MATRICULADO VALUES (214, 320, 7.2);
INSERT INTO MATRICULADO VALUES (215, 321, 6.6);
INSERT INTO MATRICULADO VALUES (215, 322, 7.3);
INSERT INTO MATRICULADO VALUES (216, 323, 9.1);
INSERT INTO MATRICULADO VALUES (217, 308, 8.8);
INSERT INTO MATRICULADO VALUES (217, 309, 7.7);
INSERT INTO MATRICULADO VALUES (217, 325, 7.7);
INSERT INTO MATRICULADO VALUES (217, 326, 2.7);
COMMIT;
```

```
INSERT INTO TIPOS_SALARIO VALUES ('BAJO',0, 1200);
INSERT INTO TIPOS_SALARIO VALUES ('MEDIO', 1201,
2800);
INSERT INTO TIPOS_SALARIO VALUES ('ALTO', 2801,
4999);
COMMIT;
```

GLOSARIO

Tabla: lugar donde se guardan los datos de la base de datos organizada en filas y columnas.

O si todo lo escrito estuviera guardado en un fichero SQL, se escribiría `@[RUTA] NB_FICHERO.SQL` y se ejecutaría igual.

Tras la ejecución se ve la creación de las tablas con sus datos, tal y como se observa en la figura:

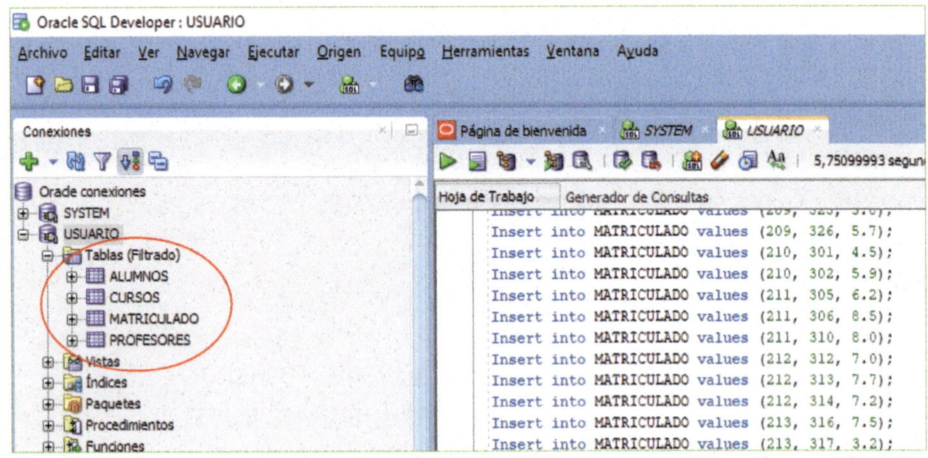

Imagen 0.13 Creación de la base de datos tras la ejecución del script.

0.4 Instalación de Data Modeler 21.4

GLOSARIO

Data Modeler: permite realizar tareas de ingeniería desde el análisis hasta la implementación de la base de datos.

Oracle SQL Developer Data Modeler es una herramienta gráfica gratuita que mejora la productividad y simplifica las tareas de modelado de datos. Los usuarios pueden crear, navegar y editar modelos lógicos, relacionales, físicos, multidimensionales y de tipo de dato proporcionando herramientas de ingeniería directa e inversa.

La dirección web de descarga es: https://www.oracle.com/tools/downloads/sql-data-modeler-downloads.html y se elige aquella acorde con nuestro sistema operativo.

Una vez descargada se descomprime y se coloca la carpeta en la zona del disco que se desee, se aconseja hacerlo en C:. Hay que destacar que esta aplicación es portable y no necesita ser instalada. Es conveniente crear un acceso directo del fichero sqldeveloper.exe, y tenerlo a mano para arrancar la aplicación en cualquier momento. En la web de Oracle existen tutoriales para manejar esta herramienta, uno de ellos es el que figura en este enlace: https://github.com/juan-bol/Modelado.

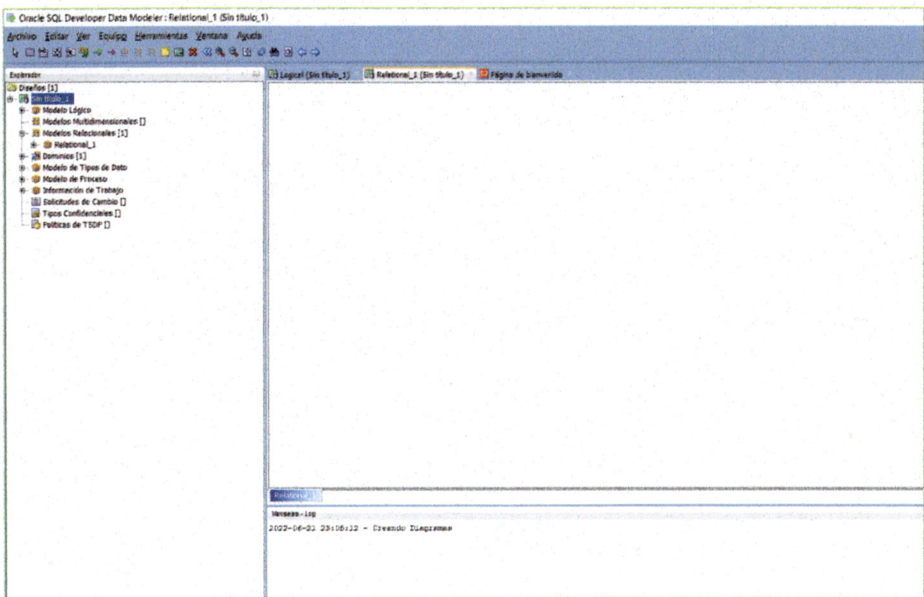

Imagen 0.14 Entorno de desarrollo de Oracle Data Modeler.

U 1

Sistemas de almacenamiento de la información

En esta unidad vas a estudiar:

- 1.1 Introducción
- 1.2 Ficheros
- 1.3 Bases de datos
- 1.4 Sistemas gestores de bases de datos
- 1.5 Bases de datos centralizadas y distribuidas

Con su estudio, vas a ser capaz de:

- Conocer los diferentes sistemas de almacenamiento de la información y sus tipos.
- Reconocer los elementos de las bases de datos analizando sus funciones y valorando la utilidad de los sistemas gestores.

1.1 Introducción

Se puede definir la información como un conjunto de datos relevantes, los cuales deben ser almacenados automáticamente, que configuran un mensaje entre emisor y receptor para que este último esté informado a través de un medio.

La información se puede almacenar en dos estructuras de datos: los ficheros y las bases de datos.

1.2 Ficheros

Son estructuras de datos ordenados generalmente creados por los sistemas operativos, para poder almacenar datos, los cuales constan de un nombre y una extensión que determina el formato de la información que tiene.

Cualquier usuario puede tener acceso a los ficheros y realizar operaciones sobre ellos. Las operaciones más comunes que se realizan con los ficheros son:

- Creación, donde se describe las características y el tipo de datos que va a contener.
- Consulta, permite visualizar la información que contiene.
- Mantenimiento, una vez que se ha creado el fichero surge la necesidad de manipular la información que contiene, insertando, borrando o actualizando registros.
- Borrado, consiste en eliminar el fichero de manera definitiva.

Se pueden clasificar de la siguiente forma:

a) Pueden ser **legibles** por el usuario o **ilegibles**. Si son legibles por el usuario y el sistema operativo se les llama de texto y si son ilegibles, binarios.

GLOSARIO

ASCII: sistema de codificación de caracteres alfanuméricos que asigna a cada carácter un número del 0 al 127, existe el ASCII extendido que asigna a cada carácter un número entre 0 y 256.

   - **De texto,** también se les conoce con el nombre de planos o ASCII (American Standard Code for Infomation Interchange). Estos ficheros pueden ser de:
     - Configuración: configuran el sistema operativo y tienen extensiones del tipo .ini, .inf y .conf.
     - Código fuente: tienen como contenido las líneas de código de los programas, tienen extensiones del tipo .c, .java, .c, etc.
     - Páginas web: son ficheros para que sean interpretados por navegadores, suelen tener extensiones .html, .php, .css, y .xml.
     - Formatos enriquecidos: contienen códigos de control para ofrecer una visión del texto más elegante y resaltada, tienen extensiones del tipo .rtf, .ps, y .tex.
   - **Binarios:** contienen información de cualquier tipo codificada en binario para el propósito de almacenamiento y procesamiento en ordenadores. Necesitan aplicaciones específicas para poder ver su contenido. Estos ficheros pueden ser de:
     - Imagen, los cuales organizan y almacenan imágenes digitales, entre los formatos más usuales tenemos .jpg, .gif, .tiff, .bmp, .wmf, .png, .pcx, etc.
     - vídeo, almacenan imágenes en movimiento, entre los más destacados tenemos mpg, .mov, .avi, .qt.
     - Sonido, capaces de almacenar grabaciones de audio, entre los más representativos tenemos: .wav, .aiff.
     - comprimidos, capaces de guardar información comprimida, entre los más usados están: .zip, .Z, .gz, .tar, .lhz, .rar.

- ejecutables o aquellos diseñados para iniciar la ejecución de un programa, entre los más usados tenemos: .exe, .com, .cgi.
- procesadores de texto como son .docx, .odt.

b) Según su **organización**, se caracterizan por la forma de acceder a los datos, así pues, los datos de un fichero se organizan de la siguiente forma:

  - Secuencial: los registros están dispuestos siguiendo una secuencia ordenada, siendo el principal inconveniente el acceso, ya que para acceder a un registro es necesario recorrer los anteriores.
  - Secuencial encadenada: los registros del fichero almacenan, además de la información, un puntero o dirección de memoria con la dirección del siguiente registro al que se accederá. Los registros están en direcciones físicas arbitrarias y es el puntero que asegura la secuencia lógica.
  - Secuencial indexada: el fichero está compuesto por dos zonas, una primera donde está la información en sus diferentes registros con estructura similar a un fichero secuencial y una segunda donde se guardan los índices, los cuales contienen un campo llave y un campo dirección con la dirección de un grupo de registros del fichero.
  - Directa o aleatoria, que permiten el acceso a los datos directamente sin necesidad de pasar por los anteriores.

c) Según su **utilidad**, indica el uso que se le va a dar a estos, pueden ser maestros o principales y de movimientos, donde se guardan las operaciones que realizar en el fichero maestro (altas, bajas y modificaciones).

1.3 Bases de datos

Una base de datos (BD) es un conjunto de datos no redundantes, los cuales pueden ser utilizados por diferentes aplicaciones.

En los sistemas informáticos tradicionales (orientados al proceso), los datos se almacenan en ficheros diseñados específicamente para cada aplicación y dicho fichero no se compartía entre diferentes aplicaciones. En una BD actual, los datos se almacenan con el objetivo de que puedan ser utilizados por distintas aplicaciones.

Las bases de datos presentan las siguientes ventajas:

- Independencia de los datos y los procesos que los usan.
- Coherencia en los resultados.
- Disponibilidad de los datos ante cualquier aplicación.
- Incremento de la normalización de la documentación de la información.
- Mayor valor informativo.

Al software que permite a los usuarios describir, recuperar y manipular datos de la base de datos se le conoce con el nombre de Sistema Gestor de la Base de Datos (SGBD).

GLOSARIO

Software: conjunto de programas o rutinas que permite a la máquina realizar determinadas tareas.

Entre las principales funciones de un SGBD tenemos: describir los datos, manipular los datos o actualización y visualizado de los mismos, la transformación de estos y la seguridad.

En cualquier base de datos existe el diccionario de datos (DD), que contiene la información sobre los datos almacenados en la base desde el punto de vista del usuario. En este estará almacenado lo que los usuarios necesitan para comprender el significado de los datos y poder manejarlos adecuadamente como descripciones, seguridad, estructuras, etc.

1.3.1 Clasificación de las bases de datos

Las bases de datos se pueden clasificar de la siguiente forma:

Jerárquicas

Almacenan la información de forma jerarquizada, es decir, es una estructura de árbol que guarda la información en sus nodos. Un nodo es un conjunto de segmentos (registros) compuesto de campos en los que se guarda información. Entre los nodos se establecen siempre relaciones uno a muchos.

Este modelo comenzó a utilizarse habitualmente a partir de 1992 y durante algún tiempo fue uno de los modelos más utilizados, pero con el tiempo fue cayendo en desuso.

Presenta las siguientes ventajas:

- Las conexiones dentro del árbol son fijas y hace que el acceso a la información sea más rápido.
- Simplifica el tipo de relaciones entre segmentos.

Mantiene la integridad y la independencia de la información. Como inconvenientes presenta los siguientes:

- No permite relaciones de tipo muchos a muchos.
- El árbol se recorre de arriba abajo y de izquierda a derecha.
- Para acceder a cualquier segmento siempre hay que acceder desde el nodo raíz.
- Solo se puede establecer una relación entre segmentos.

Ejemplos de este tipo de bases de datos son ADABAS de Software AG e IMS de IBM.

Imagen 1.1 Modelo de base de datos de estructura jerárquica.

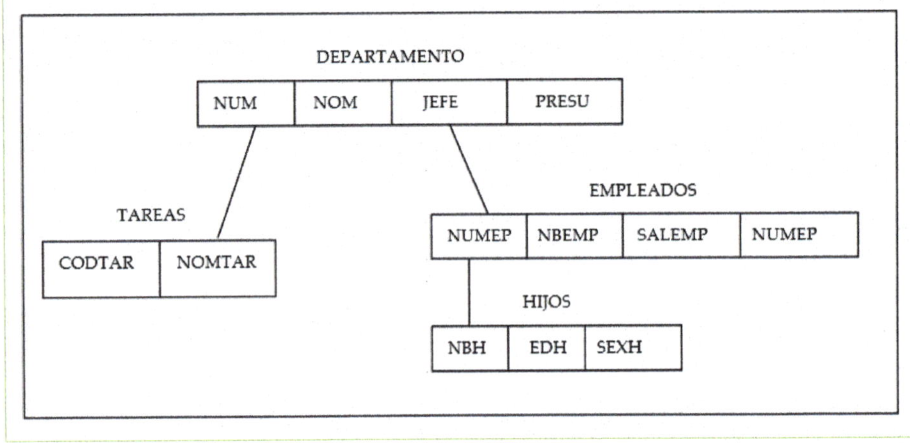

En red

Las bases de datos en red o en forma de grafo son similares a las anteriores, pero se pueden establecer, además, relaciones de muchos a muchos, es decir, en cada registro un nodo hijo puede relacionarse con muchos registros de un nodo padre y viceversa.

Estas bases de datos permiten crear un modelo flexible de relaciones entre entidades.

En el nodo se guardan registros. Un registro es similar a una tabla relacional. Un registro contiene campos donde se guarda la información.

Estas bases de datos no suelen ser muy utilizadas. Una de las más importantes es DMS de UNIVAC.

Relacionales o SQL

Comenzaron su andadura a principios de la década de 1970 y, tras diferentes transformaciones, se han convertido en las más utilizadas en la actualidad.

Fue Edgar F. Codd quien en 1971 quien estableció el Modelo Relacional, considerando que cualquier petición de consulta al modelo puede representarse en álgebra relacional y esta petición (lenguaje) es entendible por la máquina.

Este modelo se basa en relaciones entre los datos. Los datos se organizan en tablas y estas en campos los cuales se relacionan con otros campos de otras tablas.

Las bases de datos relacionales presentan las siguientes ventajas:

- Permiten realizar consultas de manera rápida.
- Los datos presentan poca redundancia.
- Usa como lenguaje de consulta el estándar (SQL).

Imagen 1.2 Modelo de base de datos relacional.

TRABAJADOR

#NUMTRA	NOMTRA	SALTRA	EDATRA	NUMOFI
101	Juan Alamillo	1350 €	23	11
102	Manuel Ortega	1300 €	25	11
103	Elisa Fernández	1300 €	28	12
201	Alejandro López	1400 €	26	13
209	Leticia Gálvez	1100 €	32	13

OFICINA

#NUMOFI	CIUOFI	OBJET_OFI
11	Valencia	450 000
12	Madrid	290 000
13	La Coruña	300 000

Los principales gestores de base de datos más usados en la actualidad son: Oracle (es el que se utilizará en esta obra), MySQL, MariaDB, SQLite, PostgreSQL y Microsoft SQL Server.

NoSQL

NoSQL es un enfoque nuevo para administrar BD que se adaptan a diferentes modelos de datos, como formatos de valor clave, documento, columnas y gráficos. Una base de datos NoSQL generalmente significa que no es relacional, está distribuida, es flexible y escalable.

No requieren estructuras de datos fijas (tablas), no garantizan la consistencia de la transacción ACID (atomicidad, consistencia, aislamiento y durabilidad) de las bases de datos relacionales y SQL.

Estas bases de datos se pueden clasificar en:

- **Documentales,** las cuales almacenan datos semiestructurados y descripciones de esos datos en formato de documentos. Se utilizan para la gestión de contenido y el manejo de datos de aplicaciones móviles. Ejemplos de estas bases de datos son: MongoDB y la base de datos XML BaseX.

- **Gráficas,** las cuales almacenan datos de gráficos en nodos. Las bases de datos gráficas se aplican en sistemas que deben mapear relaciones, como plataformas de redes sociales, sistemas de reservas o gestión de relaciones con los clientes. Ejemplos de estas bases de datos son Neo4j e IBM Graph.
- **Valor clave:** estos sistemas implementan un modelo de datos simple que empareja una clave única con un valor asociado. Son las mejores para almacenar y administrar sesiones y almacenamiento en caché en las aplicaciones web, administrar detalles en el carrito de la compra online o para administrar los detalles de la sesión para juegos multijugador. Entre las más utilizadas tenemos DynamoDB y Redis.
- **Almacenes de columna ancha:** estas utilizan tablas, columnas y filas conocidas como tablas de bases de datos relacionales, pero los nombres y el formato de las columnas pueden diferir de una fila a otra en una sola tabla. Entre las más usadas se encuentran Amazon SimpleDB y Cassandra.

Estas bases de datos presentan las siguientes ventajas: simplifican el desarrollo de las aplicaciones especialmente la web en tiempo real, son muy flexibles y escalables y óptimas para trabajo en la nube.

Orientadas al objeto

Las Bases de Datos Orientadas a Objetos (BDOO) son aquellas cuyo modelo de datos está orientado a objetos, soportan el paradigma orientado a objetos almacenando métodos y datos. Surgen como necesidad de almacenar los objetos que se generaban en las aplicaciones orientadas a objetos.

Las principales ventajas que aportan estas bases de datos son:

- Mucha capacidad de modelado.
- No necesitan SQL para realizar tareas de visualización y manipulación de datos.
- Se pueden construir nuevos tipos de datos a partir de tipos existentes.

Inconvenientes:

- Falta de un modelo de datos universal, la mayoría de los modelos carecen de una base teórica.
- Falta de experiencia del uso de los gestores y es todavía relativamente limitado su uso.
- Falta de estándares.
- Muy compleja en el uso.

Estas bases de datos han caído en desuso, debido a que los lenguajes de programación orientados a objetos han podido acceder a las bases de datos relacionales mediante herramientas de mapeo. Entre las que todavía quedan tenemos ObjectDB.

Objetos relacionales

Las bases de datos objetos relacional se caracterizan porque integran dos conceptos el de las bases de datos relacionales tradicionales y el paradigma de la orientación a objetos. Se pretende por tanto utilizar conceptos de las bases relacionales sobre la organización de los de los datos complejos.

Los datos complejos que utilizan estas bases de datos son:

- Colecciones, que pueden ser de dos tipos: varrays o tipos de variables y tablas anidadas formadas por un conjunto de elementos del mismo tipo.

- Tipos estructurados que permiten poder representar de manera directa los atributos compuestos en el modelo entidad relación.
- Objetos de gran tamaño que permiten almacenar datos de varios Gbytes.

Estos modelos permiten trabajar con un sistema relacional que posibilita almacenar los objetos en tablas.

Las principales ventajas que permite una BDOR son:

- Permiten trabajar con datos elementales y complejos.
- Permiten trabajar con métodos (procedimientos y funciones).
- Pueden utilizar propiedades de la orientación a objetos.
- Son compatibles con bases de datos relacionales.

Como principales inconvenientes tenemos:

- Mayor complejidad en el modelo de datos.
- Mas lentitud a la hora de acceder a los elementos de la base.
- El modelo de datos queda totalmente desnormalizado.

Multidimensionales

Las bases de datos multidimensionales se utilizan para desarrollar aplicaciones Data Warehouse de procesamiento analítico en línea (OLAP).

GLOSARIO

OLAP (OnLine Analytical Processing): es un método que permite a los usuarios consultar datos de manera sencilla cuando hay un gran volumen de información.

Estas tablas están estructuradas como si fueran cubos de información, los cuales añaden una nueva dimensión a los modelos existentes. Están compuestas por dos componentes:

- Tablas de dimensiones donde cada una almacena datos con una clave primaria simple.
- Tabla de hechos que almacena las medidas y las claves que la relaciona con otras tablas de dimensión.

Los gestores multidimensionales procesan la información a gran velocidad, lo que los hace muy útiles para aplicaciones que requieren respuestas inmediatas o en tiempo real.

1.4 Sistemas gestores de bases de datos (SGBD)

Un SGBD es un conjunto de programas que permiten a los usuarios describir, recuperar y manipular los datos almacenados en la BD, protegiendo dichos datos contra todas aquellas acciones intencionadas o no que los puedan destruir.

El grupo ANSII/X3 definió tres niveles para la base de datos:

GLOSARIO

ANSII/X3: es un estándar de diseño para los sistemas gestores de base de datos propuesto en 1975.

- EXTERNO, o lo que el usuario ve y maneja.
- CONCEPTUAL, o modelo entidad relación.
- INTERNO o información de la base de datos organizada por el SGBD.

Las principales funciones que realiza un sistema gestor de la base de datos son:

- Descripción de datos: implica decir qué datos componen la base, su estructura, interrelaciones y restricciones.
- Manipulación de datos: se pueden actualizar, crear, modificar, borrar e insertar. Las personas capacitadas para realizar esta labor son los usuarios, mientras que el administrador da permisos para que puedan realizar dichas acciones.

- Transformación de datos: existen dos niveles de transformación:
  - Transformación conceptual interna: permite pasar los datos desde su representación conceptual a su representación interna, y viceversa.
  - Transformación conceptual externa: permite pasar los datos desde su representación en nivel conceptual al esquema externo y viceversa.
- La protección de datos tiene tres vertientes:
  - Seguridad: se trata de una protección contra los fallos lógicos o físicos que destruyan los datos total o parcialmente.
  - Integridad: el objetivo de la integridad es lograr que los datos sean correctos. Para ello el SGBD debe detectar y corregir las operaciones incorrectas que introduzcan inconsistencias en la BD. Existen dos operaciones que pueden afectar a la integridad: las que afectan a las propias restricciones y las operaciones concurrentes.
  - Confidencialidad: los datos deben estar protegidos al acceso, excepto a los usuarios que el administrador permita.
- Utilidades de administración: entre las que se engloban tareas de seguridad y de mantenimiento. También se podrán realizar otras como cambiar ficheros, obtención de copias de seguridad, recuperación tras la caída del sistema, etc.

Imagen 1.3 Niveles ANSII/X3.

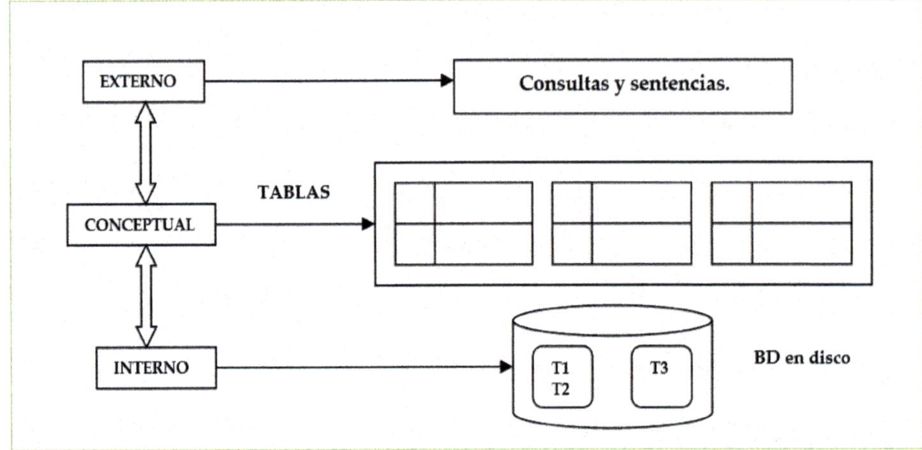

1.4.1 El diccionario de datos

Contiene información sobre los datos almacenados en la base desde el punto de vista del usuario. En este estará almacenado lo que los usuarios necesitan para comprender el significado de los datos y poder manejarlos adecuadamente como descripciones, seguridad, estructuras, etc.

1.5 Bases de datos centralizadas y distribuidas

Una base de datos centralizada es aquella en que los datos se almacenan en un único lugar físico, es decir, en una sola máquina, mientras que pueden existir muchos clientes que se conecten a la misma a través de redes locales u online; en cambio, una base de datos distribuida es un sistema en el cual múltiples equipos comparten la base de datos y están ligados por un sistema de comunicaciones, de tal forma que un usuario remoto puede acceder a los datos desde cualquier parte de la red.

1.5.1 Bases de datos centralizadas

Una base de datos centralizada tiene un servidor donde se aloja SGBD y un conjunto de clientes con las distintas aplicaciones ejecutadas en torno al gestor. Las aplicaciones de usuario suelen ser proporcionadas por el proveedor del SGBD.

El software adecuado para una arquitectura centralizada es:

- Software de gestión de datos, el cual lleva a cabo la manipulación y gestión de los datos. Reside en el servidor.
- Software de interacción con el usuario, que implementa funciones que se asocian a una interfaz gráfica de usuario (SQL). Reside en el cliente.
- Software de desarrollo, el cual se utiliza se usa para desarrollar aplicaciones. Reside en el cliente.

Las principales ventajas que presentan estas bases de datos son:

- Se evita la redundancia y la inconsistencia de datos.
- Pueden aplicarse restricciones de seguridad.
- Conservan la integridad.

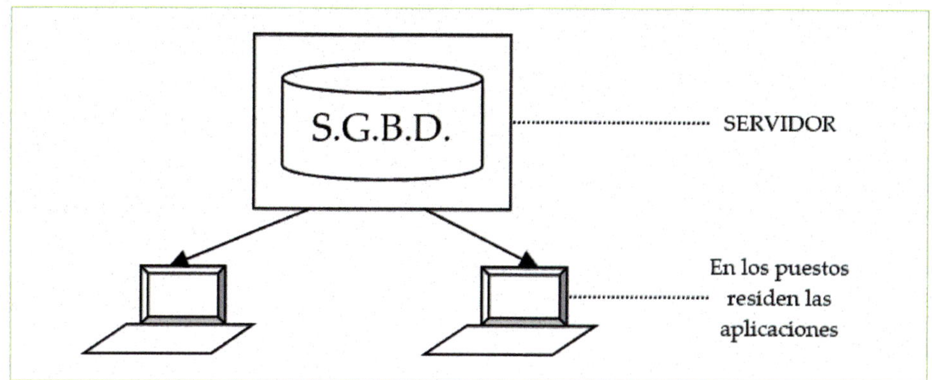

Imagen 1.4 Modelo de base de datos centralizada.

1.5.2 Bases de datos distribuidas

Una Base de Datos Distribuida (BDD) es una colección de datos distribuidos en diferentes ordenadores, siendo cada máquina autónoma y pudiendo ejecutar aplicaciones locales y al menos una aplicación global, lo cual requiere acceder a los datos ubicados en sitios distintos.

El diseño de un sistema de base de datos distribuido implica la toma de decisiones sobre la ubicación de los programas que accederán a la base de datos y sobre los propios datos que constituyen esta última a lo largo de los diferentes puestos que configuren una red de ordenadores.

Las principales ventajas que presentan este tipo de bases de datos son:

- Muy eficaces a la hora de compartir y acceder a la información.
- Mejoran el rendimiento.
- Cada servidor tiene un cierto grado de control sobre sus datos, por tanto, existirá un administrador por nodo que podrá trabajar con cierta autonomía.
- Si se produce un fallo en un nodo es posible que los otros sigan funcionando, por lo que es muy fiable y flexible.

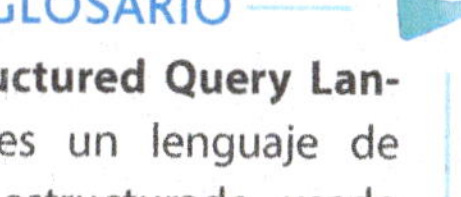

GLOSARIO

SQL (Structured Query Language): es un lenguaje de consulta estructurado usado para bases de datos.

RESUMEN

En esta unidad se ha aprendido que:

- La información se puede almacenar en dos estructuras de datos: los ficheros y las bases de datos.
- Los **ficheros** o **archivos informáticos** son estructuras de datos ordenados, generalmente creados por los sistemas operativos para almacenar datos. Se definen con un nombre y una extensión que determina el formato de la información que tiene.
- Las operaciones que se pueden realizar en los ficheros son: creación, consulta, mantenimiento y borrado.
- Se pueden clasificar atendiendo a su:

Legibilidad	Organización	Utilidad
De texto o ASCCII	Secuenciales	Maestros
Binarios	Secuenciales indexados	Movimiento
	Secuenciales endadenados	
	Directos o aleatorios	

- Las **bases de datos** (BD) es un conjunto de datos no redundantes, las cuales pueden ser utilizados por diferentes aplicaciones. Se clasifican de la siguiente forma:

Jerárquicas

- Almacenan la información de forma jerárquica o de árbol.

En red

- Almacenan la informacion en forma de grafo.

Relacionales o SQL

- Se basan en relaciones entre los datos.

No SQL

- Almacenan cada artículo de manera individual y con clave unica, no se basan en tablas.
- Se clasifican en documentales, gráficas, valor clave y almacenes de columna ancha.

Orientadas a objetos

- Son las que soportan el paradigma de la orientación a objetos.

Objetos relacionales

- Son bases de datos relacionales que insertan la orientación a objetos.

Multidimensionales

- Se utilizan para desarrollar aplicaciones Data Warehouse de procesamiento analítico en línea (OLAP).

RESUMEN

- El **SGBD** es un conjunto de programas que permiten a los usuarios describir, recuperar y manipular los datos almacenados en la BD, protegiendo dichos datos contra todas aquellas acciones intencionadas o no que los puedan destruir.
- El **diccionario de datos** contiene información sobre los datos almacenados en la base desde el punto de vista del usuario.
- Cualquier base de datos pueden estar organizada de la siguiente forma:
  - **Centralizada:** en la que los datos se almacenan en un único lugar físico, es decir, en una sola máquina, mientras que pueden existir muchos clientes que se conecten a ella a través de redes locales u online.
  - **Distribuida:** en la que los datos se almacenan en varios equipos y están ligados por un sistema de comunicaciones, de tal forma que un usuario remoto puede acceder a los datos desde cualquier parte de la red.

EJERCICIOS PROPUESTOS

1. Buscar en Internet los gestores de bases de datos relacionales más usados en el mercado y explicar las ventajas y los inconvenientes que presentan. Razonar la respuesta.
2. Establecer un *ranking* de uso de las siguientes bases de datos: relacionales, jerárquicas, en red, NoSQL, orientadas a objetos, objetos relacionales y multidimensionales. ¿Cuáles tendrán mejor futuro? y ¿cuáles tenderán a desaparecer? Razonar la respuesta.

TEST DE EVALUACIÓN

1. Los ficheros de imagen son:

a) De texto.
b) Binarios.
c) Planos.

2. Los ficheros de extensión .html son:

a) De texto.
b) Binarios.
c) Ambas son correctas.

3. Los ficheros secuenciales pueden ser:

a) Encadenados.
b) Indexados.
c) La a y la b son correctas.

4. En los ficheros de movimiento se guardan:

a) Altas y bajas de registros.
b) Modificaciones de registros.
c) La a y la b son correctas.

5. El diccionario de datos de una base de datos contiene:

a) Los datos.
b) Información sobre los datos.
c) Información sobre herramientas de desarrollo.

6. A las bases de datos NoSQL que almacenan datos semiestructurados y descripciones de estos se las llama:

a) Documentales.
b) Valor clave.
c) Almacenes de columna ancha.

7. Las colecciones de datos, ¿a qué tipo de base de datos pertenecen?

a) Orientadas a objetos.
b) Objetos relacionales.
c) Multidimensionales.

8. Un SGBD:

a) Es un conjunto de programas que permiten a los usuarios describir, recuperar y manipular los datos almacenados en la BD.
b) Protege los datos contra las acciones intencionadas o no que los puedan destruir.
c) La a y la b son correctas.

Bloque 2

Modelado de datos. Bases de datos relacionales

U 2

Modelado de datos

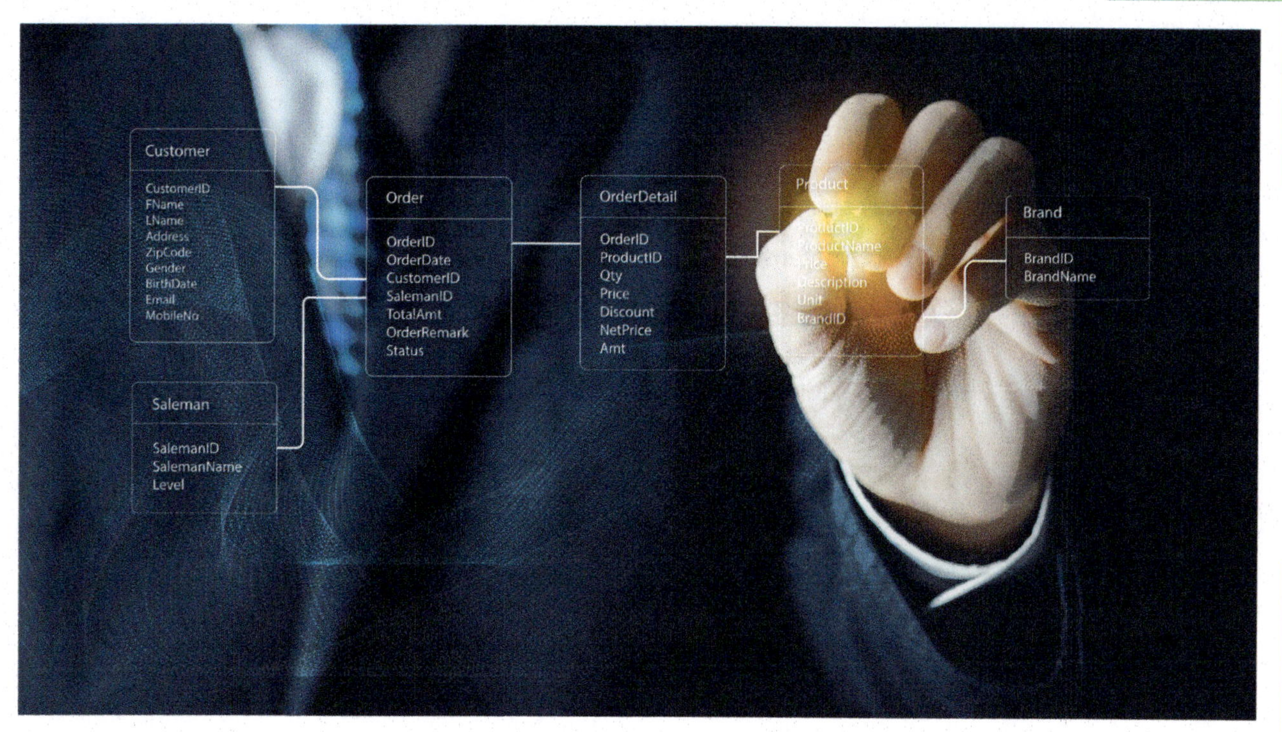

En esta unidad vas a estudiar:

- 2.1 Introducción al modelado de datos
- 2.2 Modelo conceptual
- 2.3 Metodologías usadas para la confección del modelo entidad relación
- 2.4 Modelo lógico
- 2.5 Modelo físico
- 2.6 Ejercicios resueltos

Con su estudio, vas a ser capaz de:

- Diseñar bases de datos partiendo de un modelo conceptual para llegar a un modelo físico.
- Saber interpretar y realizar los diferentes diagramas en el proceso de construcción de una base de datos.
- Realizar normalización de los modelos relacionales y sus formas.
- Realizar diagramas con herramientas gráficas como Data Modeler y ERDPlus.

2.1 Introducción al modelado de datos

El modelado de datos ayuda a definir y estructurar los datos en el contexto de los procesos empresariales correspondientes, avalando el desarrollo del software de forma activa. Permitiendo además tomar decisiones de almacenamiento, compartición, actualización y aprovechamiento de los datos.

El modelado de datos se descompone en:

- Modelo conceptual, aquí se estudia el negocio, los datos que intervienen y las interrelaciones entre los mismos. La salida de este modelo es el diagrama entidad relación o MER.
- Modelo lógico, que consiste en transformar el modelo conceptual en lógico, creando un prototipo de tablas, llamadas relaciones o tablas relacionales. La entrada de este modelado es el MER y su salida son las tablas relacionales.
- Modelo físico, se utiliza para diseñar el esquema interno de la base de datos. Tiene como entrada las tablas relacionales y como salida la implementación de las tablas en el servidor.

2.2 Modelo conceptual

GLOSARIO

MER: modelo entidad relación, o herramienta de modelado de los datos.

El modelo conceptual, también llamado entidad relación (**MER**), lo expuso Peter P. Chen en 1976, y es una técnica de representación gráfica de un conjunto datos (entidades) y las relaciones existentes entre ellos.

Las características principales de este modelo son:

- Reflejar solo la existencia de los datos y no sus transformaciones.
- Incluye todos los datos del sistema en estudio y, por tanto, están orientados a cualquier tipo de aplicación.
- Independencia de la base de datos con respecto al sistema operativo donde convivan.
- No es restrictivo al espacio, ni al almacenamiento y ni al tiempo de ejecución.
- Fácil de mantener y abierto a la evolución del sistema.

2.2.1 El modelo entidad relación (MER)

El modelo entidad relación está formado como se dijo anteriormente por entidades y relaciones.

Se define **entidad** como un ente real o irreal que existe y del cual se desea almacenar información. Una entidad es un conjunto de ocurrencias, es decir, un conjunto de datos de un determinado individuo, objeto o cosa. A cada uno de los diferentes datos de la ocurrencia se le llama atributo.

Las entidades se dividen en dos grandes grupos:

- **Regulares, fuertes o propias:** son aquellas que se identifican porque tienen existencia por sí mismas y cuyas ocurrencias son identificables por sí mismas. Las entidades fuertes se representan por un rectángulo y su nombre, que suele ser un sustantivo.
- **Débiles:** son aquellas cuyas ocurrencias son identificables solamente por estar asociadas a otra u otras entidades, esto es, que alguno de los atributos que las identifican se refiere a otra entidad. Las entidades débiles se representan en Oracle Data Modeler de la misma forma que las regulares, pero con peculiaridades que se explicará más adelante.

Una **relación** es una asociación o correspondencia entre diferentes entidades y se representan mediante un rombo con un nombre que es un verbo.

El **grado de una relación** se define como número de entidades que participan en la relación; en el caso anterior, como intervienen dos entidades, es de grado 2 o binaria; si relacionamos una entidad consigo misma, es de grado 1 o reflexiva; si en una relación intervienen 3 entidades, diremos que es terciaria o de grado 3, y así sucesivamente.

Tipo de correspondencia representa la participación en la relación de cada una de las entidades afectadas, esto es, el número máximo de ocurrencias de cada entidad que pueden intervenir en una ocurrencia de la relación que se está tratando. Pueden ser de tres tipos:

- 1:1 (una a una), a cada ocurrencia de una entidad le corresponde no más de una de la otra y viceversa.
- 1:N (una a muchas), a cada ocurrencia de la primera entidad le corresponden varias de la segunda y a la de la segunda le corresponde una de la primera.
- M:N (muchas a muchas), a cada ocurrencia de la primera entidad pueden corresponderle más de una ocurrencia de la segunda entidad y viceversa.

La cardinalidad de una entidad en una relación mide el máximo y el mínimo de ocurrencias de una entidad que pueden estar relacionadas con una ocurrencia de otra u otras entidades que participan en la relación. Se pone una a cada lado de la relación. Los diferentes tipos de cardinalidades son:

Tabla 2.1 Diferentes tipos de cardinalidades existentes en el análisis de datos

Cardinalidad	Definición
(1,1)	A cada elemento de la entidad le corresponde otro en la otra entidad (obligatoriedad)
(0,1)	A cada elemento de la entidad le puede corresponder uno o ningún elemento en la otra entidad (no obligatoriedad)
(1,n)	A cada elemento de la entidad le puede corresponder uno o más elementos en la otra entidad (obligatoriedad)
(0,n)	A cada elemento de la entidad le puede corresponder ninguno, uno o más elementos en la otra entidad (no obligatoriedad)

Las relaciones débiles se pueden clasificar en dos grupos:

- **Dependencia de existencia:** cuando las ocurrencias de la débil no pueden existir si desaparece la ocurrencia fuerte de la que dependen. Estas se tratan como si fueran una relación entre dos entidades regulares.
- **Dependencia de identificación:** si se cumple la dependencia de existencia y, además, no pueden identificarse únicamente con los atributos propios de dicha entidad débil y necesitan añadir la clave de la entidad regular de la que dependen. .

La unidad indivisible de una entidad o relación es el **atributo** que sirve para identificar y definir a la entidad o la relación.

Una **ocurrencia** es un conjunto de atributos de un determinado elemento de una relación o entidad.

Un **identificador**, superclave o determinante se define como un conjunto de uno o más atributos que permiten identificar de forma única una ocurrencia de una entidad dentro de un conjunto de ellas.

Las claves candidatas son aquellas que pueden ser claves **primarias**, de entre las claves candidatas una de ellas será la clave principal, la cual identifica unívocamente a cada ocurrencia.

La clave **ajena** es el atributo o conjunto de atributos de una entidad que son clave primaria en otra entidad.

2.2.2 Generalización del MER

Una entidad o supertipo puede descomponerse en subentidades o subtipos, a esto se le conoce como jerarquías entre entidades. Los atributos de los supertipos son heredados por el subtipo, pero no al revés. Una generalización en un modelo de datos se le nota mediante un triángulo invertido.

Para trabajar con lo anteriormente expuesto hay que tener en cuenta los siguientes conceptos para los subtipos:

- **Totalidad y parcialidad.** Se dice que un supertipo es jerárquico total si los subtipos cubren todos los posibles estados del supertipo, si solo cubriera parte de los estados sería parcial. Si es total se pone un círculo encima del triángulo invertido y si es parcial, no. Un caso de totalidad sería un supertipo persona y subtipos infancia, adolescencia, adulto y tercera edad, pues no existen otros subtipos que cubran la vida de una persona. Si faltara uno o varios de los subtipos sería parcial. En Data Modeler esta situación no se contempla.
- **Exclusiva o solapada.** Se dice que un supertipo es jerárquico solapado si puede haber ocurrencias que pertenezcan a más de uno de los subtipos, en el caso de que las ocurrencias fueran disjuntas sería exclusiva. Si es exclusiva se representa mediante un arco. Un caso de solapada sería un supertipo persona con dos subtipos trabajador y otro estudiante, puede haber personas que estudien, que trabajen o que hagan ambas cosas; si no cumpliera ambos casos sería exclusiva.

2.3 Metodologías usadas para la confección del modelo entidad relación

2.3.1 Metodología de Chen

La notación de Chen suele resultar muy efectiva a la hora de modelar conceptos del mundo real; representan las entidades que intervienen y las relaciones entre ellas.

Los diagramas de Chen son un primer paso para comprender la estructura de la base de la base de datos y es muy adecuado para la realización de tormenta de ideas y la realización de diagramas rápidos.

Existen muchas herramientas capaces de desarrollar esta metodología; una de las más efectivas, gratuita y online es ERDPlus (https://erdplus.com/).

Tabla 2.2 Simbología de la metodología de Chen

Símbolo	Significado
Entity	Entidad regular
Entity	Entidad débil
Relationship	Relación que une dos entidades cuando el grado de relación es 1-1 o 1-N Si la relación es entre una entidad regular y una débil en la parte superior del símbolo se pone E si es de existencia e I si es de identidad
Entity	Relación que une dos entidades cuando el grado de relación es M-N
Attribute	Atributos de las diferentes entidades y relaciones del modelo
———	Línea de interconexión entre elementos

Tabla 2.3 Generalización del MER con la metodología de Chen

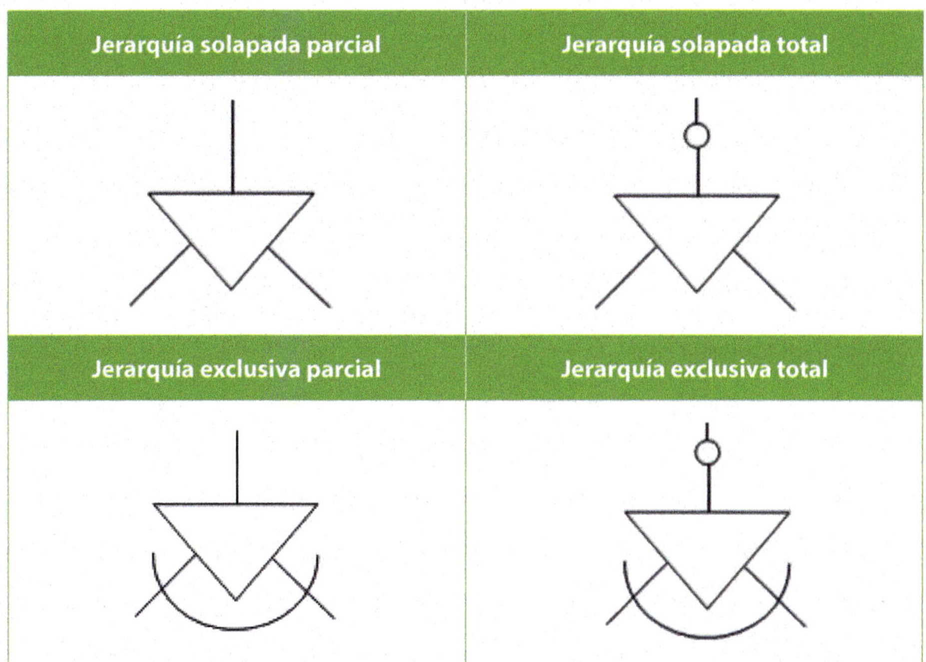

2.3.2 Metodología de Martin

Suele ser bastante efectiva a la hora de modelar el mundo real en entidades y las interrelaciones sobre estas.

Los diagramas de Martin son una primera aproximación para entender cómo será la base de datos futura.

Es una metodología más simple que la anterior, pues para representar aparte de la entidad regular y la débil, las relaciones están basadas en líneas; si esta línea es discontinua indica opcionalidad, es decir, que el valor mínimo de la cardinalidad es cero y si es continua indica obligatoriedad, que significa que es 1. La cardinalidad máxima se detecta con '<' al final de la línea, es decir, si tiene el símbolo indica muchos y si no lo tiene uno.

Tabla 2.4 Simbología de la metodología de Martin

Símbolo	Significado
Entity	Entidad regular
Entity	Entidad débil
>- - - - - - - ————<	Relación M:N, se observa que en un lado la línea es discontinua, lo que indica opcionalidad y si la línea es continua indica obligatoriedad, es decir, en el extremo izquierdo la cardinalidad es (0, n) y en el derecho (1, n)
- - - - - - - - ————<	Relación 1:N, en el extremo izquierdo la cardinalidad es (0, 1) y en el derecho (1, n)
- - - - - - - - ————	Relación 1:1 en el extremo izquierdo la cardinalidad es (0, 1) y en el derecho (1, 1)

La generalización del modelo de datos es muy similar a la notación de Chen, pero basándose en lo expuesto anteriormente.

Existen muchas herramientas capaces de desarrollar esta metodología; una de las más efectivas son Oracle SQL Developer Data Modeler. Es una herramienta gráfica, gratuita y muy intuitiva que mejora y simplifica las diferentes tareas del modelado de datos. Con esta herramienta se pueden ejecutar modelos conceptuales, lógicos y físicos utilizando ingeniería inversa o directa, que mejora la productividad y simplifica las tareas de modelado de datos. Esta herramienta se puede descargar para diferentes plataformas en: https://www.oracle.com/tools/downloads/sql-data-modeler-downloads.html . En la web de Oracle existen tutoriales para manejar esta herramienta.

EJEMPLO 2.1

Un taller de reparaciones de vehículos desea informatizar su negocio para lo cual proporciona al analista encargado del desarrollo la siguiente información de necesidades y hechos:

- Las averías, antes de su reparación, son notificadas al cliente, mediante un parte de averías, para que se decida si se procede o no a su reparación presupuestada. Los datos de las notificaciones incluyen: código y descripción de la avería, la pieza a cambiar y el importe de la reparación.
- Los clientes se identifican mediante un número de cliente, datos personales, número de matrícula del vehículo y número de teléfono del cliente.
- Al cliente se le factura la reparación completa que puede incluir todos los partes de avería que le hayan sido convenientemente notificados.
- Las nuevas piezas que sustituyen a las averiadas están almacenadas en el taller, gracias al suministro de los proveedores correspondientes. Estos son identificados por su código de proveedor, datos personales, teléfono y categoría. Las piezas se identifican por su número, descripción, precio y stock disponible.

Diseñar un modelo entidad relación utilizando la metodología según Chen y según Martin.

EJEMPLO 2.1 (continuación)

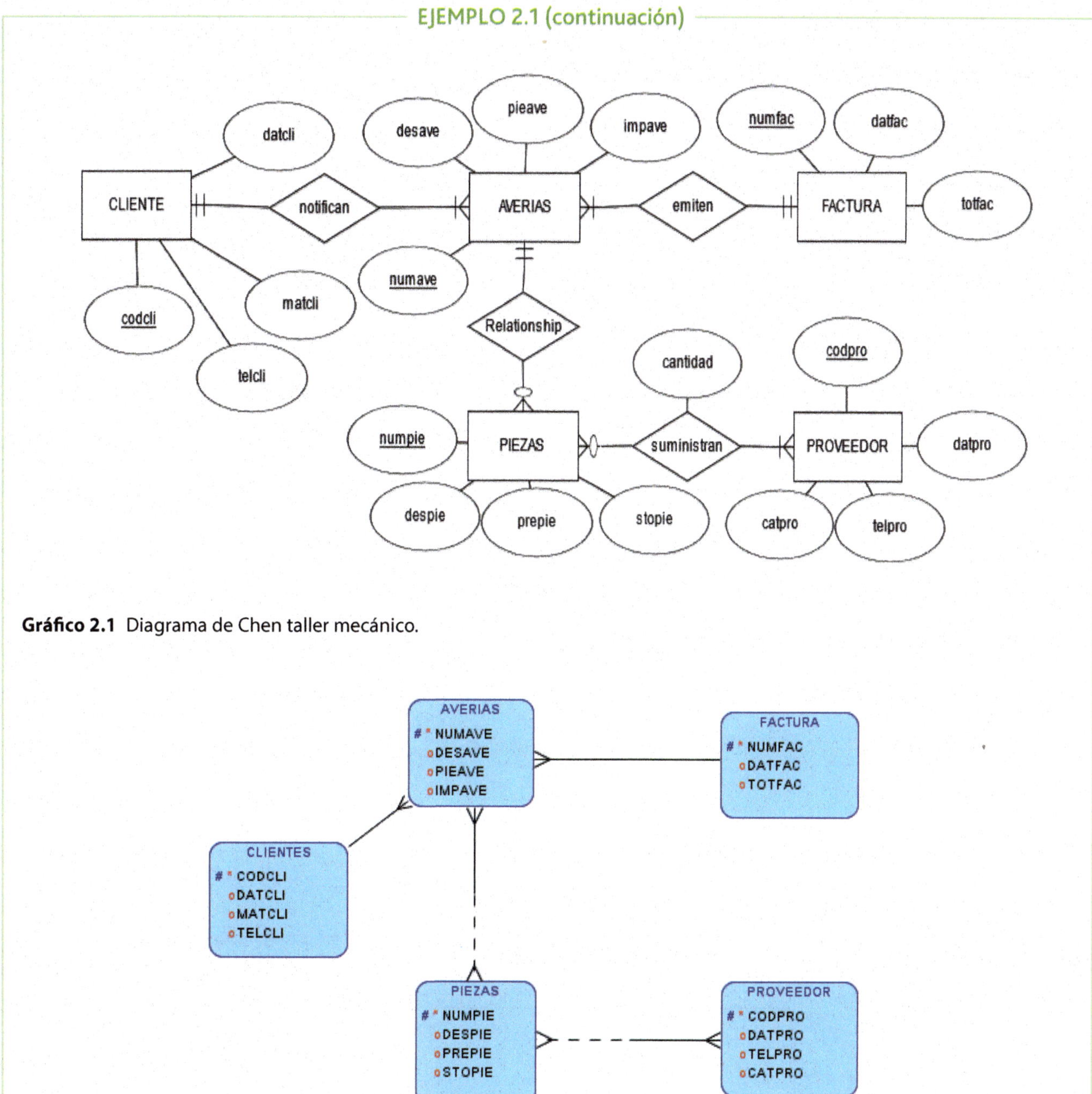

Gráfico 2.1 Diagrama de Chen taller mecánico.

Gráfico 2.2 Diagrama de Martin taller mecánico.

EJEMPLO 2.2

Establecer un modelo entidad relación de una base de datos para una universidad que contenga información sobre los alumnos, las asignaturas, las calificaciones que se obtienen en cada una de las mismas y las carreras que se pueden estudiar, considerando las siguientes restricciones:

- Un alumno puede estar matriculado en muchas asignaturas.
- Una asignatura solo puede pertenecer a una sola carrera.
- Una carrera puede tener muchas asignaturas.

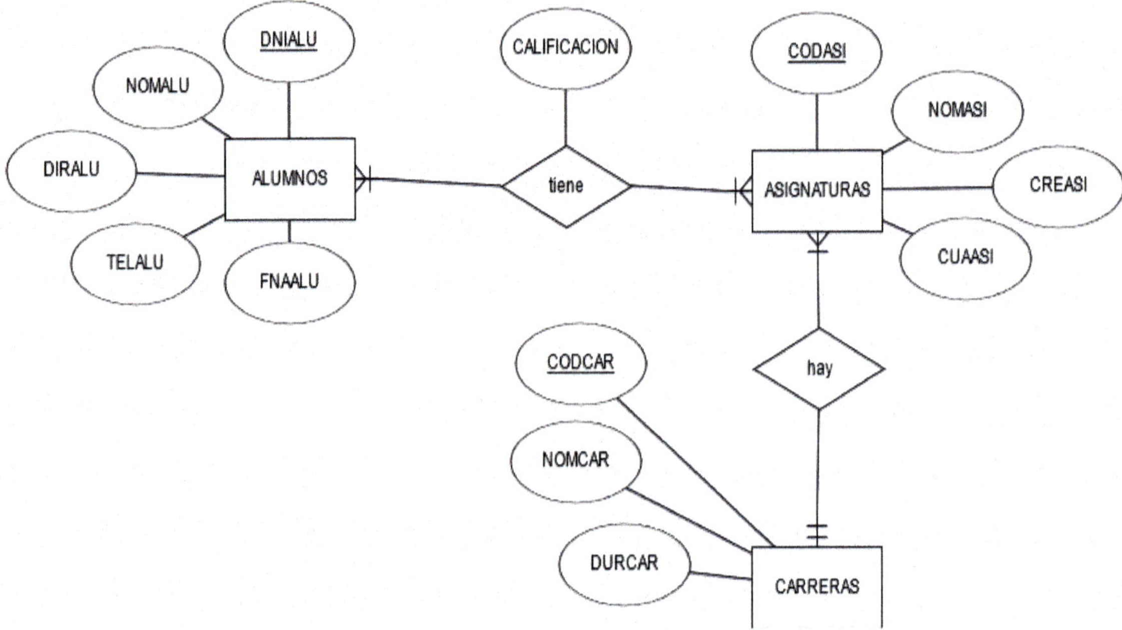

Gráfico 2.3 Diagrama de Chen universidad.

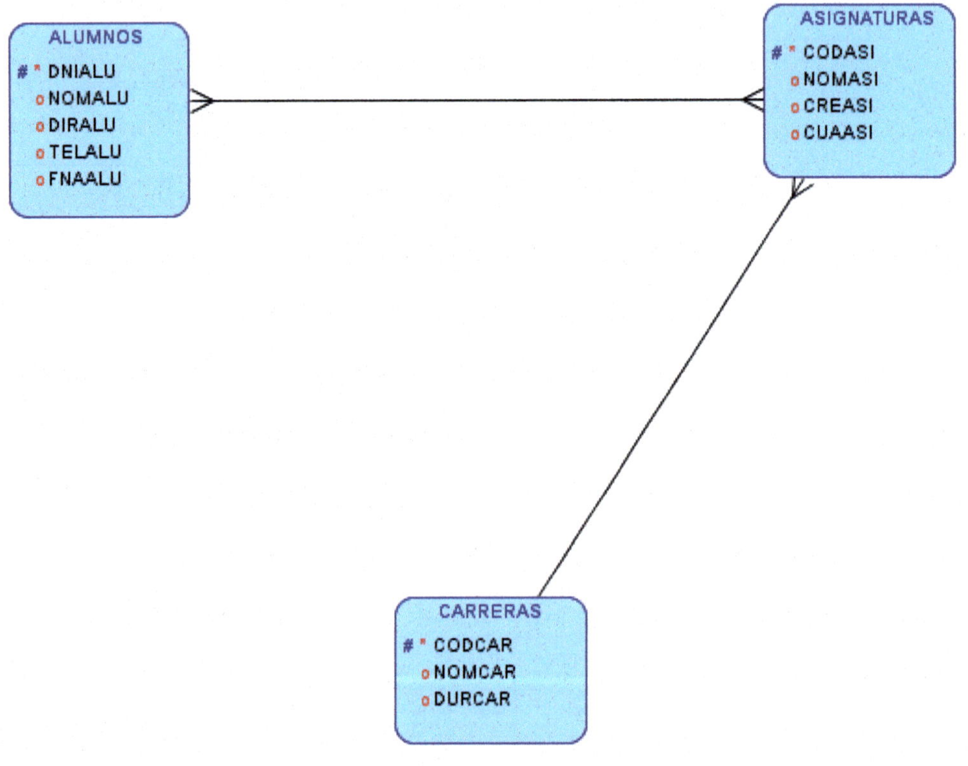

Gráfico 2.4 Diagrama de Martin universidad.

EJEMPLO 2.3

Un departamento de una empresa tiene empleados de tres tipos: desarrolladores, vendedores y compradores, entre otros. De los empleados interesa guardar su DNI, nombre, dirección, teléfono y sueldo, además, de los vendedores interesa conocer su comisión, de los desarrolladores su metodología y de los compradores información sobre la compra. Se tendrá en cuenta que un vendedor vende a determinados clientes de los que nos interesa guardar el código del cliente, su nombre y su teléfono, a los clientes les puede vender varios vendedores; además, los compradores compran a varios proveedores y un proveedor es comprado por un solo comprador, de los proveedores interesa guardar su código, nombre, dirección y teléfono.

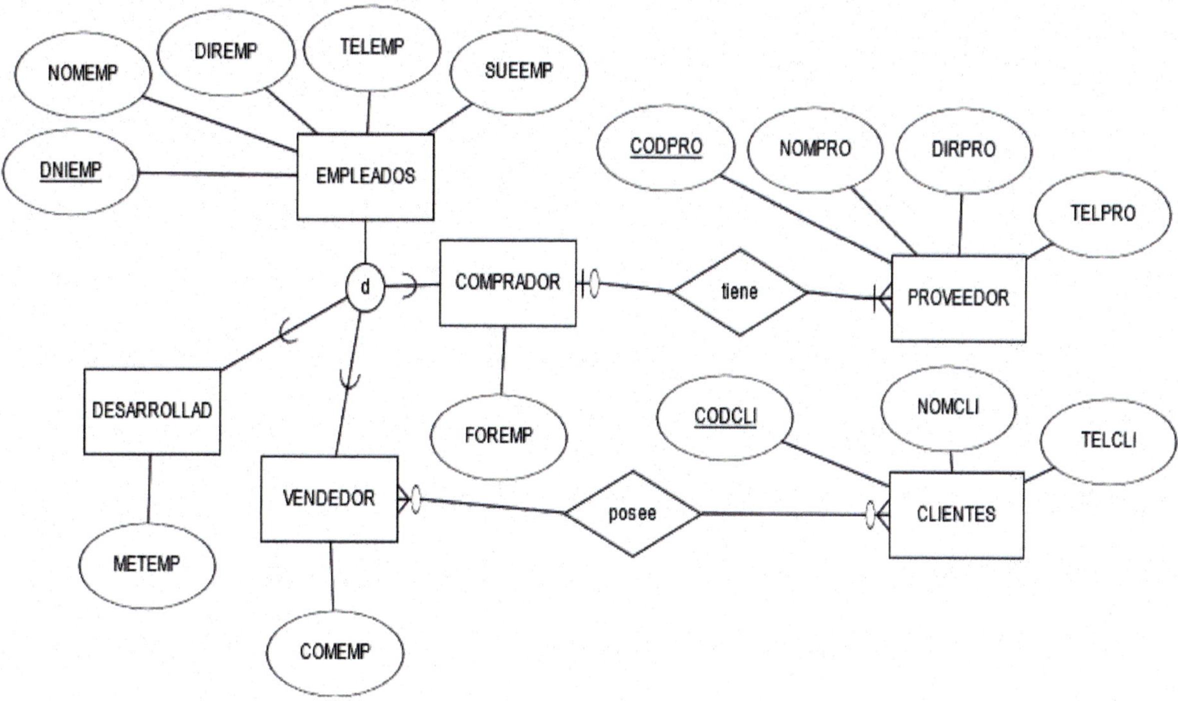

Gráfico 2.5 Diagrama de Chen de departamento empresarial.

Hay que hacer notar que, en el modelo anterior realizado con ERDPlus "d", en el supertipo indica exclusividad, es decir, que no existen empleados que sean vendedores y compradores, por ejemplo. Si en vez de "d" fuera "o" indicaría solapamiento. La totalidad se expresa si encima de "d" hubiera una doble raya; este no es el caso pues puede haber más tipos de empleados.

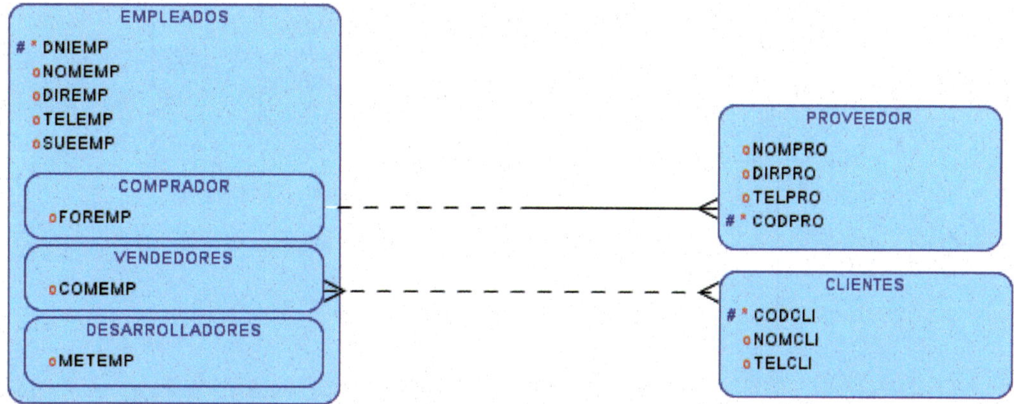

Gráfico 2.6 Diagrama de Martin de departamento empresarial.

EJEMPLO 2.4

Se desea diseñar un MER para una BD para una entidad bancaria que contenga información sobre los clientes, las cuentas, las sucursales y las transacciones producidas teniendo en cuenta las siguientes restricciones:

- Una transacción viene determinada por el número de transacción, la fecha y la cantidad.
- Un cliente tiene una cuenta.
- Una cuenta puede pertenecer a varios clientes.
- Una cuenta solamente puede estar en una sucursal.

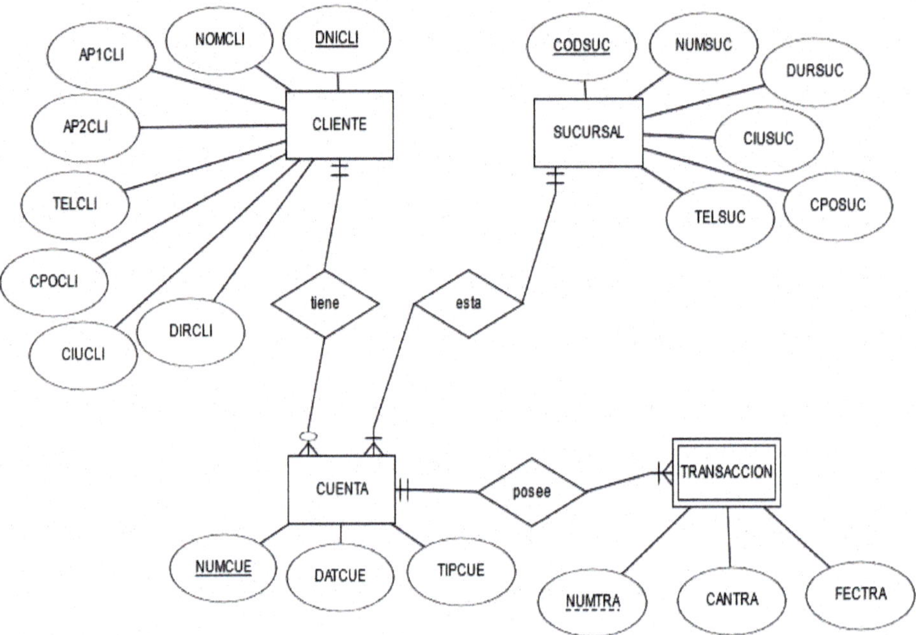

Gráfico 2.7 Diagrama de Chen de una entidad bancaria.

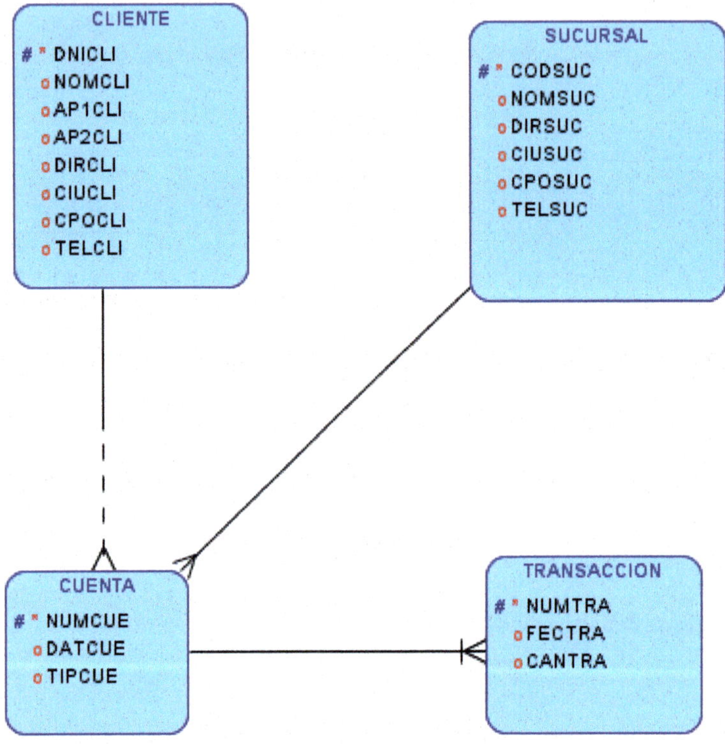

Gráfico 2.8 Diagrama de Martin de una entidad bancaria.

Como se observa en el diagrama de Chen, la entidad TRANSACCION es una entidad débil, pero en el diagrama de Martin realizado con Oracle DataModeler no parece débil, pero hay que decir, que, aunque parezca regular la relación, lleva implícita la debilidad, pues es una relación de identificación propia de las entidades débiles.

EJEMPLO 2.5

Diseñar un MER de un concesionario de venta de motos y coches de una determinada marca. Debe de contener las siguientes entidades: Clientes, Empleados y Vehículos que pueden ser de dos tipos: Coches y Motos. Se tendrán en cuenta las siguientes restricciones:

- Un cliente puede comprar varios vehículos y un vehículo por un solo cliente.
- Un empleado vende vehículos.
- Cuando se realiza una venta debe tenerse constancia del cliente y del vehículo.

De los empleados interesa guardar su DNI, nombre, dirección, teléfono, salario, comisión y fecha de nacimiento.

De los clientes su DNI, nombre, dirección y teléfono.

De los vehículos la matrícula, la descripción, su precio y su marca, de las motos su cilindrada y de los vehículos tipo de motor y número de plazas.

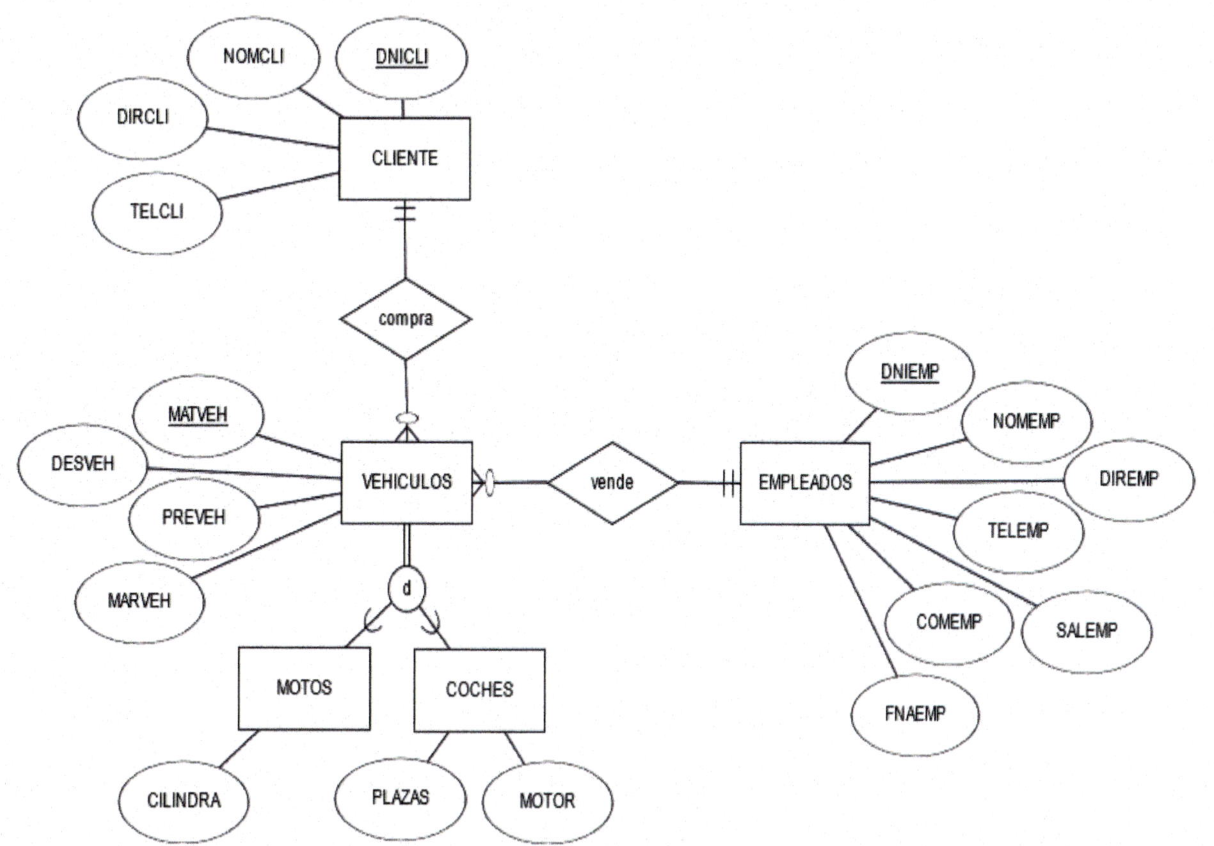

Gráfico 2.9 Diagrama de Chen de un concesionario de coches.

EJEMPLO 2.5 (continuación)

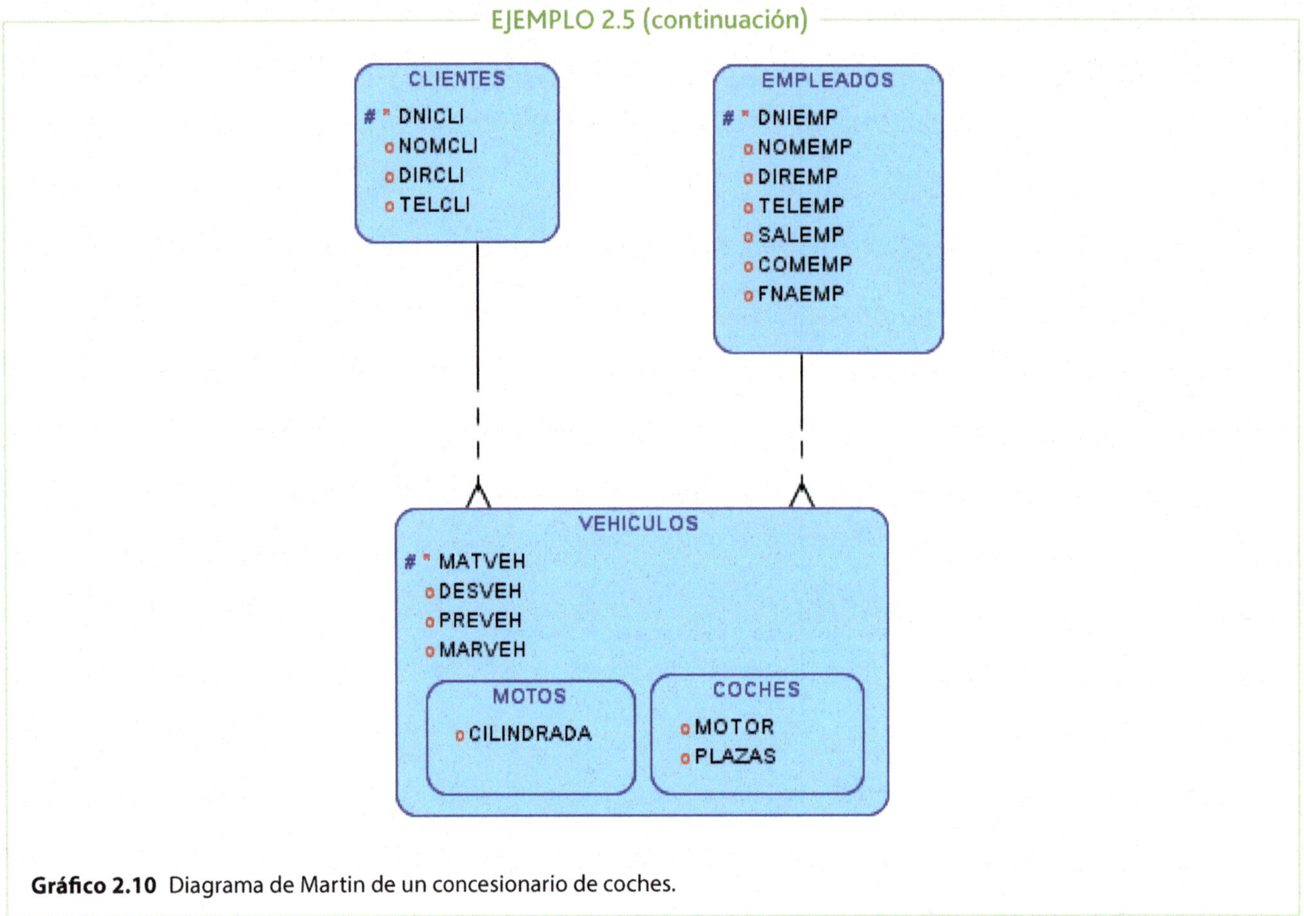

Gráfico 2.10 Diagrama de Martin de un concesionario de coches.

2.4 Modelo lógico

Tras realizar el modelo conceptual se obtiene el modelo lógico, el cual está formado por tablas relacionales. Una tabla relacional es la forma de estructurar los datos, organizados mediante filas (tuplas) y columnas (atributos). Para que una tabla relacional forme parte de una estructura relacional, debe cumplir los siguientes requisitos:

- Debe tener un solo tipo de fila, cuyo formato queda definido por el esquema de la tabla o la relación. Es decir, todas las filas de la tabla han de tener las mismas columnas.
- Cada columna debe ser única y no pueden existir columnas duplicadas e identificada por un nombre específico.
- El valor de una columna para una fila determinada debe ser único. No pueden existir múltiples valores en una posición de una columna.
- Los valores de una columna deben pertenecer al dominio que representa, y es posible que un mismo dominio se utilice para definir los valores de varias columnas.

Una tabla relacional que cumpla las condiciones anteriores tiene asociadas las siguientes propiedades:

- Las filas pueden estar en cualquier orden.
- A una fila se la referencia mediante todos los valores que la forman.
- Las columnas pueden estar en cualquier orden.
- A una columna se la referencia mediante el nombre que la identifica.

En una tabla relacional intervienen diferentes elementes, como:

- **Tupla** o cada fila de una tabla relacional o relación.
- **Atributo** o cada una de las columnas de una tabla relacional o relación.
- **Dominio** o conjunto de todos los valores que puede tomar un atributo, pudiendo ser:
    - Simple o conjunto finito de valores homogéneos y atómicos caracterizados por un nombre. Por homogéneo se entiende que se trata de valores de un mismo tipo, y por atómicos valores indivisibles que si se descompusieran pierden su significado.
    - Compuesto: están formados por combinación de dominios simples. Un ejemplo sería el atributo fecha que admite en el día valores del 1 al 31, en el mes del 1 al 12 y en año cualquier valor entero.
- **Valor nulo o NULL:** valor asignado a un atributo en una tupla cuando el atributo tiene un valor desconocido.
- **Clave candidata** o conjunto mínimo de atributos que identifica de forma única a cada registro de la relación. Puede estar formada por una combinación de atributos si estos, de forma individual, no identifican completamente al registro. Para que una clave cumpla con la labor de identificación y sea cómoda y manejable debe cumplir los siguientes requisitos:
    a) Todos los atributos que la forman son necesarios para la identificación.
    b) Los atributos que la forman deberán tener siempre un valor para cada tupla (es decir, no podrán tomar valores nulos) y, además, este valor deberá ser único para cada tupla.
- **Clave primaria** o clave candidata que se escoge para identificar las tuplas de la relación; deben ir subrayadas o acompañadas de #.
- **Clave alternativa,** o aquellas claves candidatas que no son la clave principal, deben ir en negrita.
- **Clave externa** o atributo que permite relacionar una tabla con otra, es decir, aquella que está en otra tabla definida como primaria; estas deben ir en cursiva y referenciando a la relación en la que son clave primaria con una flecha.

En cualquier tabla relacional existe cardinalidad o número de filas que tiene, grado o número de columnas que tiene y restricción o cada una de las reglas que restringe los valores de las tablas.

Se define **regla de integridad** al conjunto de reglas que garantizan la consistencia de la información. Estas reglas actúan fundamentalmente sobre los dominios, las claves primarias y las claves ajenas (integridad referencial):

- **Regla de integridad de la entidad el atributo que es clave** o parte de la clave de una relación no puede tomar valores nulos o desconocidos.
- **Regla de integridad referencial** o el valor no nulo de una clave externa; debe ser un valor real de la clave primaria de otra relación o nulo.

El modelo lógico o relacional presenta las siguientes restricciones:

- Una tabla relacional no puede tener tuplas iguales.
- El orden de las tuplas o atributos no es relevante.
- Cada atributo solo puede tomar un valor del dominio en el que está definido.
- Ningún atributo que sea clave primaria o parte de ella no puede ser nulo.
- La clave primaria permite identificar una tupla unívocamente no permitiendo ni nulos ni valores repetidos, a esto se le llama restricción de PRIMARY KEY.

GLOSARIO

PRIMARY KEY: atributo o conjunto de atributos que identifica de manera unívoca a cada fila de una tabla.

- Las claves alternativas no tomarán valores repetidos, pero sí nulos o restricción de UNIQUE.
- Si se quiere declarar atributos que tomen un valor se usará la restricción NOT NULL.
- Los valores de la clave ajena de la relación que tiene la clave ajena (tabla relacional hija) deben corresponderse con los valores de la clave primaria de la relación que no la contiene (tabla relacional padre), o bien nulos; a esto se le llama restricción de FOREIGN KEY.

GLOSARIO

FOREIGN KEY: atributo o conjunto de atributos que proporciona un vínculo entre tablas.

- Si un valor de un atributo está definido en un dominio el valor debe ser el que marca el mismo; a esto se le conoce con el nombre de restricción de verificación (CHECK).
- Existen restricciones en la actualización de datos, estas son:
    - Borrado y modificación en cascada; si se borra una tupla de la tabla padre se borra las tuplas de la tabla hija de las que dependían (CASCADE).
    - Borrado y modificación restringida; si se quiere borrar o modificar una tupla de la tabla padre que tiene dependencias en la hija, no se hará, si no las tiene (RESTRICT).
    - Borrado y modificación con puesta a nulos, si se actualiza un dato de la tabla padre los que dependían de él en la hija pasan a ser nulos (SET NULL).
    - Borrado y modificación con puesta a un valor por defecto, igual que el anterior, pero en vez de nulo se pone un valor por defecto (SET DEFAULT).

2.4.1 Reglas de transformación del MER a MR

GLOSARIO

MR: Modelo Relacional. Define la estructura lógica de la información de un negocio mediante tablas previas o tablas relacionales.

En general existen tres reglas elementales para transformar un MER a MR:

- Toda entidad se transforma en una tabla relacional.
- Las relaciones N:M se generan en una tabla relacional.
- Las relaciones 1:N dan lugar a la propagación de la clave de una entidad a otra.

Se tendrá, además, en cuenta que cada atributo y cada dominio de una entidad se transformarán en atributo y dominio de una tabla relacional.

Supongamos que tenemos el siguiente modelo general:

Gráfico 2.11 MER general entre dos entidades regulares.

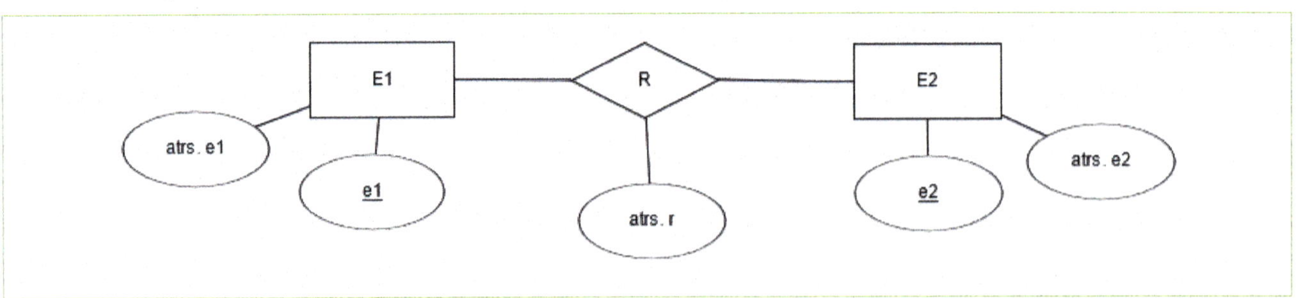

Donde E1 es el nombre de la primera entidad, e1 es la clave de la primera entidad y atrs. e1 es el resto de los atributos de la primera entidad, ídem para E2 y atrs. r son los atributos de la relación si esta los tuviere.

Hay que tener en cuenta, que si van los atributos **subrayados** quiere decir que son **claves primarias** y en **cursiva clave ajena**. Se obtiene la siguiente casuística:

- Grado de relación M:N; se obtienen tres tablas relaciones:

  R1 (e1, atrs. e1)

  R2 (e2, atrs. e2)

  R3 (*e1*, *e2*, atrs. r)

- Grado de relación 1:N o N:1; se obtienen dos tablas relacionales y en una de ellas llevará una clave propagada. La propagación irá a la entidad que tiene la cardinalidad muchos, por tanto:

  R1 (e1, atrs e1)

  R2 (e2, atrs e2, e1, atrs r)

- Supongamos que la entidad E2 es débil y el grado es 1:N si:
  - La relación es de existencia se tratarían de manera idéntica a las de grado 1:N propagando la clave de la entidad regular a la débil, siendo la clave primaria la de la entidad regular.
  - La relación de identidad obtendría lo siguiente:

    R1 (e1, atrs e1)

    R2 (e1, e2, atrs e2, atrs r)

- Grado de relación 1:1; se obtienen los siguientes casos:
  - Si las cardinalidades son (1,1) hacia ambas entidades, se pueden considerar dos formas:

    a) R1 (e1, atrs e1, e2, atrs e2, atrs r)

    b) R1 (e1, atrs e1, e2, atrs r) y R2 (e2, atrs e2)

  - Si las cardinalidades son (1,1) hacia E1 y (1,0) hacia E2 se tratan como si fueran de tipo 1:N:

    R1 (e1, atrs e1)

    R2 (e2, atrs e2, e1, atrs r)

  - Si las cardinalidades son (0,1) se tratan como si fueran M:N:

    R1 (e1, atrs e1)

    R2 (e2, atrs e2)

    R3 (e1, e2, atrs r)

- Interrelaciones de grado superior a dos.

  Hasta el momento solo se han tratado interrelaciones binarias. Si en el MER hay interrelaciones de grado superior, es decir, que una misma interrelación esté unida a tres o cuatro entidades, habrá que hacer un estudio de las cardinalidades mínimas y máximas.

  Supongamos una entidad E3 similar a E2 y E1 unida a la relación r. Si al comparar las entidades entre sí, obtenemos cardinalidades del tipo (1, n) o (0, n), estaríamos ante el caso general M:N:P y se obtendría:

  R1 (e1, atrs. e1)

  R2 (e2, atrs. e2)

  R3 (e3, atrs. e3)

  R4 (*e1*, *e2*, *e3*, atrs. r)

  Si hubiera alguna cardinalidad que fuera (1,1) o (0,1), se obtendría lo mismo, pero en la relación R4 no serían principales (no se subrayarían) aquel atributo que llevara la cardinalidad dicha.

- Transformación de relaciones jerárquicas:

  En las relaciones de jerarquía solo se tendrá en cuenta que sean exclusivas, que tengan arco, o solapadas, que no tengan arco. La totalidad o la parcialidad es indiferente para su transformación.

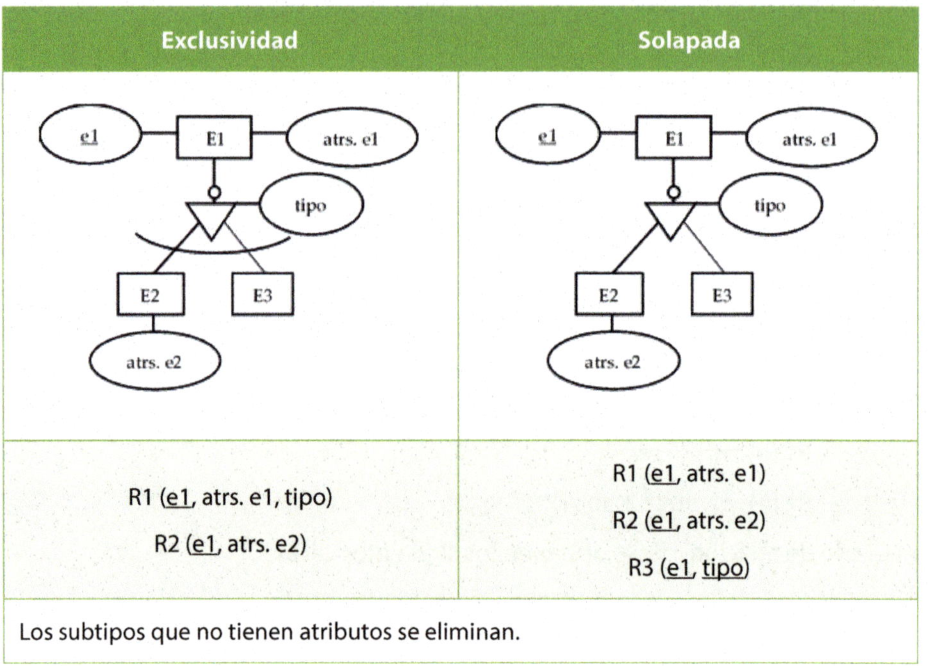

Exclusividad
Solapada
e1
E1
atrs. e1
tipo
E2
E3
atrs. e2
R1 (e1, atrs. e1, tipo)
R2 (e1, atrs. e2)
R1 (e1, atrs. e1)
R2 (e1, atrs. e2)
R3 (e1, tipo)
Los subtipos que no tienen atributos se eliminan.

Gráfico 2.12 Transformación del modelo general a MR.

EJEMPLO 2.6

Obtener el Modelo Relacional del ejemplo 2.1.

Partiendo de un MER con Oracle DataModeler y con la misma herramienta, se obtiene un Modelo Relacional con todas las conexiones entre las tablas.

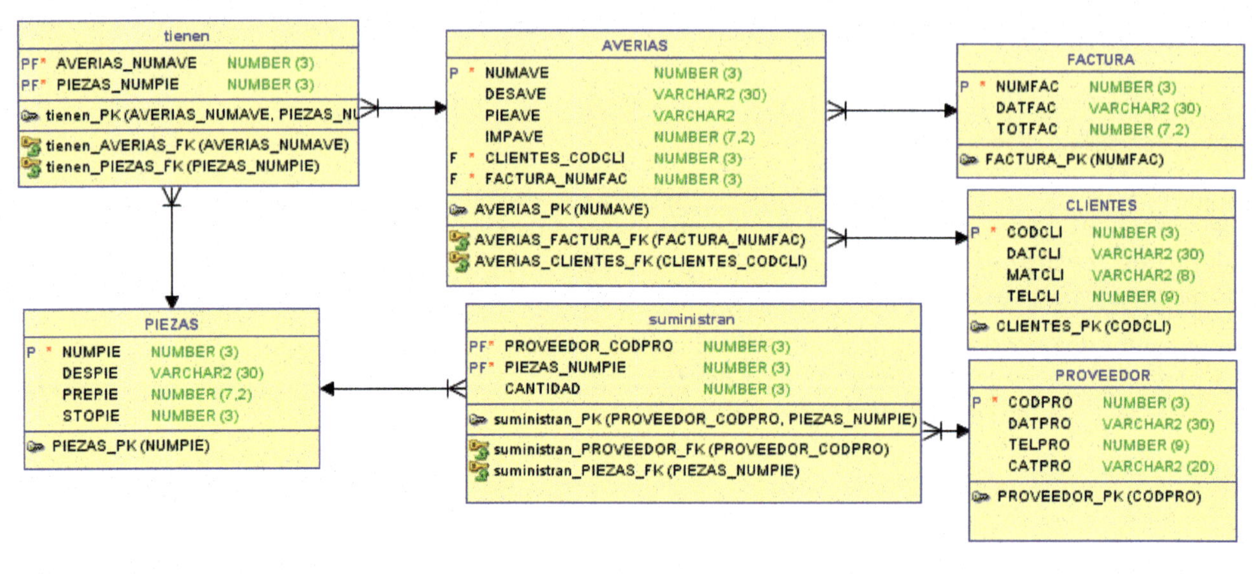

Gráfico 2.13 Modelo Relacional del taller mecánico.

EJEMPLO 2.7

Obtener el Modelo Relacional del ejemplo 2.2.

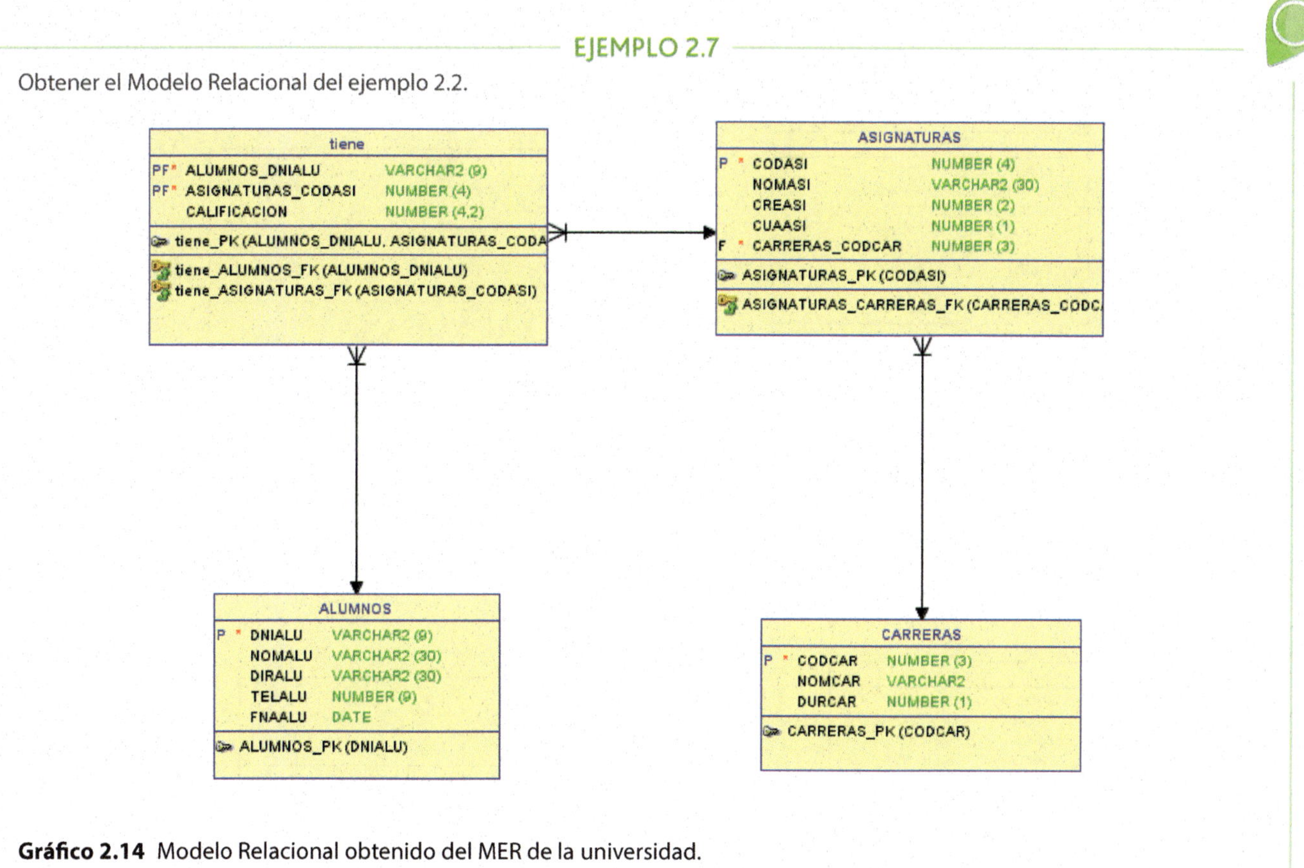

Gráfico 2.14 Modelo Relacional obtenido del MER de la universidad.

EJEMPLO 2.8

Obtener el MR del ejemplo 2.3.

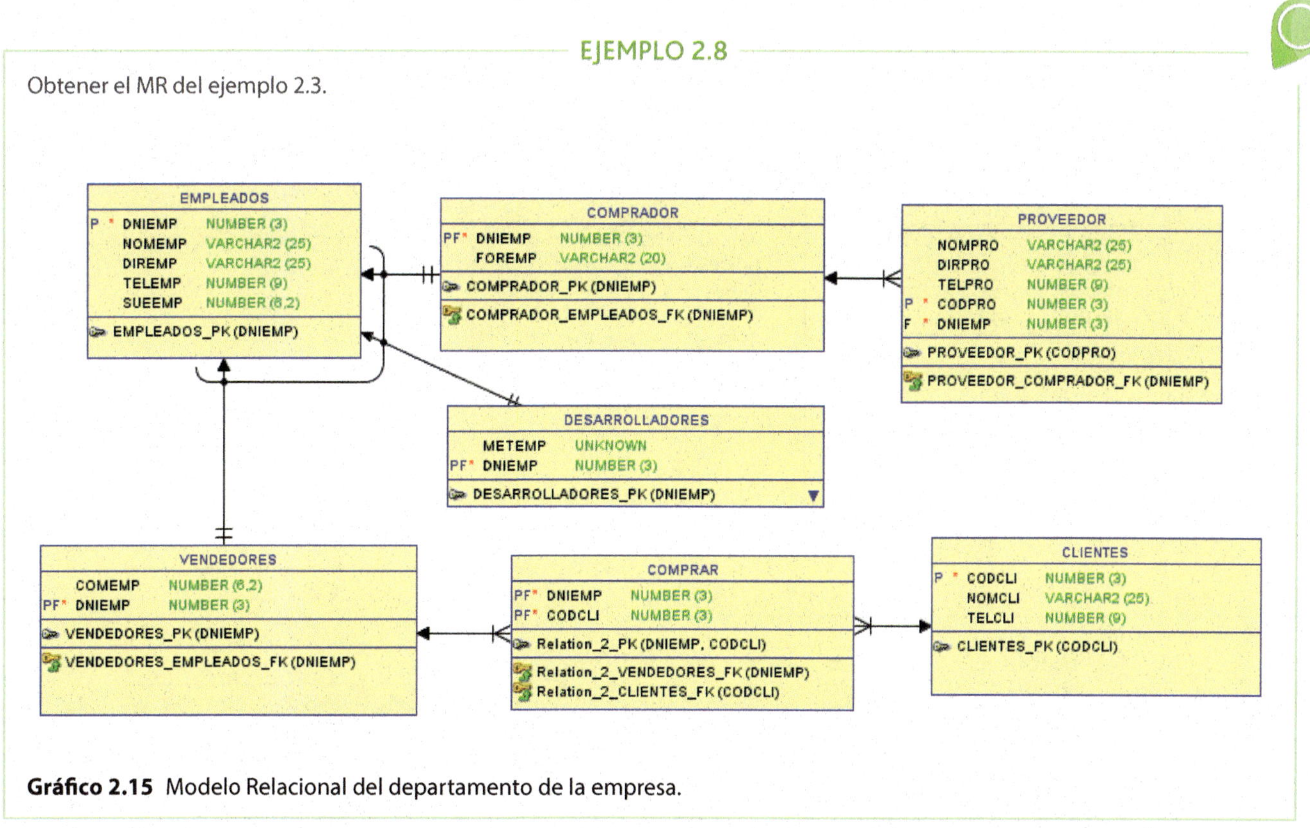

Gráfico 2.15 Modelo Relacional del departamento de la empresa.

EJEMPLO 2.9

Obtener el MR del ejemplo 2.4.

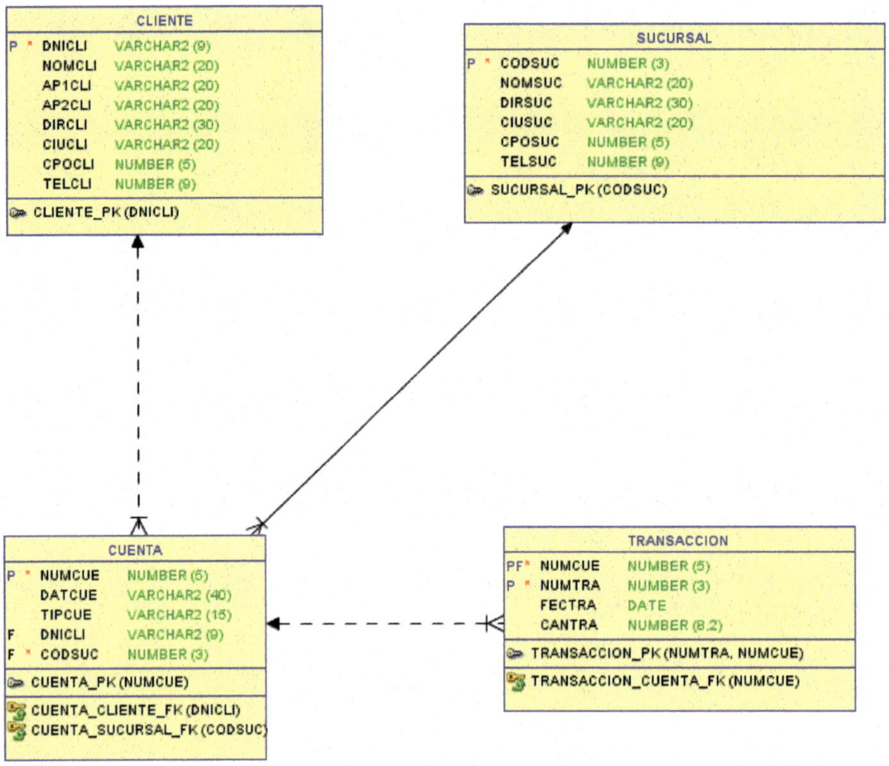

CLIENTE
P * DNICLI VARCHAR2 (9)
NOMCLI VARCHAR2 (20)
AP1CLI VARCHAR2 (20)
AP2CLI VARCHAR2 (20)
DIRCLI VARCHAR2 (30)
CIUCLI VARCHAR2 (20)
CPOCLI NUMBER (5)
TELCLI NUMBER (9)
CLIENTE_PK (DNICLI)

SUCURSAL
P * CODSUC NUMBER (3)
NOMSUC VARCHAR2 (20)
DIRSUC VARCHAR2 (30)
CIUSUC VARCHAR2 (20)
CPOSUC NUMBER (5)
TELSUC NUMBER (9)
SUCURSAL_PK (CODSUC)

CUENTA
P * NUMCUE NUMBER (5)
DATCUE VARCHAR2 (40)
TIPCUE VARCHAR2 (15)
F DNICLI VARCHAR2 (9)
F * CODSUC NUMBER (3)
CUENTA_PK (NUMCUE)
CUENTA_CLIENTE_FK (DNICLI)
CUENTA_SUCURSAL_FK (CODSUC)

TRANSACCION
PF* NUMCUE NUMBER (5)
P * NUMTRA NUMBER (3)
FECTRA DATE
CANTRA NUMBER (8,2)
TRANSACCION_PK (NUMTRA, NUMCUE)
TRANSACCION_CUENTA_FK (NUMCUE)

Gráfico 2.16 Modelo Relacional de la entidad bancaria.

EJEMPLO 2.10

Realizar el MR del ejemplo 2.5.

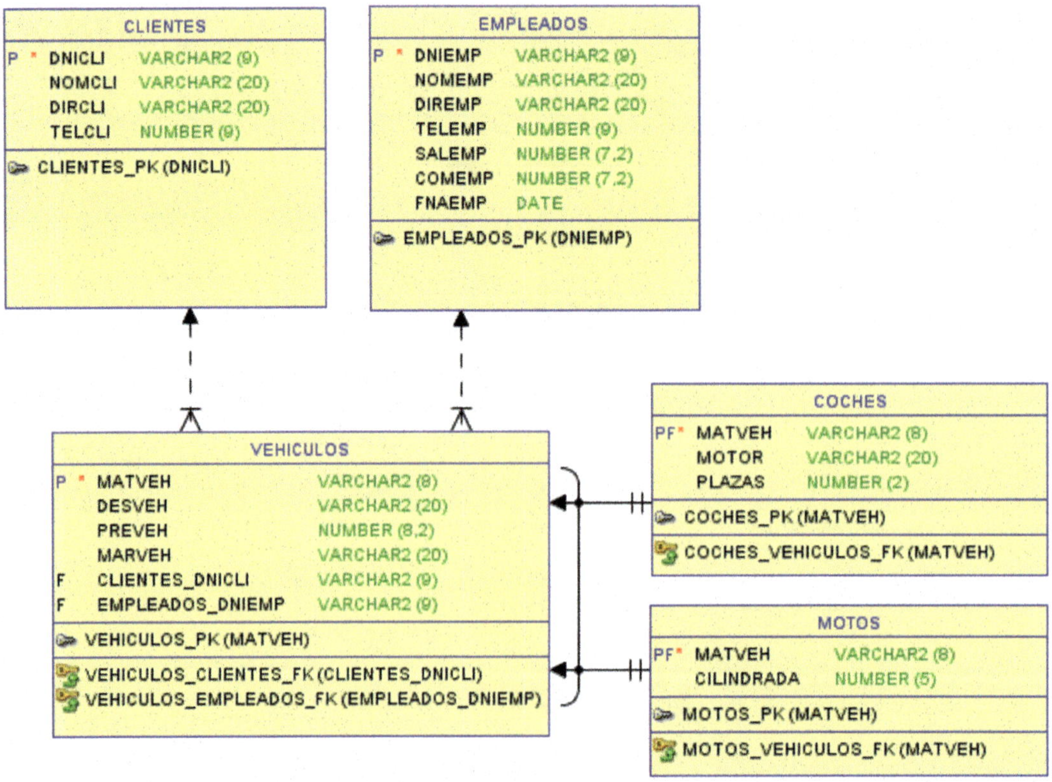

CLIENTES
P * DNICLI VARCHAR2 (9)
NOMCLI VARCHAR2 (20)
DIRCLI VARCHAR2 (20)
TELCLI NUMBER (9)
CLIENTES_PK (DNICLI)

EMPLEADOS
P * DNIEMP VARCHAR2 (9)
NOMEMP VARCHAR2 (20)
DIREMP VARCHAR2 (20)
TELEMP NUMBER (9)
SALEMP NUMBER (7,2)
COMEMP NUMBER (7,2)
FNAEMP DATE
EMPLEADOS_PK (DNIEMP)

VEHICULOS
P * MATVEH VARCHAR2 (8)
DESVEH VARCHAR2 (20)
PREVEH NUMBER (8,2)
MARVEH VARCHAR2 (20)
F CLIENTES_DNICLI VARCHAR2 (9)
F EMPLEADOS_DNIEMP VARCHAR2 (9)
VEHICULOS_PK (MATVEH)
VEHICULOS_CLIENTES_FK (CLIENTES_DNICLI)
VEHICULOS_EMPLEADOS_FK (EMPLEADOS_DNIEMP)

COCHES
PF* MATVEH VARCHAR2 (8)
MOTOR VARCHAR2 (20)
PLAZAS NUMBER (2)
COCHES_PK (MATVEH)
COCHES_VEHICULOS_FK (MATVEH)

MOTOS
PF* MATVEH VARCHAR2 (8)
CILINDRADA NUMBER (5)
MOTOS_PK (MATVEH)
MOTOS_VEHICULOS_FK (MATVEH)

Gráfico 2.17 Modelo Relacional del concesionario.

2.4.2 Álgebra relacional

El modelo relacional es la forma de representar los datos y manipular dicha representación considerando la integridad de los datos. Este modelo se representa mediante tablas relacionales y los procedimientos para su manipulación es el **álgebra relacional**.

El algebra relacional es un lenguaje de consulta capaz de solicitar información a las tablas relacionales.

Para realizar las consultas a la base de datos, el álgebra relacional dispone de un conjunto de operadores (toman relaciones como entrada y generan una salida) y una operación de asignación (asigna el valor de una expresión a una relación nombrada).

En el álgebra relacional existen las siguientes operaciones básicas de:

- Conjuntos: Unión, Intersección, Diferencia y Producto Cartesiano.
- Relacionales: Selección, Proyección, Reunión y División.
- Renombrado.

Operador Renombrar (ρ)

Cambia el nombre de los atributos, que sean necesarios en una relación antes de realizar una operación, que pueda llevar a una relación con una cabecera en la que aparezcan dos atributos con el mismo nombre.

La sintaxis, para una relación de nombre **R**, es:

$$\mathbf{R}\ \rho_{\text{Atributos Nuevos}}\ \textbf{(Atributos originales)}$$

Operaciones de conjuntos

Se dice que dos relaciones son ***compatibles respecto a la unión y a la intersección***, si y solo si, sus cabeceras son idénticas. Esto implica que:

Las dos tienen el mismo conjunto de nombres de atributos.

Los atributos correspondientes se definen sobre el mismo dominio.

Unión (∪): La unión de dos relaciones $\mathbf{R_1}$ y $\mathbf{R_2}$ compatibles respecto a la suma es una nueva relación **R**, con cabecera igual a la de las relaciones y su contenido estará formado por todas las tuplas pertenecientes a $\mathbf{R_1}$, a $\mathbf{R_2}$ o a las dos. Es conmutativa. Su sintaxis es:

$$\mathbf{R = R_1 \cup R_2}$$

EJEMPLO 2.11

Dadas dos relaciones con la misma cabecera, con información referente a los PROFESORES. Obtener la unión de ambas.

R1: PROFESORES

#CODPRO	NOMPRO
001	Antonio
002	Juan
003	Pedro

R2: PROFESORES

#CODPRO	NOMPRO
001	Antonio
005	Elena
006	Eva

R1 ∪ R2: PROFESORES

#CODPRO	NOMPRO
001	Antonio
002	Juan
003	Pedro
005	Elena
006	Eva

Intersección (∩): La unión de dos relaciones R_1 y **R2** compatibles respecto a la suma es una nueva relación **R**, con cabecera igual a la de las relaciones y su contenido estará formado por todas las tuplas pertenecientes a **R1** y a **R2.** Es conmutativa. Su sintaxis es:

$$R = R1 \cap R2$$

EJEMPLO 2.12

Dadas dos relaciones con la misma cabecera, con información referente a los PROFESORES. Obtener la intersección de ambas.

R1: PROFESORES

#CODPRO	NOMPRO
001	Antonio
002	Juan
003	Pedro

R2: PROFESORES

#CODPRO	NOMPRO
001	Antonio
005	Elena
006	Eva

R1 ∩ R2: PROFESORES

#CODPRO	NOMPRO
001	Antonio

Diferencia (-): La diferencia de dos relaciones R_1 y R_2 compatibles respecto a la suma es una nueva relación **R**, cuya cabecera igual a la de las relaciones y su contenido estará formado por todas las tuplas pertenecientes a R_1 pero no a R_2. La diferencia no es conmutativa, es decir, $R_1 - R_2 \neq R_2 - R_1$. Su sintaxis es:

$$R = R_1 - R_2$$

EJEMPLO 2.13

Dadas dos relaciones con la misma cabecera, con información referente a los PROFESORES. Obtener la diferencia entre la primera y la segunda.

R1: PROFESORES

#CODPRO	NOMPRO
001	Antonio
002	Juan
003	Pedro

R2: PROFESORES

#CODPRO	NOMPRO
001	Antonio
005	Elena
006	Eva

R1 – R2: PROFESORES

#CODPRO	NOMPRO
002	Juan
003	Pedro

Producto Cartesiano (x): El producto cartesiano de dos relaciones R_1 y R_2 compatibles respecto al producto es una nueva relación **R**, cuya cabecera es una combinación de las cabeceras de R_1 y R_2 y cuyo cuerpo está formado por el conjunto de todas las tuplas, que son combinaciones de las dos relaciones. Su sintaxis es:

$$R = R_1 \times R_2$$

EJEMPLO 2.14

Dadas dos relaciones PROFESORES y ASIGNATURAS. Obtener el producto cartesiano.

R1: PROFESORES

#CODPRO	NOMPRO
001	Antonio
002	Juan
003	Pedro

R2: ASIGNATURAS

#CODASI	NOMASI
22	Programación
23	Sistemas

R1 × R2

#CODPRO	NOMPRO	#CODPRO	NOMASI
001	Antonio	22	Programación
001	Antonio	23	Sistemas
002	Juan	22	Programación
002	Juan	23	Sistemas
003	Pedro	22	Programación
003	Pedro	23	Sistemas

Operaciones Relacionales

Selección (σ): La selección de tuplas de una relación **R**, es otra relación con idéntica cabecera que **R** y cuyo cuerpo está formado por las tuplas de **R** que cumplan una condición dada. En la condición pueden aparecer operadores de comparación y booleanos. Su sintaxis es:

$$\sigma_{\text{Condición}}\ \mathbf{(R)}$$

Proyección (Π): La proyección de la Relación **R**, compuesta de varios atributos es otra relación que tiene por cabecera los atributos indicados y en cuyo cuerpo aparecen todas las tuplas de la relación restringidas a dichos atributos. Su sintaxis es:

$$\Pi_{\mathbf{A1,\,a2,\ldots An}}\ \mathbf{(R)}$$

EJEMPLO 2.15

Dada la relación PROFESORES. Seleccionar los profesores que tienen cuarenta años o más y la proyección de las columnas código y nombre del profesor.

#CODPRO	NOMPRO	APEPRO	CIUPRO	TELPRO	EDAPRO
001	Antonio	Pérez	Madrid	633325213	40
002	Eva	Palo	Málaga	632522145	32
003	Juan	Alegría	Granada	695874122	27
004	Angela	Perea	Madrid	690000048	38
005	Pedro	García	Toledo	632550370	35
006	Elena	Salobreña	Toledo	623456789	42

σedapro> = 40 (PROFESORES)

#CODPRO	NOMPRO	APEPRO	CIUPRO	TELPRO	EDAPRO
001	Antonio	Pérez	Madrid	633325213	40
006	Elena	Salobreña	Toledo	623456789	42

Πedapro> = 40 (PROFESORES)

#CODPRO	NOMPRO
001	Antonio
002	Eva
003	Juan
004	Ángela
005	Pedro
006	Elena

Reunión natural (*): Sea una relación $\mathbf{R_1}$ con n atributos y otra $\mathbf{R_2}$ también con n atributos, pero entre los cuales hay un subconjunto de atributos de la relación $\mathbf{R_1}$, el resultado de la reunión natural será los atributos comunes de ambas relaciones que tengan los mismos valores junto con el valor de los atributos no comunes. Si las dos relaciones no tienen atributos en común la reunión natural coincide con el producto cartesiano. Es conmutativa. Su sintaxis es la siguiente

$$\mathbf{R_1 * R_2}$$

EJEMPLO 2.16

Obtener la reunión natural de dos relaciones PROFESORES y PROFESORES2.

R1: PROFESORES

NOMPRO	APEPRO	EDAPRO
Antonio	Pérez	25
Juan	Bravo	42
Pedro	Ruiz	35

R2: PROFESORES2

NOMPRO	NOMPRO	ASIPRO
Antonio	Pérez	Programación
Ana	Belmonte	BBDD
Elena	López	Acceso a datos
Pedro	Ruiz	BBDD

R1 * R2: PROFESORES2

NOMPRO	NOMPRO	EDAPRO	ASIPRO
Antonio	Pérez	25	Programación
Pedro	Ruiz	35	BBDD

División (÷): Sea una relación $\mathbf{R_1}$ con n atributos y otra $\mathbf{R_2}$ también con n atributos, pero entre los cuales hay un subconjunto de atributos de la relación $\mathbf{R_1}$, el resultado de la división será el valor de los atributos de $\mathbf{R_1}$ que no están en $\mathbf{R_2}$ y que exista coincidencia en los valores de los atributos que están en $\mathbf{R_1}$ y $\mathbf{R_2}$. Su sintaxis es la siguiente:

$$\mathbf{R_1 \div R_2} \text{ o } \mathbf{R_1 : R_2}$$

EJEMPLO 2.17

Obtener la división de la relación PROFESORES entre PROFESORES2

R1: PROFESORES

NOMPRO	APEPRO	EDAPRO	ASIPRO
Antonio	Pérez	25	Programación
Juan	Bravo	42	BBDD
Pedro	Ruiz	35	Acceso a datos

R2: PROFESORES2

NOMPRO	APEPRO
Antonio	Pérez
Ana	Belmonte
Elena	López
Pedro	Ruiz

R1 : R2: PROFESORES

EDAPRO	ASIPRO
25	Programación
35	BBDD

Operaciones *adicionales*

Ampliación (α)**:** Se parte de una relación **R** y crea otra nueva relación igual con algún atributo más que la original cuyos valores se obtienen evaluando alguna expresión. La sintaxis del operador es:

$$\mathbf{R}\ \alpha_{\text{Cálculo Escalar}}\ \textbf{(nombre atributo)}$$

Resumen (Ω)**:** Se parte de una relación **R** y crea otra nueva relación igual con los mismos atributos que la original y otros nuevos de agrupamiento como pueden ser media, suma, varianza, contador, etc. La sintaxis es:

$$\mathbf{R}\ \text{(lista atributos)}\ \Omega_{\text{Cálculo Agregados}}\ \textbf{(nombre atributo)}$$

EJEMPLO 2.18

Se parte de las siguientes tablas relacionales CURSOS, ALUMNOS y MATRICULADOS, sabiendo que en un curso puede haber matriculados muchos alumnos y un alumno puede estar matriculado en varios cursos.

CURSOS (<u>Nº Curso</u>, Titulo, Precio, Horas, Edición)

ALUMNOS (<u>Nº Alumno</u>, Nombre, Dirección, Cod_Postal, Teléfono, Email)

MATRICULADO (<u>Nº Curso</u>, <u>Nº Alumno</u>, Nota)

Se desea obtener:

- Obtener el titulo y precio de los cursos que tienen mas de 40 horas de duración.

$$\Pi_{\text{Titulo, Precio}}(\sigma_{(\text{horas}>40)}(\text{CURSOS}))$$

- Obtener el título de los cursos en las que está matriculado el alumno con número 2545.

$$\Pi_{\text{Titulo}}(\text{CURSOS}) * (\Pi_{\text{NºCurso}}(\sigma_{(\text{NºAlumno}=2545)}(\text{MATRICULADO})))$$

- Obtener el código postal de los alumnos que han aprobado el curso de título PHP.

$$\Pi_{\text{Cod\_Postal}}(\text{ALUMNOS}) * (\Pi_{\text{NºAlumno}}(\sigma_{(\text{Nota}>=5)}(\text{MATRICULADO}) * \Pi_{\text{NºCurso}}(\sigma_{(\text{Titulo}=\text{"PHP"})}(\text{CURSOS}))))$$

2.4.3 Normalización de relaciones

La normalización consiste en seguir un proceso de organización de los diferentes datos de la base de datos, siendo su principal ventaja eliminar los datos redundantes o repetidos que existen en esta.

Cuando se hace la normalización es porque el modelo entidad relación no se ha realizado de la forma adecuada y existen atributos redundantes al pasar al modelo relacional; por tanto, sirve de alguna manera para corregir lo que no se ha diseñado bien.

GLOSARIO

Normalización: técnica que pretende alcanzar un grado optimo en una relación.

Una relación está normalizada cuando satisface las restricciones establecidas por el modelo relacional. Las principales ventajas que presenta la normalización son:

- Los datos se agrupan en relaciones identificados con la misma.
- La información que necesitan obtener los usuarios se consigue de las relaciones o de las tablas relacionales.
- Las aplicaciones no están ligadas a los datos existiendo una gran independencia entre ambos.
- La representación de la información es más clara y sencilla.
- La redundancia es mínima, pues los únicos datos que se repiten son los relativos a las claves foráneas.
- Mayor rendimiento en las aplicaciones.
- Los lenguajes que manipulan los datos están basados en el álgebra y el cálculo relacional.

Existen 6 formas normales, la primera, la segunda y la tercera definidas por Codd a principios de la década de 1970, la llamada forma normal de Boyce Codd que intenta subsanar las anomalías existentes en ciertas bases de datos, y, posteriormente, Fagin definió la cuarta y la quinta.

Primera forma normal o 1NF

Se dice que una relación está en 1FN si y solo si los valores que componen cada atributo de una tupla son atómicos, dependen funcionalmente de la clave de la relación y no forman grupos de valores repetidos.

Un atributo es atómico si y solo si los elementos de su dominio son simples y no se pueden dividir en otros, pues si lo hace pierde el sentido la información.

Se define dependencia funcional cuando cualquier atributo que está en la relación depende de la clave principal que le acompaña.

EJEMPLO 2.19

Supongamos la siguiente relación MERCADOS con los siguientes atributos: referentes al mercado se tiene, el código, que es clave primaria (CODMER), nombre (NOMMER), dirección (DIRMER) y teléfono (TELMER); referentes a los puestos, se tiene identificador fiscal, el cual no depende del mercado (IDFPUE), nombre (NOMPUE), teléfono (TELPUE) y descripción (DESPUE) y referente al propietario se tiene el DNI (DNIPRO) y nombre (NOMPRO); además, se guarda también la fecha de apertura del puesto en el mercado (FECAPE).

Normalizar la relación a 1NF teniendo en cuenta que en un mercado puede haber muchos puestos y un puesto solo pertenece a un propietario.

CODMER	NOMMER	DIRMER	TELMER	IDFPUE	NOMPUE	TELPUE	DESPUE	DNIPRO	NOMPRO	FECAPE
01	Tetuán	Lino 8	636321325	A002J7	Pollo Rico	636525487	Pollería	78541K	Juan López	14/11/16
01	Tetuán	Lino 8	636321325	0054H9	Tropical	632522221	Frutería	54120W	Ana Gala	11/05/15
01	Tetuán	Lino 8	636321325	21LK02	La Mar	698665478	Pescadería	45700G	Ángel Sanz	17/08/19
01	Tetuán	Lino 8	636321325	0232AI	El Vergel	688555471	Frutería	12540H	Eva Gil	17/04/18

Tal y como se observa, existen grupos de valores repetidos en la relación, por lo tanto, no está en primera forma normal.

Por lo tanto, se van a obtener dos relaciones, la primera que guarda la información del mercado con clave principal CODMER y la segunda que guarda la información de los puestos y los propietarios con clave principal compuesta CODMER y IDFPUE.

Relación Mercado

CODMER	NOMMER	DIRMER	TELMER

Relación Mercado-Puesto

CODMER	IDFPUE	NOMPUE	TELPUE	DESPUE	DNIPRO	NOMPRO	FECAPE

Se observa ahora que todos los datos son atómicos, dependen funcionalmente de la clave y no se forman grupos repetidos.

Segunda forma normal o 2NF

Se dice que una relación está en 2NF si está en primera y existe dependencia funcional completa sobre la clave primaria.

Se entiende por dependencia funcional completa cuando un atributo de la relación depende de todos los atributos que componen la clave principal, si depende de parte de ella estaríamos ante una dependencia funcional parcial; por lo tanto, se buscarán claves primarias formadas por varios atributos, obteniéndose tantas relaciones como dependencias totales y parciales haya. Se dice que cuando una clave primaria está formada por un único atributo, la relación ya está en segunda forma normal.

EJEMPLO 2.20

Obtener la segunda forma normal de las relaciones MERCADO y MERCADO-PUESTO obtenidas anteriormente.

Se observa que en la relación Mercado todos los atributos dependen totalmente de la clave principal, pues esta está formada por un único atributo.

<u>CODMER</u>	NOMMER	DIRMER	TELMER

En la relación Mercado-Puesto se observa que hay atributos que dependen parcialmente de la clave principal, es decir, el nombre del puesto, el teléfono y la descripción del puesto dependen solo del identificador del puesto; en cambio, los otros no.

<u>CODMER</u>	<u>IDFPUE</u>	NOMPUE	TELPUE	DESPUE	DNIPRO	NOMPRO	FECAPE

En este caso se obtienen dos relaciones; una donde se ve la dependencia funcional parcial:

<u>IDFPUE</u>	NOMPUE	TELPUE	DESPUE

Y otra donde se ve la dependencia funcional completa.

<u>CODMER</u>	<u>IDFPUE</u>	DNIPRO	NOMPROP	FECAPE

Por tanto, la salida de la segunda forma normal sería tres relaciones:

Relación Mercado

<u>CODMER</u>	NOMMER	DIRMER	TELMER

Relación Puesto

<u>IDFPUE</u>	NOMPUE	TELPUE	DESPUE

Relación Mercado-Puesto

<u>CODMER</u>	<u>IDFPUE</u>	DNIPRO	NOMPRO	FECAPE

Tercera forma normal o 3NF

Se dice que una relación está en 3FN sí y solo si se encuentra en la Segunda Forma Normal y ningún atributo no primario es transitivamente dependiente de la clave primaria de la relación.

Dados tres atributos A, B y C de una relación R, donde A es la clave primaria, se dice que si B depende funcionalmente de A y C depende funcionalmente de B, entonces C depende transitivamente de A. Si esto pasara, se obtendrían dos relaciones, una formada por B y C cuya clave primaria sería B, y otra formada por A y B, donde A seguiría siendo la clave primaria y B sería la clave extranjera de la segunda relación.

EJEMPLO 2.21

Obtener la tercera forma normal de las relaciones MERCADO, MERCADO-PUESTO y PUESTO obtenidas anteriormente.

Se observa en las relaciones MERCADO y PUESTO que no existen atributos que dependan transitivamente de la clave primaria; en cambio, en la relación MERCADO-PUESTO el atributo nombre del propietario depende funcionalmente del DNI del propietario y este a su vez depende funcionalmente de la clave, por tanto, el nombre del propietario depende transitivamente de la clave. Así pues, una relación llamada propietario:

DNIPRO	NOMPRO

Y una segunda llamada mercado-puesto:

Por tanto, el modelo normalizado sería:

Relación Mercado

CODMER	NOMMER	DIRMER	TELMER

Relación Puesto

IDFPUE	NOMPUE	TELPUE	DESPUE

Relación Propietario

Relación Mercado-Puesto

Se observa que desde cualquier tabla relacional por la que se entre se puede acceder a cualquier otra tabla relacional; además, el modelo ya estaría normalizado en las formas siguientes, pues no hay ni claves candidatas ni claves complejas.

Forma normal de Boyce-Codd o BCNF

Se dice que una relación está en BCFN en sí y solo si está en 3NF y los únicos determinantes son claves candidatas (no existen claves candidatas compuestas).

Esta forma normal no suele suceder habitualmente, aunque aparece normalmente cuando hay claves candidatas que podrían haber sido elegidas como principales y cuando estas se solapan, es decir, que tienen al menos un atributo común.

Esta forma normal esta basado en el teorema de Boyce-Codd que dice:

Sea una Relación formada por los atributos **A**, **B**, **C, D** con claves candidatas compuestas **(A, B)** y **(B, C)** tal que existen dependencias funcionales en ambos sentidos entre A y C (A ←→ C), entonces la relación o tabla relacional puede descomponerse en cualquiera de las dos siguientes formas: R1 (A, C) y R2 (B, C, D) o bien R1 (A, C) y R2 (A, B, D).

EJEMPLO 2.22

Supongamos que tenemos una relación con los siguientes atributos el DNI del profesor, el NRP (número de registro personal) del profesor y el código de la asignatura que imparte, suponiendo que un profesor puede impartir más de una asignatura. Llegar a la forma normal de Boyce Codd.

DNIPRO	NRPPRO	CODASI
45201210K	45201210FC590	31850
45201210K	45201210FC590	31860
45201210K	45201210FC590	31870
60202210W	60202210FK591	32120
60202210W	60202210FK591	32140

Tal y como se observa, la relación está en 1NF, 2NF y 3NF, pero no está en BCNF pues existen claves candidatas con los mismos valores, por lo que se obtendrán las siguientes relaciones:

Relación Profesor

DNIPRO	NRPPRO

Relación Profesor-Asignatura

DNIPRO	CODASI

Cuarta forma normal 4NF

Se dice que una relación está en cuarta forma normal si y solo si está en 3NF o BCNF y no existen dependencias multivaluadas.

La cuarta forma normal fue definida por Fagin y pretende eliminar las relaciones muchos a muchos en aquellas claves que tienen múltiples atributos.

La dependencia multivaluada, dice lo siguiente: dada una relación con los atributos A, B, C se dice que se cumple en ella una dependencia multivaluada A - -> B, si y solo si el conjunto de valores correspondiente a un par dado en la relación depende solo del valor de A y es independiente del valor de C. La dependencia multivaluada A - -> B se cumple si y solo si también se cumple A - -> C.

EJEMPLO 2.23

Dada la relación, la cual está en tercera forma normal con los siguientes atributos código del profesor, código de la asignatura y número de matrícula del alumno, y sabiendo que un profesor imparte muchas asignaturas y viceversa y que un profesor tiene muchos alumnos y viceversa. Obtener la 4NF de esta.

CODPRO	CODASI	NUMALU
01JUAN	01BASESD	01LUIS
01JUAN	01BASESD	02PEDRO
01JUAN	02PROGRA	01LUIS
02EVA	01BASESD	03ANA
02EVA	02PROGRA	02PEDRO

Se observa en la tabla relacional que puede impartir muchas asignaturas y una asignatura puede ser impartida por varios profesores, y un profesor tiene muchos alumnos y un alumno muchos profesores; además, existe redundancia en las asignaturas, pues cada profesor se repite por cada alumno matriculado. Teniendo en cuenta estos principios, las relaciones que cumplen la 4NF serían:

Relación Profesor-Asignatura

CODPRO	CODASI

Relación Profesor-Alumno

CODPRO	NUMALU

Si no hubiera habido esta doble relación muchos a muchos, la tabla de relación original estaría en 4NF.

Quinta forma normal 5NF

Una tabla relacional se encuentra en 5FN si y solo si está en 4NF y toda dependencia de reunión es una consecuencia de las claves candidatas, esto es, no existen restricciones impuestas por el creador de la Base de Datos.

La dependencia de reunión dice que una tabla relacional satisface la dependencia de reunión (X, Y, ..., Z) si y solo si la tabla relacional es igual a la reunión de sus proyecciones según X, Y, ..., Z. Donde X, Y, ..., Z son subconjuntos del conjunto de atributos de la tabla relacional.

Si la relación no se descompone en la cuarta forma normal se hará en la 5NF; en el ejemplo anterior si no se hubiera descompuesto, se obtendrían tres relaciones profesor – asignatura, profesor – alumno y asignatura-alumno.

EJEMPLO 2.24

Supongamos que tenemos una relación que indica el de móviles a de varias sucursales que venden en diferentes zonas. Se ha de tener en cuenta que cada sucursal solo vende a su zona.

SUCURSAL	TIPO MOVIL	ZONA

Se observa que la sucursal solo puede vender en una zona, aunque pueda vender muchos tipos de móviles, al no cumplirse muchos a muchos en ambos casos ya estaría en cuarta forma normal, para llegar a la quinta obtenemos las combinaciones de tres atributos tomados de dos en dos, es decir, se obtendrían las siguientes relaciones:

Relación Sucursal-Móvil

Relación Móvil-Zona

TIPO MOVIL	ZONA

Relación Sucursal-Zona

SUCURSAL	ZONA

Desnormalización

La normalización no garantiza el rendimiento de la base de datos. En determinadas ocasiones hay que desnormalizar para mejorar este. La desnormalización es la duplicación intencionada de columnas en varias tablas, lo cual aumenta la redundancia de datos.

A medida que avanza la normalización, se van creando más tablas, sin embargo, a mayor número de tablas, existe una ralentización a la hora de recuperar los datos.

La normalización es una técnica utilizada rediseñar tablas relacionales en las que la redundancia de los datos sea mínima. Las formas normales 1NF, 2NF y 3NF son las más utilizadas y son las formas que producen menos redundancias, a partir de estas, se producen muchas más tablas. Hay que decir que la mayor parte de las consultorías utilizan hasta la 3NF como formas ideales.

2.5 Modelo físico

El modelo físico es el proceso de implementar la base de datos en los equipos para la producción. En la implementación se deben definir las estructuras de almacenamiento y escoger los mecanismos para garantizar un acceso eficiente a los datos. La implementación se realizará en SQL.

El fin del diseño físico es describir cómo se va a implementar físicamente el esquema lógico obtenido en el modelo relacional, consistiendo en:

- Convertir el esquema lógico a físico, es decir, realizar las sentencias necesarias en SQL para crear las tablas de la base de datos y las restricciones sobre ellas.
- Obtener las estructuras de almacenamiento, los métodos de acceso y análisis de las transacciones para conseguir unas buenas prestaciones.
- Diseñar el modelo de seguridad del sistema.

2.5.1 Convertir el sistema lógico a físico

En esta fase se traducirá el esquema lógico en un esquema físico, el cual se implementará a través de un SGBD.

Las tablas serán definidas mediante un lenguaje de definición de datos definido en el SGBD, que en este caso será Oracle. Por tanto, el modelo físico constará de un conjunto de tablas las cuales estarán relacionadas por las claves primarias y ajenas. Estas tablas deberán de tener:

- Un nombre representativo.
- Una lista de columnas con el tipo de datos y dimensión, también en las columnas se debe de especificar las restricciones y las reglas de comportamiento de las claves ajenas.

Hay que considerar que las tablas que componen la base de datos deben de llevar implícitas, en la medida de lo posible, las reglas de funcionamiento que tiene la entidad o empresa donde se implementa la base de datos. Todas las reglas de funcionamiento deben estar bien documentadas.

EJEMPLO 2.25

Obtener el modelo físico, es decir, las tablas SQL, del MR del ejemplo 2.6 con la herramienta Oracle DataModeler.

```
CREATE TABLE AVERIAS (
  NUMAVE     NUMBER(3) NOT NULL,
  DESAVE     VARCHAR2(30),
  PIEAVE     VARCHAR2(30),
  IMPAVE     NUMBER(7,2),
CLIENTES_CODCLI NUMBER(3) NOT NULL,
FACTURA_NUMFAC NUMBER(3) NOT NULL);
ALTER TABLE AVERIAS ADD CONSTRAINT AVERIAS_PK PRIMARY
KEY (NUMAVE);
ALTER TABLE AVERIAS
ADD CONSTRAINT AVERIAS_CLIENTES_FK FOREIGN KEY
(CLIENTES_CODCLI)
REFERENCES CLIENTES (CODCLI);
ALTER TABLE AVERIAS
ADD CONSTRAINT AVERIAS_FACTURA_FK FOREIGN KEY
(FACTURA_NUMFAC)
REFERENCES FACTURA (NUMFAC);

CREATE TABLE CLIENTES (
CODCLI NUMBER(3) NOT NULL,
DATCLI VARCHAR2(30),
MATCLI VARCHAR2(8),
TELCLI NUMBER(9));
ALTER TABLE CLIENTES ADD CONSTRAINT CLIENTES_PK
PRIMARY KEY (CODCLI);

CREATE TABLE FACTURA (
NUMFAC NUMBER(3) NOT NULL,
DATFAC VARCHAR2(30),
TOTFAC NUMBER(7,2));
ALTER TABLE FACTURA ADD CONSTRAINT FACTURA_PK PRIMARY
KEY (NUMFAC);
CREATE TABLE PIEZAS (
NUMPIE NUMBER(3) NOT NULL,
```

```
DESPIE VARCHAR2(30),
PREPIE NUMBER(7,2),
STOPIE NUMBER(3));
ALTER TABLE PIEZAS ADD CONSTRAINT PIEZAS_PK PRIMARY
KEY (NUMPIE);

CREATE TABLE PROVEEDOR (
CODPRO NUMBER(3) NOT NULL,
DATPRO VARCHAR2(30),
TELPRO NUMBER(9),
CATPRO VARCHAR2(20));
ALTER TABLE PROVEEDOR ADD CONSTRAINT PROVEEDOR_PK
PRIMARY KEY (CODPRO);

CREATE TABLE SUMINISTRAN (
PROVEEDOR_CODPRO NUMBER(3) NOT NULL,
  PIEZAS_NUMPIE  NUMBER(3) NOT NULL,
  CANTIDAD     NUMBER(3));
ALTER TABLE SUMINISTRAN
ADD CONSTRAINT SUMINISTRAN_PK
PRIMARY KEY (PROVEEDOR_CODPRO, PIEZAS_NUMPIE);
ALTER TABLE SUMINISTRAN
ADD CONSTRAINT SUMINISTRAN_PIEZAS_FK FOREIGN KEY
(PIEZAS_NUMPIE)
REFERENCES PIEZAS ( NUMPIE );
ALTER TABLE SUMINISTRAN
ADD CONSTRAINT SUMINISTRAN_PROVEEDOR_FK
FOREIGN KEY (PROVEEDOR_CODPRO)
REFERENCES PROVEEDOR (CODPRO);

CREATE TABLE TIENEN (
AVERIAS_NUMAVE NUMBER(3) NOT NULL,
PIEZAS_NUMPIE NUMBER(3) NOT NULL);
ALTER TABLE TIENEN
ADD CONSTRAINT TIENEN_PK
PRIMARY KEY (AVERIAS_NUMAVE, PIEZAS_NUMPIE);
ALTER TABLE TIENEN
ADD CONSTRAINT TIENEN_AVERIAS_FK FOREIGN KEY
(AVERIAS_NUMAVE)
REFERENCES AVERIAS (NUMAVE);
ALTER TABLE TIENEN
ADD CONSTRAINT TIENEN_PIEZAS_FK FOREIGN KEY (PIEZAS_
NUMPIE)
REFERENCES PIEZAS (NUMPIE);
```

EJEMPLO 2.26

Obtener el modelo físico, es decir, las tablas SQL, del MR del ejemplo 2.8 con la herramienta Oracle DataModeler.

```
CREATE TABLE CLIENTES (
  CODCLI NUMBER(3) NOT NULL,
  NOMCLI VARCHAR2(25),
  TELCLI NUMBER(9)
);
ALTER TABLE CLIENTES ADD CONSTRAINT CLIENTES_PK
PRIMARY KEY (CODCLI);

CREATE TABLE COMPRADOR (
  DNIEMP NUMBER(3) NOT NULL,
  FOREMP VARCHAR2(20)
);
ALTER TABLE COMPRADOR ADD CONSTRAINT COMPRADOR_PK
PRIMARY KEY (DNIEMP);
ALTER TABLE COMPRADOR
  ADD CONSTRAINT COMPRADOR_EMPLEADOS_FK FOREIGN KEY
(DNIEMP)
    REFERENCES EMPLEADOS (DNIEMP);

CREATE TABLE COMPRAR (
  DNIEMP NUMBER(3) NOT NULL,
  CODCLI NUMBER(3) NOT NULL
);
ALTER TABLE COMPRAR ADD CONSTRAINT RELATION_2_PK
PRIMARY KEY (DNIEMP, CODCLI);
ALTER TABLE COMPRAR
  ADD CONSTRAINT RELATION_2_CLIENTES_FK FOREIGN KEY
(CODCLI)
    REFERENCES CLIENTES (CODCLI);
ALTER TABLE COMPRAR
  ADD CONSTRAINT RELATION_2_VENDEDORES_FK FOREIGN KEY
(DNIEMP)
    REFERENCES VENDEDORES (DNIEMP);

CREATE TABLE DESARROLLADORES (
  METEMP UNKNOWN
  DNIEMP NUMBER(3) NOT NULL
);
ALTER TABLE DESARROLLADORES ADD CONSTRAINT
DESARROLLADORES_PK PRIMARY KEY (DNIEMP);
ALTER TABLE DESARROLLADORES
  ADD CONSTRAINT DESARROLLADORES_EMPLEADOS_FK FOREIGN
KEY (DNIEMP)REFERENCES EMPLEADOS (DNIEMP);

CREATE TABLE EMPLEADOS (
  DNIEMP NUMBER(3) NOT NULL,
  NOMEMP VARCHAR2(25),
  DIREMP VARCHAR2(25),
  TELEMP NUMBER(9),
  SUEEMP NUMBER(6, 2)
);
```

```
ALTER TABLE EMPLEADOS ADD CONSTRAINT EMPLEADOS_PK
PRIMARY KEY (DNIEMP);

CREATE TABLE PROVEEDOR (
  NOMPRO VARCHAR2(25),
  DIRPRO VARCHAR2(25),
  TELPRO NUMBER(9),
  CODPRO NUMBER(3) NOT NULL,
  DNIEMP NUMBER(3) NOT NULL
);
ALTER TABLE PROVEEDOR ADD CONSTRAINT PROVEEDOR_PK
PRIMARY KEY (CODPRO);
ALTER TABLE PROVEEDOR
  ADD CONSTRAINT PROVEEDOR_COMPRADOR_FK FOREIGN KEY
(DNIEMP)
    REFERENCES COMPRADOR (DNIEMP);

CREATE TABLE VENDEDORES (
  COMEMP NUMBER(6, 2),
  DNIEMP NUMBER(3) NOT NULL
);
ALTER TABLE VENDEDORES ADD CONSTRAINT VENDEDORES_PK
PRIMARY KEY (DNIEMP);
ALTER TABLE VENDEDORES
  ADD CONSTRAINT VENDEDORES_EMPLEADOS_FK FOREIGN KEY
(DNIEMP)
    REFERENCES EMPLEADOS (DNIEMP);
```

2.5.2 Diseño del soporte físico donde se almacenará la BD

Se debe de conseguir que el almacenamiento físico de los datos sea eficiente, para ello se tendrá en cuenta que:

- Las estructuras de almacenamiento serán eficientes para la carga de gran volumen de datos, buscándose elementos físicos capaces de mantener de manera óptima los datos, el SGBD y el sistema operativo donde residen.
- El rendimiento de transacciones será el mejor, entendiendo por rendimiento como el número de transacciones (inserciones, borrado y modificaciones) en un intervalo de tiempo. Para obtener un buen rendimiento en las transacciones se tendrá en cuenta:
  - Escoger una óptima organización para los ficheros de la base de datos.
  - Crear índices para acelerar el acceso a las columnas de las tablas para determinadas búsquedas de la información.
  - Estimar el espacio en disco para la base de datos.

2.5.3 Diseño del modelo de seguridad

En la parte de la seguridad hay dos vertientes:

- Diseño de vistas de usuarios. Una vista es una tabla virtual que se produce cuando un usuario realiza una consulta. El usuario siente que la vista es una tabla real y la puede manipular como si se tratara de una tabla, pero la vista no está almacenada físicamente. El usuario solo podrá manipular las columnas que ve, pero habrá otras que por seguridad no se vean en la vista.

- Diseño de reglas de acceso. El administrador de la base de datos asigna a cada usuario un nombre y una contraseña para garantizar la seguridad. Cada usuario tendrá distintos privilegios para realizar diferentes acciones sobre los objetos de la BD.

2.6 Ejercicios resueltos

1. Diseñar un MER, MR y el modelo físico del siguiente supuesto:

Una empresa informática llamada ACAINFO SL se dedica a realizar cursos de software y hardware. De dicha empresa nos interesa conocer:

- Los profesores, que son los que imparten los cursos y cada uno de ellos está especializado en determinados campos. De los profesores interesa conocer los siguientes atributos: número de identificador, nombre, fecha de nacimiento, número identificador del empleado que es jefe suyo, fecha de ingreso, salario, comisión y especialidad.
- Los cursos o formación que se realiza en la empresa. De estos nos interesa conocer los siguientes atributos: número de identificador, precio, título, edición, horas, fecha de inicio y fecha de finalización.
- Los alumnos que se matriculan en los diferentes cursos. De estos nos interesa conocer la siguiente información: número, nombre, dirección, código postal, teléfono y email.
- Además, se guardarán las calificaciones que tenga el alumno en cada curso que esté matriculado.

En el modelo se deberán tener en cuenta las siguientes restricciones:

- Un profesor podrá impartir varios cursos, pero un curso solo será impartido por un profesor.
- Un profesor puede ser jefe de otro profesor.
- Un alumno podrá matricularse en diferentes cursos y en un curso solo podrá haber matriculados un máximo de 15 alumnos.

Gráfico 2.18 MER según la metodología de Chen de la empresa ACAINFO.

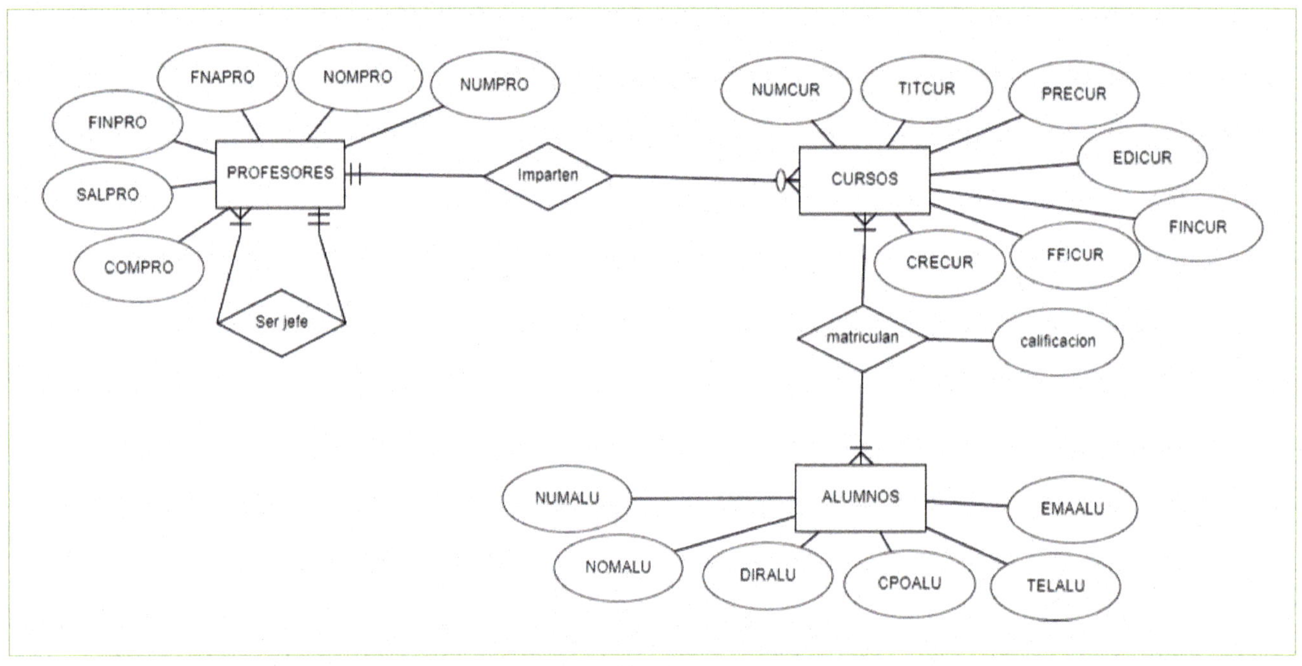

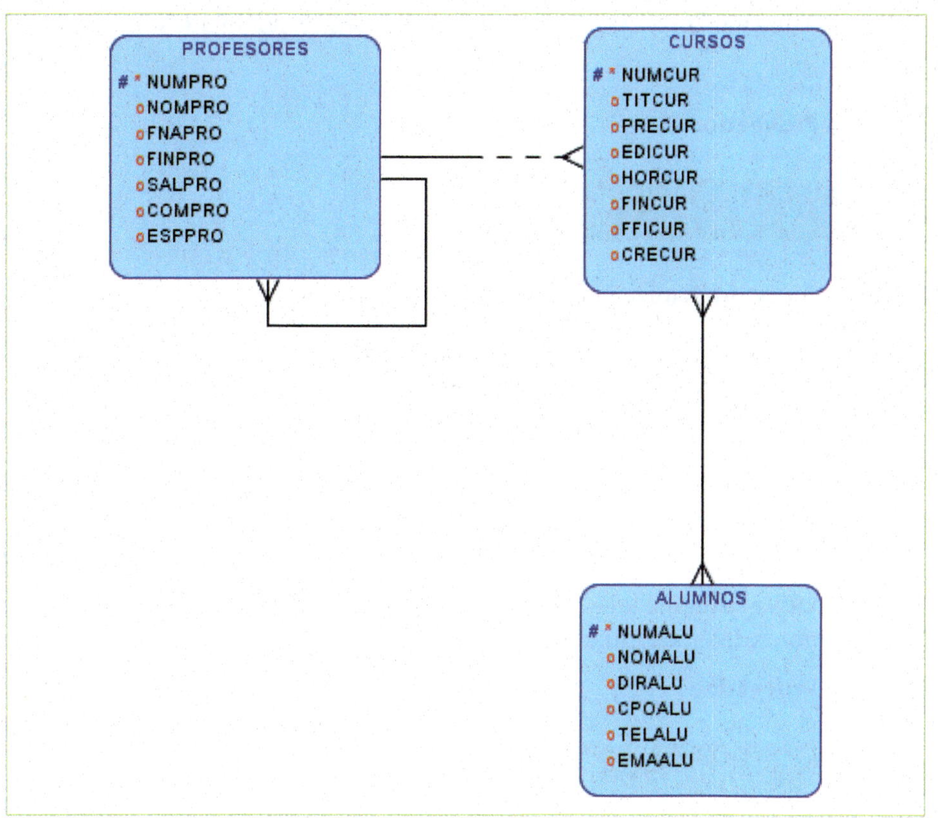

Gráfico 2.19 MER según la metodología de Martin de la empresa ACAINFO.

Gráfico 2.20 Modelo relacional de la empresa ACAINFO.

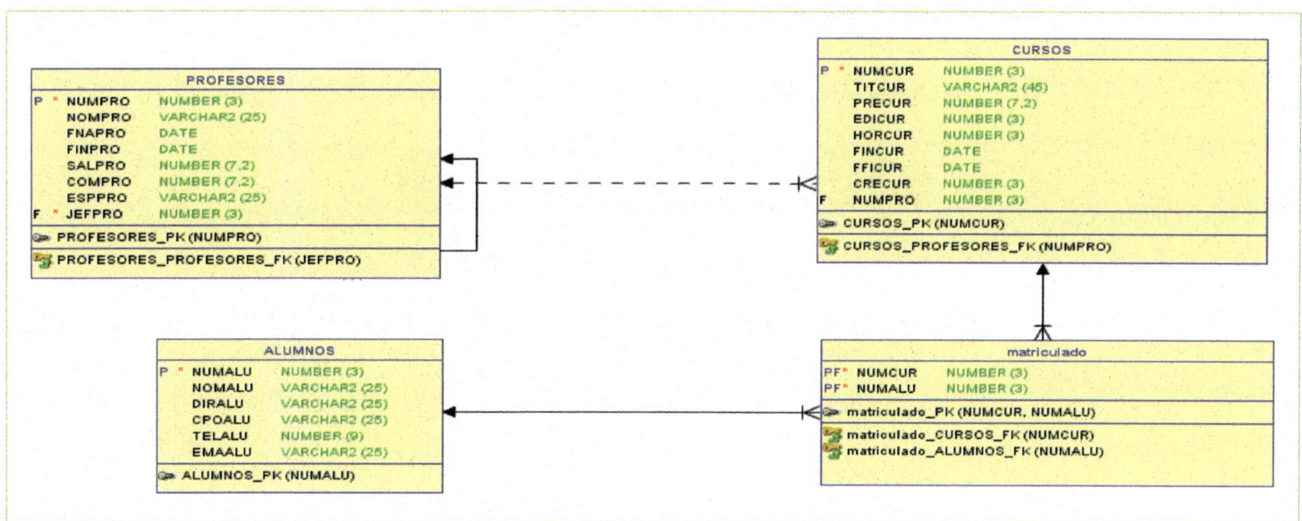

2. Normalizar las siguientes relaciones hasta la 3NF:

a) Se tiene la siguiente relación referente a los proveedores que sirven a muchos almacenes, se guarda el código, el nombre y la dirección del proveedor y el código nombre y teléfono del almacén.

CODPRO	NOMPRO	DIRPRO	CODALM	NOMALM	TELALM
001	JUAN	Sol 25	A	Almacen1	1122
			B	Almacen2	2232
			C	Almacen2	2555

Se observa que hay un grupo de atributos que se repite, por lo que nos queda:

1NF

Relación Proveedor

Relación Almacén-Proveedor

<u>CODPRO</u>	<u>CODALM</u>	NOMALM	TELALM

2NF

En la primera relación existe dependencia funcional completa pues la clave principal está formada por un solo atributo, por lo que ya está en 2NF.

En la segunda existe una relación parcial hacia el código del almacén de los atributos nombre y teléfono; queda, por tanto:

Relación Proveedor

Relación Almacén-Proveedor

Relación Almacén

<u>CODALM</u>	NOMALM	TELALM

3NF

Las relaciones anteriores ya estarían en 3NF pues no existen en ninguna de ellas atributos que cumplan el principio de dependencia transitiva.

b) Se tiene una relación referente a los bancos de una población. Se sabe que un banco tiene muchas sucursales y una sucursal diferentes cuentas. Los atributos que guarda la relación son el código, el nombre y el teléfono del banco, el código, el nombre y la dirección de la sucursal y el número de cuenta y el tipo.

<u>CODBAN</u>	NOMBAN	TELBAN	CODSUC	NOMSUC	TELSUC	NUMCUE	TIPCUE
001	CaixaBank	912545201	A	Suc1	1122	455555	A
						4266632	B
						52146	A

Se observa que hay un grupo de atributos que se repite, por lo que nos queda:

1NF

Relación Banco

CODBAN	NOMBAN	TELBAN	CODSUC	NOMSUC	TELSUC

Relación Banco-Cuenta

CODBAN	NUMCUE	TIPCUE

2NF

En la primera relación existe dependencia funcional completa, pues la clave principal está formada por un solo atributo, por lo que ya está en 2NF.

En la segunda existe una relación parcial hacia el número de cuenta del atributo tipo de cuenta:

Relación Banco

CODBAN	NOMBAN	TELBAN	CODSUC	NOMSUC	TELSUC

Relación Banco-Cuenta

CODBAN	NUMCUE

Relación Cuenta

NUMCUE	TIPCUE

3NF

En las relaciones banco-cuenta y en cuenta no se observan dependencias transitivas; en cambio, en la relación banco, el nombre y el teléfono de la sucursal dependen de su código funcionalmente y transitivamente del código del banco, quedando el código de la sucursal como clave extranjera en la relación banco, por lo que el modelo normalizado quedaría así:

Relación Banco

CODBAN	NOMBAN	TELBAN	*CODSUC*

Relación Sucursal

CODSUC	NOMSUC	TELSUC

Relación Banco-Cuenta

CODBAN	NUMCUE

Relación Cuenta

NUMCUE	TIPCUE

3. Diseñar un MER, MR y un modelo físico del siguiente supuesto:

Una cadena de comida rápida quiere gestionar los pedidos y los repartos a domicilio, así como las estadísticas; se quiere registrar la siguiente información: los pedidos se pueden consumir en el establecimiento los cuales se recogen en ventanilla y entregas a domicilio que se recogen por teléfono.

- Los pedidos. Según llegan se numeran secuencialmente recogiendo la fecha y la hora del pedido.
- Los pedidos que se hacen en ventanilla o mostrador se registran con un número; de los pedidos a domicilio se registran el teléfono, la población o la dirección.
- La empresa tiene repartidores identificados por un número junto con su nombre, la matrícula del vehículo de reparto y el turno; a cada pedido, a domicilio se le asigna un repartidor. La cadena ofrece productos, hamburguesas, pizzas, etc., a los cuales se les identifica por un código junto con un nombre y un precio.
- Existen, también, menús especiales, que se les identifica por un número, por un nombre y por un precio, un pedido puede constar de varios menús en diferentes cantidades y/o varios productos en diferentes cantidades.

Gráfico 2.21 MER con la metodología de Martin de una empresa de comida rápida.

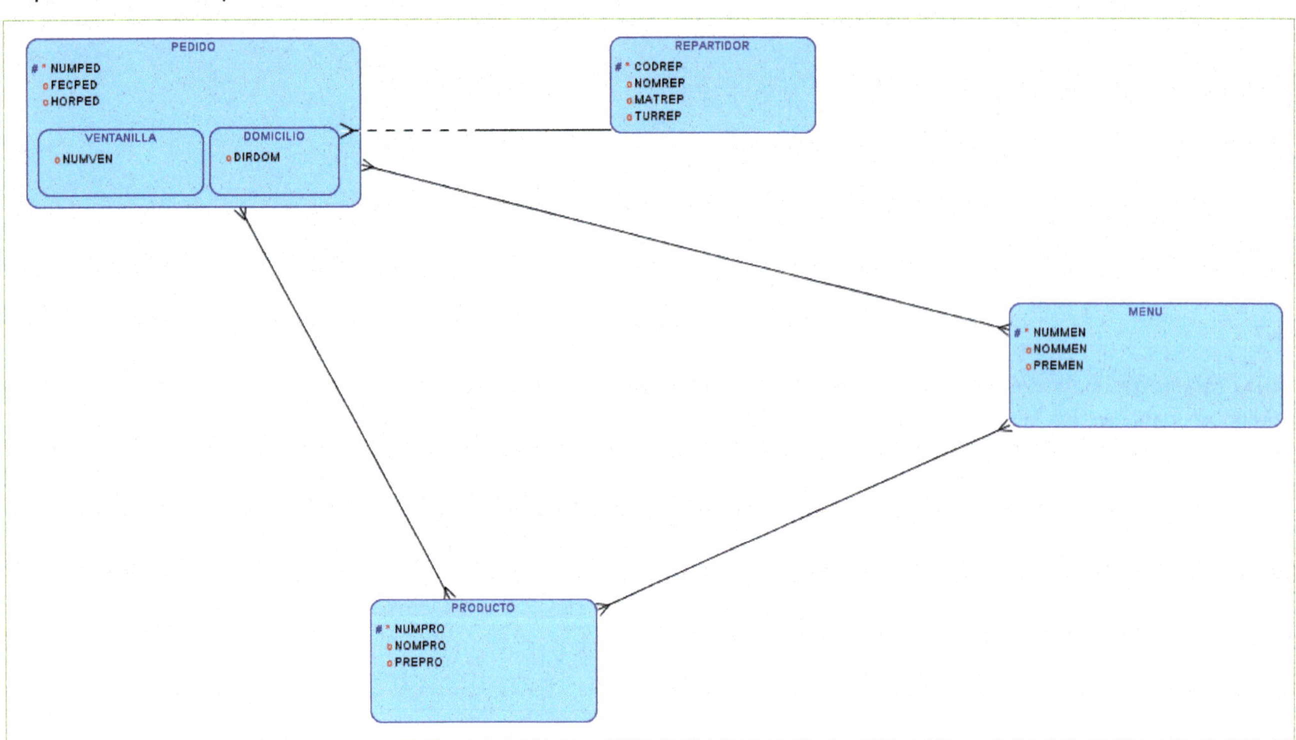

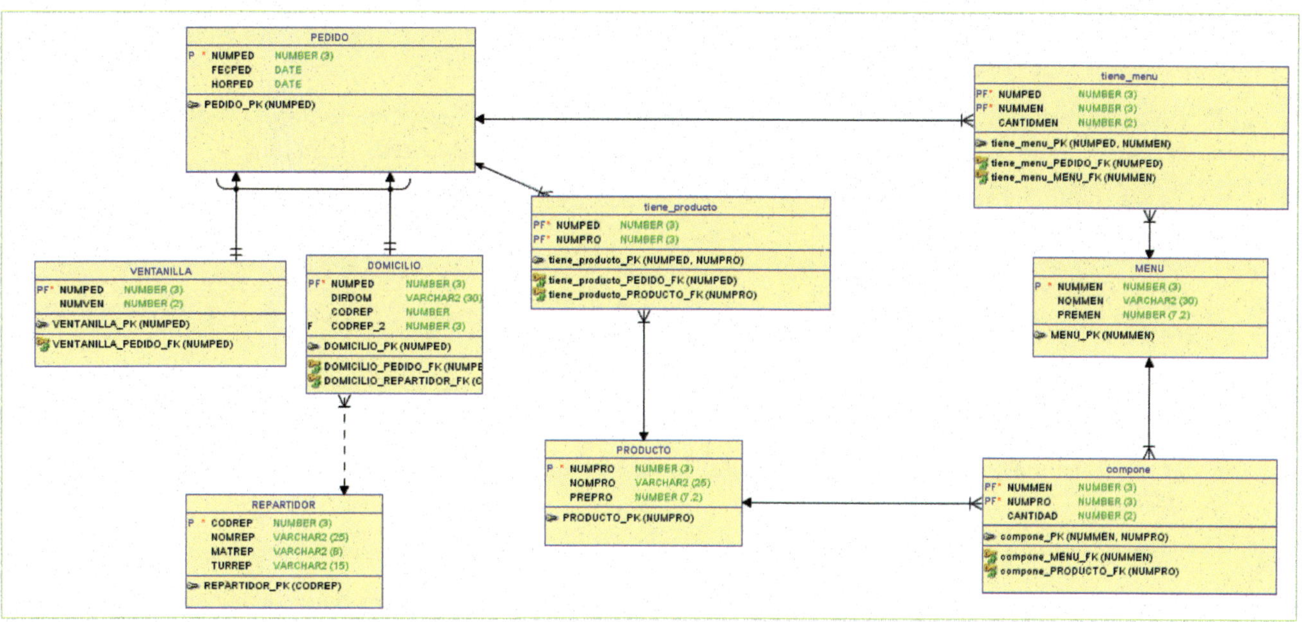

Gráfico 2.22 MR de una empresa de comida rápida.

4. Se parte de las siguientes tablas relacionales CURSOS, ALUMNOS, MATRICULADOS y PROFESORES, sabiendo que en un curso puede haber matriculados muchos alumnos y un alumno puede estar matriculado en varios cursos y un profesor puede impartir muchos cursos y un curso es impartido por un solo profesor.

PROFESORES (<u>Nº Profesor</u>, Nombre_P, Salario, Especialidad)

CURSOS (<u>Nº Curso</u>, Titulo, Precio, Horas, Edición, *Nº Profesor*)

ALUMNOS (<u>Nº Alumno</u>, Nombre, Dirección, Cod_Postal, Teléfono, Email)

MATRICULADO (<u>*Nº Curso*</u>, <u>*Nº Alumno*</u>, Nota)

Se desea obtener:

- Obtener el nombre y el salario de los profesores que son de la especialidad Web.

$$\Pi_{\text{Nombre\_P, Salario}} (\sigma_{(\text{especialidad = "WEB"})} (\text{PROFESORES}))$$

- Obtener el nombre del profesor que imparte el curso de título AJAX.

$$\Pi_{\text{Nombre\_P}} (\text{PROFESORES}) * (\Pi_{\text{NºProfesor}} (\sigma_{(\text{título="AJAX"})} (\text{CURSOS})))$$

- Obtener el nombre y el email de los alumnos que han obtenido un 3 en el curso de título AJAX.

$$\Pi_{\text{Nombre, Email}} (\text{ALUMNOS}) * (\Pi_{\text{NºAlumno}} (\sigma_{(\text{Nota =3})} (\text{MATRICULADO}) * \Pi_{\text{NºCurso}} (\sigma_{(\text{Titulo ="AJAX"})} (\text{CURSOS}))))$$

- Obtener el nombres de los profesores con el que hizo cursos el alumno de número 123 y en los que había obtenido una nota de 7 o más.

$$\Pi_{\text{Nombre\_P}} (\text{PROFESORES}) * (\Pi_{\text{Nº Profesor}} (\text{CURSO}) * (\Pi_{\text{NºCurso}} (\sigma_{(\text{NºAlumno = 123}) \cap (\text{Nota>=7})} (\text{MATRICULADO})))$$

RESUMEN

En esta unidad se ha aprendido que:

El modelado de datos se descompone en:

- **Modelo conceptual.** Estudia el negocio, los datos que intervienen y las interrelaciones entre ellos. La salida de este modelo es el diagrama entidad relación o MER. En este modelo de detectan:
  - Las entidades los entes reales o abstractos de los que desea guardar información, que pueden ser ser fuertes y débiles.
  - Las relaciones entre las entidades.
  - El MER se puede hacer a través de diferentes metodologías: Chen o Martin.
- **Modelo lógico.** Crea un prototipo de tablas, llamadas relaciones o tablas relacionales. La entrada de este modelo es el MER y su salida son las tablas relacionales. En este modelo aparecen:
  - Tablas relacionales o forma de estructurar los datos que provienen de las diferentes entidades y relaciones.
  - Se establecen reglas de integridad de la entidad y referencial.
  - Normaliza las relaciones que son proceso de organización de los diferentes datos de la base de datos, y su principal ventaja es eliminar los datos redundantes o repetidos que existen en la base de datos.
- **Modelo físico.** Diseña el esquema interno de la base de datos. Tiene como entrada las tablas relacionales y como salida la implementación de las tablas en el servidor.

EJERCICIOS PROPUESTOS

1. Una empresa dedicada a comercializar muebles de interior llamada MUEBLEIN S.L. ha llegado a las siguientes conclusiones para llevar a buen fin su negocio:

   Existen una serie de fabricantes de muebles de interior de los cuales nos interesa conocer su DNI, nombre, dirección y teléfono. Estos fabrican diferentes muebles modulares con una determinada línea, color, medidas, una dirección y una relación de números de teléfono. Cada uno de ellos fabrica varios muebles modulares. Un mueble modular tiene un determinado código del módulo, una línea, un color, unas dimensiones dadas, y puede tener las siguientes categorías excluyentes: estanterías, vitrinas y de televisión. De las estanterías interesa guardar el número de estantes, de las vitrinas si tienen cajones o no, y de la televisión las pulgadas que acepta.

   Cada fabricante puede trabajar con varios distribuidores y cada distribuidor trabaja al menos con un fabricante. De un distribuidor tiene código, nombre, dirección y teléfono.

   Un mueble de interior lo componen una serie de muebles modulares de distinto tipo, cada mueble modular solo podrá formar parte de un mueble. Del mueble de interior nos interesa saber el código, la descripción, el número de modulares que lo componen, así como cuántos de ellos hay de cada tipo.

   Cada mueble de interior se puede vender a un único distribuidor en una determinada fecha de venta, aunque cada distribuidor puede vender varios muebles de interior. Un distribuidor puede ceder un mueble de interior a otro, para que este pueda venderlo.

   Cada mueble de interior lo debe montar al menos un montador, y el mismo montador puede montar muchos muebles de interior. De un montador nos interesa almacenar el NIF, nombre, dirección, teléfono y el número de muebles de interior que ha montado.

   Cada mueble de interior puede comprarlo uno o varios clientes, y el mismo cliente puede comprar varios muebles de interior. De un cliente nos interesa su NIF, su nombre, dirección y teléfono.

   Obtener el modelo entidad relación y el modelo relacional.

2. Una empresa turística situada en el Parque Nacional de Cabañeros desea organizar diferentes rutas allí, con el fin de satisfacer a sus clientes. Para ello se desea crear una base de datos donde se guarde información relevante sobre la gestión de las rutas teniendo en cuenta las siguientes premisas:

   Una ruta tiene determinadas finalidades, como el conocimiento de la flora, la fauna, los ecosistemas, etc. De las rutas interesa guardar información

EJERCICIOS PROPUESTOS

como su código, la descripción, la finalidad, la fecha de inicio, la duración, la dificultad, el precio y las plazas. Cada ruta puede hacerse varias veces durante un determinado periodo. El número máximo de personas que pueden hacer una ruta es de diez.

Cada ruta puede tener varios puntos de interés: paisajísticos o seres vivos. Un punto de interés está en una ruta concreta. De los puntos interesa guardar el código y la descripción, de los paisajísticos formación geológica de estos e impacto del ser humano, y de los seres vivos características de la especie predominante.

Los visitantes se apuntan a una o varias rutas; interesa guardar la fianza que se deja y la fecha de reserva. De los visitantes interesa guardar su DNI, sus datos personales, el teléfono y la fecha en la que van a viajar al parque. Este último dato es relevante, pues de ello dependerán los alojamientos en las diferentes casas rurales existentes en el parque. Un visitante se puede alojar en una o varias casas rurales, por lo que interesa guardar la fecha de entrada, la de salida, precio por noche y gastos extras.

De las casas rurales se precisa conocer su código, nombre, tipo de pensión y teléfono. Habrá que tener en cuenta que una casa rural estará cerca de diferentes puntos de interés y que un punto de interés estará cerca de determinadas casas rurales.

Obtener el modelo entidad relación y el modelo relacional.

3. El departamento de formación de una empresa desea construir una base de datos para planificar y gestionar la formación de sus trabajadores.

   La empresa organiza formación interna de la que se desea conocer el código de formación, el nombre, una descripción, el número de horas de duración y el coste.

   Una formación puede tener como norma haber realizado otra u otras formaciones previamente, y, a su vez, la realización de una formación puede ser norma de otras. Una formación que es una norma de otra puede serlo de forma obligatoria o solo recomendable.

   Una misma formación tiene diferentes ediciones, es decir, se imparte en diferentes lugares, fechas y con diferentes horarios. La edición se enumera consecutivamente por cada curso, es decir, una edición puede tener un número igual a otra.

   La formación se imparte por trabajadores de la propia empresa.

   De los trabajadores se desea almacenar su código de trabajador, nombre y apellidos, dirección, teléfono, NIF, fecha de nacimiento, nacionalidad, sexo y salario, así como si está capacitado para impartir formación, y se guarda en esta ultima la información de la formación recibida.

   Obtener el modelo entidad relación y el modelo relacional.

4. Normalizar las siguientes relaciones:

   a) Se tiene la relación curso, donde figuran las siguientes informaciones: DNI (DNIALU), dirección (DIRALU) y teléfono (TELALU) del alumno, código (CODASI) y nombre (NOMASI) de la asignatura y la nota (NOTA) que ha obtenido el alumno en dicha asignatura. Se tendrá en cuenta que un curso tiene muchos alumnos y cada alumno muchas asignaturas.

   b) Se tiene una relación donde se guardan las diferentes órdenes de pedido a un almacén. Se tendrá en cuenta que en una misma orden un cliente puede pedir diferentes artículos. La información que guarda la relación es el identificador (IDEORD) y la fecha (FECORD) de la orden, el identificador (IDECLI), el nombre (NOMCLI), la dirección (DIRCLI) y el teléfono (TELCLI) del cliente, el número (NUMART), su nombre (NOMART), cantidad (CANART) y precio del artículo (PREART).

   c) Se tiene una relación referente a una biblioteca de una ciudad. Dicha relación se compone de los siguientes atributos: código préstamo (CODPRE), código libro (ISBN), título (TITLIB), autor (AUTLIB), editorial (EDILIB) código interno (SIGN), lugar de colocación (LCOL), lector (DNILEC), datos lectores (DATLEC), dirección del lector (DIRLEC), teléfono del lector (TELLEC), fecha de entrega (FECENT), fecha de devolución (FECDEV) y observaciones (OBSV). Se tendrá en cuenta que un lector puede llevarse más de un libro, por lo tanto, deberá existir más de un ejemplar.

TEST DE EVALUACIÓN

1. **¿Quién estudia el modelo de negocio de la empresa?**
   a) Modelo conceptual.
   b) Modelo lógico.
   c) Modelo físico.

2. **A las entidades que tienen existencia por sí mismas se las llama:**
   a) Regulares.
   b) Débiles.
   c) Mixtas.

3. **El conjunto de atributos de una relación o entidad se llama:**
   a) Dominio.
   b) Ocurrencia.
   c) Asociación.

4. **El atributo que va acompañado de # es una clave:**
   a) Alternativa.
   b) Externa.
   c) Primaria.

5. **A la regla de integridad que dice que la clave primaria no pueda tomar valores nulos se la llama:**
   a) De la entidad.
   b) Referencial.
   c) Asociación.

6. **La dependencia transitiva está presente en la:**
   a) 1NF.
   b) 2NF.
   c) 3NF.

7. **La forma normal que corrobora que no existen claves candidatas compuestas es la:**
   a) BCNF.
   b) 4NF.
   c) 5NF.

8. **El diseño del modelo de seguridad se hace en ¿qué modelo?**
   a) Conceptual.
   b) Lógico.
   c) Físico.

U 3

Bases de datos relacionales

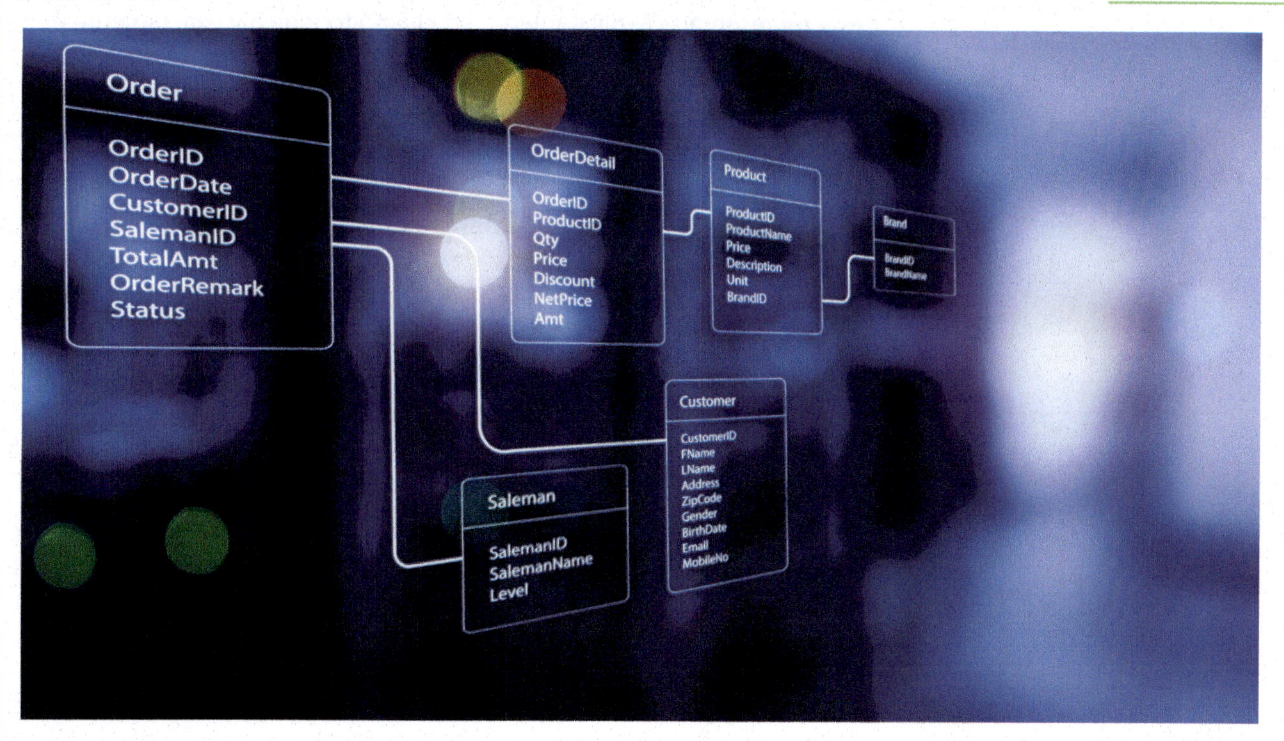

En esta unidad vas a estudiar:

- 3.1 Introducción
- 3.2 Las doce reglas de Codd
- 3.3 Terminología de las bases de datos relacionales
- 3.4 Vistas
- 3.5 Índices: características y tipos
- 3.6 Gestión de seguridad
- 3.7 Lenguajes de datos
- 3.8 Ejercicios resueltos

Con su estudio, vas a ser capaz de:

- Crear bases de datos, definiendo su estructura y las características de sus elementos según el modelo relacional.

3.1 Introducción

Una BDR o base de datos relacional es un tipo de base de datos que almacena información en tablas proporcionando interrelaciones entre las mismas.

Las bases de datos relacionales están gestionadas por un sistema gestor de la base de datos (SGBD), el cual, a través de su software, permite que el usuario interactúe con los datos de la base.

Entre los SGBD relacionales más utilizados en el mercado destacan: Microsoft SQL Server, MySQL, PosgreSQL, Oracle Database y SQLite.

3.2 Las doce reglas de Codd

Codd, en un artículo publicado en la revista *Computerworld*, en 1985 estableció las doce reglas que debe cumplir cualquier base de datos para ser considerada relacional:

1. **Regla de información.** Toda información de una base de datos relacional está representada explícitamente en el ámbito lógico y exactamente de un modo.
2. **Regla de acceso garantizado.** Se garantiza que todos y cada uno de los de una base relacional son lógicamente accesibles a través de una combinación de nombre de tabla, valor de clave primaria y nombre de columna
3. **Tratamiento sistemático de valores nulos.** Los valores nulos se soportan en los Sistemas Gestores de Bases de Datos completamente relacionales para representar la falta de información inaplicable, de un modo sistemático e independiente de los datos.
4. **Catálogo en línea dinámico basado en el modelo relacional.** La descripción de la base de datos se representa en el ámbito lógico de la misma forma que los datos ordinarios, de modo que los usuarios autorizados pueden utilizar el mismo lenguaje relacional que aplican a los datos regulares.
5. **Regla de sublenguaje completo de datos.** Un sistema relacional puede soportar varios lenguajes y varios modos de uso terminal (por ejemplo, el modo de rellenar con blancos). Sin embargo, debe haber al menos un lenguaje cuyas sentencias se puedan expresar mediante alguna sintaxis bien definida, como cadenas de caracteres, y que ofrezca completamente todos los puntos siguientes: definición de datos, definición de vista, manipulación de datos, restricciones de integridad, autorización y fronteras de transacciones.
6. **Regla de actualización de la vista.** Todas las vistas que sean teóricamente actualizables son también actualizables por el sistema.
7. **Inserción, actualización y supresión de alto nivel.** La capacidad de manejar una relación de base de datos o una relación derivada como un único operando se aplica no solamente a la recuperación de datos, sino también a la inserción, actualización y supresión de los datos.
8. **Independencia física de los datos.** Los programas y las actividades terminales permanecen lógicamente inalteradas cualesquiera que sean los cambios efectuados, tanto en la representación del almacenamiento, como en los métodos de acceso.
9. **Independencia lógica de los datos.** Los programas y las actividades permanecen lógicamente inalteradas cuando se efectúen sobre las tablas de base cambios preservadores de la información de cualquier tipo que teóricamente permita alteraciones.

10. **Independencia de la integridad.** Las restricciones de integridad específicas de una base de datos relacional particular deben poder ser definidas mediante el sublenguaje de datos relacional y almacenarse en el catálogo, no en los programas.
11. **Independencia de la distribución.** Un SGBD es independiente de la distribución.
12. **Regla de no subversión.** Si un sistema relacional tiene un lenguaje de bajo nivel (un solo registro cada vez), este bajo nivel no puede ser utilizado para subvertir o suprimir las reglas de integridad y las restricciones expresadas en el lenguaje relacional de nivel superior (múltiples registros a la vez).

3.3 Terminología de las bases de datos relacionales

Tal y como se desarrolló en el capítulo anterior con el modelado de datos se obtiene al finalizar el proceso un modelo físico sin redundancias. Cuando se finaliza el modelo de datos se obtienen las tablas relacionales, las cuales serán cargadas y permitirán hacer consultas o generar programas que obtengan resultados para tomar decisiones empresariales.

GLOSARIO

XML (Extensible Markup Languaje): lenguaje de marcas que se utiliza reglas para codificar diferentes documentos.

Cualquier tabla de la base de datos permitirá acceder a través de ella a cualquier otra tabla de la base debido a que todas ellas están interrelacionadas entre sí.

Una tabla es un objeto de la BD que contiene datos organizados en filas o registro (tuplas) y columnas o campos (atributos), como se dijo anteriormente, un registro se identifica unívocamente por la clave primaria que tiene.

Los campos tienen un determinado tipo de datos, pudiendo almacenar:

- Cadenas de longitud fija y variable.
- Cadenas binarias estructuradas y no estructuradas.
- Números de longitud fija y variable con punto o sin punto flotante.
- Fechas en diferentes formatos.
- Ficheros XML, Word, Excel, etc.
- Imágenes, vídeo y sonido.

EJEMPLO 3.1

Obtener las tablas cargadas del ejemplo que se desarrolla a lo largo del libro.

PROFESORES

NUMPRO	NOMPRO	FNAPRO	JEFPRO	FINPRO	SALPRO	COMPRO	ESPPRO
101	JUAN PÉREZ	14/12/90		31/08/15	1950		WEB
102	ELENA ÁLVAREZ	22/10/93	101	31/08/18	1450	300	REDES
103	ALEJANDRO CASTILLO	20/03/89	101	31/10/15	1950	150	HARDWARE
104	MIGUEL ENCINAS	14/02/91	107	28/02/17	1650	300	SOFTWARE
105	MARTA SÁNCHEZ	01/01/90	101	30/09/16	1700		WEB
106	PILAR GÓMEZ	03/03/92	102	30/11/17	1650		REDES
107	ISMAEL GARCÍA	01/12/92	101	31/08/16	1700		SOFTWARE
108	EVA GALERA	20/07/91	107	30/04/17	1650	150	SOFTWARE
109	RUFINO DELGADO	14/07/91	105	31/08/16	1800	150	WEB

CURSOS

NUMCUR	TITCUR	PRECUR	EDICUR	HORCUR	FINCUR	FFICUR	CRECUR	NUMPRO
201	INTRODUCCIÓN A XML	600	1	30	01/09/17	01/09/17	3	101
202	PROGRAMACIÓN EN JAVA	550	1	60	01/10/17	15/12/17	6	104
203	HTML 5 Y CSS	400	1	40	15/04/19	30/06/19	4	105
204	PROCESADORES	300	1	30	01/05/19	01/09/19	3	103
205	REDES LOCALES I	425	1	40	01/12/19	28/02/20	4	102
206	PROGRAMACIÓN PYTHON	550	1	40	15/01/18	28/02/18	4	104
207	PROGRAMACIÓN C#	550	2	40	01/03/18	31/05/18	4	104
208	PROGRAMACIÓN RUBY	550	3	40	01/01/19	01/04/19	4	104
209	REDES LOCALES II	450	2	40	01/03/20	31/05/20	4	102
210	ANDROID	600	1	40	01/06/20	31/08/20	4	107
211	SERVICIOS EN RED	500	3	40	01/06/20	31/08/20	4	102
212	CONCEPTOS BÁSICOS RAL	300	1	30	01/12/20	31/12/21	3	106
213	MONGO DB	700	1	30	01/09/18	31/10/18	3	108
214	XBASE	500	2	30	01/11/18	15/01/19	3	108
215	ÚLTIMAS TECNOLOGÍAS PB	350	1	30	01/10/18	30/11/18	3	103
216	AJAX	600	1	40	15/12/20	28/02/21	4	109
217	WORDPRESS	600	1	30	01/03/21	30/04/21	3	109

ALUMNOS

NUMALU	NOMALU	DIRALU	CPOALU	TELALU	EMAALU
301	AARÓN CORREA	LAGUNA 25, MADRID	28025	620352322	a.correa@hotmail.com
302	LUCAS BERNAL	ABASTOS 5, GETAFE	28905	620352203	l.bernal@hotmail.com
303	RUBÉN DÍAZ	OROPESA 2, MADRID	28025	620352322	r.diaz@hotmail.com
304	ROBERTO GIL	VALENCIA 5, PARLA	28981	620352322	r.gil@hotmail.com
305	ÁNGEL ALMANSA	ALEGRÍA 1, GETAFE	28905	622032322	a.almansa@gmail.com
306	IVÁN GARCÍA	LUSITANA 6, MADRID	28025	620993223	i.garcia@hotmail.com
307	MIGUEL SÁNCHEZ	SAL 7, LEGANÉS	28914	699352322	m.sanchez@hotmail.com
308	EMILIO ORTEGA	GORRIÓN 1, MADRID	28025	620993322	e.ortega@gmail.com
309	MARIANO SIERRA	LEGANÉS 2, GETAFE	28905	620352993	m.sierra@gmail.com
310	EVARISTO SANZ	GETAFE 9, MADRID	28025	620352322	e.sanz@hotmail.com
311	DANIEL BLAYA	ISRAEL 8, GETAFE	28905	628882322	d.blaya@hotmail.com
312	DAVID LÓPEZ	JAZMÍN 15, PINTO	28320	620389022	d.lopez@hotmail.com
313	ANDRÉS SIMA	SOL 63, GETAFE	28905	677752322	a.sima@hotmail.com
314	FELIPE COSO	SATURNO 12, MADRID	28025	678752322	f.coso@hotmail.com
315	RUBÉN NARANJO	NEPTUNO 5, GETAFE	28905	620410322	r.naranjo@gmail.com
316	LUIS DELGADO	REAL 45, LEGANÉS	28914	620000022	l.delgado@hotmail.com
317	ANTONIO GIL	MAR 25, PARLA	28981	612152322	a.gil@hotmail.com
318	JESÚS ELEZ	RIOJA 6, MADRID	28025	620311322	j.elez@hotmail.com
319	JOSÉ RICO	GALICIA 4, LEGANÉS	28914	620322322	j.rico@hotmail.com
320	LUÍS MARTÍN	LEÓN 78, MADRID	28025	622222322	l.martin@hotmail.com
321	JUAN CERRO	GANDÍA 1, GETAFE	28905	620333322	j.cerro@hotmail.com
322	ANA RAMOS	GRAMÍNEA 2, PARLA	28981	620636322	a.ramos@hotmail.com
323	SHEILA MARCOS	MÉXICO 2, PARLA	28025	624141322	s.marcos@gmail.com
324	FLOR ROSADO	TORREJÓN 35, GETAFE	28905	643252322	f.rosado@gmail.com
325	ALBA MUÑOZ	MANCHA 12, PARLA	28981	611152322	a.munoz@hotmail.com

MATRICULADO

NUMCUR	NUMALU	CALIFIC
201	304	6,5
201	306	3
201	305	4,2
201	302	7,2
201	301	5,1
202	310	8,2
202	303	9,4
202	308	2,2
202	307	9
203	312	5,2
203	311	7,2
203	309	5
204	313	7,2
204	316	6,1
205	315	7,2
205	320	1,9
205	314	6,1
206	317	4,5
207	325	8,8
207	318	7,7
207	319	6,6
208	321	7,2
208	322	6,5
209	324	9,7
209	323	3,8
209	326	5.7
210	302	5,9
210	301	4,5
211	310	8
211	306	8,5
211	305	6,2
212	313	7,7
212	314	7,2
212	312	7
213	316	7,5
213	317	3,2
214	306	4,2
214	320	7,2
215	322	7,3

Un valor nulo (NULL) es un marcador usado en SQL para indicar la existencia de un valor en una columna de la tabla de la base de datos, es, por tanto, un valor desconocido indefinido o no inicializado. No se debe confundir con cero.

Una clave primaria es una columna o un conjunto de columnas en una tabla cuyos valores identifican de forma unívoca a una fila de la tabla. Una base de datos relacional está diseñada para que solo exista una clave primaria por tabla permitiendo que haya una sola fila con un valor de clave primaria específico en una tabla. Las claves primarias no admiten ni valores nulos ni valores repetidos.

Una clave foránea o extranjera es una columna o un conjunto de columnas cuyos valores corresponden con los valores de una clave primaria o principal de otra tabla, permitiendo que las tablas se intercomuniquen formando la base de datos. Una clave extranjera tiene que tomar los valores de la clave primaria con la que se relaciona o valores nulos.

EJEMPLO 3.2

Determinar en el ejemplo anterior cuáles son claves primarias y las claves ajenas en las diferentes tablas.

Claves primarias

Tabla	Clave primaria
PROFESORES	NUMPRO
CURSOS	NUMCUR
MATRICULADO	NUMCUR+NUMALU
ALUMNOS	NUMALU

Claves foráneas

Tabla	Clave primaria	Tabla con la que se comunica o padre
CURSOS	NUMPRO	PROFESORES
MATRICULADO	NUMCUR	CURSOS
MATRICULADO	NUMALU	ALUMNOS

3.4 Vistas

El esquema externo, o lo que el usuario final ve, está compuesto por un conjunto de tablas y un conjunto de vistas.

Una vista es el resultado dinámico de una o varias operaciones relacionales realizadas sobre las tablas, es decir, una tabla virtual que se produce cuando un usuario hace una consulta. Al usuario le parece que la vista es una tabla que existe y que la puede manipular aunque no está almacenada físicamente. El contenido de una vista está definido como una consulta sobre una o varias tablas.

Cualquier sentencia que se realice en la vista repercute directamente en la tabla o tablas de las que procede. Las vistas son dinámicas porque los cambios que se realizan sobre las tablas que afectan a una vista se reflejan inmediatamente sobre ella.

Las vistas presentan las siguientes ventajas:

- Son un mecanismo de seguridad, pues ocultan parte de la base de datos a los usuarios.
- Permiten que los usuarios accedan a los datos en el formato que deseen, de modo que los datos pueden ser vistos por diferentes usuarios en diferentes formatos.
- Pueden simplificar operaciones sobre tablas complejas.
- Proporcionan independencia de datos a nivel lógico.
- Permiten que se tenga información en forma de reglas generales de conocimiento relativas al funcionamiento de la organización.

3.5 Índices: características y tipos

El índice es un objeto de la base de datos cuya misión es agilizar la recuperación de filas que devuelve una consulta. Suelen ser usados y mantenidos automáticamente por el servidor.

Es conveniente crear más cuando el volumen de información que se maneja en las tablas es muy grande; en cambio, no es recomendable crearlos si se trata poca información.

Pueden ser creados de dos formas:

- Automáticamente por el servidor al crear una tabla, siempre que se crea una clave primaria o una clave única.
- Manualmente, cuando el usuario de la base de datos quiere acceder más rápido a la información debido al gran volumen de datos que maneja.

Existen tres tipos de índices:

- De tabla, son aquellos que se crean en una tabla con el fin de agilizar las búsquedas, se crean automáticamente cuando hay una clave primaria o única o manualmente en aquellas columnas que el usuario considere.
- De clúster. Los clústeres se utilizan para almacenar en la misma área de disco columnas una sola vez que son idénticas en distintas tablas. Siempre que se crea un clúster hay que crear un índice para agilizar las búsquedas en estas columnas. Solo puede haber un índice clúster por cada tabla, porque las filas de datos solo pueden estar almacenadas de una forma.
- De JOINS con mapa de bits; responden a consultas complejas en las que intervienen varias tablas realizando operaciones lógicas bit a bit. Como ventaja es que ocupan muy poco espacio.

GLOSARIO

Clúster: se utiliza para almacenar en la misma área de disco columnas una sola vez que son idénticas en distintas tablas.

JOIN: proceso que consiste en seleccionar varios datos de diversas tablas relacionadas.

3.6 Gestión de seguridad

La gestión de la seguridad tiene que ver con la gestión de usuarios, con la concesión y suspensión de privilegios a los usuarios. Es el administrador el responsable de permitir o denegar el acceso de los usuarios a la base de datos.

3.6.1 Usuarios

Los usuarios de una base de datos se pueden clasificar en los siguientes tipos:

- Administrador de la base de datos, persona que tiene el control de la BD. Es el que define los esquemas lógicos y físicos y gestiona los tres niveles de la base de datos (interno, conceptual y externo). Crean otros usuarios, gestionan privilegios, gestionan la seguridad, la integridad, redundancia, etc.
- Usuarios finales, no tienen conocimiento de la base de datos y realizan operaciones básicas. Usan el nivel vista con ayuda de interfaces gráficas.
- Programador de aplicaciones, usuarios que hacen la programación necesaria en la base de datos de acuerdo con sus necesidades.
- Usuarios intermedios, tienen conocimientos de DDL, DML y los utilizan tanto para anotar consultas como para crear sus propias bases de datos o acceder a la base de datos actual.

3.6.2 Privilegios

Un privilegio es la capacidad de un usuario para realizar determinadas tareas o acceder a determinados objetos de otros usuarios. Después de crear un usuario hay que darle los privilegios que considere el administrador de la base de datos para que pueda realizar las tareas que se especifiquen.

Los privilegios se dividen en:

- Del sistema: dan derecho a ejecutar un tipo de comando SQL o a realizar alguna acción sobre los objetos de algún tipo especificado. Ejemplo de privilegios del sistema pueden ser conectar a la base de datos, crear índices, crear roles, crear tablas, crear usuarios, etc.
- Sobre objetos: permiten acceder y realizar cambios en los objetos de otros usuarios. Ejemplo: que un usuario dé a otro el uso de una tabla que ha creado para que pueda hacer en ella inserciones y borrado.

3.6.3 Roles

Un rol es un conjunto de privilegios, lo que hace posible que el mismo rol pueda ser asignado a distintos usuarios. La base de datos genera varios por defecto y cualquier administrador del sistema puede crear nuevos roles. Un rol podría ser de conexión que incluye privilegios de crear sesión, clúster, etc.

GLOSARIO

Perfil de usuario: es un conjunto de límites de acceso a la base de datos que tiene un usuario.

3.6.4 Perfiles

Un perfil es un conjunto de limitaciones que se pueden poner a los recursos de la base de datos. Se pueden poner perfiles para limitar el uso de los recursos de la base de datos por parte de los usuarios; por ejemplo, limitaciones de conexión, límites sobre inactividad de los usuarios, etc.

3.7 Lenguajes de datos

El lenguaje de consulta estructurado SQL es el lenguaje por el cual se hacen operaciones en la base de datos, crear la base de datos y realizar transacciones en la misma. Existen cinco sublenguajes: de definición, de manipulación, de control de datos, de control de transacciones y de consulta.

3.7.1 Lenguaje de definición de datos (DDL, Data Definition Language)

Es un lenguaje proporcionado por el sistema de gestión de base de datos que permite a los usuarios de la base de datos llevar a cabo las tareas de definición de las estructuras que almacenarán los datos, así como de los procedimientos o funciones que permitan consultarlos.

Este lenguaje realiza las siguientes tareas: crea objetos, cambia estructuras, elimina objetos, elimina todos los registros de forma permanente de una tabla, cambia nombre a objetos y añade comentarios.

3.7.2 Lenguaje de consulta de datos (DQL, Data Query Language)

Es un lenguaje proporcionado por los sistemas gestores de bases de datos que permite a los usuarios de la base de datos llevar a cabo las tareas de consulta de los datos contenidos en las Bases de Datos del Sistema Gestor de Bases de Datos.

Este lenguaje realiza las siguientes tareas: recupera datos de la base de datos.

3.7.3 Lenguaje de manipulación de datos (DML, Data Manipulation Language)

Es un lenguaje proporcionado por los sistemas gestores de bases de datos que permite a los usuarios de la base de datos llevar a cabo las tareas de modificación de los datos contenidos en las Bases de Datos del Sistema Gestor de Bases de Datos.

Este lenguaje realiza las siguientes tareas: inserta, actualiza y elimina datos de la base de datos.

3.7.4 Lenguaje de control de datos (DCL, Data Control Language)

Es un lenguaje proporcionado por el Sistema de Gestión de Base de Datos que incluye una serie de comandos SQL que permiten al administrador controlar el acceso a los datos contenidos en la Base de Datos.

Este lenguaje realiza las siguientes tareas: permite dar y quitar privilegios y roles a los usuarios y sobre los objetos de la base de datos (tablas, vistas, etc.).

3.7.5 Lenguaje de control de las transacciones (TCL, Transaction Control Language)

Se utiliza para controlar el procesamiento de transacciones de la base de datos. Se define transacción como una unidad lógica de trabajo que comprende una o más sentencias DML.

Este lenguaje realiza las siguientes tareas: valida y deshace datos y crea puntos de restauración.

3.8 Ejercicios resueltos

1. Dado el siguiente modelo lógico compuesto por las siguientes tablas relacionales:

CLIENTES (#DNICLI, NOMCLI, APE1CLI, APE2CLI, CALLECLI, NUMCLI, CIUDADCLI, CODPOSCLI, TEL1CLI, TEL2CLI, TEL3CLI)

SUCURSAL (#CODSUC, NOMSUC, CALLESUC, NUMSUC, CIUDADSUC, CODPOSSUC, TEL1SUC, TEL2SUC, TEL3SUC, *NUMCUE*)

CUENTA (#NUMCUE, DATCUE, TIPCUE, *DNICLI*)

TRANSACCIONES (#*NUMCUE*, #NUMTRAN, FECHATRAN, CANTTRAN, *DNICLI*)

Donde los atributos con # y subrayadas hacen referencia a las claves primarias y en cursiva a las claves foráneas y siendo la descripción de los atributos los que se muestran:

CLIENTES	SUCURSAL
DNICLI: DNI del cliente. **Primary Key**. VARCHAR2(9)	CODSUC: código de la sucursal. **Primary Key**. NUMBER(4)
NOMCLI: nombre del cliente. VARCHAR2(15)	NOMSUC: nombre de la sucursal. VARCHAR2(25)
APE1CLI: primer apellido del cliente. VARCHAR2(15)	CALLESUC: calle de la sucursal. VARCHAR2(15)
APE2CLI: segundo apellido del cliente. VARCHAR2(15)	NUMSUC: número de la sucursal. NUMBER(4)
CALLECLI: calle donde vive el cliente. VARCHAR2(25)	CIUDADSUC: ciudad donde está la sucursal. VARCHAR2(15)
NUMCLI: número de la vivienda del cliente. NUMBER(4)	CODPOSSUC: código postal de la sucursal. NUMBER(5)
CIUDADCLI: ciudad donde vive el cliente. VARCHAR2(15)	TEL1SUC: teléfono 1 de la sucursal. NUMBER(9)
CODPOSCLI: Código postal del cliente. NUMBER(5)	TEL2SUC: teléfono 2 de la sucursal. NUMBER(9)
TEL1CLI: número de teléfono 1 del cliente. NUMBER(9)	TEL3SUC: teléfono 3 de la sucursal. NUMBER(9)
TEL2CLI: número de teléfono 2 del cliente. NUMBER(9)	NUMCUE: número de cuenta. **Foreign Key**. NUMBER(16)
TEL3CLI: número de teléfono 3 del cliente. NUMBER(9)	
CUENTA	**TRANSACCIÓN**
NUMCUE: número de cuenta. **Primary Key**. NUMBER(16)	NUMTRAN: n.o de la transacción. **Primary Key**. NUMBER(20)
DATCUE: datos de la cuenta. VARCHAR2(25)	NUMCUE: número de cuenta. **Primary Key**. NUMBER(16)
TIPCUE: tipo de cuenta. VARCHAR2(10)	FECHATRAN: fecha de realización de la transacción. DATE
DNICLI: DNI del cliente. **Foreign Key**. VARCHAR2(9)	CANTTRAN: importe de la transacción. NUMBER(10,2)
	DNICLI: DNI del cliente. **Foreign Key**. VARCHAR2(9)

Tabla 3.1 Tabla de descripción de atributos del ejercicio resuelto 1

Se desea obtener:

El modelo entidad relación usando la metodología de Chen.

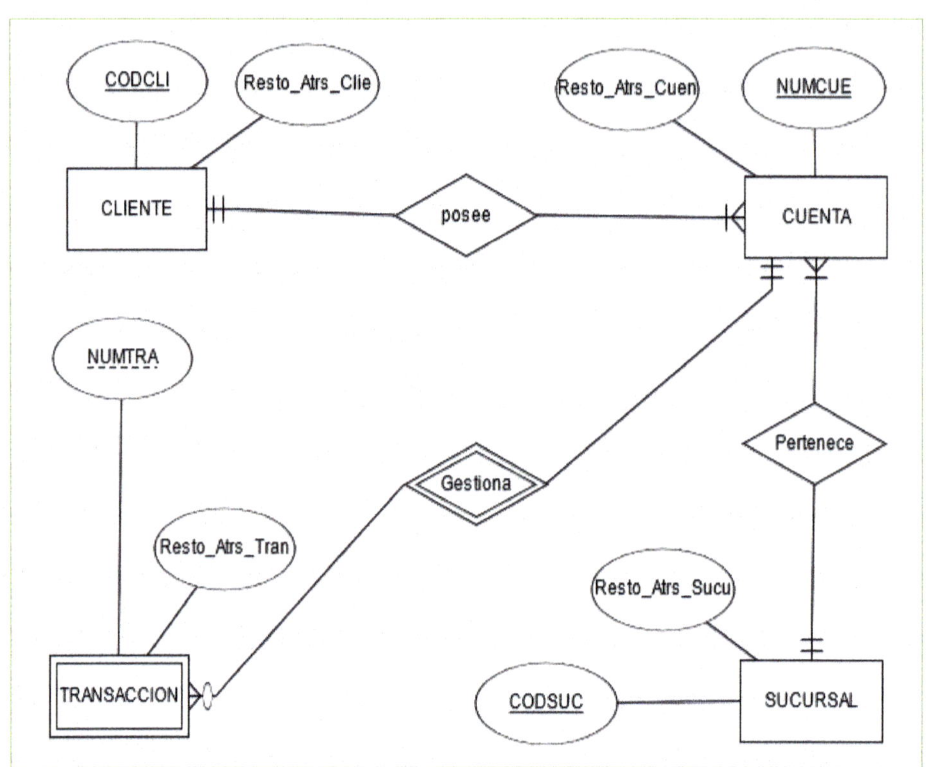

RESUMEN

En esta unidad se ha aprendido que:

- Una BDR o base de datos relacional es un tipo de base de datos que almacena información en tablas proporcionando interrelaciones entre ellas. Fue Codd, en 1985, quien definió las reglas que debe cumplir una base de datos para ser relacional.
- Una BDR está compuesta por tablas, las cuales son objetos de la BD que contienen datos organizados en filas o registros (tuplas) y columnas o campos (atributos) identificados por una clave primaria.
- En las tablas se definen:
  - Claves primarias. Columna o un conjunto de columnas en una tabla cuyos valores identifican de forma unívoca a una fila de la tabla.
  - Una clave foránea o extranjera. Columna o un conjunto de columnas cuyos valores corresponden con los valores de una clave primaria o principal de otra tabla, permitiendo que las tablas se intercomuniquen formando la base de datos. Toma los valores de la clave primaria con la que se relaciona o valores nulos (valor desconocido indefinido).
- Una vista es un esquema externo, que el usuario ve, y está compuesta de tablas o de otras vistas. Es el resultado dinámico de una o varias operaciones relacionales realizadas sobre las tablas.
- Un índice es un objeto de la base de datos cuya misión es agilizar la recuperación de filas que devuelve una consulta. Suelen ser usados y mantenidos automáticamente por el servidor.
- La gestión de la seguridad tiene que ver con la gestión de usuarios, con la concesión y suspensión de privilegios a los usuarios.
- El lenguaje de consulta estructurado SQL es el lenguaje por el cual se realizan operaciones en la base de datos. Existen cinco sublenguajes:

Legibilidad	Organización
DDL	Lenguaje de Definición de Datos
DQL	Lenguaje de Consulta de Datos
DML	Lenguaje de Manipulación de Datos
DCL	Lenguaje de Control de Datos
TCL	Lenguaje de Transacción de Datos

EJERCICIOS PROPUESTOS

1. Dado el siguiente modelo lógico compuesto por las siguientes tablas relacionales:

PROPIETARIO (#DNIPRO, NOMPRO, APEPRO, CALLE, NÚMERO, CIUDAD, CODPOSTAL, TEL1PRO, TEL2PRO, TEL3PRO)

MUNICIPIO (#CODMUN, NOMMUN, COPMUN, TELMUN1, TELMUN2, TELMUN3)

AREAS (#CODARE, DESARE, TIPARE, PREARE, *CODMUN*)

PARCELAS (#*CODARE*, #CORPAR, DESPAR, ME2PAR, *CODPRO*)

Donde los atributos con # (o si estuvieran subrayados) hacen referencia a las claves primarias y las que están en cursiva, a las claves foráneas. Siendo la descripción de los atributos los que se enumeran a continuación:

PROPIETARIO	MUNICIPIO
DNIPRO: DNI del propietario. **Primary Key**. VARCHAR2(9) NOMPRO: nombre del propietario. VARCHAR2(20) APEPRO: apellidos del propietario. VARCHAR2(20) CALLE: calle donde vive el propietario. VARCHAR2(50) NÚMERO: número de la vivienda del propietario. NUMBER(3) CIUDAD: ciudad donde vive el propietario. VARCHAR2(20) CODPOSTAL: Código postal del propietario. NUMBER(5) TEL1PRO: número de teléfono 1 del propietario. VARCHAR2(9) TEL2PRO: número de teléfono 2 del propietario. VARCHAR2(9) TEL3PRO: número de teléfono 3 del propietario. VARCHAR2(9)	CODMUN: código del municipio. **Primary Key**. NUMBER(4) NOMMUN: nombre del municipio. VARCHAR2(25) COPMUN: código postal del municipio. NUMBER(5) TELMUN1: teléfono 1 del municipio. VARCHAR2(9) TELMUN2: teléfono 2 del municipio. VARCHAR2(9) TELMUN3: teléfono 3 del municipio. VARCHAR2(9)
AREAS	**PARCELAS**
CODARE: código de área. **Primary Key**. NUMBER(4) DESARE: datos del área. VARCHAR2(25) TIPARE: tipo de área. VARCHAR2(7) PREARE: precio del m2 del área. NUMBER(6,2) CODMUN: código del municipio. **Foreign Key**. NUMBER(4)	CODARE: código de área. **Primary Key**. NUMBER(4) CODPAR: código de parcela. **Primary Key**. NUMBER(4) DESPAR: descripción de parcela. VARCHAR2(25) ME2PAR: metros cuadrados de parcela. NUMBER(9,2) DNIPRO: DNI del propietario. **Foreign Key**. VARCHAR2(9)

Tabla 3.2 Tabla de descripción de atributos del ejercicio propuesto 1

Se desea obtener:

El modelo entidad relación usando la metodología de Chen.

TEST DE EVALUACIÓN

1. ¿Qué es un valor nulo?

a) Un valor desconocido.

b) Cero.

c) La a y b son correctas.

2. Las tablas de una base de datos deben estar:

a) Normalizadas.

b) Llenas de datos.

c) Relacionadas.

3. Una clave primaria puede estar formada por:

a) Una columna.

b) Varias columnas.

c) La a y b son correctas.

4. Los valores que puede tomar la clave foránea o extranjera:

a) Los valores de la clave principal.

b) Valores nulos.

c) Tanto la a como la b son correctas.

5. Las vistas se definen en el esquema:

a) Interno.

b) Conceptual.

c) Externas.

6. ¿Qué tipo de índices existen?

a) De tabla y de clúster.

b) De tabla, de clúster y de joins.

c) De clúster y de joins.

7. Los privilegios de los usuarios sobre la base de datos pueden ser:

a) De administración y sobre objetos.

b) De sistema y sobre objetos.

c) De administración y de sistema.

8. La sentencia INSERT corresponde con el sublenguaje SQL llamado:

a) DCL.

b) DQL.

c) DCL.

Bloque 3

SQL
(Structured Query Language)

U 4

Introducción a SQL de Oracle

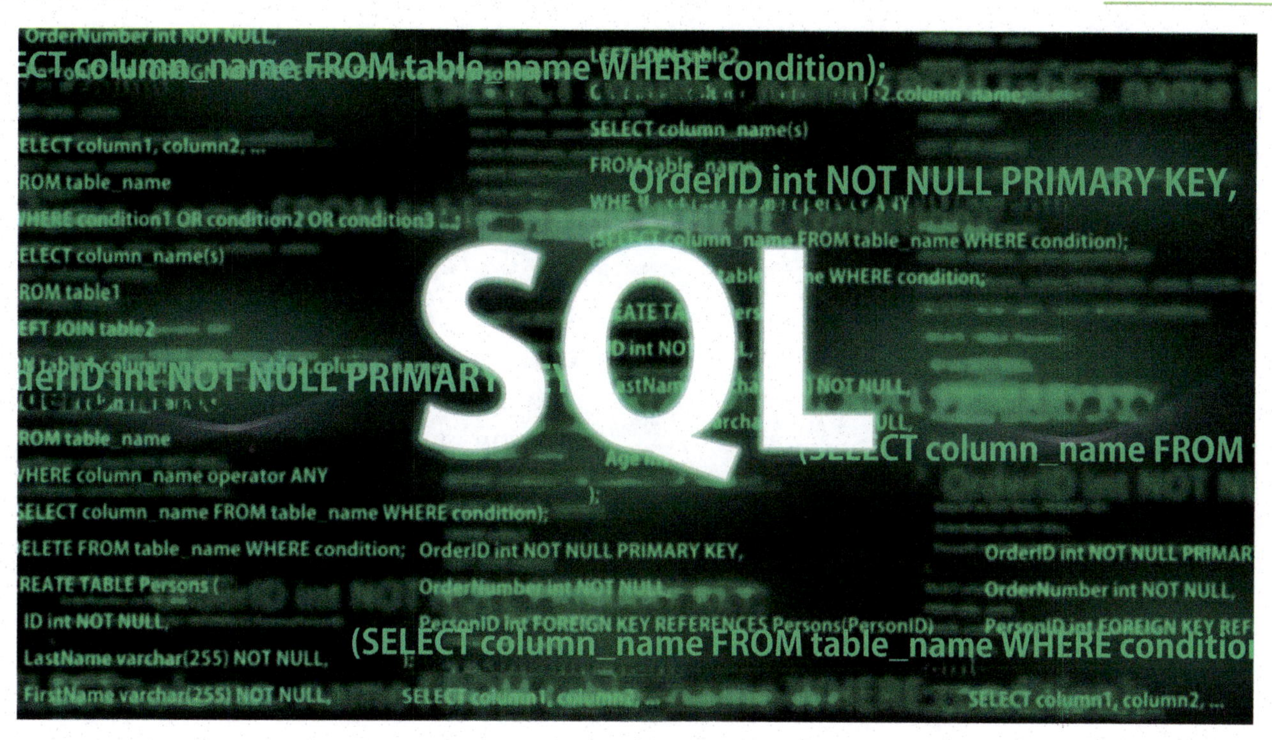

En esta unidad vas a estudiar:

- 4.1 Introducción al lenguaje SQL
- 4.2 La sentencia SELECT
- 4.3 La cláusula WHERE
- 4.4 La cláusula GROUP BY
- 4.5 La cláusula HAVING
- 4.6 La cláusula ORDER BY
- 4.7 Ejercicios resueltos

Con su estudio, vas a ser capaz de:

- Realizar consultas básicas a la base de datos con el lenguaje SQL utilizando herramientas visuales como SQL Developer.

4.1 Introducción al lenguaje SQL

GLOSARIO

Álgebra relacional: conjunto de operaciones simples sobre tablas relacionales, a partir de las cuales se definen operaciones más complejas.

Cálculo relacional: lenguaje no procedimental que describe la información sin dar un procedimiento específico para obtenerla.

Consulta: consiste en extraer los datos de una o más tablas de la base de datos.

Es un acrónimo de Structured Query Language. Es un lenguaje de programación utilizado para manipular y consultar los datos de la base de datos.

Está basado en el álgebra relacional y el cálculo relacional, y lo utilizan todas las bases de datos relacionales, aunque cada una de ellas tiene sus peculiaridades hacia él.

Este lenguaje permite realizar consultas, inserciones, borrado y modificaciones a los datos de la base de datos, además de realizar tareas de admiración en la misma.

4.2 La sentencia SELECT

Recupera y visualiza información de la BD, pudiendo hacer lo siguiente:

- Selección: permite obtener registros de las tablas utilizando varios criterios de restricción.
- Proyección: permite seleccionar las columnas de la tabla que se deseen.
- Unión e intersección: permite extraer información de distintas tablas relacionadas.

La sintaxis de la sentencia SELECT es la siguiente:

```
SELECT [ DISTINCT] {*|COLUMN [ALIAS] , ...},
FUNCIONES_GRUPO
FROM          TABLA
[WHERE CONDICIONES]
[GROUP BY     GRUPOS_POR_EXPR]
[HAVING       CONDICIONES_GRUPO]
[ORDER BY   COLUMNAS];
```

Lo mínimo que se puede ejecutar de una sentencia SELECT es lo que no va entre corchetes.

EJEMPLO 4.1

Extraer el nombre y el salario de los profesores.

```
SELECT NOMPRO, SALPRO FROM PROFESORES;
```

Las sentencias SQL se pueden escribir en una o varias líneas, pero siempre deben terminar en ;. Los comandos no son sensibles a mayúsculas y a minúsculas.

Las etiquetas de las columnas de una tabla se visualizan siempre en mayúsculas. Los datos cadena y fecha se justifican a la izquierda y los números a la derecha.

Los operadores básicos son suma (+), resta (-), multiplicación (*) y división (/), los cuales solo actúan con números y fechas. El orden de ejecución de estos operadores es multiplicación, división, suma y resta. Para romper este orden de ejecución se utilizan los paréntesis.

Se entiende por valor NULO aquel que carece de información, no representando ningún valor. Cualquier operación con NULO da como resultado NULO.

Los nombres de las columnas se pueden nombrar con un nombre distinto al que tiene; a este nombre se le llama etiqueta de columna. Puede estar formado por una palabra o varias, en este último caso deberá de ponerse entre comillas. Estas etiquetas pueden estar precedidas o no de la palabra reservada AS.

EJEMPLO 4.2

Visualizar el nombre y el salario anual de los profesores, etiquetar las columnas con nombre y salario anual.

```
SELECT NOMPRO NOMBRE, SALPRO*12 "SALARIO ANUAL" FROM PROFESORES;
```

Para concatenar o unir cadenas de caracteres se utiliza el operador ||, creando una columna resultado formada por la unión de los caracteres de una y otra columna. Los valores literales de tipo fecha y carácter debe ir entre comillas simples.

EJEMPLO 4.3

Visualizar el nombre y la especialidad unida por el literal ' tiene la especialidad en ', etiquetar la consulta con especialidad.

```
SELECT NOMPRO||' TIENE LA ESPECIALIDAD EN '||ESPPRO ESPECIALIDAD
FROM PROFESORES;
```

Las filas duplicadas se eliminan usando DISTINCT en la cláusula SELECT.

EJEMPLO 4.4

Visualizar las especialidades de la tabla PROFESOR.

```
SELECT DISTINCT ESPPRO FROM PROFESORES;
```

4.2.1 El entorno SQL*Plus

El entorno SQL*Plus es lenguaje específico de Oracle, no pudiéndose utilizar con otros gestores de bases de datos, permitiendo además la abreviatura de las palabras claves y:

- Conectar a la base de datos.
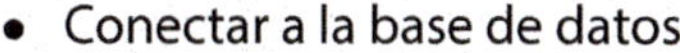
- Ver la estructura de la tabla.

- Ejecutar SQL y ficheros guardados.
- Guardar sentencias SQL.
- Cargar comandos desde el búfer.

GLOSARIO

SQL Plus: programa que utiliza Oracle para ejecutar SQL y PL/SQL.

Tabla 4.1 Órdenes de SQL Plus

Comando	Descripción
DESC[RIBE]NOMBRE_TABLA	Muestra la descripción de las columnas de una tabla, pudiendo existir los siguientes tipos de campos: • NUMBER (n, s): donde **n** es el número máximo de caracteres y **s** el número de dígitos decimales • VARCHAR2(n): hace referencia a cadenas de caracteres de longitud variable de tamaño **n** • DATE: fecha/hora • CHAR(s): hace referencia a cadenas de caracteres de longitud fija de tamaño **s**
A[PPEND]TEXTO	Añade texto al final de la línea actual
C[HANGE]/ANTIGUO/NUEVO	Cambia un texto antiguo por nuevo en la línea actual
C[HANGE]/TEXTO/	Borra el texto especificado de la línea actual
CL[EAR] BUFF[ER]	Borra todas las líneas del búfer
DEL	Borra la línea actual
I[NPUT]	Inserta una cantidad indefinida de líneas
I[NPUT]TEXTO	Inserta una línea consistente en un texto
L[IST]	Lista todas las líneas del búfer
L[IST]N	Lista una línea determinada del búfer
L[IST] N M	Lista de la línea n a la línea m del búfer
R[UN]	Muestra y ejecuta el comando actual del búfer
N	Lista la línea n
N TEXTO	Reemplaza la línea n con texto
0 TEXTO	Inserta una línea antes de la línea 1
SAV[E][RUTA]NB_FICH[.EXT] [REP[LACE] APP[END]]	Guarda el contenido del búfer en un archivo. Se usa APPEND para agregar dicho contenido en un archivo existente y REPLACE para sobrescribir un archivo existente. La extensión del archivo por defecto es SQL.
GET [RUTA] NB_FICH[.EXT]	Carga el contenido de un fichero en el búfer
STA[RT][RUTA]NB_FICH[.EXT] @ [RUTA] NB_FICH[.EXT]	Ejecuta un archivo
ED[IT]	Llama al editor y guarda el contenido del búfer en un archivo llamado AFIEDT.BUF
ED[IT][RUTA]NB_FICH[.EXT]	Llama al editor para modificar el contenido de un archivo previamente almacenado
SPO[OL][RUTA][NB_FICH[.EXT] |OFF|OUT]	Almacena el resultado de una consulta en un archivo. OFF cierra el archivo spool. OUT Cierra el archivo spool y envía el archivo resultante a la impresora del sistema
EXIT	Sale de SQL*Plus
&	Pide un valor al usuario
CONNECT	Permite conectar con la base de datos

4.3 La cláusula WHERE

Restringe filas de la selección según se especifica en la condición. En las condiciones, las fechas y las cadenas de caracteres van entre comillas simples y son sensibles a las mayúsculas y a las minúsculas.

EJEMPLO 4.5

Visualiza el título de los cursos de todos aquellos que tengan 40 horas de duración.

```
SELECT TITCUR FROM CURSOS WHERE HORCUR=60;
```

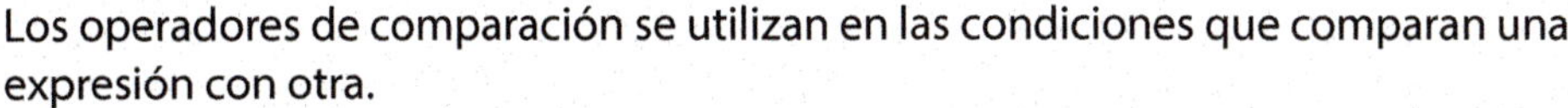

Los operadores de comparación se utilizan en las condiciones que comparan una expresión con otra.

Tabla 4.2 Operadores de comparación

Operador	Descripción
=	Igual
<	Menor que
<=	Menor o igual que
>	Mayor que
>=	Mayor igual que
<>	Distinto
`BETWEEN ... AND ...`	Visualiza las filas dentro de un rango de valores situados antes y después del AND
`IN`	Selecciona filas de una lista que se asigna
`NOT NULL`	Recupera aquellas filas en las que el valor que se obtiene es de tipo NULL
`LIKE`	Realiza la búsqueda de cadenas de caracteres que incluyen comodines. Estos caracteres comodines son: % Denota cero o varios caracteres _ Denota un solo carácter

EJEMPLO 4.6

Visualizar los profesores nacidos entre el 1 de enero de 1992 y el 31 de diciembre de 1993.

```
SELECT NOMPRO FROM PROFESORES
WHERE FNAPRO BETWEEN '01/01/92' AND '31/12/93';
```

Los operadores lógicos ejecutan dos condiciones.

Tabla 4.3 Tabla de verdad del operador lógico AND

AND	Verdadero	Falso	Desconocido
Verdadero	V	F	D
Falso	F	F	F
Desconocido	D	F	D

Tabla 4.4 Tabla de verdad del operador lógico OR

OR	Verdadero	Falso	Desconocido
Verdadero	V	V	V
Falso	V	F	D
Desconocido	V	D	D

Tabla 4.5 Operador NOT

NOT	Verdadero	Falso	Desconocido
	F	V	D

EJEMPLO 4.7

Visualizar los profesores nacidos después del 1 de enero de 1992 y que ganan menos de 1500 €.

```
SELECT NOMPRO FROM PROFESORES
WHERE FNAPRO > '01/01/92' AND SALPRO < 1500;
```

Los operadores vistos anteriormente tienen las siguientes reglas de preferencia o ejecución:

1. >, >=, <, <=, =, <>, BETWEEN, LIKE, IN, IS NULL
2. NOT
3. AND
4. OR.

Para cambiar las preferencias utilizaremos paréntesis.

EJEMPLO 4.8

Seleccionar el nombre del profesor de la tabla profesores, de aquellos que tienen las especialidades Web o Software y ganan más de 1500 €.

```
SELECT NOMPRO FROM PROFESORES
WHERE (ESPPRO= 'WEB' OR ESPPRO = 'SOFTWARE') AND SALPRO>1500;
```

4.3.1 Funciones a nivel fila

Devuelven un valor por cada fila que se selecciona de la tabla, pudiendo ser de carácter, numéricas, fecha, conversión y generales. Su sintaxis es la siguiente:

```
NOMBRE_FUNCIÓN (COLUMNA | EXPRESIÓN, [ARG1, ARG2,
..., ARGN])
```

Funciones de caracteres

Recogen cadenas alfanuméricas como parámetros para devolver cadenas transformadas.

Tabla 4.6 Funciones de caracteres de transformación

Función	Descripción
`LOWER (COLUMNA | EXPRESIÓN)`	Convierte en minúsculas cadenas de caracteres
`UPPER (COLUMNA | EXPRESIÓN)`	Convierte en mayúsculas cadenas de caracteres
`INITCAP (COLUMNA | EXPRESIÓN)`	Convierte a mayúscula la primera letra de una cadena y el resto a minúscula

EJEMPLO 4.9

Seleccionar el nombre del profesor poniendo la primera en mayúscula y el resto en minúscula de los que ganan más de 1500 €.

```
SELECT INITCAP(NOMPRO) FROM PROFESORES WHERE SALPRO>1500;
```

Manipulación de caracteres.

Tabla 4.7 Funciones de manipulación de caracteres

Función	Descripción
`CONCAT(COLUMNA1|EXPRESIÓN1, COLUMNA2|EXPRESIÓN2, ...)`	Une o concatena cadenas
`SUBSTR (COLUMNA | EXPRESIÓN, M [, N])`	Obtiene una cadena determinada medida según se especifique en sus argumentos
`LENGTH (COLUMNA | EXPRESIÓN)`	Obtiene la longitud de una cadena
`INSTR (COLUMNA | EXPRESIÓN, M)`	Obtiene la posición de un carácter que se especifica
`LPAD (COLUMNA | EXPRESIÓN, N, 'CADENA')`	Justifica a la izquierda el valor de un carácter
`RPAD (COLUMNA | EXPRESIÓN, N, 'CADENA')`	Justifica a la derecha el valor de un carácter
`REPLACE(TEXTO, BUSCAR_CADENA, REEMPLAZAR_CADENA)`	Busca un texto de una cadena y lo sustituye
`TRANSLATE(TEXTO, BUSCAR_CADENA, REEMPLAZAR_CADENA)`	Ídem a la anterior, pero trabaja con caracteres simples y remplaza varios

Función	Descripción
`TRIM(LEADING|TRAILING|BOTH, CARÁCTER FROM CADENA)`	Permite recortar caracteres del principio del final o de ambos de una cadena de caracteres.
`LTRIM(CADENA1, CADENA2)`	Borra cadena 2 en cadena 1 si se encuentran al comienzo, si se omite cadena 2 borra los blancos del comienzo.
`RTRIM(CADENA1, CADENA2)`	Borra cadena 2 en cadena 1 si se encuentran al final de la cadena, si se omite cadena 2 borra los blancos del comienzo
`CHAR(X)`	Devuelve un el carácter equivalente al número enviado

EJEMPLO 4.10

Visualizra el nombre de la especialidad sin repetir y la longitud de esta.

```
SELECT DISTINCT ESPPRO, LENGTH(ESPPRO) FROM PROFESORES;
```

EJEMPLO 4.11

Visualizar los profesores cuyo apellido acabe en Z.

```
SELECT NOMPRO FROM PROFESORES WHERE SUBSTR (NOMPRO, -1,1) = 'Z';
```

EJEMPLO 4.12

Reemplazar la cadena 'JU' por 'XX' en el nombre del profesor cuando el si su código es 101.

```
SELECT REPLACE(NOMPRO,'JU','XX') FROM PROFESORES
WHERE NUMPRO=101;
```

EJEMPLO 4.13

Reemplazar la 'A' por 5 y la 'E' por 6 en el nombre del profesor si su código es 101.

```
SELECT TRANSLATE(NOMPRO,'AE','56') FROM PROFESORES
WHERE NUMPRO=101;
```

Funciones numéricas y matemáticas

Recogen cadenas numéricas como parámetros para devolver números con otro tipo de salida.

Tabla 4.8 Funciones numéricas y matemáticas

Función	Descripción
ROUND (COLUMNA|EXPRESIÓN, N)	Redondea la columna o expresión a un valor n posiciones decimales. Si se omite n no se redondea con lugares decimales, y si n es negativo los números a la izquierda del punto decimal se redondean
TRUNC (COLUMNA|EXPRESIÓN, N)	Elimina los dígitos indicados. Trunca la columna o valor en la enésima posición decimal, si se omite n, sin lugares decimales si n es negativo los números a la izquierda del punto decimal se truncan a 0
MOD(M,N)	Devuelve el resto de la división entre dos números (m entre n)
ABS(N)	Devuelve el valor absoluto de un número
CEIL(N)	Redondea a entero hacia arriba el argumento que se pasa
FLOOR(N)	Redondea a entero hacia abajo el argumento que se pasa
POWER(M,N)	Devuelve un valor m elevado a n
SIGN(N)	Si el signo del valor es mayor que cero devuelve 1, si es negativo -1 y 0 si el valor es cero
SQRT(N)	Devuelve la raíz cuadrada del argumento
ACOS(N), ASIN(N), ATAN(N), ATAN2(N, M), COS(N), COSH(N), EXP(N), LN(N), LOG(N), SIN(N), SINH(N), TAN(N) Y TANH(N)	Devuelven arcocoseno, arcoseno, arcotangente, arcotangente de coordenadas, coseno hiperbólico, seno, exponencial, logaritmo neperiano, logaritmo natural, seno, seno hiperbólico, tangente y tangente hiperbólica de lo que se pasa como parámetro

EJEMPLO 4.14

Calcular el resto del SALPRO entre COMPRO de los profesores que tengan la comisión no nula.

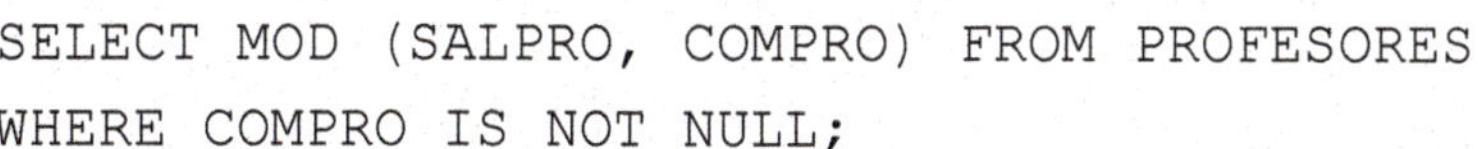

```
SELECT MOD (SALPRO, COMPRO) FROM PROFESORES
WHERE COMPRO IS NOT NULL;
```

La tabla SYS.DUAL

Es una tabla virtual que posee la base de datos como recurso, la cual mantiene la información sobre el sistema. Esta tabla tiene una fila y una columna y es bastante útil si se quiere devolver un valor una sola vez.

EJEMPLO 4.15

Visualizar la fecha del sistema.

```
SELECT SYSDATE FROM SYS.DUAL;
```

EJEMPLO 4.16

Visualizar el número 74.282 redondeado a un decimal.

```
SELECT ROUND (74.282, 1) FROM SYS.DUAL;
```

Funciones de fechas

Devuelven una fecha de manera diferente al formato de fecha establecido que generalmente es DD/MM/AA.

Los operadores aritméticos permiten sumar o restar un número o una fecha a otra fecha.

Tabla 4.9 Operaciones entre números y fechas

Operación	Resultado	Descripción
Fecha + número	Fecha	Añade una cantidad de días a la fecha
Fecha – número	Fecha	Resta una cantidad de días a partir de una fecha
Fecha – fecha	Número de días	Resta una fecha de otra
Fecha + número/24	Fecha	Añade una cantidad de horas a la fecha

Tabla 4.10 Funciones de fecha

Función	Descripción
`MONTHS_BETWEEN (FECHA1, FECHA2)`	Retorna la cantidad de meses que hay entre las fechas dadas, devolviendo un número
`ADD_MONTHS (FECHA, N)`	Añade meses a una fecha, devolviendo una fecha
`NEXT_DAY (FECHA, 'CARACTER')`	Devuelve la fecha del día, especificado en el que se pasa como carácter. Devuelve una fecha
`LAST_DAY (FECHA)`	Devuelve la fecha del último día del mes que contiene la fecha
`ROUND (FECHA [,'FORMATO'])`	Redondea al valor que se le pasa como formato, si se omite redondea al mes
`TRUNC (FECHA [,'FORMATO'])`	Trunca al valor que se le pasa como formato
`EXTRACT (SELECT …)`	Extrae y devuelve el valor de un campo de fecha y hora especificado de una expresión

EJEMPLO 4.17

Obtener el nombre de los profesores y el número de meses que lleva trabajando en la empresa los empleados que son de la especialidad Web.

```
SELECT NOMPRO, MONTHS_BETWEEN (SYSDATE, FINPRO) FROM PROFESORES
WHERE ESPPRO='WEB';
```

EJEMPLO 4.18

Obtener el nombre del profesor y el año en que ingresó en la academia de todos los que son de especialidad Web.

```
SELECT NOMPRO, EXTRACT (YEAR FROM FINPRO) MES
FROM PROFESORES WHERE ESPPRO='WEB';
```

Funciones de conversión

Se utilizan para modificar los datos de formato.

Tabla 4.11 Funciones de conversión

Función	Descripción
`TO_CHAR (FECHA|| NÚMERO, [,'FORMATO'])`	Convierte una fecha o un valor numérico a cadena. En la sintaxis el formato es sensible a mayúscula a minúscula
`TO_NUMBER (FECHA|| NÚMERO, [,'FORMATO'])`	Convierte una cadena a formato número
`TO_DATE (FECHA, [,'FORMATO'])`	Convierte una cadena a formato a fecha

A continuación, se muestran los siguientes elementos de:

- Formato de fecha

  Y: última cifra del año.

  YY: dos últimas cifras del año.

  YYY: tres últimas cifras del año.

  YYYY: año completo.

  YEAR: año en letra.

  MM: número de mes con dos dígitos.

  MON: Nombre del mes con tres caracteres.

  MONTH: Nombre completo del mes.

  DY: abreviatura de tres letras del día de la semana.

  DAY: nombre del día de la semana completo.

  SYEAR: indica si el año es AC o DC.

  Q: trimestre del año.

  RM: mes en números romanos.

  WW: semana del año.

  W: semana del mes.

  DDD: día del año.

  DD: día del mes.

  D: día de la semana.

  J: día juliano (número de días desde el 31-12- 4712 a.C.).

- Formato de tiempo

  AM o **PM:** mañana o tarde.

  A.M. o P.M.: indicador de meridiano con periodos.

  HH, **HH12**, **HH24:** indica las horas en 12 o 24.

  MI: minutos.

  SS: segundos.

  SSSS: cuenta los segundos desde media noche.

  " ": inclusión de literales.

  DDSPTH: sufijo que permite escribir en número ordinal de días en letra.

  DDSP: número de día ordinal en letra.

- Formato numérico

  9: representa un número.

  0: muestra 0 a la izquierda.

  $: signo de dólar de moneda delante del número.

  L: símbolo de moneda local.

  . : imprime punto decimal.

  , : imprime indicador de millar.

  MI: signo negativo a la derecha del número.

  PR: pone entre paréntesis los números negativos.

  E: notación científica.

  V: multiplica por 10 el valor, si a su derecha hay un 9, por 100 si hay 99...

  B: muestra los ceros como espacios en blanco.

EJEMPLO 4.19

Visualizar el nombre y la fecha de nacimiento de los profesores en el que solo figure el año.

```
SELECT NOMPRO, TO_CHAR(FNAPRO, 'YYYY') FROM PROFESORES;
```

EJEMPLO 4.20

Obtener la hora del sistema.

```
SELECT TO_CHAR(SYSDATE, 'HH24:MI:SS') FROM SYS.DUAL;
```

EJEMPLO 4.21

Completar de ceros a la izquierda los salarios de los profesores con el símbolo de la moneda local.

```
SELECT NOMPRO, TO_CHAR(SALPRO, '0999999L') SALARIO FROM PROFESORES;
```

4.3.2 Funciones generales

Tabla 4.12 Funciones generales

Función	Descripción
`NVL (EXPRESION1, EXPRESION2)`	Se utiliza para convertir nulos a un determinado valor que puede ser numérico o cadena
`DECODE (COLUMNA/EXPRESIÓN, SELECCIÓN1, RESULTADO1, [SELECCIÓN2, RESULTADO2, …] [, VALOR_DEFECTO])`	Se asemeja a las estructuras IF … THEN … ELSE … o CASE. Compara una expresión y devuelve un resultado según el valor de la expresión, si se omite el valor por defecto devuelve nulo

`CASE columna`
`WHEN con1 THEN rdo1`
`WHEN con2 THEN rdo2`
`…`
`WHEN conn THEN rdon`
`[ ELSE otros_rdo]`
`END`
	Es similar a la anterior, permitiendo agregar a la SELECT la estructura lógica IF…THEN… ELSE. Evalúa una lista de condiciones y devuelve uno de los múltiples resultados posibles

EJEMPLO 4.22

Diseñar una consulta que muestre el nombre, el salario y la comisión de los profesores y si esta última es nula poner a valor 0.

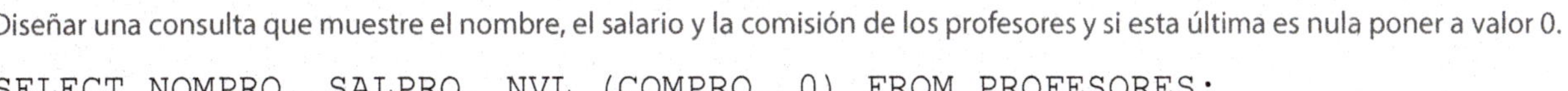

```
SELECT NOMPRO, SALPRO, NVL (COMPRO, 0) FROM PROFESORES;
```

EJEMPLO 4.23

Visualizar el nombre y la comisión de los profesores, incrementando esta ultima un 50% si es no nula y poner 150 si es nula.

```
SELECT NOMPRO, DECODE (COMPRO, NULL, 150, COMPRO*1.5)
FROM PROFESORES;
```

EJEMPLO 4.24

Realizar una consulta que muestre el nombre del profesor, el salario etiquetado como ANTIGUO, y una subida salarial del 5% si la especialidad del profesor es Web, un 4% si es Redes en el resto de los casos un 1%. El salario subido se redondeará a un decimal.

```
SELECT NOMPRO,SALPRO ANTIGUO,
CASE ESPPRO
WHEN 'WEB' THEN ROUND(SALPRO * 1.05,1)
WHEN 'REDES' THEN ROUND(SALPRO * 1.04,1)
ELSE ROUND(SALPRO * 1.02,1)
END NUEVO
FROM PROFESORES;
```

4.4 La cláusula GROUP BY

Agrupa los registros o filas devolviendo por cada fila resúmenes de los registros agrupados. Los grupos se hacen refiriéndose a una sola columna de la tabla o a varias columnas. Esta cláusula lleva en la SELECT diferentes funciones de grupo que van asociados a la columna o columnas a las que se hace el agrupamiento.

Si se usa una función de grupo en la sentencia SELECT sin agrupamiento hace un resumen de todos los registros de la tabla. Si se quiere agrupar por uno o varios campos es obligatorio que figure la cláusula GROUP BY. No se puede usar alias en la cláusula GROUP BY.

En WHERE no se pueden restringir grupos, solamente filas.

Por defecto, las filas con GROUP BY se ordenan de manera ascendente.

4.4.1 Funciones de grupo

Tabla 4.13 Funciones de grupo

Función	Descripción
`MIN ([DISTINCT |ALL] EXPRESIÓN)`	Devuelve el mínimo de un agrupamiento. DISTINCT hace que la función no tenga en cuenta los valores duplicados y ALL incluye todos siendo la opción por defecto, no haciendo falta especificar
`MAX ([DISTINCT |ALL] EXPRESIÓN)`	Devuelve el máximo de un agrupamiento, ignorando los valores nulos. ALL y DISTINCT funciona igual que en el caso anterior
`SUM ([DISTINCT|ALL] EXPRESIÓN)`	Devuelve la suma en datos numéricos pudiendo ser nulos o no
`AVG ([DISTINCT|ALL] EXPRESIÓN)`	Devuelve la media en datos numéricos pudiendo ser nulos o no
`VARIANCE ([DISTINCT|ALL] EXPRESIÓN)`	Devuelve la varianza con efecto sobre los valores numéricos e ignoran los nulos
`STDDEV ([DISTINCT|ALL] EXPRESIÓN)`	Devuelve la desviación estándar con efecto sobre los valores numéricos e ignoran los nulos
`COUNT({*|[DISTINCT|ALL] EXPRESIÓN})`	Cuenta los registros de una tabla o un grupo de registros COUNT (*): devuelve el número de registros de una tabla incluyendo filas duplicadas y aquellas que contienen valores nulos COUNT ([DISTINCT|ALL] EXP): devuelve el número de registros no nulos en una tabla. DISTINCT considera solo los valores no duplicados, mientras que ALL (opción por defecto) incluye todos

EJEMPLO 4.25

Obtener la media de los salarios y el número de profesores de la tabla profesores.

```
SELECT AVG(SALPRO), COUNT (*) FROM PROFESORES;
```

EJEMPLO 4.26

Visualizar las especialidades de los profesores, la media de los salarios redondeados a la parte entera y el número de profesores por especialidad.

```
SELECT ESPPRO, TRUNC(AVG(SALPRO)), COUNT (*) FROM PROFESORES
GROUP BY ESPPRO;
```

4.5 La cláusula HAVING

Esta cláusula restringe grupos siempre que los registros estén agrupados y se aplique una función de grupo.

EJEMPLO 4.27

Obtener el nombre de especialidad, el salario máximo por especialidad, siempre que el salario máximo no supere los 1700 €.

```
SELECT ESPPRO, MAX(SALPRO) FROM PROFESORES
GROUP BY ESPPRO HAVING MAX(SALPRO)>1700;
```

EJEMPLO 4.28

Visualizar el oficio y el salario total mensual (salario más comisión; si esta última es nula convertir a cero) de los profesores que ganan más de 1500 €, agrupados por especialidad excluyendo aquellos cuya suma de salarios es mayor de 2000 €. Etiquetar la columna con total.

```
SELECT ESPPRO, SUM (SALPRO+NVL (COMPRO, 0)) TOTAL
FROM PROFESORES
WHERE SALPRO>1500
GROUP BY ESPPRO
HAVING SUM (SALPRO+NVL (COMPRO, 0))>2000;
```

4.6 La cláusula ORDER BY

Ordena los registros por un determinado campo. Por defecto sale ordenado por la clave primaria en orden ascendente. En ORDER BY se puede poner un número dependiendo de la posición que ocupe el campo en la SELECT.

EJEMPLO 4.29

Ordenar la tabla profesores por la fecha de ingreso de forma descendente.

```
SELECT * FROM PROFESORES ORDER BY FINPRO DESC;
```

EJEMPLO 4.30

Obtener el nombre del profesor y su salario anual etiquetado como SAL_ANUAL (salario por 12); ordenar por este último campo de manera descendente.

```
SELECT NOMPRO, SALPRO*12 SAL_ANUAL FROM PROFESORES
ORDER BY SAL_ANUAL DESC;
SELECT NOMPRO, SALPRO*12 SAL_ANUAL FROM PROFESORES
ORDER BY 2 DESC;
```

4.7 Ejercicios resueltos

Tabla PROFESORES:

1. Diseñar una consulta que muestre el nombre y el salario de los empleados cuya especialidad es Web.

```
SELECT NOMPRO, SALPRO
FROM PROFESORES
WHERE ESPPRO='WEB';
```

2. Crear una consulta que visualice el nombre y el salario de los profesores que ganan más de 1500 €.

```
SELECT NOMPRO, SALPRO
FROM PROFESORES
WHERE SALPRO>1500;
```

3. Visualizar el nombre de los profesores nacidos en el año 1992.

```
SELECT NOMPRO FROM PROFESORES
WHERE FNAPRO LIKE '%92';
```

4. Generar una consulta que obtenga el nombre de los profesores que ganan más de 1500 € y cuyo oficio es Redes y Software.

```
SELECT NOMPRO
FROM PROFESORES
WHERE (SALPRO>1500) AND
(ESPPRO LIKE 'REDES' OR ESPPRO LIKE 'SOFTWARE');
```

5. Visualizar el nombre de los profesores que tienen una u en la segunda letra de su nombre.

```
SELECT NOMPRO
FROM PROFESORES
WHERE NOMPRO LIKE '_U%';
```

6. Visualizar el nombre de los profesores cuyo apellido acabe en O.

```
SELECT NOMPRO FROM PROFESORES
WHERE NOMPRO LIKE '%O';
```

Tabla CURSOS

7. Visualizar los títulos de los cursos que tengan dos o más ediciones y que el número de créditos sea mayor de tres.

```
SELECT TITCUR
FROM CURSOS
WHERE EDICUR>=2 AND CRECUR>3;
```

8. Obtener los títulos de los cursos cuyo tiempo de desarrollo no exceda de más de 120 días (días trascurridos entre la fecha de inicio y finalización del curso).

```
SELECT TITCUR
FROM CURSOS
WHERE (FFICUR-FINCUR) <120;
```

9. Realizar una consulta que obtenga el título del curso, el literal "comienza" y la fecha de inicio del curso con el formato "lunes seis de junio, 2016". Etiquetar la columna con "Fechas previstas de inicio".

```
SELECT TITCUR,
TO_CHAR (FINCUR, '"COMIENZA" DAY DDSP "DE" MONTH
","YYYY') "FECHAS PREVISTAS DE INICIO"
FROM CURSOS;
```

Tabla ALUMNOS

10. Diseñar una consulta que muestre el nombre de los alumnos cuyo tercer dígito de su número de teléfono es un 2. Ordenar alfabéticamente por nombre.

```
SELECT NOMALU
FROM ALUMNOS
WHERE TELALU LIKE '__2%'
ORDER BY NOMALU;
```

11. Obtener una consulta que muestre el nombre y las tres primeras letras del nombre de aquellos alumnos que sean de Leganés.

```
SELECT NOMALU, SUBSTR(UPPER(NOMALU),1,3)
FROM ALUMNOS
WHERE DIRALU LIKE '%LEGANÉS';
```

RESUMEN

En esta unidad se ha aprendido que:

- El lenguaje SQL es utilizado para consultar y manipular datos, está basado en el álgebra y el cálculo relacional, y lo utilizan todas las bases de datos relacionales, aunque cada una de ellas tiene sus peculiaridades hacia él.
- La sentencia de SQL que sirve para consultar datos de la base de datos es SELECT, la cual permite hacer selecciones, proyecciones, uniones e intersecciones. Está compuesta por las siguientes palabras claves y reservadas.

Palabra reservada	Significado
SELECT	Restringe columnas a visualizar
FROM	Hace referencia a las tablas de las que se quiere hacer la consulta
WHERE	Restringe filas
GROUP BY	Agrupa datos
HAVING	Restringe grupos
ORDER BY	Ordena la salida de los datos por un determinado campo

- SQL*Plus es un lenguaje especifico de Oracle que permite conectar la base de datos, ver la estructura de la tabla, ejecutar ficheros SQL, guardar sentencias y cargar comandos desde el búfer.
- Las funciones a nivel fila devuelven un valor para cada fila que se selecciona de la tabla. Estas funciones suelen ir en la cláusula SELECT y WHERE, y es en esta última donde se marca la condición de restricción de filas. Estas funciones son de carácter, numéricas, fecha, de conversión y generales.
- Las funciones de grupo son funciones que operan sobre múltiples registros de una sentencia SELECT. Suelen ir en la cláusula SELECT y en HAVING, y es en esta última donde se marca la condición de restricción de grupos.

EJERCICIOS PROPUESTOS

Tabla PROFESORES

1. Obtener la antigüedad máxima en años completos de los profesores por especialidad.
2. Obtener el salario medio por especialidad, excluyendo aquellos cuya media sea menor de 1500 €.
3. Crear una consulta para visualizar el nombre y el salario de todos los profesores. Formatear el salario para que tenga una longitud de 8 caracteres y rellenado a la izquierda con €. Etiquetar la columna Salario.
4. Obtener el nombre de los profesores cuya comisión es igual o superior al 60 % de su salario. Ordenar en orden decreciente.
5. Obtener una consulta que visualice el nombre del profesor y obtenga el número de trienios que lleva en la empresa. Los trienios deben figurar como un número entero.
6. Visualizar el nombre de los profesores y la suma del salario más la comisión. Si la comisión es nula, se convertirá a cero.
7. Realizar una consulta que obtenga el nombre y la edad con la que empezaron a trabajar los profesores en la empresa sin decimales.
8. Obtener, por orden alfabético, los nombres de los profesores, suprimiendo el nombre y el blanco y mostrando solo el apellido de todos aquellos que hayan ingresado el después del 28/02/17.
9. Visualizar el nombre de los profesores y la edad sin decimales que tenían cuando ingresaron en la empresa, etiquetando esta última como edad. Ordenar por edad.
10. Visualizar el nombre, la especialidad y el salario de todos los profesores cuya especialidad sea REDES o SOFTWARE y su salario no sea igual a 1450 o 1700 €.

EJERCICIOS PROPUESTOS

11. Visualizar los profesores cuyo apellido empieza por G. Ordenar alfabéticamente de forma descendente.

12. Obtener el salario medio y la especialidad de los profesores agrupados por esta última.

13. Incrementar a los profesores que son de Software un 10 % y al resto un 5 % de su salario.

14. Visualizar el salario medio y el número total de los profesores que hay en la empresa.

15. Visualizar el nombre del profesor, la fecha de ingreso y la fecha de revisión del salario, la cual es el primer lunes después de nueve meses de trabajo. Etiquetar la columna Revisión salarial. Las fechas deben tener un formato similar a "lunes seis de junio, 2016".

16. Diseñar una consulta que visualice el nombre del profesor con la primera letra en mayúsculas y todas las demás letras en minúsculas y la longitud de sus nombres, para todos los profesores cuyo nombre empiece por E, A o I. Dar a cada columna una etiqueta apropiada y ordenar alfabéticamente.

17. Visualizar por el nombre de los profesores y el tiempo que llevan en la empresa expresado en años, meses y días.

18. Obtener el nombre y los salarios en dólares (deberá figurar el símbolo $ al final de este) de aquellos profesores cuyo apellido termina en Z. El valor del cambio de euros a dólares es 1.15.

19. Obtener por orden alfabético el nombre de los profesores y el año de nacimiento de todos aquellos profesores que son de software y ganan más de 1650 €.

20. Visualizar el nombre del trabajador, el salario anual más la comisión de los nacidos en 1991.

21. Visualizar el número de profesores que tienen el mismo salario, descartando aquellos que ganan menos de 1500 €.

22. Diseñar una consulta que visualice el número y el salario del profesor con menor salario con dependencia de ese jefe. Excluir a cualquier profesor cuyo jefe no se identifique. No mostrar, además, a cualquier grupo cuyo mínimo salario sea inferior a 1700 €.

23. Obtener la máxima edad en años cumplidos de cada especialidad.

24. Obtener el número de profesores que empezaron a trabajar en los diferentes años.

Tabla CURSOS

25. Visualizar los cursos que tengan un título con menos de cinco caracteres.

26. Obtener por orden alfabético el total de créditos de cada profesor, excluyendo aquellos cuyo total de créditos sea igual o menor a 4.

27. Realizar una consulta, obtenga el valor total de los cursos, por el número de créditos de todos aquellos cuya edición del curso es la primera.

28. Visualizar el título del curso y la fecha que corresponde a lunes después de la fecha de inicio de los cursos. Etiquetar las columnas con el nombre que se considere más adecuado.

29. Realizar una consulta que diga el número de cursos que imparte cada profesor.

30. Obtener ordenados el número de cursos que empiezan en los diferentes años.

31. Realizar una consulta que obtenga por edición la media de los precios de los cursos, excluir aquellos cuya media sea superior a 800 €.

Tabla ALUMNOS

32. Obtener por orden alfabético los códigos postales sin los dos primeros caracteres. No repetir estos datos en la salida.

33. Obtener el número de alumnos que hay en los diferentes códigos postales.

34. Obtener el número de alumnos que hay en los diferentes dominios de su cuenta de correo electrónico.

35. Obtener el nombre de los alumnos y su correo electrónico sin el dominio, es decir, eliminando @ y lo siguiente.

36. Diseñar una consulta que visualice el apellido de aquellos alumnos que son de Getafe.

37. Obtener el nombre y los apellidos del alumno y la ciudad de este, y de todos aquellos que tienen un correo de hotmail.com.

TEST DE EVALUACIÓN

1. **¿Qué es SQL*Plus?**
   a) Un lenguaje de consultas.
   b) Un lenguaje específico de Oracle.
   c) Un lenguaje de modelado.
2. **La conexión de la base de datos se hace a través del lenguaje:**
   a) SQL.
   b) SQL*Plus.
   c) Tanto la a como la b son correctas.
3. **RUN es una sentencia de:**
   a) SQL.
   b) SQL*Plus.
   c) Tanto la a como la b son correctas.
4. **¿Qué hace la función INSTR (COLUMNA | EXPRESIÓN, M) ?**
   a) Obtiene la posición de un carácter que se especifica.
   b) Obtiene la posición de un carácter que no se especifica.
   c) Obtiene una cadena determinada medida según se especifique en sus argumentos.
5. **¿Qué hace la función CEIL(N)?**
   a) Redondea a entero hacia arriba el argumento que se pasa.
   b) Redondea a entero hacia abajo el argumento que se pasa.
   c) Devuelve el resto de la división entre dos números (m entre n).
6. **La tabla SYS.DUAL:**
   a) Es una tabla virtual.
   b) Tiene una fila y una columna.
   c) Tanto la a como la b son correctas.
7. **Si operamos dos fechas restándolas, ¿qué se obtiene?**
   a) Una fecha.
   b) Una cadena.
   c) Un número.
8. **El formato de fecha MON, ¿qué devuelve?**
   a) Número de mes con dos dígitos.
   b) Nombre completo del mes.
   c) Nombre del mes con tres caracteres.

U 5

Visualización de datos a partir de varias tablas

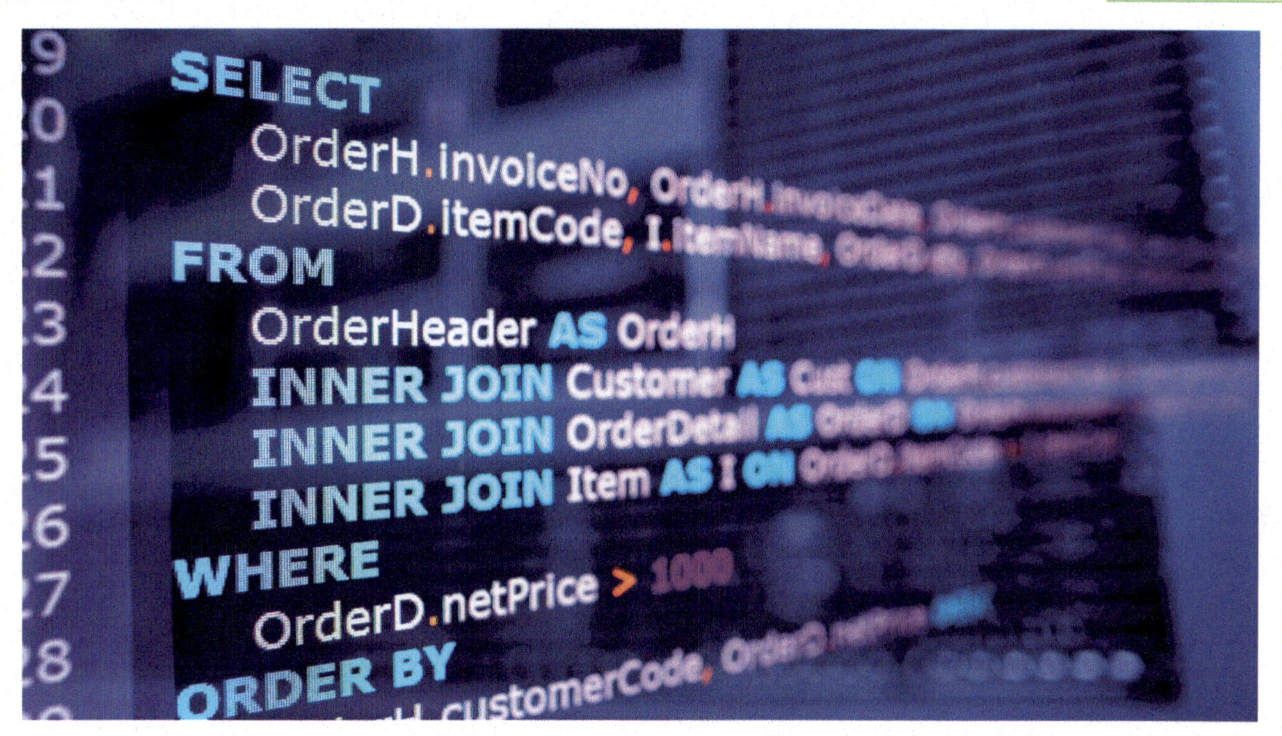

En esta unidad vas a estudiar:

- 5.1 Introducción
- 5.2 Tipos de JOINS. Sintaxis 1992
- 5.3 Tipos de JOINS. Sintaxis 1999
- 5.4 Ejercicios resueltos

Con su estudio, vas a ser capaz de:

- Realizar diferentes tipos de uniones entre tablas relacionadas de la base de datos.

5.1 Introducción

Hasta este momento se ha trabajado con una tabla, aunque cuando trabajamos con un modelo relacional intervienen diferentes tablas y las consultas piden información de varias de ellas.

GLOSARIO

JOINS: cuando se establece una relación entre una clave principal de una tabla con otra ajena de otra con la que está relacionada, estableciéndose entre ellas una condición, que sea la clave primaria de una igual a la clave ajena de otra.

Producto cartesiano: es una JOINS en la que no se establece condición.

Una sentencia JOIN está basada en el álgebra relacional y combina un producto cartesiano y una selección, con esto el usuario puede establecer que datos de varias tablas originales aparecen en la consulta.

Vamos a definir lo que es un producto cartesiano y una selección.

- Producto cartesiano es una operación en la que los registros de una tabla se combinan con los registros de la otra tabla con la que está relacionada. El resultado de esta consulta es el producto de las filas de una por las filas de la otra.
- Selección, permite obtener registros de las tablas utilizando varios criterios de restricción.

Un producto cartesiano se produce cuando no se establece la condición de combinación de relación de las diferentes tablas.

5.2 Tipos de JOINS. Sintaxis 1992

La sintaxis de una combinación de tablas viene dada por:

```
SELECT TABLA.COLUMNA, TABLA.COLUMNA, ...
FROM TABLA1, TABLA2
WHERE TABLA1.COLUMNA1= TABLA2.COLUMNA2;
```

Los diferentes tipos de JOIN combinan el producto cartesiano con las condiciones de selección, teniendo en cuenta que las tablas están relacionadas entre sí por una clave extranjera.

EJEMPLO 5.1

Visualizar un producto cartesiano donde figure el nombre del profesor y el título de los cursos que imparte.

```
SELECT NOMPRO, TITCUR FROM PROFESORES, CURSOS;
```

EJEMPLO 5.2

Visualizar el nombre del profesor y el título de los cursos que haya impartido cada profesor.

```
SELECT NOMPRO, TITCUR FROM PROFESORES, CURSOS
WHERE CURSOS.NUMPRO=PROFESORES.NUMPRO;
```

5.2.1 EQUIJOINS

Son aquellas consultas que se realizan entre dos tablas, cuando existe en una clave primaria relacionada con otra mediante una clave extranjera.

En la sentencia SELECT se deberán especificar los nombres de las columnas a recuperar; si las columnas tienen el mismo nombre en las diferentes tablas, habrá que especificar la tabla de procedencia de la columna.

En FROM se especifica el nombre de las tablas que intervienen en la JOIN.

En WHERE se especificará la condición de unión, es decir, igualar el campo clave primaria con la clave extranjera. Si tienen el mismo nombre se especificará la tabla de donde procede.

EJEMPLO 5.3

Diseñar una consulta que muestre el código del profesor, su nombre, el título del curso que imparte y el número de créditos de todos aquellos que tienen 3 créditos o más.

```
SELECT PROFESORES.NUMPRO, NOMPRO, TITCUR, CRECUR
FROM PROFESORES, CURSOS
WHERE CURSOS.NUMPRO=PROFESORES.NUMPRO AND CRECUR>=3;
```

Con el fin de agilizar el proceso de escritura de la SELECT es conveniente escribir alias a las tablas.

EJEMPLO 5.4

Realizar el ejemplo anterior usando alias en el nombre de las tablas.

```
SELECT P.NUMPRO, NOMPRO, TITCUR, CRECUR
FROM PROFESORES P, CURSOS C
WHERE C.NUMPRO=P.NUMPRO AND CRECUR>=3;
```

5.2.2 NON EQUIJOINS

Son aquellos casos en los que no existe ninguna relación directa entre dos tablas, pero sí existe algún tipo de relación indirecta. Por ejemplo, dependiendo del salario que se tenga visualizar la categoría de este si las categorías están entre diferentes rangos de salario.

EJEMPLO 5.5

Diseñar una consulta que obtenga el nombre del profesor, su salario y el tipo de salario del profesor.

```
SELECT P.NOMPRO, P.SALPRO, T.TIPOSAL
FROM PROFESORES P, TIPOS_SALARIO T
WHERE P.SALPRO BETWEEN T.INFERIOR AND T.SUPERIOR;
```

5.2.3 OTHERS JOINS

Si la fila de una tabla u otra no satisface la condición de JOIN, no aparecerá en el resultado de la SELECT. Las filas que faltan pueden recuperarse mediante el operador '+/, este operador debe colocarse en la WHERE en aquella columna donde falte información. Mostrará por tanto los registros de la condición de JOIN; si va a la izquierda muestra los sobrantes de la derecha si los tuviera y si va a la derecha muestra los sobrantes de la izquierda si los tuviera.

EJEMPLO 5.6

Diseñar una consulta que muestre el código del profesor, su nombre el título del curso que imparte y el número de créditos. Mostrando los profesores que no imparten cursos si los hubiera.

```
SELECT PROFESORES.NUMPRO, NOMPRO, TITCUR, CRECUR
FROM PROFESORES, CURSOS
WHERE CURSOS.NUMPRO(+)=PROFESORES.NUMPRO;
```

5.2.4 SELF JOINS

Es una consulta que se realiza con la misma tabla, porque existe una propagación de la clave primaria como clave extranjera en la misma tabla. Son ejemplos de este tipo de relaciones ser jefe de, es decir, un trabajador es jefe de otro.

EJEMPLO 5.7

Diseñar una consulta en el que se diga qué profesor es jefe de otro profesor, se visualizara el nombre de uno, el literal es jefe de y el nombre del otro que es subordinado de este.

```
SELECT P.NOMPRO || ' ES JEFE DE ' || D.NOMPRO "EMPLEADO Y JEFE "
FROM PROFESORES P, PROFESORES D
WHERE D.JEFPRO = P.NUMPRO;
```

5.2.5 JOINS sobre varias tablas

Consiste en extraer información de diferentes tablas que están relacionadas. Se tendrá en cuenta que si se extrae información de dos tablas habrá una condición de JOIN, si es de tres dos condiciones, si es de cuatro tres condiciones y así sucesivamente.

EJEMPLO 5.8

Visualizar el nombre del alumno, el curso en el que esté matriculado y su nota de todos aquellos que hayan obtenido un aprobado.

```
SELECT TITCUR, NOMALU, CALIFIC
FROM MATRICULADO, CURSOS, ALUMNOS
WHERE MATRICULADO.NUMCUR=CURSOS.NUMCUR AND
MATRICULADO.NUMALU=ALUMNOS.NUMALU AND CALIFIC>=5;
```

5.3 Tipos de JOINS. Sintaxis 1999

Una JOIN es una operación más complicada de entender; para ello, supongamos que partimos de una tabla A relacionada con una tabla B mediante una clave extranjera, desde el punto de vista gráfico y basándonos en la teoría de conjuntos, quedaría estructurado de la siguiente forma:

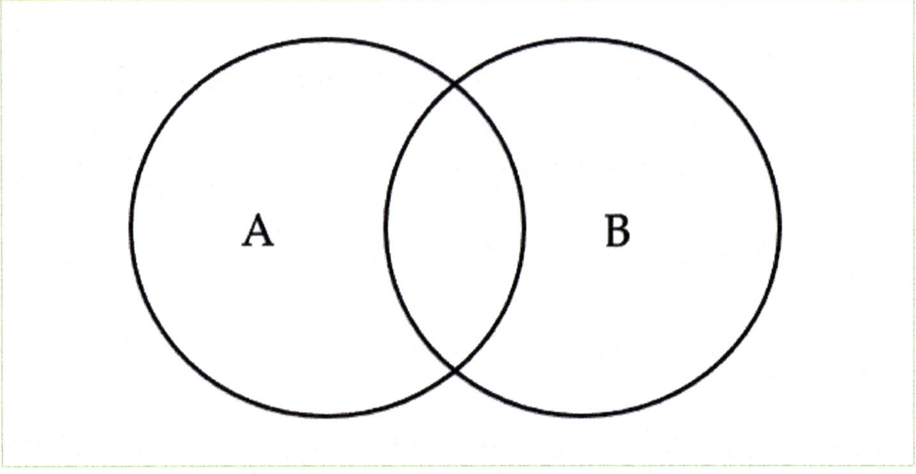

Gráfico 5.1 Estructura de una join.

Para entenderlo, la JOIN visualizaría los elementos que son de A y de B, es decir, la intersección.

Basándonos en el principio explicado anteriormente, podemos decir que existen los siguientes tipos de JOIN:

GLOSARIO

Intersección: existe un registro en una tabla que es idéntico al de otra siempre que tengan la misma cabecera.

Unión: concatena los resultados de dos consultas siempre que tengan la misma cabecera.

Diferencia: son los registros de una tabla que no están en la otra siempre que tengan la misma cabecera.

5.3.1 INNER JOIN

Incluye los registros que están en A y en B, es decir, los de la intersección. Es decir, este tipo devuelve aquellas filas donde el valor (clave primaria) de la tabla A coincida con el valor de la tabla B (clave ajena), es decir, la intersección.

Este tipo de JOIN es similar a los mencionados en el punto 2.2.1 (EQUIJOINS), siendo su sintaxis tal y como se muestra a continuación:

```
SELECT TABLA(A|B).COLUMNA, TABLA(A|B).COLUMNA,
...
FROM TABLAA A INNER JOIN TABLAB B
ON A.CLAVE= B.CLAVE;
```

EJEMPLO 5.9

Diseñar una consulta que muestre el código del profesor, su nombre el título del curso que imparte y el número de créditos.

```
SELECT PROFESORES.NUMPRO, NOMPRO, TITCUR, CRECUR
FROM PROFESORES INNER JOIN CURSOS
ON CURSOS.NUMPRO=PROFESORES.NUMPRO;
```

5.3.2 LEFT JOIN

Incluye todos los registros de A, tanto los que están en la intersección como los que no.

Este tipo de JOIN son similares a las mencionadas en el punto 2.2.3 (OTHERS JOINS), cuando el signo + va a la derecha, siendo su sintaxis tal y como se muestra a continuación:

```
SELECT TABLA(A|B).COLUMNA, TABLA(A|B).COLUMNA,
...
FROM TABLAA A LEFT JOIN TABLAB B
ON A.CLAVE= B.CLAVE;
```

EJEMPLO 5.10

Diseñar una consulta que muestre el código del profesor, su nombre, el título del curso que imparte y el número de créditos, mostrando también los profesores que no tienen curso asignado.

```
SELECT PROFESORES.NUMPRO, NOMPRO, TITCUR, CRECUR
FROM PROFESORES LEFT JOIN CURSOS
ON CURSOS.NUMPRO=PROFESORES.NUMPRO;
```

Si a este tipo de JOIN le añadimos, `WHERE B.KEY IS NULL` nos mostrará los registros de A excluyendo los de la intersección.

EJEMPLO 5.11

Mostrar solo los profesores (número y nombre del profesor) que no tienen asignado ningún curso.

```
SELECT PROFESORES.NUMPRO, NOMPRO
FROM PROFESORES LEFT JOIN CURSOS
ON CURSOS.NUMPRO=PROFESORES.NUMPRO WHERE CURSOS.NUMPRO IS NULL;
```

5.3.3 RIGHT JOIN

Incluye todos los registros de B, tanto los que están en la intersección como los que no.

Este tipo de JOIN son similares a las mencionadas en el punto 2.2.3 (OTHERS JOINS), cuando el signo + va a la izquierda, siendo su sintaxis tal y como se muestra a continuación:

```
SELECT TABLA(A|B).COLUMNA, TABLA(A|B).COLUMNA,
...
FROM TABLAA A RIGHT JOIN TABLAB B
ON A.CLAVE= B.CLAVE;
```

EJEMPLO 5.12

Diseñar una consulta que muestre el código del profesor, su nombre, el título del curso que imparte y el número de créditos, mostrando también los cursos que no tengan profesor asignado.

```
SELECT PROFESORES.NUMPRO, NOMPRO, TITCUR, CRECUR
FROM PROFESORES RIGHT JOIN CURSOS
ON CURSOS.NUMPRO=PROFESORES.NUMPRO;
```

Si a este tipo de JOIN le añadimos `WHERE A.KEY IS NULL` nos mostrara los registros de B excluyendo los de la intersección.

EJEMPLO 5.13

Mostrar solo los cursos (título y créditos del curso) que no tienen asignado ningún profesor.

```
SELECT TITCUR, CRECUR
FROM PROFESORES RIGHT JOIN CURSOS
ON CURSOS.NUMPRO=PROFESORES.NUMPRO
WHERE PROFESORES.NUMPRO IS NULL;
```

5.3.4 FULL OUTER JOIN

Si queremos obtener los registros de A como los de B, incluidos los registros de la intersección, se hará lo siguiente:

```
SELECT TABLA(A|B).COLUMNA, TABLA(A|B).COLUMNA,
...
FROM TABLAA A FULL OUTER JOIN TABLAB B
ON A.CLAVE= B.CLAVE;
```

Para obtener los registros de A como los de B, excluidos los de la intersección haremos lo siguiente:

```
SELECT TABLA(A|B).COLUMNA, TABLA(A|B).COLUMNA,
...
FROM TABLAA A FULL OUTER JOIN TABLAB B
ON A.CLAVE= B.CLAVE WHERE A.CLAVE IS NULL OR
B.CLAVE IS NULL;
```

EJEMPLO 5.14

Diseñar una consulta que muestre el código del profesor, su nombre, el título del curso que imparte y el número de créditos, mostrando también los cursos y profesores sin asignar.

```
SELECT PROFESORES.NUMPRO, NOMPRO, TITCUR, CRECUR
FROM PROFESORES FULL OUTER JOIN CURSOS
ON CURSOS.NUMPRO=PROFESORES.NUMPRO;
```

EJEMPLO 5.15

Diseñar una consulta que muestre el código del profesor, su nombre, el título del curso que imparte y el número de créditos, mostrando también, los cursos y profesores sin asignar. Excluyendo los de la intersección.

```
SELECT PROFESORES.NUMPRO, NOMPRO, TITCUR, CRECUR
FROM PROFESORES FULL OUTER JOIN CURSOS
ON PROFESORES.NUMPRO=CURSOS.NUMPRO
WHERE PROFESORES.NUMPRO IS NULL
OR CURSOS.NUMPRO IS NULL;
```

5.4 Ejercicios resueltos

1. Escribir una consulta para visualizar el nombre, número de profesor y nombre de cursos que imparte.

```
SELECT NOMPRO, P.NUMPRO, TITCUR
FROM PROFESORES P, CURSOS C
WHERE P.NUMPRO=C.NUMPRO;
```

2. Escribir una consulta para visualizar el nombre del profesor, el título del curso y el precio de estos de todos los empleados que no tienen comisión.

```
SELECT DISTINCT NOMPRO, TITCUR, PRECUR
FROM PROFESORES P, CURSOS C
WHERE P.NUMPRO=C.NUMPRO AND P.COMPRO IS NULL;
```

3. Visualizar el nombre del profesor y el título de los cursos que imparte de todos los profesores cuyo nombre empieza por M.

```
SELECT NOMPRO,TITCUR
FROM PROFESORES P, CURSOS C
WHERE P.NUMPRO=C.NUMPRO AND NOMPRO LIKE 'M%';
```

4. Escribir una consulta para visualizar el nombre y el salario total (salario + comisión) de los profesores, así como el título de los cursos que imparten de todos aquellos que tengan más de tres créditos.

```
SELECT NOMPRO ,(SALPRO+NVL(COMPRO,0))
"SALARIO TOTAL",
TITCUR FROM PROFESORES P, CURSOS C
WHERE P.NUMPRO = C.NUMPRO AND CRECUR>3;
```

5. Para los profesores cuya especialidad sea Web, hallar el número de cursos y la suma de las horas de los diferentes cursos.

```
SELECT NOMPRO, COUNT(NUMCUR), SUM(HORCUR)
FROM PROFESORES P, CURSOS C
WHERE P.NUMPRO=C.NUMPRO AND ESPPRO='WEB'
GROUP BY NOMPRO;
```

6. Para los cursos cuyo crédito es superior a 4. Hallar cuántos profesores hay por cada número de créditos.

```
SELECT COUNT(NOMPRO), CRECUR
FROM PROFESORES P,CURSOS C
WHERE P.NUMPRO=C.NUMPRO AND CRECUR>4
GROUP BY CRECUR;
```

7. Obtener por orden alfabético los nombres de profesores cuyo nombre empieza por E y tienen algún curso de 40 horas.

```
SELECT DISTINCT NOMPRO FROM PROFESORES P, CURSOS C
WHERE P.NUMPRO = C.NUMPRO
AND NOMPRO LIKE 'E%' AND HORCUR=40
ORDER BY NOMPRO;
```

8. Hallar por orden alfabético los nombres de los profesores y de los cursos con un precio superior a 500 €.

```
SELECT NOMPRO, TITCUR
FROM PROFESORES P, CURSOS C
WHERE PRECUR>500 AND P.NUMPRO=C.NUMPRO
ORDER BY NOMPRO;
```

9. Para los cursos que son de la primera edición, hallar el número de profesor, su nombre y su salario ordenados por número de profesor de forma decreciente.

```
SELECT P.NUMPRO,NOMPRO,SALPRO
FROM PROFESORES P,CURSOS C
WHERE P.NUMPRO=C.NUMPRO AND EDICUR=1
ORDER BY P.NUMPRO DESC;
```

RESUMEN

En esta unidad se ha aprendido que:

- Una sentencia JOIN o unión se basa en el álgebra relacional y combina el producto cartesiano (operación en la que los registros de una tabla se combinan con los registros de la otra tabla con la que está relacionada) y la selección (obtiene registros de las tablas utilizando varios criterios de restricción).
- Según la sintaxis de 1992, existen cuatro tipos de joins:

Equijoins

- Consultas que se realizan entre dos tablas, cuando existe en una clave primaria relacionada con otra mediante una clave extranjera.

Non equijoins

- Casos en los que no existe ninguna relación directa entre dos tablas, pero sí existe algún tipo de relación indirecta.

Others joins

- Muestra los registros relacionados y aquellos que no lo están.

Self joins

- Es una consulta que relaciona una tabla consigo misma.

- Según la sintaxis de 1999, existen cuatro tipos de joins:

Inner join

- Consultas que incluyen los registros que están en la intersección de las dos tablas.

Left join

- Incluyen todos los registros de la primera tabla, es decir, los de la intersección y los que no de la primera tabla.

Right join

- Incluyen todos los registros de la segunda tabla, es decir, los de la intersección y los que no de la segunda tabla.

Full outer join

- Obtiene los registros de las dos tablas incluidos su intersección y los registros de las dos tablas sin su intersección.

EJERCICIOS PROPUESTOS

1. Realizar una consulta que visualice el nombre del curso, el precio y la media de sus notas. Excluir aquellos cursos cuyas notas estén suspensas.
2. ¿Cuántos alumnos hay matriculados en el curso Android, con más de un 6 en su nota?
3. Del profesor 101 y del curso 201, visualizar los alumnos que están matriculados, así como su nota.
4. Del curso Programación en Python de la primera edición, obtener el listado de los alumnos que hayan aprobado.
5. Obtener, por curso, el nombre del curso y la media aritmética de las notas obtenida en los diferentes cursos, excluir aquellos cuya media sea suspensa.
6. Realizar una consulta que obtenga los créditos y la nota mínima de cada tipo. Excluir aquellos cuya nota mínima sea suspensa.
7. Visualizar el nombre del profesor y el número del profesor junto con el nombre de sus jefes y número de jefe. Etiquetar las columnas con profesor, Código del profesor, Nombre de jefe y Número de jefe, respectivamente.
8. Crear una consulta para visualizar el nombre y la fecha de ingreso de cualquier empleado contratado después del profesor de código 106.
9. Visualizar todos los profesores y fechas de contratación junto con sus nombres de jefes y fecha de contratación de todos los profesores que fueron contratados antes que sus jefes. Etiquetar las columnas como se considere apropiado.
10. Realizar una consulta que obtenga la nota máxima de cada curso y el nombre del alumno que la haya obtenido.
11. Obtener una consulta que obtenga el nombre del curso y el número de alumnos matriculados en él.
12. Realizar una consulta que obtenga la nota mínima de cada curso.
13. Obtener por créditos la nota máxima, excluir aquellos cuya nota máxima sea mayor o igual a 5.
14. Visualizar cuantos alumnos están matriculados en el curso 201 y la media aritmética de las notas de este.
15. Obtener por profesor el código, el nombre de este y la nota máxima que han obtenido los alumnos. Excluir aquellos cuya nota media sea menor de 8.
16. Realizar una consulta que muestre el número del curso y su nombre y el dinero recaudado en cada uno de ellos.
17. Obtener el nombre del curso y el nombre de los alumnos que se hayan matriculado en el curso 204.
18. Realizar una consulta que visualice el nombre de los alumnos y su nota de todos los que estén matriculados en el curso Mongo DB.
19. Obtener un listado de los alumnos que hayan suspendido el curso 210.

TEST DE EVALUACIÓN

1. ¿Qué consultas se realizan entre dos tablas cuando hay una clave primaria y una extranjera?

a) OTHERS JOINS.
b) SELF JOINS.
c) EQUIJOINS.

2. ¿Qué consultas incluyen la intersección de los registros de las tablas?

a) INNER JOIN.
b) LEFT JOIN.
c) FULL OUTER JOIN.

3. ¿Qué consultas incluyen los registros de una tabla más los de la intersección de los registros de las tablas?

a) INNER JOIN.
b) LEFT JOIN.
c) FULL OUTER JOIN.

4. ¿Qué consultas incluyen los registros de ambas tablas menos los de la intersección?

a) INNER JOIN.
b) LEFT JOIN.
c) FULL OUTER JOIN.

5. El producto cartesiano se produce cuando:

a) Existe la condición de joins.
b) No existe la condición de joins.
c) Las tablas no están relacionadas.

U 6

Subconsultas

En esta unidad vas a estudiar:

- 6.1 Introducción
- 6.2 Concepto y definición de subconsulta
- 6.3 Subconsulta monorregistro
- 6.4 Subconsultas multirregistro
- 6.5 Subconsulta multicolumna
- 6.6 Otros tipos de subconsultas
- 6.7 Correspondencia entre subconsultas y JOINS
- 6.8 Otros tipos de consultas
- 6.9 Ejercicios resueltos

Con su estudio, vas a ser capaz de:

- Consultar la información almacenada en una base de datos mediante subconsultas de todo tipo.

6.1 Introducción

Una subconsulta es una consulta que se realiza dentro de otra, la cual, se ejecuta antes que la consulta dentro de la que está incluida. El resultado que devuelve la subconsulta sirve para ejecutar la consulta que la incluye.

Una subconsulta es una sentencia SELECT que aparece normalmente dentro de otra sentencia SELECT que llamaremos consulta principal.

Una subconsulta tiene la misma sintaxis que una sentencia SELECT normal exceptuando que aparece encerrada entre paréntesis y no puede contener la cláusula ORDER BY.

GLOSARIO

Operador en una subconsulta: es quien compara la consulta principal con la subconsulta. Suele situarse en la WHERE o HAVING. Dependiendo lo que devuelva, la consulta se utilizará de un tipo u otro.

6.2 Concepto y definición de subconsulta

La subconsulta escribirse en la cláusula WHERE, HAVING o FROM, aunque generalmente van en la primera. Su sintaxis es:

```
SELECT LISTA_COLUMNAS
FROM TABLA
WHERE CONDICIÓN OPERADOR (SELECT LISTA_COLUMNAS
FROM TABLA);
```

En cualquier subconsulta es obligatorio encerrarla entre paréntesis; figurarán a la derecha del operador. Se utilizarán operadores a nivel fila para subconsulta que devuelven una sola fila y operadores que actúan sobre registros para aquellas que devuelven más de una fila.

Nunca se debe incluir una subconsulta en la cláusula ORDER BY.

EJEMPLO 6.1

Visualizar el nombre de los profesores que ganan más de lo que gana el profesor con número 105.

```
SELECT NOMPRO FROM PROFESORES
WHERE SALPRO > (SELECT SALPRO FROM PROFESORES WHERE NUMPRO=105);
```

Dependiendo del valor que devuelvan las subconsultas las podemos clasificar en los siguientes grupos: monorregistro, multirregistro y multicolumna. A continuación, se desarrollarán estos grupos.

6.3 Subconsulta monorregistro

GLOSARIO

Monorregistro: cuando la subconsulta devuelve un único valor.

Son aquellas en que la subconsulta devuelve un único registro de un solo valor. Los operadores que se utilizan son los que se muestran:

Tabla 6.1 Operadores de subconsultas monorregistro

Operador	Significado
=	Igual a
>	Mayor que
>=	Mayor que o igual a
<	Menor que
<=	Menor que o igual a
<>	No igual a

EJEMPLO 6.2

Visualizar el nombre de los profesores y su fecha de nacimiento de aquellos que tienen la misma especialidad que "Pilar Gómez".

```
SELECT NOMPRO, FNAPRO FROM PROFESORES
WHERE ESPPRO = (SELECT ESPPRO FROM PROFESORES
                WHERE NOMPRO='PILAR GÓMEZ');
```

EJEMPLO 6.3

Visualizar aquellos profesores cuya especialidad sea "WEB" y su salario sea mayor de el que tiene el empleado 106.

```
SELECT NOMPRO FROM PROFESORES
WHERE ESPPRO='WEB' AND SALPRO > (SELECT SALPRO FROM PROFESORES
                                 WHERE NUMPRO=106);
```

Se pueden seleccionar los datos de una consulta principal mediante una subconsulta que devuelve un único valor por una función de grupo.

EJEMPLO 6.4

Visualizar el nombre, la especialidad y el salario de todos los profesores cuyo salario es mayor que el salario medio.

```
SELECT NUMPRO, ESPPRO, SALPRO FROM PROFESORES
WHERE SALPRO > (SELECT AVG(SALPRO)FROM PROFESORES);
```

También la subconsulta puede ir ligada a la cláusula HAVING si devuelve un único valor.

6.4 Subconsultas multirregistro

Devuelve más de un registro de un único valor (lista). Los operadores multirregistro son los que se muestran a continuación:

GLOSARIO

Multirregistro: cuando la subconsulta devuelve una columna con varios valores.

Tabla 6.2 Operadores de subconsultas multirregistro

Operador	Significado
IN	Igual a los valores de cierta lista
ANY | SOME	Compara los valores por cada valor devuelto por la subconsulta
ALL	Compara los valores con cada uno de los valores devueltos por la subconsulta
NOT	Niega el operador

ALL y ANY van acompañados de los operadores <, > o =. Por tanto, tenemos:

Tabla 6.3 Operadores ALL y ANY

Operador	Significado
= ANY	Equivalente a IN, es decir, igual a los valores de cierta lista
< ANY	Menor que el máximo de la subconsulta
> ANY	Mayor que el mínimo de la subconsulta
< ALL	Menos que el mínimo de la subconsulta
> ALL	Más que el máximo de la subconsulta
NOT	Se puede utilizar con IN, ANY y ALL

EJEMPLO 6.5

Averiguar qué empleados ganan un salario igual a cualquier de los mínimos por especialidad.

```
SELECT NOMPRO FROM PROFESORES
WHERE SALPRO IN (SELECT MIN (SALPRO) FROM PROFESORES
                 GROUP BY ESPPRO);
```

EJEMPLO 6.6

Averiguar el nombre de los profesores que ganan un salario menor que el de cualquier profesor que es de especialidad Software excluyendo a estos.

```
SELECT NOMPRO FROM PROFESORES
WHERE SALPRO >ANY (SELECT SALPRO FROM PROFESORES
                   WHERE ESPPRO = 'SOFTWARE')
AND ESPPRO<>'SOFTWARE';
```

EJEMPLO 6.7

Visualizar los profesores con su nombre, salario, y cuyo salario sea inferior a la media de los salarios por especialidades.

```
SELECT NOMPRO, SALPRO FROM PROFESORES
WHERE SALPRO <ALL     (SELECT AVG (SALPRO) FROM PROFESORES
                       GROUP BY ESPPRO);
```

6.5 Subconsulta multicolumna

Si se quiere comparar dos o más columnas se construirá una cláusula WHERE compuesta, la cual utiliza operadores lógicos. Las subconsultas multicolumna, permitirán transformar diferentes condiciones WHERE en una única cláusula WHERE.

La sintaxis de este tipo de subconsultas sería la que se muestra a continuación:

```
SELECT COL1, COL2, ...
FROM TABLA
WHERE (COL1, COL2,...) IN (SELECT COL1, COL2, ...
                           WHERE COND)
FROM TABLA
```

GLOSARIO

Script: conjunto de ordenes almacenadas en un fichero de tipo SQL que realiza operaciones sobre la base de datos.

Multicolumna: cuando la subconsulta devuelve varias columnas con los mismos valores.

EJEMPLO 6.8

Visualizar el nombre y la fecha de nacimiento de los profesores de cualquier profesor cuyo salario y comisión se corresponden ambos con el salario y la comisión de cualquier profesor de la especialidad Web.

```
SELECT NOMPRO, FNAPRO FROM PROFESORES
WHERE (SALPRO, NVL(COMPRO,0)) IN (SELECT SALPRO, NVL(COMPRO,0)
                                  FROM PROFESORES
                                  WHERE ESPPRO = 'WEB');
```

En este ejemplo, se compara simultáneamente en la WHERE las columnas que están antes del operador con las que están en la subconsulta. A este tipo de subconsulta se le conoce con el nombre de **comparaciones entre pares**.

También se puede comparar una columna que está antes del operador con otra que está dentro de la subconsulta y así sucesivamente. A este tipo de subconsulta se le conoce con el nombre de **comparaciones entre no pares**.

EJEMPLO 6.9

Realizar el ejemplo anterior utilizando comparaciones no pares.

```
SELECT NOMPRO, FNAPRO FROM PROFESORES
WHERE
SALPRO IN (SELECT SALPRO FROM PROFESORES
           WHERE ESPPRO = 'WEB')
AND
NVL(COMPRO,0) IN (SELECT NVL(COMPRO,0) FROM PROFESORES
                  WHERE ESPPRO = 'WEB');
```

Hay que hacer notar que ambos ejemplos no devuelven el mismo resultado al ejecutar la consulta.

6.6 Otros tipos de subconsultas

6.6.1 Subconsultas en la cláusula FROM

Las subconsultas, aparte de incluirse en las cláusulas WHERE y HAVING, también se pueden incluir en la cláusula FROM considerándose, por tanto, a la subconsulta como si fuera una tabla virtual, por lo que la SELECT principal la trataría como si fuera una consulta a varias tablas.

EJEMPLO 6.10

Visualizar los nombres, los salarios y la media de todos los salarios de los profesores por especialidad que cobran más que la media de su especialidad.

```
SELECT P.NOMPRO, P.SALPRO, M.SALMED
FROM   PROFESORES P,    (SELECT ESPPRO, AVG(SALPRO) SALMED
                         FROM PROFESORES GROUP BY ESPPRO) M
WHERE P.ESPPRO= M.ESPPRO AND P.SALPRO > M.SALMED;
```

6.6.2 Subconsultas con el operador EXISTS

Este operador se utiliza para determinar si la subconsulta devuelve o no valores. Este devuelve verdadero (TRUE), subconsulta devuelve algún valor y falso (FALSE) en caso contrario. Si la subconsulta devuelve algún valor se ejecuta la consulta.

Cuando se pone este operador el gestor analiza si hay datos que coinciden con la subconsulta; si los hay, se ejecuta la consulta principal.

EJEMPLO 6.11

Obtener el nombre de los profesores si hay alguno que gana 1000 €.

```
SELECT NOMPRO FROM PROFESORES
WHERE EXISTS (SELECT * FROM PROFESORES WHERE SALPRO=1000);
```

6.6.3 Subconsultas escalares

Este tipo de subconsultas solo devuelve **un resultado**, por tanto, devuelven una única consulta y un único valor. Son subconsultas muy utilizadas, ya que se pueden poner en las diferentes palabras reservadas de la sentencia SELECT salvo en GROUP BY, en las funciones CASE y DECODE y en sentencias DML o Lenguaje de Manipulación de Datos (se verá más adelante) en la WHERE y en SET.

EJEMPLO 6.12

Diseñar una consulta que devuelva el número del curso etiquetado como código, el título y el tipo del curso siendo hardware para los cursos con esa especialización y otros para el resto de los cursos.

```
SELECT NUMCUR CODIGO, TITCUR TÍTULO, (CASE
WHEN NUMPRO = (SELECT NUMPRO FROM PROFESORES
               WHERE ESPPRO = 'HARDWARE ')
THEN 'HARDWARE' ELSE 'OTROS' END) TIPO
FROM CURSOS;
```

6.6.4 Subconsultas correlacionadas

Las subconsultas correlacionadas también son similares a las subconsultas vistas hasta ahora, pero con la diferencia de que la consulta externa se ejecuta primero y la subconsulta se ejecuta para cada registro de consulta externa, es decir, la subconsulta interna se ejecuta tantas veces como los resultados de la consulta externa.

El proceso de ejecución de este tipo de consultas es el que se muestra a continuación:

1. Se recupera una fila de la consulta externa.
2. Se ejecuta la interna (subconsulta) dependiendo del valor obtenido en la externa.
3. Se utilizan los valores obtenidos de la interna (subconsulta) para aprobar o desaprobar lo obtenido en la externa.
4. Se repite el proceso hasta que la externa termine de devolver registros.

La sintaxis de este tipo de consultas es el que se muestra:

```
SELECT LISTA_COLUMNAS
FROM TABLA ALIAS
WHERE EXPR OPERADOR (SELECT LISTA_COLUMNAS
                    FROM TABLA2
                    WHERE EXPR1 = ALIAS.EXPR2);
```

EJEMPLO 6.13

Obtener por orden alfabético los nombres de los profesores cuyo salario medio supera al salario medio de su especialidad.

```
SELECT NOMPRO FROM PROFESORES P
WHERE SALPRO > (SELECT AVG(SALPRO)FROM PROFESORES
                WHERE ESPPRO=P.ESPPRO);
```

EJEMPLO 6.14

Obtener por orden alfabético los nombres de los profesores cuyo salario es inferior al triple de la media de los precios de los cursos que imparte.

```
SELECT NOMPRO FROM PROFESORES
WHERE SALPRO < (SELECT 3 * AVG (PRECUR)FROM CURSOS
                WHERE NUMPRO = PROFESORES.NUMPRO);
```

6.6.5 Subconsultas con el operador WITH

Mediante esta cláusula se pueden definir diferentes de consulta antes de que sean utilizados en una consulta, permitiendo reutilizar el mismo bloque de consulta cuando se produce más de una vez en una sentencia compleja. Resulta útil cuando la consulta tiene muchas referencias al mismo bloque de consultas, sobre todo si hay uniones e intersecciones.

Las ventajas que presenta son: la consulta es mucho más fácil de leer, evalúa una cláusula solo una vez, aunque se utilice varias veces, y mejora el rendimiento de las consultas que tienen gran tamaño.

Su sintaxis es la que se muestra a continuación:

```
WITH NOMBRE1_SELECT AS
   ( SENTENCIA SELECT1)
   NOMBRE2_SELECT AS
   ( SENTENCIA SELECT2)
   ......

SELECT [* | CAMPO1, ..., CAMPON]
FROM NOMBRE1_SELECT, NOMBRE2_SELECT, ...
WHERE CONDICIONES
GROUP BY CAMPO1,...
HAVING CONDICIONES_GRUPO
ORDER BY CAMPOS;
```

EJEMPLO 6.15

Diseñar una consulta llamada MEDIA_SALARIO_PROF que obtenga la media de los salarios de los profesores agrupados por departamentos. Utilizar dicha consulta en otra SELECT para calcular la media de los de los profesores por especialidades.

```
WITH MEDIA_SALARIO_PROF AS
(SELECT ESPPRO, AVG(SALPRO)FROM PROFESORES GROUP BY ESPPRO
ORDER BY ESPPRO)
SELECT * FROM MEDIA_SALARIO_PROF;
```

6.7 Correspondencia entre subconsultas y JOINS

Normalmente cualquier consulta entre varias tablas se puede obtener de dos formas, mediante un JOIN o mediante una subconsulta. Para que esta correspondencia pueda darse es necesario que exista el tipo de JOIN llamado EQUIJOIN, es decir, que la clave principal de una tabla sea clave ajena/s de otra/s tablas.

Se puede decir entonces que, si existe una condición de EQUIJOIN, cualquier JOINS se puede expresar como una subconsulta y se obtendrá el mismo resultado en ambos casos.

EJEMPLO 6.16

Diseñar una consulta que muestre los títulos de los cursos y su precio de los profesores que tienen de especialidad Software. Realizar la consulta usando una subconsulta.

```
SELECT TITCUR, PRECUR FROM CURSOS
WHERE NUMPRO IN (SELECT NUMPRO
                 FROM PROFESORES WHERE ESPPRO = 'SOFTWARE')
ORDER BY PRECUR;
```

EJEMPLO 6.17

Realizar la consulta anterior mediante una joins.

```
SELECT TITCUR, PRECUR FROM PROFESORES P, CURSOS C
WHERE P.NUMPRO=C.NUMPRO AND ESPPRO = 'SOFTWARE'
ORDER BY PRECUR;
```

6.8 Otros tipos de consultas

En este punto se explicarán otros tipos de operadores que son importantes a la hora de generar consultas. Estos operadores que se pueden incluir en las consultas son UNION (unión), INTERSEC (intersección) y MINUS (diferencia).

La sintaxis de estos operadores es la siguiente:

```
[INSTRUCCIÓN SQL 1]
UNION [ALL] | INTERSECT | MINUS
[INSTRUCCIÓN SQL 2];
```

6.8.1 Uniones

El propósito del comando SQL UNION es combinar los resultados de dos consultas juntas. En este sentido, UNION es parecido a JOINS, ya que los dos se utilizan para información relacionada en múltiples tablas.

Una restricción de UNION es que todas las columnas correspondientes necesitan ser del mismo tipo de datos. También, cuando utilizamos UNION, solo se seleccionan valores distintos (similar a SELECT DISTINCT).

Si se quieren unir dos SELECT independientes y con estructura homogénea se utilizan las cláusulas UNION y UNION ALL.

Si especificamos la cláusula UNION no aparecerán los registros que estén repetidos, mientras que, con la cláusula UNION ALL, si aparecerán los registros repetidos.

EJEMPLO 6.18

Mostrar el nombre y el salario de los profesores mediante dos consultas unidas, una que muestre los profesores que ganan más de 1650 € y otra que muestre los profesores que son de la especialidad Web.

```
SELECT NOMPRO, SALPRO FROM PROFESORES WHERE SALPRO>1650
UNION
SELECT NOMPRO, SALPRO FROM PROFESORES WHERE ESPPRO= 'WEB';
```

6.8.2 Intersecciones

Parecido al comando UNION, INTERSECT también opera en dos instrucciones SQL. La diferencia es que, mientras UNION actúa fundamentalmente como un operador OR (O) (el valor se selecciona si aparece en la primera o la segunda instrucción), el comando INTERSECT actúa como un operador AND (Y) (el valor se selecciona si aparece en ambas instrucciones).

EJEMPLO 6.19

Realizar la consulta anterior utilizando INTERSECT.

```
SELECT NOMPRO, SALPRO FROM PROFESORES WHERE SALPRO>1650
INTERSECT
SELECT NOMPRO, SALPRO FROM PROFESORES WHERE ESPPRO= 'WEB';
```

6.8.3 Diferencia

MINUS opera en dos instrucciones SQL. Toma todos los resultados de la primera instrucción SQL, y luego sustrae aquellos que se encuentran presentes en la segunda instrucción SQL para obtener una respuesta final. Si la segunda instrucción SQL incluye resultados que no están presentes en la primera instrucción SQL, dichos resultados se ignoran.

EJEMPLO 6.20

Realizar el ejercicio anterior con MINUS.

```
SELECT NOMPRO, SALPRO FROM PROFESORES WHERE SALPRO>1650
MINUS
SELECT NOMPRO, SALPRO FROM PROFESORES WHERE ESPPRO='WEB';
```

6.9 Ejercicios resueltos

1. Visualizar una consulta que muestre el nombre del profesor y la fecha de nacimientos de este de todos los que son de la misma especialidad que el profesor de número 104.

```
SELECT NOMPRO, FNAPRO FROM PROFESORES
WHERE ESPPRO = (SELECT ESPPRO FROM PROFESORES
                WHERE NUMPRO=104)
ORDER BY NOMPRO;
```

2. Escribir una subconsulta que visualice el número del profesor y el nombre de todos los profesores que ganan más que la media de los salarios de todos los profesores. Ordenar de manera descendente por salarios.

```
SELECT NUMPRO, NOMPRO
FROM PROFESORES
WHERE SALPRO > (SELECT AVG(SALPRO) FROM PROFESORES)
ORDER BY SALPRO DESC;
```

3. Obtener por orden alfabético los nombres de los profesores cuyo salario supera al máximo salario de los profesores de la especialidad Software.

```
SELECT NOMPRO
FROM PROFESORES
WHERE SALPRO>
  (SELECT MAX(SALPRO)FROM PROFESORES
  WHERE ESPPRO LIKE 'SOFTWARE')
ORDER BY NOMPRO;
```

4. Diseñar una consulta que muestre el número, el nombre y la fecha de ingreso del profesor que tienen de especialidad cuyo nombre contenga una W bien en mayúscula o en minúscula.

```
SELECT NUMPRO, NOMPRO, FINPRO FROM PROFESORES
WHERE ESPPRO IN
  (SELECT ESPPRO FROM PROFESORES
  WHERE ESPPRO LIKE '%W%' OR ESPPRO LIKE '%W%')
ORDER BY 1;
```

5. Obtener por orden alfabético los títulos y el precio de los cursos cuyo precio es inferior a la media de los precios de los cursos.

```
SELECT TITCUR, PRECUR
FROM CURSOS
WHERE PRECUR < (SELECT AVG(PRECUR) FROM CURSOS)
ORDER BY TITCUR;
```

6. Visualizar por orden alfabético el título de los cursos que imparten los profesores Pilar Gómez y Eva Galera.

```
SELECT TITCUR
FROM CURSOS
WHERE NUMPRO IN (SELECT NUMPRO FROM PROFESORES
                WHERE NOMPRO LIKE 'PILAR GÓMEZ' OR
                NOMPRO LIKE 'EVA GALERA')
ORDER BY TITCUR;
```

7. Obtener los nombres de los profesores que tengan como especialidad Seguridad.

```
SELECT NOMPRO FROM PROFESORES
WHERE ESPPRO =
   (SELECT ESPPRO FROM PROFESORES
   WHERE ESPPRO LIKE '%SEGURIDAD%')
ORDER BY 1;
```

8. Visualizar el nombre del profesor y la fecha de ingreso en la academia de todos los profesores que imparten los cursos de número 204 y 206.

```
SELECT NOMPRO, FINPRO
FROM PROFESORES
WHERE NUMPRO IN
   (SELECT NUMPRO FROM CURSOS WHERE NUMCUR IN
   (204, 206));
```

9. Visualizar el título y el número de créditos de todos los cursos que han impartido los profesores de especialidad Hardware.

```
SELECT TITCUR, CRECUR
FROM CURSOS
WHERE NUMPRO IN (SELECT NUMPRO
                FROM PROFESORES
                WHERE ESPPRO LIKE 'HARDWARE');
```

10. Escribir una consulta para visualizar el título y el precio del curso, cuyo número de profesor y precio del curso de este se correspondan (los dos) con el número de profesor y precio del curso que tengan dos o más ediciones.

```
SELECT TITCUR, PRECUR FROM CURSOS
WHERE (NUMPRO, PRECUR) IN (SELECT NUMPRO, PRECUR
                          FROM CURSOS WHERE EDICUR>=2)
ORDER BY 1;
```

RESUMEN

En esta unidad se ha aprendido que:

- Una subconsulta es una consulta que se realiza dentro de otra, la cual se ejecuta antes que la consulta dentro de la que está incluida. La subconsulta suele escribirse en la cláusula WHERE, HAVING o FROM, aunque generalmente van en la primera.
- Hay tres tipos de subconsulta:

Monorregistro

- Devuelven un único registro de un solo valor.
- Utilizan operadores >, <, >=, <=, = o <>.

Multirregistro

- Devuelven más de un registro de un único valor (lista).
- Utilizan operadores IN, ANY, ALL y NOT, y pueden acompañar a estos los anteriores.

Multicolumna

- Devuelven varias filas y varias columnas.
- Utilizan los operadores de los tipos de subconsultas anteriores.

- Existen otros tipos de subconsultas como son:
  - En la cláusula FROM, cuando se incluye la subconsulta en dicha cláusula.
  - Con el operador EXISTS, si se quiere saber si la subconsulta devuelve o no filas.
  - Escalares, son las que solo devuelven un resultado.
  - Correlacionadas, donde la consulta externa se ejecuta primero y la subconsulta se ejecuta para cada registro de consulta externa.
  - Con el operador WITH, define diferentes bloques de consultas antes de que sean realizados en la consulta.
- Generalmente, las consultas entre varias tablas se pueden ejecutar como joins o como subconsultas.
- Se pueden realizar consultas utilizando uniones, intersecciones y diferencias.

EJERCICIOS PROPUESTOS

1. Visualizar el título del curso, el nombre del profesor y el salario de cualquier profesor cuyo salario y comisión coincidan las dos con el salario y la comisión de cualquier profesor de especialidad Redes.
2. Crear una consulta para visualizar el nombre, la fecha de alta y el salario de todos los profesores que tengan el mismo salario más la comisión que Pilar Gómez excluyendo a esta.
3. Crear una consulta para visualizar a los profesores que ganan un salario superior al salario mínimo de especialidad Web. Ordenar el resultado por salario descendentemente.
4. Obtener el título de los cursos que tienen un precio igual al del curso 208.
5. Obtener por orden el número del curso, el título y el número de créditos de todos aquellos cuyo precio del curso supere al doble del precio mínimo.
6. Visualizar la edad en años cumplidos del profesor más joven, que es de la especialidad Software.
7. Hallar el salario medio de los profesores cuyo salario no supera en más de un 90 % al salario máximo de los profesores se especialidad Software.
8. Hallar el salario medio por profesor agrupados por especialidades para aquellos cuyo salario máximo es inferior al salario medio de todos los profesores.
9. Para los profesores en los que la antigüedad media supera a la de la academia, hallar el salario mínimo, máximo y media de los profesores por especialidad.
10. Visualizar en media el valor de los cursos impartidos por los diferentes profesores.
11. Obtener por orden alfabético los nombres de los profesores cuyo salario medio supera al de su propia especialidad.
12. Obtener por orden alfabético los títulos de los cursos cuyo precio medio supera al del impartido por su profesor.
13. Obtener mediante una subconsulta por orden alfabético el nombre del profesor si hay algún curso con un precio mayor de 250 €.
14. Obtener mediante una subconsulta el título del curso de aquellos cuyos créditos del curso superen a la media de los profesores que lo imparten.
15. Diseñar una subconsulta que muestre el nombre del profesor cuya comisión supere a la media de su especialidad. Si la comisión es nula, se contabilizará como cero.
16. Para los profesores cuyo salario medio supera al de la academia, hallar cuántas especialidades tienen.
17. Visualizar el título del curso en el cual hayan aprobado todos sus alumnos.
18. Obtener por orden alfabético el nombre de los cursos que hayan tenido como media más de un 7.
19. Visualizar a los alumnos que tengan una nota de 8.
20. Para los cursos cuyo precio supera los 500 €, hallar cuántos alumnos hay en cada curso.
21. Hallar por orden alfabético los nombres de los cursos que tienen alumnos con notas superiores a 8,5.
22. Obtener el nombre y el e-mail de los alumnos que han obtenido una nota comprendida entre 8,5 y 10.
23. Obtener el nombre de los alumnos y su nota de que son del curso de número 202.
24. Obtener por orden alfabético los alumnos que han realizado el curso AJAX.
25. Obtener por orden alfabético el nombre de los cursos que ha realizado el alumno Antonio Gil.
26. Obtener el dinero que se ha gastado en cursos el alumno de número 318.
27. Obtener una consulta que muestre el título del curso, el nombre del alumno y las notas de cada uno de ellos en los cursos impartidos por el profesor 103.
28. Diseñar una consulta en la que se muestre el título del curso y el nombre del alumno que ha obtenido la nota máxima por cada curso.
29. Diseñar una consulta en la que se muestre el nombre de aquellos alumnos cuya nota del curso es superior a la media de su curso.
30. Realizar una consulta que obtenga la nota máxima de cada curso y el nombre del alumno que la haya obtenido.
31. Crear una consulta para visualizar el nombre y la fecha de ingreso de cualquier empleado contratado después del profesor de código 106.

TEST DE EVALUACIÓN

1. **El operador IN es específico ¿de qué tipo de subconsultas?**
   a) Monorregistro.
   b) Multirregistro.
   c) Tanto la a como la b son correctas.

2. **El operador >= es específico ¿de qué tipo de subconsultas?**
   a) Monorregistro.
   b) Multirregistro.
   c) Tanto la a como la b son correctas.

3. **El operador >ALL es específico ¿de qué tipo de subconsultas?**
   a) Monorregistro.
   b) Multirregistro.
   c) Tanto la a como la b son correctas.

4. **¿Se puede establecer una subconsulta en la cláusula FROM?**
   a) No.
   b) En determinadas ocasiones.
   c) Sí.

5. **¿Para qué se utiliza la cláusula EXISTS en las subconsultas?**
   a) Para determinar si la subconsulta devuelve valores.
   b) Para determinar si la subconsulta no devuelve valores.
   c) Para determinar si la subconsulta devuelve o no valores.

6. **¿Las subconsultas escalares cuántos valores devuelve?**
   a) No devuelve valores.
   b) Uno.
   c) Muchos.

7. **¿En una subconsulta correlacionada cuántas veces se ejecuta la subconsulta?**
   a) Ninguna.
   b) Una.
   c) Muchas.

8. **¿Con el operador MINUS qué se obtiene?**
   a) Una diferencia entre consultas.
   b) Una consulta en una sola tabla.
   c) Tanto la a como la b son correctas.

U 7

Lenguaje de manipulación de datos (DML)

En esta unidad vas a estudiar:

Con su estudio, vas a ser capaz de:

- Modificar la información almacenada en la base de datos utilizando asistentes, herramientas gráficas y el lenguaje de manipulación de datos.
- Conocer el concepto de transacción.

7.1 Introducción al lenguaje DML

GLOSARIO

DML: lenguaje de manipulación de datos.

Transacción: conjuntos de sentencias DML (INSERT, DELETE y UPDATE) que se ejecutan sin haber que se produzca una validación de los datos (COMMIT) o deshacer (ROLLBACK).

El lenguaje de manipulación de datos o DML (Data Manipulation Languaje) es la parte central de SQL, permitiendo introducir, borrar y modificar registros a las diferentes tablas que componen la base de datos relacional.

Actúa de dos formas en la base de datos:

- Cuando agrega, modifica o elimina registros de las tablas de la base de datos.
- Como transacción, la cual consiste en un conjunto de sentencias DML que forman una unidad lógica de trabajo, es decir, un grupo de sentencias de inserción, borrado y modificación.

7.2 Inserción de registros

Añade nuevos registros a las tablas que componen la base de datos. La sentencia que permite esta operación es INSERT, la cual presenta la siguiente sintaxis:

```
INSERT INTO NB_TABLA [ ( COLUMNA1[ , COLUMNA2 ...] ) ]
VALUES (VALOR1 [ , VALOR2...]);
```

Par insertar una fila, esta deberá de contener los valores de cada columna de la tabla y se deben de colocar los valores en el mismo orden que aparece en la tabla. Al insertar los valores deben de ir entre comillas simples, siempre que sean cadenas y fechas.

EJEMPLO 7.1

Insertar un nuevo profesor con la siguiente información en el registro: NUMPRO: 111, NOMPRO: 'Ángel Ramírez', FNAPRO: '14/05/1990', JEFPRO: 101, FINPRO: SYSDATE, SALPRO 1230, COMPRO NULL, ESPPRO 'Web'.

```
INSERT INTO PROFESORES VALUES
(111, 'ÁNGEL RAMÍREZ', '14/05/1990', 101, SYSDATE, 1230, NULL, 'WEB');
```

Los valores nulos se pueden insertar de dos formas:

- **Explícitamente**: consiste en poner la palabra reservada NULL o la cadena '' en la lista de valores. En el ejemplo anterior se han puesto los nulos de manera explícita.
- **Implícitamente**: consiste en omitir la columna de la lista.

EJEMPLO 7.2

Especificar de manera implícita los nulos del ejemplo anterior.

```
INSERT INTO PROFESORES VALUES
(NUMPRO, NOMPRO, FNAPRO, JEFPRO, FINPRO, SALPRO, ESPPRO)
(111, 'ÁNGEL RAMÍREZ', '14/05/1990', 101, SYSDATE, 1230, 'WEB');
```

Si se quiere introducir la fecha actual se utiliza la palabra reservada SYSDATE. Cuando se inserta un valor de fecha normalmente se inserta con el formato por defecto. Si queremos convertirlo a otro formato en la inserción se utilizará la función TO_DATE.

Se puede crear un comando INSERT que permita al usuario agregar valores interactivamente usando variables de sustitución SQL*Plus, por lo que es conveniente crear la orden INSERT de manera interactiva usando parámetros de sustitución. Una variable de sustitución se escribe precediendo a la variable con el carácter &.

EJEMPLO 7.3

Insertar en la tabla profesores un nuevo profesor que nos pida interactivamente cada uno de los valores que intervienen en la inserción.

```
INSERT INTO PROFESORES VALUES
(&NUM_PROFESOR,'&NOM_PROFESOR','&FEC_NAC_PROFESOR', &CODIGO_JEFE,
'&FECHA_INGRESO',&SAL_PROFESOR, &COM_PROFESOR, '&ESP_PROFESOR');
```

Esta inserción se ejecutará pidiendo por teclado cada uno de los valores. Si la variable de sustitución es una cadena o una fecha habrá que especificarlas entre comillas simples.

Se puede insertar filas en una tabla donde los valores se derivan de otras tablas existentes, usando en vez de la cláusula VALUES una subconsulta. La sintaxis en este tipo de inserciones es la siguiente:

```
INSERT INTO NB_TABLA [ COLUMNA (, COLUMNA...)]
SUBQUERY;
```

EJEMPLO 7.4

Supongamos que tenemos la tabla llamada COM_NO_NULA, con la misma estructura que la tabla profesores. Insertar en la tabla anterior todos los profesores que tienen comisión.

```
INSERT INTO COM_NO_NULA
(SELECT * FROM PROFESORES WHERE COMPRO IS NOT NULL);
```

7.3 Modificación de registros

Para modificar el contenido de los registros de una tabla se hace mediante la sentencia UPDATE; esta sentencia permite además modificar varios registros a la vez. Su sintaxis es la siguiente:

```
UPDATE NB_TABLA
SET COLUMNA1 = VALOR1 [, COLUMNA1 = VALOR2 ...]
[WHERE CONDICIÓN];
```

Si no se especifica la sentencia WHERE, la modificación se hará en todos los registros.

EJEMPLO 7.5

Modificar al profesor de número 111 su salario a 1300 y la comisión a 100 €.

```
UPDATE PROFESORES SET SALPRO=1300, COMPRO=100
WHERE NUMPRO=111;
```

Las consultas multicolumnas pueden ser implementadas en la cláusula SET de una sentencia UPDATE, con la siguiente sintaxis:

```
UPDATE NB_TABLA
SET (COLUMNA, COLUMNA...)=(SELECT COLUMNA, COLUMNA, ...
FROM NB_TABLA WHERE CONDICIÓN)
[WHERE CONDICIÓN];
```

EJEMPLO 7.6

Modificar el salario y la comisión del profesor con número 111 con los valores que tiene el profesor de número 109.

```
UPDATE PROFESORES
SET (SALPRO, COMPRO) = (SELECT SALPRO, COMPRO FROM PROFESORES
                        WHERE NUMPRO=109)
WHERE NUMPRO = 111;
```

Si se intenta modificar un registro con un determinado valor que viola una restricción de la tabla se producirá un error.

7.4 Eliminación de registros

Para eliminar registros de una tabla se usa la sentencia DELETE, cuya sintaxis es la que se muestra a continuación:

```
DELETE [FROM] NB_TABLA [WHERE CONDICIÓN];
```

Si se omite WHERE se eliminarán todos los registros de la tabla.

EJEMPLO 7.7

Borrar de la tabla profesores aquellos cuyo salario es inferior a 1200 €.

```
DELETE FROM PROFESORES WHERE SALPRO<1200;
```

Se pueden eliminar registros basados en otra tabla utilizando subconsultas en la sentencia DELETE.

EJEMPLO 7.8

Borrar de la tabla profesores, aquellos cuyo salario sea igual al del profesor 108.

```
DELETE FROM PROFESORES
WHERE SALPRO = (SELECT SALPRO FROM PROFESORES WHERE NUMPRO=108);
```

Si se intenta borrar un registro con un valor relacionado con otra tabla dará un error de integridad, ya que no se pueden eliminar registros que contengan una clave primaria, usada como clave extranjera en otra tabla.

7.5 Transacciones en una base de datos

En SQL existen cuatro tipos de sentencias, las cuales son:

- DQL (Data Query Language): SELECT
- DML (Data Manipulation Language): INSERT, DELETE y UPDATE
- DDL (Data Definition Language): CREATE, DROP...

- DCL (Data Control Language): GRANT...

El servidor asegura consistencia en los datos basándose en las transacciones. Una transacción es el periodo de tiempo desde que el usuario hace un comando SQL hasta que ejecuta uno de los siguientes eventos: un comando COMMIT o ROLLBACK, un comando DDL o DCL, al finalizar una sesión de trabajo, al producirse errores o al producirse un fallo o caída del sistema. Si tenemos en cuenta que la sentencia SELECT no altera o modifica las tablas de la base de datos, una transacción estará formada por tanto por varias sentencias DML que finaliza al producirse los eventos marcados anteriormente. Por consiguiente, empezará una nueva transacción cuando ha finalizado la anterior. De manera gráfica tenemos:

Imagen 7.1 Validación y restauración de las transacciones.

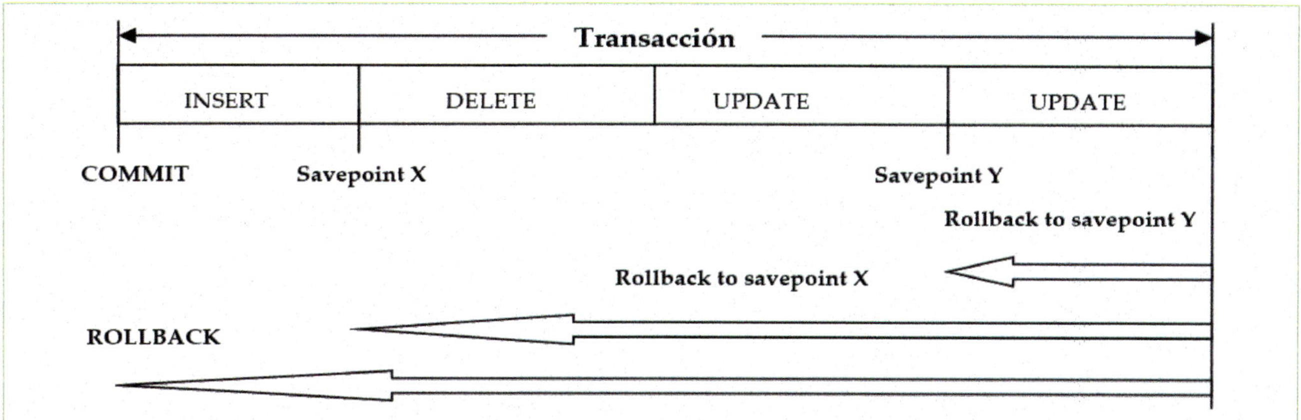

Las sentencias propias de las transacciones son:

Tabla 7.1 Sentencias específicas de las transacciones

Sentencia	Descripción
`COMMIT;`	Finaliza la transacción actual haciendo que todos los cambios pendientes pasen a ser permanentes
`SAVEPOINT NOMBRE;`	Realiza una marca dentro de la transacción en curso
`ROLLBACK[TO SAVEPOINT NOMBRE];`	Finaliza la transacción en curso descartando todos los cambios pendientes

Tanto COMMIT como ROLLBACK aseguran la consistencia de los datos, se pueden visualizar antes de hacerlos permanentes y permiten agrupar las tareas de manera lógica.

Los datos antes de COMMIT o ROLLBACK pueden ser recuperados por el búfer y el usuario revisará los resultados de las operaciones DML.

Después de validar los datos son escritos definitivamente en la base de datos y los datos anteriores se pierden definitivamente (también los savepoint) pudiéndose vistos por cualquier usuario.

Si se hiciera ROLLBACK, después de este se descartan todos los cambios pendientes, se restaura el estado previo de los datos y los cambios se deshacen.

7.6 Políticas de bloqueo

GLOSARIO

Bloqueo: mecanismos que previenen conflictos entre las transacciones.

Concurrencia: cuando varios usuarios acceden a la misma transacción.

Bloqueo mutuo: mecanismo de defensa del sistema gestor cuando dos usuarios acceden a un dato al unísono. El sistema para ambos usuarios.

Los bloqueos son mecanismos que previenen conflictos entre las transacciones, que acceden a los mismos recursos, bien sea un objeto de usuario (tabla o registro), o un objeto del sistema no visible por los usuarios (como estructuras de datos compartidas y registros del diccionario de datos).

El bloqueo del servidor es completamente automático y no requiere acción por parte del usuario; estos previenen la interacción destructiva entre transacciones concurrentes, es, además, un mecanismo automático que utiliza el nivel más bajo aplicable de restricción; por tanto, ofrece además un grado más alto de concurrencia y máxima integridad de datos. También permite al usuario bloqueos de datos manuales.

El servidor de la base de datos permite hacer dos modos de bloqueo:

- Exclusivo. Previene la comparación de un recurso. La primera transacción que bloquea el recurso es la única que puede alterarlo hasta liberar el bloqueo.
- Compartido. Permite la compartición de un recurso. Múltiples usuarios leyendo datos pueden compartirlos, manteniendo bloqueos para prevenir acceso concurrente por una escritura.

7.7 Ejercicios resueltos

1. Dar de alta a un nuevo profesor con los siguientes datos: (111, Ángel Peña, 14/07/93, 106, SYSDATE, 1200, NULL, Redes)

```
INSERT INTO PROFESORES VALUES (111, 'ÁNGEL PEÑA',
'14/07/93', 106, SYSDATE, 1200, NULL, 'REDES');
```

2. Insertar un nuevo alumno, con los siguientes datos: (327, Alberto López, Riego, 28 Parla, 28981, 633333221, a.lopez@hotmail.com)

```
INSERT INTO ALUMNOS VALUES
(327 'ALBERTO LÓPEZ', 'RIEGO 28, PARLA', 28981,
633333221, 'A.LOPEZ@HOTMAIL.COM')
```

3. Insertar en la tabla matriculado los siguientes datos: (201, 326, 5,5).

```
INSERT INTO MATRICULADO VALUES (201,326,5.5);
```

4. Validar los datos.

```
COMMIT;
```

5. Crear una tabla vacía llamada CURSOS2, con la misma estructura que la tabla CURSOS. Llenar la tabla con aquellos cursos que empezaron después de 31/12/2019.

```
CREATE TABLE CURSOS2 AS SELECT * FROM CURSOS;
DELETE FROM CURSOS2;
COMMIT;
INSERT INTO CURSOS2 (SELECT * FROM CURSOS
                     WHERE FINCUR > '31/12/2019');
```

6. Borrar de la tabla CURSOS2 el curso cuyo nombre es AJAX.

```
DELETE FROM CURSOS2 WHERE TITCUR LIKE '%AJAX%';
```

7. Borrar de tabla PROFESORES a Ángel Peña.

```
DELETE FROM PROFESORES
WHERE NOMPRO LIKE 'ÁNGEL PEÑA';
```

8. Borrar de la tabla cursos aquellos cuyo precio supera el precio medio de cursos de su profesor.

```
DELETE FROM CURSOS2 C2
WHERE PRECUR>(SELECT AVG(PRECUR)
             FROM CURSOS
             WHERE NUMPRO=C2.NUMPRO);
```

9. Borrar todos los datos de la tabla CURSOS2.

```
DELETE FROM CURSOS2;
```

10. Volver al punto donde se validaron los datos.

```
ROLLBACK;
```

11. Cambiar la fecha de nacimiento de Ángel Peña al 07/04/94.

```
UPDATE PROFESORES
SET FNAPRO = '07/04/94'
WHERE NUMPRO = (SELECT NUMPRO FROM PROFESORES
               WHERE NOMPRO LIKE 'ÁNGEL PEÑA');
```

12. Modificar el salario y la comisión de Ángel Peña a 1300 de salario y de comisión 50.

```
UPDATE PROFESORES
SET SAPRO=1300, COMPRO=50
WHERE NOMPRO LIKE '%ÁNGEL PEÑA%'
```

13. Incrementar el salario un 2,5% a todos los profesores que sean de especialidad Redes.

```
UPDATE PROFESORES
SET SALPRO = SALPRO * 1.025
WHERE ESPPRO LIKE 'REDES';
```

14. Volver al punto donde estaban los datos inicialmente.

```
ROLLBACK;
```

RESUMEN

En esta unidad se ha aprendido que:

- El lenguaje de manipulación de datos o DML realiza en SQL operaciones de inserción, borrado y actualización de registros de las bases de datos. Las órdenes que realizan estas tareas son:

Palabra reservada	Significado
INSERT	Inserta registros en la base de datos.
DELETE	Borra registros en la base de datos.
UPDATE	Modifica o actualiza registros en la base de datos.

- Se define transacción como el periodo de tiempo desde que el usuario hace un comando SQL hasta que se ejecuta uno de los siguientes eventos COMMIT (valida los datos de una transacción), ROLLBACK (deshace los datos que se han producido en una transacción), comandos DDL, DCL, al finalizar una sesión de trabajo o al producirse fallos o caídas del sistema.
- Un bloqueo es un mecanismo que previene conflictos entre las transacciones que acceden a los mismos recursos, bien sea a una tabla, a estructuras de datos compartidas o a un registro del diccionario de datos. Existen dos métodos de bloqueo:
  - Exclusivo, que previene la comparación de un recurso.
  - Compartido, que permite la compartición de un recurso.

EJERCICIOS PROPUESTOS

1. Creamos una tabla vacía llamada PROFESORES2 con la misma estructura que la tabla PROFESORES. Insertar en la tabla PROFESORES2 una fila por cada profesor cuyo salario total (salario más comisión) supere al salario total medio de su especialidad.
2. Borrar en PROFESORES2 a los profesores cuyo salario (sin incluir la comisión) supere al salario medio de los profesores de su especialidad.
3. Sumar en PROFESORES2 la comisión al salario y actualizar este con el nuevo valor, poniendo además nulo en la comisión.
4. Disminuir en la tabla PROFESORES2 un 5 % el salario a los empleados que superan el 50 % del salario máximo de su especialidad.
5. Borrar de la tabla PROFESORES a Ángel Peña, de la tabla ALUMNOS al alumno de número 326, y de la tabla MATRICULADO el registro (201, 326, 5,5). Validar los datos.

TEST DE EVALUACIÓN

1. Cuando se inserta en un registro un nulo si escribimos ' ', lo estamos insertando de manera:

a) Explícita.

b) Implícita.

c) Exhaustiva.

2. En las inserciones de datos, el carácter & seguido de un nombre ¿qué indica?

a) Una variable.

b) Una variable asociativa.

c) Una variable de sustitución.

3. ¿Qué es una transacción?

a) Es un conjunto de sentencias DCL.

b) Es un conjunto se sentencias DML.

c) Es un conjunto de sentencias DQL.

4. ¿Qué aseguran COMMIT y ROLLBACK?

a) La consistencia de los datos.

b) La integridad de los datos.

c) Tanto la a como la b son correctas.

5. Para provenir la comparación de un recurso, ¿qué tipo de bloqueo se produce?

a) Exclusivo.

b) Inclusivo.

c) Compartido.

U 8

Creación y gestión de tablas

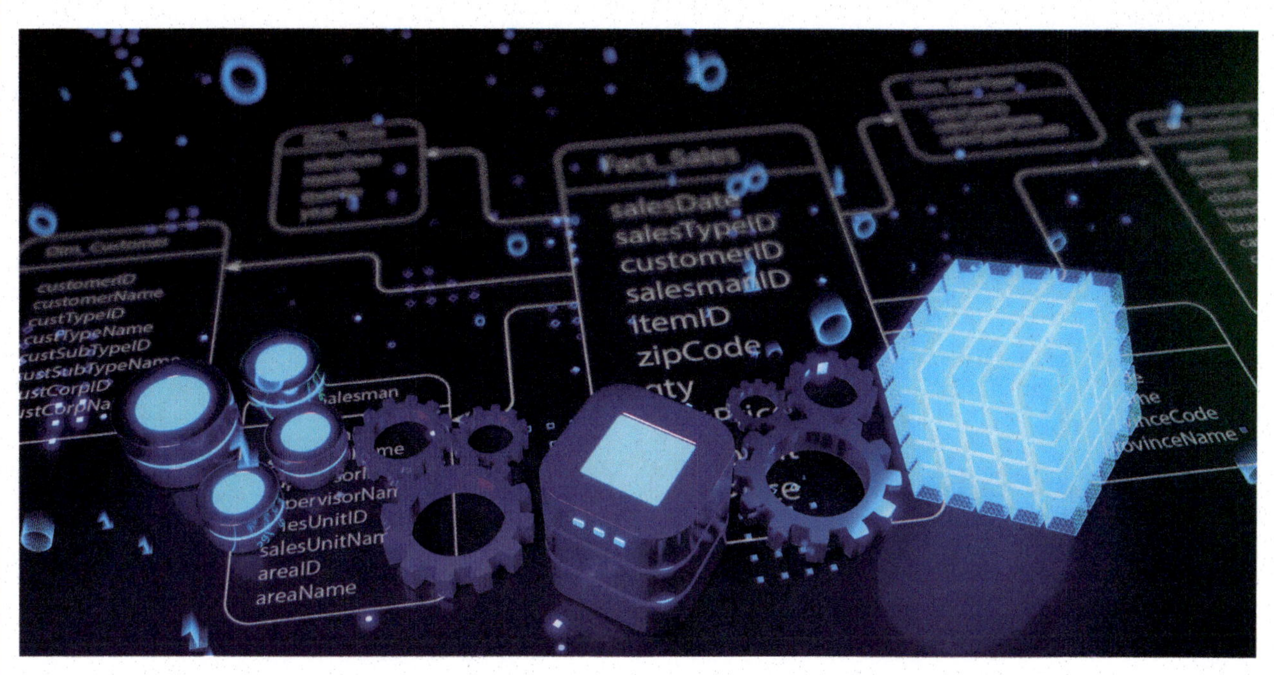

En esta unidad vas a estudiar:

Con su estudio, vas a ser capaz de:

- Saber crear tablas de la base de datos y realizar restricciones en sus columnas.

8.1 Introducción

Se puede definir una tabla como la unidad básica de almacenamiento compuesta de registros o filas y campos o columnas. No es necesario definir el tamaño de la tabla, esta va creciendo automáticamente a medida que se introducen los datos. La estructura de una tabla puede ser modificada si esta ya estuviera creada.

8.2 Creación de tablas

GLOSARIO

Dominio: valores que puede tomar un atributo o columna.

Se puede definir tabla como la unidad básica de almacenamiento compuesta de registros o filas y campos o columnas. No es necesario definir el tamaño de la tabla, esta va creciendo automáticamente a medida que se introducen los datos. La estructura de una tabla puede ser modificada si esta ya estuviera creada.

El nombre de una tabla debe de comenzar por una letra y su tamaño debe de estar comprendida entre 1 y 30 caracteres, siendo los caracteres válidos de la A a la Z (mayúsculas y minúsculas), números del 0 al 9 y los siguientes caracteres especiales $, _ y #. No se podrá utilizar ninguna palabra reservada del servidor Oracle ni órdenes de SQL.

La creación de una tabla lleva consigo un COMMIT automático.

La sintaxis de la creación de una tabla es la siguiente:

```
CREATE TABLE [NB_PROPIETARIO.] NB_TABLA
(COLUMNA TIPO_DE_DATO [DEFAULT EXPRESIÓN], ... );
```

Nombre del propietario indica quién ha creado la tabla; si ha dado permiso a otros usuarios de utilización, estos deberán especificar su nombre. El usuario que es propietario de la tabla no tiene que especificar su nombre.

DEFAULT indica el valor que tomará por defecto la columna si este no es especificado.

Los tipos de datos más representativos que intervienen en la creación de una tabla son:

Tabla 8.1 Tipos de datos para creación de bases de datos con Oracle

Tipo de dato	Definición
CHAR (tamaño)	Tipo carácter de longitud fija. La longitud mínima es 1 y la máxima 255
VARCHAR2(tamaño)	Tipo carácter de longitud variable. La longitud mínima es 1 y la máxima 4000
NUMBER(P,S)	Numérico de longitud variable, donde P es el número de dígitos enteros y S el número de dígitos decimales. Ambos están entre 1 y 38 dígitos
FLOAT	Almacena tipos de datos numéricos en punto flotante
DATE	Valores de fecha y hora. La fecha está comprendida entre el 1-1-4712 AC y el 31-12-4712 DC
TIMESTAMP	Almacena datos de tipo hora, fraccionando los segundos
LONG	Valores de tipo carácter de longitud variable de hasta 2 GB
CLOB	Dato carácter de hasta 4 GB
RAW (tamaño)	Datos binarios
LONG RAW	Datos binarios de hasta 2 GB
BLOT	Datos binarios de hasta 4 GB
BFILE	Datos binarios almacenados en ficheros externos de hasta 4 GB
ROWID	Almacenar la dirección única de cada fila de la tabla de la base de datos
XMLTYPE	Tipo de datos abstracto, en realidad, se trata de un CLOB. Se usa para cargar documentos XML en un campo

De los tipos anteriores, los más utilizados son: VARCHAR2 (cadenas de texto no muy grandes), DATE (fechas y horas), NUMBER (números), BLOB (ficheros de tipo .docx, .xslx, .mdb, vídeo, sonido, imágenes, etc.) y CLOB (cadenas de texto muy grandes).

Otra manera de crear una tabla es mediante una subconsulta, que permite crear la tabla además de llenarla con los registros que devuelve la subconsulta. Su sintaxis es la siguiente:

```
CREATE TABLE NB_TABLA [COLUMNA (, COLUMNA...)]
AS SUBCONSULTA;
```

Un diccionario de datos es un conjunto de metadatos que guardan información sobre los distintos elementos que componen la base de datos, es decir, información sobre la estructura de todos los elementos que intervienen en la base de datos. En Oracle el diccionario de datos está formado por tablas relacionales que guardan información sobre los diferentes objetos de la base de datos (tablas, índices, etc.). La información sobre las tablas creadas se encuentra en: USER_TABLES (tablas que son propiedad del usuario), USER_OBJECTS (diferentes tipos de objetos que son propiedad del usuario) y USER_CATALOG o CAT (objetos que son propiedad del usuario).

EJEMPLO 8.1

Crear una tabla obtenida a partir de la tabla PROFESORES llamada PROFESORES2, que contenga tres columnas llamadas nombre, salario y especialidad partiendo de NOMPRO, SALPRO y ESPPRO de todos aquellos profesores que ganan más de 1500 €.

```
CREATE TABLE PROFESORES2 (NOMBRE, SALARIO, ESPECIALIDAD) AS
      SELECT NOMPRO, SALPRO, ESPPRO
      FROM PROFESORES
      WHERE SALPRO >1500;
```

EJEMPLO 8.2

Crear una tabla llamada TIPOS_SALARIOS2, con tres columnas: la primera llamada TIPOSAL de tipo cadena de tamaño 20, la segunda INFERIOR de tipo numérica de tamaño 4 y una tercera llamada SUPERIOR de tipo numérica de tamaño 4.

```
CREATE TABLE TIPOS_SALARIO2(
TIPOSAL VARCHAR2(20),
INFERIOR NUMBER(4),
SUPERIOR NUMBER(4));
```

EJEMPLO 8.3

Visualizar las tablas y los propietarios de estas.

```
SELECT * FROM USER_TABLES;
```

8.3 Creación y modificación de una columna en una tabla

Cuando se crea o modifica una columna de una tabla se hace COMMIT automático de manera que pasaba cuando se creaba una tabla.

Para insertar una columna una tabla se hace con la sentencia ALTER TABLE, con la siguiente sintaxis:

```
ALTER TABLE NB_TABLA
ADD    (COLUMNA, TIPO_DE_DATO [ DEFAULT EXP]
[ , COLUMNA, TIPO_DE_DATO... ] );
```

EJEMPLO 8.4

Añadir una nueva columna llamada DESCRIPCION a la tabla TIPOS_SALARIO2 de tipo cadena de tamaño 60.

```
ALTER TABLE TIPOS_SALARIO2 ADD (DESCRIPCION VARCHAR2(60));
```

La modificación de una columna sirve para cambiar el tipo de dato, su tamaño y el valor por defecto de esta, para ello se utiliza la misma sentencia, pero con la palabra reservada MODIFY en vez de ADD, siendo su sintaxis:

```
ALTER TABLE NB_TABLA
MODIFY (NB_COLUMNA TIPO_DATO [DEFAULT EXPRESIÓN]);
```

EJEMPLO 8.5

Modificar en el campo DESCRIPCION su tamaño y ponerlo a cadena de longitud 30.

```
ALTER TABLE TIPOS_SALARIO MODIFY (DESCRIPCION VARCHAR2(30));
```

8.4 Cambio de nombre, truncado, creación de comentarios y borrado de una tabla

Para cambiar de nombre a una tabla se utiliza la sentencia RENAME. Esta instrucción realiza COMMIT automático. Su sintaxis es:

```
RENAME NB_ANTIGÜO TO NB_NUEVO;
```

EJEMPLO 8.6

Cambiar el nombre a la tabla TIPOS_SALARIO, llamándola TIP_SAL.

```
RENAME TIPOS_SALARIO2 TO TIP_SAL;
```

El truncado de una tabla borra los registros de esta pero no su estructura, hace una validación automática y libera espacio de almacenamiento ocupado por la tabla. Su sintaxis es:

```
TRUNCATE TABLE NB_TABLA;
```

EJEMPLO 8.7

Borra de manera permanente los registros de la tabla TIP_SAL.

```
TRUNCATE TABLE TIP_SAL;
```

Para añadir comentarios a una tabla se hace mediante la sentencia COMMENT. Dichos comentarios se pueden ver en las siguientes tablas del diccionario de datos: ALL_COL_COMMENTS, USER_COL_COMMENTS, ALL_TAB_COMMENTS y ALL_TAB_COMMENTS. Su sintaxis es:

```
COMMENT ON {TABLE NB_TABLA |
COLUMN NB_TABLA.NB_COLUMNA }
IS 'TEXTO DEL COMENTARIO';
```

EJEMPLO 8.8

Añade el comentario a la tabla TIP_SAL "esta tabla tiene diferentes tipos de salario".

```
COMMENT ON TABLE TIP_SAL
IS 'ESTA TABLA TIENE DIFERENTES TIPOS DE SALARIO';
```

Al eliminar una tabla se borrará su estructura y todos sus registros, se hace COMMIT automático y los índices que se crearon también son borrados. La sintaxis de borrado es:

```
DROP TABLE NB_TABLA;
```

EJEMPLO 8.9

Borra la tabla TIP_SAL.

```
DROP TIP_SAL;
```

8.5 Restricciones en una tabla

Las restricciones o constrains son reglas que se aplican a una o varias columnas de la tabla con el fin de mantener la integridad, precisión y fiabilidad de esas columnas. Estas restricciones garantizan el cumplimiento de las reglas a nivel de tabla en cualquier momento que una fila sea insertada, actualizada o borrada de la tabla. Además, impiden la eliminación de una tabla si esta depende de otra tabla. La sintaxis para definir restricciones es la siguiente:

```
CREATE TABLE  [NB_PROPIETARIO. ] NB_TABLA
              (NB_COLUMNA TIPO_DE_DATO [DEFAULT
              EXPRESIÓN]
              [COLUMNA_CONSTRAINT], ...
              [TABLA_CONSTRAINT]);
```

Donde columna_constraint indica la restricción de integridad a nivel columna y tabla_constraint la restricción de integridad a nivel tabla.

GLOSARIO

Truncar una tabla: consiste en borrar los registros de una tabla, pero guardando la estructura que tiene.

Restricción en una tabla: son reglas que se aplican a una o varias columnas de la tabla con el fin de mantener la integridad, precisión y fiabilidad de esas columnas.

Las restricciones pueden ser definidas de dos maneras:

- **A nivel columna**: hace referencia a una única columna y se define en la especificación propia de la misma. Se puede definir cualquier tipo de integridad.

```
NB_COLUMNA TIPO_DATO
[CONSTRAINT NB_CONSTRAINT] TIPO_DE_CONSTRAINT,
```

- **A nivel tabla**: referencia a una o más columnas y es definida separadamente de la definición de las columnas. Se pueden definir cualquier restricción salvo NOT NULL.

```
NB_COLUMNAS, ...
[CONSTRAINT NB_CONSTRAINT] TIPO_DE_CONSTRAINT
(NB_COLUMNA, ...),
```

Los tipos de restricciones son los que se muestran en la siguiente tabla:

Tabla 8.2 Restricciones que pueden existir en las columnas de una tabla

NOT NULL	Asegura que los valores nulos no sean permitidos en una columna y solamente pueden especificarse a **nivel columna**
UNIQUE KEY	Requiere que cada valor de la columna o conjunto de columnas sean únicas, es decir, dos registros de una tabla no tendrán valores duplicados para una determinada columna o conjunto de columnas. Si la clave UNIQUE está compuesto por más de una columna, ese grupo de columnas recibe el nombre de clave única compuesta. Esta restricción admite valores nulos
PRIMARY KEY	No permite introducir valores nulos ni valores repetidos e identifica unívocamente a cada fila de una tabla. Está formada por la restricción NOT NULL y UNIQUE. Puede crearse tanto a nivel fila como a nivel tabla
FOREIGN KEY	Relaciona dos tablas. Designa una columna o combinación de columnas estableciendo entre ellas una relación con una PRIMARY KEY o una UNIQUE KEY de la misma tabla o de otra tabla. El valor de esta restricción debe ser del mismo tipo que el de la tabla padre o NULL. La FOREIGN KEY se define en la tabla hija; por tanto, la tabla que contiene la columna referenciada es la tabla padre, para definirla se usa una combinación de las siguientes palabras clave: • FOREING KEY: es usada para definir la columna en la tabla hija, cuando se establece la restricción a nivel de la tabla • REFERENCES: identifica la tabla y la columna de la tabla padre • ON DELETE CASCADE: identifica que cuando una fila del padre se borra, las de la hija también son borradas
CHECK	Define una condición que debe satisfacer cada fila. Se puede definir tanto a nivel fila como a nivel tabla. Esta restricción no está permitida en pseudocolumnas (CURRVAL, NEXTVAL, LEVEL o ROWNUM), en funciones del tipo (SYSDATE, UID, USER o USERENV) ni en consultas que se refieren a valores de otras filas

EJEMPLO 8.10

Supongamos la tabla CURSOS2, que es una copia de CURSOS y otra PROFESORES2, que es una copia de PROFESORES que fue creada con la siguiente orden SQL:

```
CREATE TABLE PROFESORES2 AS SELECT * FROM PROFESORES;
CREATE TABLE CURSOS2 AS SELECT * FROM CURSOS;
```

EJEMPLO 8.11

Añadir a la columna CODPRO de la tabla PROFESORES2 una restricción PRIMARY KEY y una CHECK que solo admita valores comprendidos entre 900 y 3000 € en el campo SALPRO.

```
ALTER TABLE PROFESORES2
ADD   (CONSTRAINT PROFESORES2_NUMPRO_PK PRIMARY KEY(NUMPRO), CONSTRAINT
      PROFESORES2_SALPRO_CK CHECK (SALPRO BETWEEN 900  AND 3000));
```

EJEMPLO 8.12

Añadir en la tabla CURSOS2, en la columna CODCUR una restricción PRIMARY KEY y una FOREIGN KEY en el campo CODPRO que haga referencia a la clave principal de la tabla PROFESORES2. y una CHECK que solo admita valores comprendidos entre 900 y 3000 en el campo SALPRO. Además, añadir la restricción NOT NULL al campo TITCUR

```
ALTER TABLE CURSOS2
ADD  (CONSTRAINT CURSOS2_NUMCUR_PK PRIMARY KEY(NUMCUR),
CONSTRAINT CURSOS2_NUMPRO_FK FOREIGN KEY (NUMPRO)
REFERENCES PROFESORES2(NUMPRO));
ALTER TABLE CURSOS MODIFY (TITCUR NOT NULL);
```

Para activar una restricción que se ha creado utilizaremos la siguiente sintaxis:

```
ALTER TABLE NB_TABLA
DISABLE CONSTRAINT NB_CONSTRAINT [CASCADE];
```

La desactivación se hace de la siguiente forma:

```
ALTER TABLE NB_TABLA
ENABLE CONSTRAINT NB_CONSTRAINT;
```

Para eliminar una constrains se hace de la siguiente forma:

```
ALTER TABLE NB_TABLA
DROP {CONSTRAINT NB_CONSTRAINT, ... [CASCADE] |
TIPO_RESTRICCIÓN (NB_COLUMNA)};
```

La palabra clave CASCADE se utiliza para borrar cualquier relación que tuviese restricción. Si se quiere borrar una restricción debe de estar desactivada.

Si queremos ver las restricciones podernos acceder a visualizarlas en las tablas del diccionario de datos USER_CONSTRAINTS y USER_CONS_COLUMNS.

EJEMPLO 8.13

Desactivar la restricción PROFESORES2_NUMPRO_PK y posteriormente activarla. Borrar dicha restricción.

```
ALTER TABLE PROFESORES2
DISABLE CONSTRAINT PROFESORES2_NUMPRO_PK;
ALTER TABLE PROFESORES2
ENABLE CONSTRAINT PROFESORES2_NUMPRO_PK;
ALTER TABLE PROFESORES2
DROP CONSTRAINT PROFESORES2_NUMPRO_PK;
```

8.6 Ejercicios resueltos

Resolver cada uno de los siguientes apartados:

1. Crear la tabla llamada CURSOS3 que incluya los cursos de un crédito cargándola con estos.

```
CREATE TABLE CURSOS3
AS SELECT * FROM CURSOS
WHERE EDICUR=1;
```

2. Vaciar la tabla y validar.

```
DELETE FROM CURSOS3;
COMMIT;
```

3. Incluir los cursos cuyo precio supera al precio medio de su profesor.

```
INSERT INTO CURSOS3
   (SELECT * FROM CURSOS
   WHERE PRECUR > (SELECT AVG(PRECUR)
   FROM PROFESORES P, CURSOS C
   WHERE P.NUMPRO = C.NUMPRO
   AND P.NUMPRO=CURSOS.NUMPRO));
```

4. Crear una tabla llamada PRUEBA con el número de profesor de dimensión NUMBER(3) y el precio medio de los cursos de dimensión NUMBER(6,2) por profesor.

```
CREATE TABLE PRUEBA
(NUMPRO NUMBER(3),
PRECIO_MEDIO NUMBER(6,2));
```

5. Obtener el precio de los cursos por profesor e insertarlo en la tabla PRUEBA.

```
INSERT INTO PRUEBA
   (SELECT NUMPRO, COUNT(NUMPRO) * PRECUR
   PRECIO_MEDIO FROM CURSOS
   GROUP BY NUMPRO, PRECUR);
```

6. Borrar de CURSOS3 los cursos cuyo precio supera al máximo su profesor.

```
DELETE CURSOS3
WHERE PRECUR >ALL
   (SELECT SUM(PRECUR)
   FROM PROFESORES P, CURSOS C
   WHERE P.NUMPRO = C.NUMPRO
   AND P.NUMPRO=CURSOS2.NUMPRO
   GROUP BY P.NUMPRO);
```

7. Borrar la tabla cursos3 definitivamente.

```
DROP TABLE CURSOS3;
```

RESUMEN

En esta unidad se ha aprendido que:

- Una tabla es una unidad básica de almacenamiento formada por registros y columnas. Se crea con la sentencia CREATE TABLA. Cada columna puede tener un tipo de dato diferente a las otras. Los diferentes tipos de datos son numéricos, cadena, fecha, etc.
- Existen diferentes comandos para modificar las columnas de una tabla (ALTER TABLE) y para cambiar de nombre (RENAME).
- Las restricciones o constrains son reglas que se aplican a una o varias columnas de la tabla con el fin de mantener la integridad, precisión y fiabilidad de esas columnas. Estas se pueden hacer a nivel columna o tabla.
- Las restricciones existentes son:

Restricción	Significado
NOT NULL	Asegura que los valores nulos no sean permitidos en una columna.
UNIQUE KEY	Requiere que cada valor de la columna o conjunto de columnas sean únicas admitiendo valores nulos.
PRIMARY KEY	No permite introducir valores nulos ni valores repetidos.
FOREIGN KEY	Relaciona dos tablas a través de una clave principal y otra extranjera.
CHECK	Define una condición que debe satisfacer cada fila.

EJERCICIOS PROPUESTOS

1. Resolver cada uno de los apartados según se especifica:
   a. Crear una tabla intermedia llamada PRUEBA1 que contenga la especialidad del profesor de dimensión VARCHAR2(25) y el salario medio por especialidad de dimensión NUMBER (7,2).
   b. Escribir una restricción Primary Key al campo especialidad del profesor en la tabla PRUEBA1.
   c. Cargar en la tabla PRUEBA1 los registros basándose en PROFESORES.
   d. Crear la tabla PROFESORES4 basándose en PROFESORES.
   e. Cargar PROFESORES4 disminuyendo un 5% el salario de los profesores que superan el 75% del salario máximo.
   f. Borrar la tabla prueba.
2. Crear una tabla llamada PROFESORES3 basada en PROFESORES, vaciarla y validarla. Añadir una PK al campo NUMPRO llamada PROFESORES3_NUMPRO_PK, otra de tipo CHECK al campo SALPRO llamada PROFESORES3_SALPRO_CK que permita salarios comprendidos entre 1000 y 6000 €, y una NOT NULL al campo NOMPRO. Visualizar las restricciones en el diccionario de datos.
3. Crear una tabla llamada CURSOS4 basada en CURSOS, vaciarla y validarla. Añadir una PK al campo NUMCUR llamada CURSOS3_NUMCUR_PK, otra FK llamada CURSO3_NUMPRO_FK en el campo NUMPRO que haga referencia al campo NUMPRO de la tabla PROFESORES3 y otra de tipo CHECK al campo PRECUR llamada CURSOS3_PRECUR_CK que permita precios mayores de 200 €. Visualizar las restricciones en el diccionario de datos.

EJERCICIOS PROPUESTOS

4. Resolver cada uno de los siguientes apartados:
   a. Crear una tabla intermedia llamada PRUEBA1 que contenga el código postal de dimensión NUMBER (5) y el número de alumnos por código de NUMBER(4) con restricción Primary Key en el campo código postal.
   b. Cargar en la tabla PRUEBA1 los diferentes códigos postales y el número de alumnos que hay en cada código postal.
   c. Crear la tabla ALUMNOS2 basándose en ALUMNOS.
   d. Vaciar la tabla y validar.
   e. Cargar en la tabla ALUMNOS2 aquellos que tengan un correo de GMAIL.COM.
   f. Borrar la tabla PRUEBA1.
5. Crear una tabla llamada ALUMNOS3 basada en PROFESORES, vaciarla y validarla. Añadir una PK al campo NUMALU llamada ALUMNOS3_NUMALU_PK, otra de tipo CHECK al campo CPOALU llamada ALUMNOS3_ CPOALU_CK que permita introducir códigos postales de la comunidad de Madrid, es decir, que empiecen por 28, y una NOT NULL a los campos NOMALU y DIRALU. Visualizar las restricciones en el diccionario de datos.
6. Crear una tabla llamada MATRICULADO3 basada en MATRICULADO, vaciarla y validarla. Añadir una PK al campo NUMCUR llamada MAT3_NUMCUR_PK, otra PK al campo NUMALU llamada MAT3_NUMALU_PK, otra FK llamada MAT3_NUMCUR_FK en el campo NUMCUR que haga referencia al campo NUMCUR de la tabla CURSOS3 y otra FK llamada MAT3_NUMALU_FK en el campo NUMALU que haga referencia al campo NUMALU de la tabla ALUMNO3. Visualizar las restricciones en el diccionario de datos.

TEST DE EVALUACIÓN

1. **¿El nombre de una tabla debe empezar por una letra?**
   a) Sí.
   b) No.
   c) Es indiferente.
2. **El tipo de dato BLOT almacena:**
   a) Datos carácter de hasta 4 GB.
   b) Datos binarios de hasta 2 GB.
   c) Datos binarios de hasta 4 GB.
3. **La orden MODIFY:**
   a) Modifica una tabla ya creada.
   b) Modifica una tabla que se está creando.
   c) Tanto la a como la b son correctas.
4. **Las restricciones en una tabla pueden ser:**
   a) A nivel columna.
   b) A nivel tabla.
   c) Tanto la a como la b son correctas.
5. **¿Qué restricción define una condición que debe satisfacer una fila?**
   a) UNIQUE KEY.
   b) CHECK.
   c) NOT NULL.
6. **Para eliminar definitivamente una tabla, se utiliza la orden:**
   a) TRUNCATE.
   b) DROP.
   c) DELETE.
7. **El tipo de datos ROWID:**
   a) Almacenar la dirección única de cada fila de la tabla de la base de datos.
   b) Almacenar la dirección única de cada columna de la tabla de la base de datos.
   c) Almacenar la dirección única de cada fila y columna de la tabla de la base de datos.
8. **¿La creación de una tabla lleva consigo un COMMIT automático?**
   a) No.
   b) Sí.
   c) Depende de la situación.

U 9

Creación de vistas

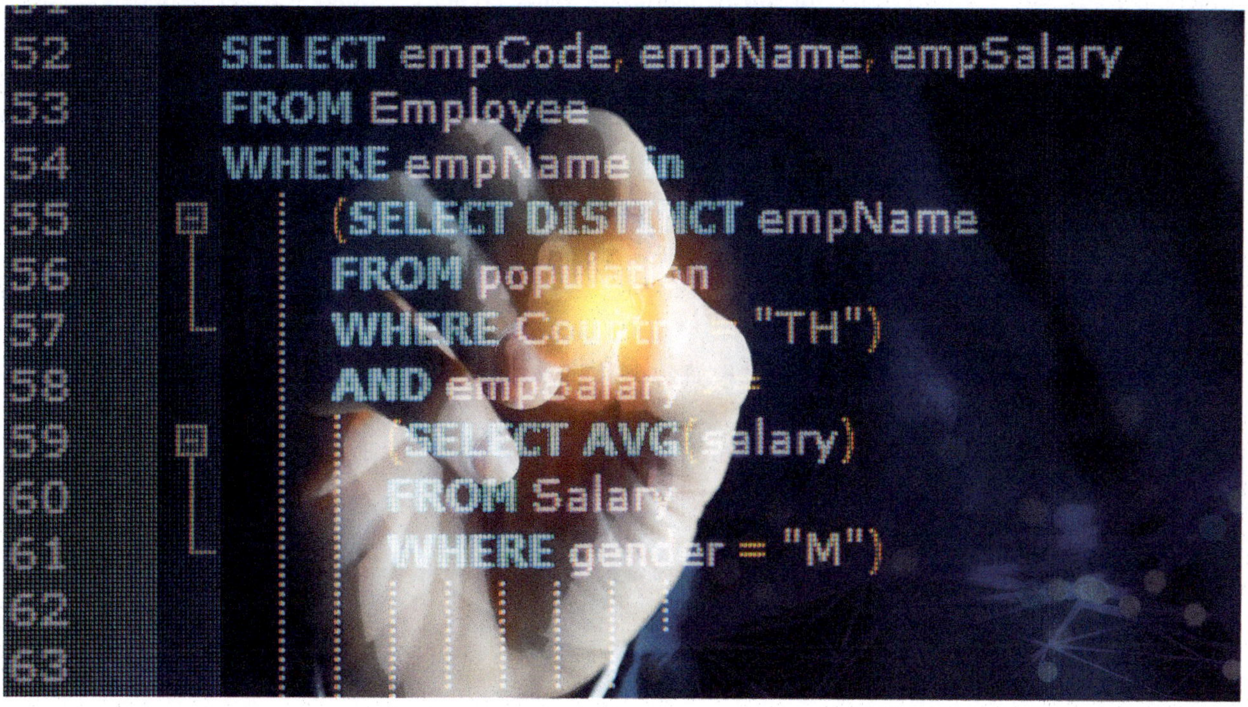

En esta unidad vas a estudiar:

- 9.1 Introducción a las vistas
- 9.2 Clasificación
- 9.3 Reglas para realización de sentencia DML
- 9.4 Otras operaciones
- 9.5 Ejercicios resueltos

Con su estudio, vas a ser capaz de:

- En este capítulo aprenderá trabajar con vistas diferenciando las diversas opciones que presentan.

9.1 Introducción a las vistas

Se define vista como una unidad lógica de almacenamiento que representa un grupo de tablas, es decir, podríamos decir que es un objeto con el mismo uso que una tabla, pero con más restricciones en lo que concierne al lenguaje de manipulación de datos, pero con la ventaja de que no ocupa espacio.

No contiene datos por sí misma, y tiene la ventaja de poder combinar datos de varias tablas, es decir, es una sentencia SELECT que queda guardada de forma permanente en el diccionario de datos.

Se utilizan para trabajar fácilmente con consultas complejas, con el fin de restringir el acceso a la base de datos.

GLOSARIO

Tabla virtual: aquella tabla cuyo contenido se ha realizado a través de una consulta sobre una tabla. Esta no existe como tal; va asociada a la tabla de donde procede.

Vista actualizable: es aquella sobre la que se pueden realizar sentencias DML.

Vistas verticales: permite dejar ocultas algunas columnas de la tabla de donde procede la vista.

Vistas horizontales: permite dejar ocultas algunas filas de la tabla de donde procede la vista.

9.2 Clasificación

Las vistas se clasifican en dos grandes grupos:

- **Simples** o aquellas que proceden de una sola tabla. No llevan en sí ni funciones, ni agrupamiento de datos. En ellas se pueden hacer sentencias DML a la tabla a partir de la vista.
- **Complejas** o aquellas que se obtienen a partir de varias tablas. Si pueden llevar funciones de grupo y funciones. No siempre en ellas se pueden realizar sentencias DML.

Sintaxis de creación de vistas:

```
CREATE [OR REPLACE] [FORCE | NOFORCE] VIEW
NOMBRE_VISTA
[(ALIAS [, ALIAS]...)]
AS SUBCONSULTA
[WITH CHECK OPTION [ CONSTRAINT NB_CONSTRAINT]]
[WITH READ ONLY];
```

Donde:

OR REPLACE: reemplaza la vista si ya existe.

FORCE: crea la vista sin importar si la tabla base existe o no.

NOFORCE: crea la vista únicamente si existe la tabla base. Opción por defecto.

WITH CHECK OPTION: especifica si las filas accesibles pueden ser insertadas o actualizadas.

WITH READ ONLY: permite que no se puedan realizar sentencias DML.

EJEMPLO 9.1

Crear una vista llamada PROFWEB de la tabla PROFESORES que contenga el número del profesor, el nombre y el salario de todos aquellos que sean de especialidad Web.

```
CREATE VIEW PROFWEB AS
SELECT NUMPRO, NOMPRO, SALPRO
FROM PROFESORES WHERE ESPPRO='WEB';
```

La opción OR REPLACE se usa para modificar el contenido de una vista ya existente y si no existiera la crea, lo que significa que una vista se puede modificar sin necesidad de borrarla.

EJEMPLO 9.2

Modificar la vista anterior, pero añadiendo a las columnas los siguientes nombres: número, nombre y salario.

```
CREATE OR REPLACE VIEW PROFWEB (NÚMERO, NOMBRE, SALARIO) AS
SELECT NUMPRO, NOMPRO, SALPRO FROM PROFESORES WHERE ESPPRO='WEB';
```

EJEMPLO 9.3

Diseñar una vista llamada PROF_CRE que contenga el código del profesor, su nombre, el título del curso que imparte y el número de créditos de todos aquellos que tienen 3 créditos o más.

```
CREATE VIEW PROF_CRE AS
SELECT PROFESORES.NUMPRO, NOMPRO, TITCUR, CRECUR
FROM PROFESORES, CURSOS
WHERE CURSOS.NUMPRO=PROFESORES.NUMPRO AND CRECUR>=3;
```

9.3 Reglas para realización de sentencia DML

Hay que destacar que siempre que se hace una sentencia DML en la vista, se hace en la tabla o tablas de la que procede. Existen las siguientes reglas para realizar las sentencias de manipulación de datos sobre las vistas:

- Sobre vistas simples se pueden realizar sentencias DML, siempre que en ella esté incluida la clave primaria de la tabla.
- No se pueden eliminar una fila de una vista, si esta contiene funciones de grupo, la cláusula GROUP BY y el comando DISTINCT.
- No se pueden modificar datos en una vista si esta contiene cualquiera de las condiciones que tenía la eliminación, columnas definidas por expresiones y la pseudocolumna ROWNUM.
- No se pueden insertar datos si la vista contiene las condiciones que tenían la modificación y la eliminación y cualquier columna NOT NULL no incluida en la vista.

9.4 Otras operaciones

9.4.1 WITH CHECK OPTION

Afirma que las sentencias DML hechas en la vista mantengan el dominio de esta, es decir, si se intenta cambiar una clave primaria para cualquier fila la sentencia dará error, pues no respeta la restricción CHECK OPTION.

EJEMPLO 9.4

Crear una vista llamada CURSOS104 con los mismos campos que la tabla cursos para el profesor 104 con la opción WITH CHECK OPTION.

```
CREATE OR REPLACE VIEW CURSOS104 AS
SELECT * FROM CURSOS WHERE NUMPRO = 104
WITH CHECK OPTION CONSTRAINT CURSOS104_CK;
```

Si en la vista se intenta modificar el código del profesor por otro valor no dejará por la cláusula de restricción dada en la vista.

9.4.2 Denegar sentencias DML a una vista

Para denegar sentencias DML en una vista se utiliza la cláusula WITH READ ONLY. Si a la vista marcada con esta cláusula se intenta hacer una sentencia DML el servidor Oracle dará un error.

EJEMPLO 9.5

Modificar la vista PROFWEB con opción de solo lectura.

```
CREATE OR REPLACE VIEW PROFWEB (NUMERO, NOMBRE, SALARIO) AS
SELECT NUMPRO, NOMPRO, SALPRO FROM PROFESORES WHERE ESPPRO='WEB'
WITH READ ONLY;
```

9.4.3 Borrado

Si se borra una vista no se perderán los datos, puesto que la vista está fundamentada en las tablas que subyacen de la base de datos. Su sintaxis es:

```
DROP VIEW NOMBRE_VISTA;
```

EJEMPLO 9.6

Borrar la vista PROFWEB.

```
DROP VIEW PROFWEB;
```

9.5 Ejercicios resueltos

1. Diseñar una vista llamada PROF_TOT_HOR que muestre el número del profesor, su nombre y el total de horas de los diferentes cursos impartidos.

```
CREATE OR REPLACE VIEW PROF_TOT_HOR (NUMERO,
NOMBRE, HORASTOTALES)
AS SELECT P.NUMPRO,NOMPRO,SUM(HORCUR)
   FROM PROFESORES P,CURSOS C
   WHERE P.NUMPRO=C.NUMPRO
   GROUP BY P.NUMPRO,NOMPRO;
```

2. Crear una vista llamada ALUM_CUR_202 que muestre el nombre de los alumnos matriculados en el curso 202, junto con la nota en ese curso.

```
CREATE OR REPLACE VIEW ALUM_CUR_202 AS
SELECT NOMALU, CALIFIC FROM MATRICULADO M, ALUMNOS A
WHERE A.NUMALU = M.NUMALU AND M.NUMCUR=202;
```

RESUMEN

En esta unidad se ha aprendido que:

- Una vista es una unidad lógica de almacenamiento que representa una tabla o un grupo de ellas. Estas pueden ser:
  - Simples. Aquellas que proceden de una sola tabla, se pueden realizar en estas sentencias DML.
  - Complejas. Aquellas que se obtienen a partir de varias tablas, no se pueden realizar siempre sentencias DML.
- • Las vistas pueden ser creadas, modificadas y borradas.

EJERCICIOS PROPUESTOS

1. Crear una vista llamada CUR_MED que muestre el número y nombre del curso y la nota media obtenida en cada uno de ellos.
2. Crear una vista llamada JUB_40 en la que aparezcan los datos de los profesores que tengan más de 40 años en este año.
3. Crear una vista llamada CUR_MAX_MIN que visualice el título del curso, la nota mínima y máxima de cada curso y el número de alumnos matriculados en cada uno de ellos.
4. Crear una vista llamada PROF_SOFT que contenga el número, nombre y salario del profesor de todos aquellos que son de especialidad Software. Etiquetar las columnas como se considere oportuno. No permitir que a ningún profesor se les asigne otra especialidad a través de la vista.
5. Obtener una vista llamada SAL_ESP en la que aparezcan por orden alfabético los nombres y el salario de los profesores cuyo salario medio supera al de su propia especialidad.
6. Crear una vista llamada PROF_NUM_CUR que contenga el nombre del profesor, su salario más comisión (si es nulo convertir a cero) y el número de cursos que haya impartido.

TEST DE EVALUACIÓN

1. **¿Es una vista una unidad lógica de almacenamiento?**
   a) Sí.
   b) No.
   c) En algunos casos.
2. **Las vistas complejas se obtienen:**
   a) De varias tablas.
   b) De varias tablas y de diferentes objetos de la base de datos.
   c) Siempre llevan sentencias DML.
3. **Sobre las vistas simples se pueden realizar sentencias DML.**
   a) Siempre.
   b) Siempre que incluya la clave primaria.
   c) Nunca.
4. **Si se quiere denegar sentencias DML a la vista, se usa la cláusula:**
   a) WITH CHECK OPTION.
   b) WITH READ ONLY.
   c) WITH WRITE ONLY.
5. **¿Se pueden modificar los datos de una vista con la pseudocolumna ROWNUM?**
   a) A veces.
   b) Siempre.
   c) Nunca.

Bloque 4

PL/SQL
(Procedural Language / Structured Query Language)

U 10

El lenguaje PL/SQL. Construcción de guiones

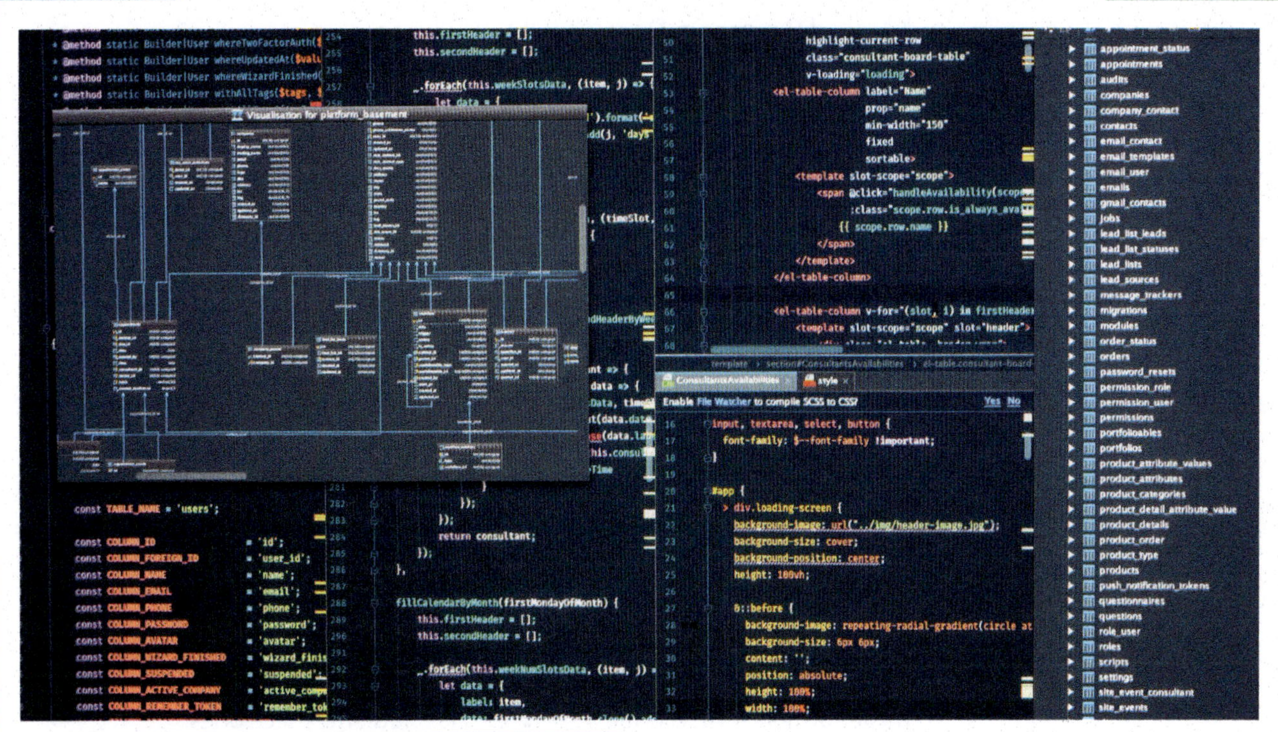

En esta unidad vas a estudiar:

- 10.1 Introducción al lenguaje PL/SQL
- 10.2 Bloques PL
- 10.3 Variables en PL/SQL
- 10.4 Operadores utilizados en los bloques
- 10.5 Funciones que se pueden incluir en el bloque
- 10.6 Bloques anidados
- 10.7 Sentencias SQL en PL
- 10.8 Estructuras de control en los programas PL
- 10.9 Ejercicios resueltos

Con su estudio, vas a ser capaz de:

- Desarrollar bloques anónimos utilizando las sentencias del lenguaje incorporado y en el sistema gestor.
- Desarrollar bloques utilizando estructuras de programación.

10.1 Introducción al lenguaje PL/SQL

Es un lenguaje de bases de datos utilizado para realizar algoritmos que contengan sentencias SQL.

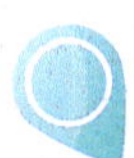

GLOSARIO

PL/SQL: Procedural Language/Structured Query Language es un lenguaje de programación embebido en Oracle. Soportará consultas y manipulación de datos; además, incluye características como: variables de todo tipo, estructuras modulares, estructuras de todo tipo y control de errores.

Los programas se clasifican en dos grandes grupos:

- **Anónimos o programas no reutilizables,** los cuales son similares a cualquier lenguaje de programación. Son declarados en una aplicación en la que se van a ejecutar y se transfieren al motor PL/SQL para que se ejecuten al momento.
- **Subprogramas o bloques con nombre,** los cuales tienen parámetros para ser invocados por otro bloque. Los subprogramas mejoran el mantenimiento, la seguridad de los datos y el rendimiento. Los subprogramas se dividen en:
  - **Funciones,** las cuales se utilizan para devolver o calcular un valor.
  - **Procedimientos** o programas capaces de ejecutar una serie de acciones.

10.2 Bloques PL

Como se dijo anteriormente, un bloque anónimo es declarado en la aplicación para que se ejecute en el momento. Su estructura es la siguiente:

```
[DECLARE]
 VARIABLES, CURSORES Y EXCEPCIONES
 definidas por el usuario
BEGIN
 Sentencias SQL
 Sentencias de control PL/SQL
[EXCEPTION]
 Acciones que realizar cuando se
 producen errores
END;
```

Las secciones que van entre corchetes son opcionales.

Los bloques anónimos pueden ser almacenados en scripts para ser ejecutados posteriormente. Un bloque se divide en las siguientes secciones:

Sección 1. Declarativa

Contiene todas las variables, constantes y excepciones definidas por el usuario a las que hace referencia en las siguientes secciones.

Sección 2. Ejecutable

Contiene las sentencias SQL para manipular la base de datos y las sentencias PL/SQL para manipular datos del bloque.

Sección 3. Gestión de excepciones

Especifica las órdenes que se deben ejecutar cuando aparecen errores y condiciones anormales de la sección ejecutable.

Sección 4. Final

Especifica el fin del programa.

Sintaxis y directrices de un bloque PL.

- Una sentencia puede terminar en una línea y continuar en la otra si ponemos al final de toda la sentencia un punto y coma.
- Los identificadores, literales, comentarios, etc., pueden separarse por uno o más espacios.
- Los identificadores sirven para dar nombre a las unidades y artículos de los programas PL/SQL. Pueden contener hasta 30 caracteres, no pueden contener palabras reservadas, deben comenzar por una letra y el nombre de un identificador no es aconsejable que coincida con el nombre de una columna de una tabla.
- Sintaxis y directrices de los literales. Los números pueden ser simples o ir dentro de una notación científica. Han de ir entre comillas las fechas y las cadenas.
- Los comentarios en un bloque ocupan una línea con—comentario y ocupan más de una línea /* al abrirlo y para cerrarlo */

ANONIMOS	SUBPROGRAMAS	
	FUNCIONES	**PROCEDIMIENTOS**

[DECLARE]
...
BEGIN
...
[EXCEPTION]
...
END;
	FUNCTION NB_FUNC
	RETURN DATA_TYPE
	IS
	BEGIN
	...
	RETURN VALOR;
	[EXCEPTION]
	...
	END;
		PROCEDURE NB_PRO
		IS
		...
		BEGIN
		...
		[EXCEPTION]
		...
		END;

Imagen 10.1 Clasificación de los programas PL.

10.3 Variables en PL/SQL

Las variables se utilizan para almacenar datos de manera temporal, para manipular los datos almacenados, para ser reutilizados de nuevo y para mantenimiento de los programas.

La gestión de las variables presenta los siguientes aspectos:

- Las variables se declaran e inician en la zona declarativa.
- Asignan nuevos valores a las variables dentro de la sección de códigos.
- Pasan valores a los bloques a través de paramentos.
- Permiten ver los resultados de una variable de salida.

Las variables se clasifican en:

- PL/SQL, son las propias del lenguaje.

GLOSARIO

LOB: tipo de dato que se utiliza para almacenar grandes cantidades de datos de manera eficiente.

Tabla 10.1 Tipos de variables PL

Escalares	Contienen un valor único. Los principales tipos de datos son los que corresponden a tipos de columnas en las tablas del servidor Oracle8; PL/SQL; también soporta variables booleanas. Las principales son: • VARCHAR2(n). Para datos tipo carácter de longitud 3270 bytes • NUMBER[(p,s)]. Enteros y decimales • DATE. Fechas y horas • CHAR(n). Cadenas de longitud fija • LONG. Datos carácter de longitud variable • LONG RAW. Datos binarios y cadenas • BOOLEAN. Utilizada para cálculos lógicos, admite TRUE, FALSE y NULL. Solo pueden estar conectadas por los operadores lógicos AND, NOT, OR y las expresiones aritméticas de carácter y fecha que pueden devolver un valor booleano • BINARY_INTEGER. Tipo de base de enteros entre –2147483647 y 2147483647
Compuestas	Hacen referencia a tipos de datos compuestos, pueden ser: • Registros: trata datos relacionados, pero no iguales como una unidad lógica • Tablas o vectores: hacen referencia a colecciones de datos que permiten ser manipulados
Referenciadas o punteros	Que referencian a otros puntos de programa
LOB	Especifican imágenes o cualquier conjunto de caracteres o bytes que tengan una longitud excesiva. Pueden ser: • CLOB: Almacenan grandes bloques de caracteres • BLOB: Almacenan objetos binarios grandes en la BD • BFILE: Almacenan objetos binarios grandes en archivos del sistema • NCLOB: Almacenan bloques grandes de datos de longitud fija

- No PL/SQL. Cuya misión es transferir la información desde el terminal al servidor.

Tabla 10.2 Tipos de variables no PL

Enlace	Es una variable que declara cualquier usuario y es utilizada después para transferir valores bien sean numéricos o de caracteres dentro o fuera de uno o más programas PL
Host	Tienen el mismo funcionamiento que las de enlace, con la diferencia que a la hora de definirlas hay que precederlas con dos puntos (:HOST)

La sintaxis de declaración de una variable es:

```
NB_VARIABLE [CONSTANT] DATA_TYPE [NOT NULL]
[: = EXPR | DEFAULT EXPR];
```

Donde:

- CONSTANT: restringe la variable para que no pueda cambiar de valor. Las constantes deben inicializarse.
- DATA_TYPE: es un tipo de datos escalar, compuesto o LOB.
- NOT NULL: restringe la variable. La obliga a contener algún valor. Las NOT NULL también se deben inicializar.
- EXPR: cualquier expresión PL/SQL, pudiendo ser un literal, otra variable, etc.

Es bueno poner los siguientes identificadores V si es variable, C si es constante y G si es una variable global.

EJEMPLO 10.1

Inicialización de variables.

```
V_SALPRO NUMBER(7,2) NOT NULL:=1000;
V_FNAPRO DATE;
V_ESPPRO VARCHAR2(30) := 'INTELIGENCIA ARTIFICIAL';
C_COMPRO CONSTANT NUMBER(4):=100;
```

Para poder imprimir en pantalla no existen funciones específicas, pero se usa:

```
DBMS_OUTPUT.PUT_LINE(<EXPRESION>);
```

Para poder ver la ejecución:

```
SET SERVEROUTPUT ON
```

EJEMPLO 10.2

Diseñar un bloque PL que visualice 'Hola a todos'.

```
DECLARE
     V_TEXTO VARCHAR2(20):= 'HOLA A TODOS';
BEGIN
     DBMS_OUTPUT.PUT_LINE(V_TEXTO);
END;
```

El atributo **%TYPE** se utiliza cuando el valor almacenado en la variable se deriva de una columna de la tabla de la base de datos; además, se usa si se quiere referenciar a una variable declarada previamente.

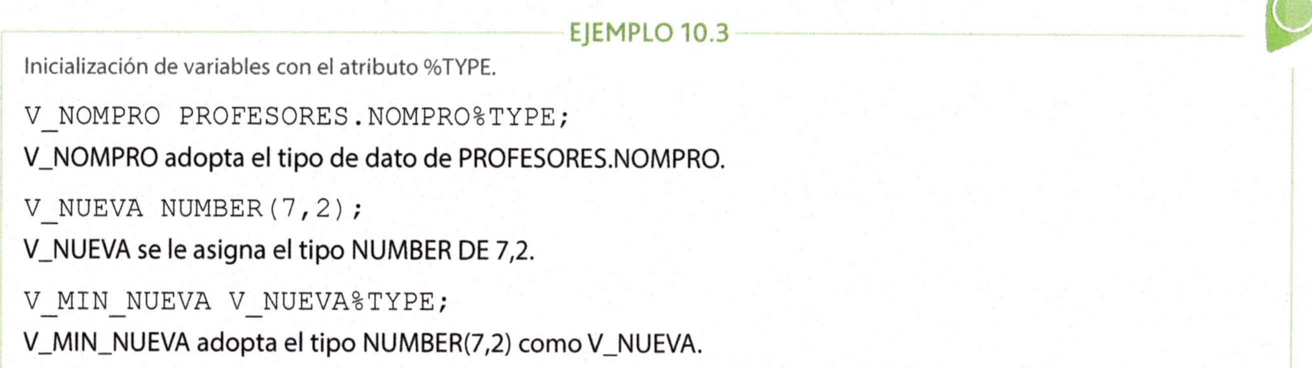

EJEMPLO 10.3

Inicialización de variables con el atributo %TYPE.

```
V_NOMPRO PROFESORES.NOMPRO%TYPE;
```

V_NOMPRO adopta el tipo de dato de PROFESORES.NOMPRO.

```
V_NUEVA NUMBER(7,2);
```

V_NUEVA se le asigna el tipo NUMBER DE 7,2.

```
V_MIN_NUEVA V_NUEVA%TYPE;
```

V_MIN_NUEVA adopta el tipo NUMBER(7,2) como V_NUEVA.

10.4 Operadores utilizados en los bloques

Tabla 10.3 Operadores lógicos

Operadores por orden de operación	Operación
** , NOT	Exponenciación y negación lógica
+ , -	Identidad y negación
*, /	Multiplicación y división
+ , - , ||	Suma, resta y concatenación
= , != , < , >, <= , >= , <>	Comparación
IS NULL, LIKE, BETWEEN, IN	Comparación
AND	Conjunción
OR	Inclusión

10.5 Funciones que se pueden incluir en el bloque

GLOSARIO

Bloque anidado: es un bloque o programa que está dentro de otro; cuando termine de ejecutarse este vuelve al programa externo.

10.5.1 Aritméticas

Devuelven un número:

Tabla 10.4 Tipos de funciones aritméticas

Funciones	Descripción
ABS(n)	Devuelve el valor absoluto de un número
CEIL(n)	Devuelve el entero más pequeño o igual al número
COS(n)	Coseno de n
EXP(n)	Número e elevado a n
FLOOR(n)	Entero más grande o igual a n
LN(n)	Devuelve el logaritmo neperiano de n
LOG(n1,n2)	Logaritmo en base n1 de n2
MOD(n1,n2)	Devuelve el resto de dividir n1 entre n2
POWER(n1,n2)	Devuelve n1 elevado a n2
ROUND(n1,n2)	Redondea n1 con n2 decimales
SVGN(n)	Devuelve –1 si el número es menor de 0, 0 si es igual a 0 y 1 si es mayor de 0
SIN(n)	Seno de n
SQRT(n)	Raíz cuadrada de n, que ha de ser siempre mayor de 0
TAN(n)	Tangente de n
TRUNC(n1,n2)	Trunca n1 con n2 decimales

10.5.2 Carácter

Devuelven cadenas de caracteres.

Tabla 10.5 Tipos de funciones carácter

Funciones	Descripción
ASCII(c)	Devuelve el ASCII del carácter
CHR(n)	Devuelve el carácter correspondiente al número n
CONCAT (c1, c2)	Concatena 2 cadenas
INITCAP(c)	Transforma la primera letra a mayúscula
LENGHT(c)	Longitud de la cadena
LOWER(c)	Transforma a minúsculas
LPAD (c1, n, c2)	Justifica a la derecha el valor del carácter c1 n posiciones y los blancos los reemplaza por el carácter c2
LTRIM(c1, c2)	Suprime caracteres a la izquierda hasta el primer carácter que no está en c2. Si se omite c2 lo pone todo en blanco
REPLACE(c1,c2,c3)	Devuelve c1 con la cadena c2, reemplazada por c3 y así sucesivamente
RPAD(c1,n,c2)	Iguala a la derecha
RTRIM(c1,c2)	Igual que LTRIM pero por la derecha
SUBSTR(c1,m,n)	Substrae de la cadena c1, y desde el carácter m, n caracteres
TRANSLATE(c1,c2,c3)	Devuelve la cadena c1 con cada carácter de c2 que contenga reemplazado por el carácter de c3 con el que se corresponda
UPPER(c)	Convierte c a mayúsculas

10.5.3 Conversión

Tabla 10.6 Tipos de funciones de conversión

Funciones	Descripción
TO_CHAR (c1, 'fmt')	Convierte un número o fecha a cadena de caracteres
TO_DATE (c1, 'fmt')	Convierte una cadena de caracteres a una fecha
TO_NUMBER (c1, 'fmt')	Convierte una cadena de caracteres a un número

10.5.4 Fecha

Tabla 10.7 Tipos de funciones de fecha

Funciones	Descripción
ADD_MONTH (fecha, n)	Agrega meses a una fecha
LAST_DAY (fecha)	Último día del mes
MONTHS_BETWEEN (fecha1, fecha2)	Número de meses entre dos fechas
NEXT_DAY (fecha, 'caracter')	Próximo día de la fecha especificada

10.5.5 Diversas

Tabla 10.8 Tipos de funciones diversas

Funciones	Descripción
DUMP(expr)	Devuelve la expresión en el formato interno de Oracle
GREATEST(lista de valores)	Da como resultado el valor más grande de la lista
LEAST (lista de valores)	Da como resultado el valor más pequeño de la lista
NVL(expr1, expr2)	Reemplaza los nulos por otro valor
USER	Devuelve al usuario conectado
USERENV(opción)	Devuelve información sobre el usuario. Las opciones pueden ser: • SESSIONID: Se identifica la sesión • TERMINAL: Identificador del terminal • LANGUAGE: Lenguaje activo
DECODE	Realiza la función de IF/THEN/ELSE

10.6 Bloques anidados

También se pueden anidar bloques de forma que las variables tengan su propio ámbito de ejecución:

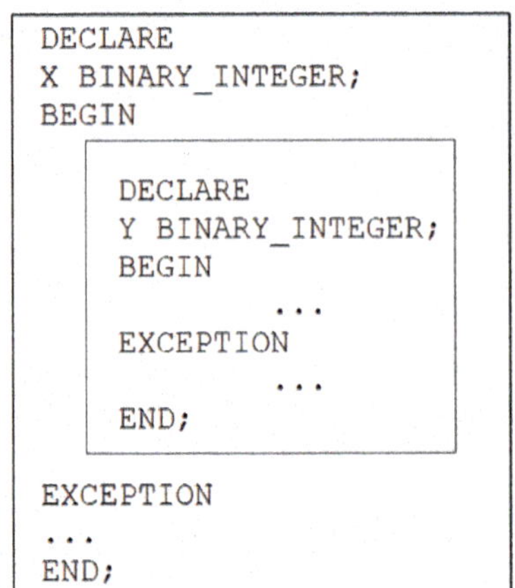

```
DECLARE
X BINARY_INTEGER;
BEGIN
    DECLARE
    Y BINARY_INTEGER;
    BEGIN
        ...
    EXCEPTION
        ...
    END;
EXCEPTION
...
END;
```

Imagen 10.2 Estructura de bloques PL anidados.

Las sentencias pueden estar anidadas cuando el bloque PL/SQL lo requiera. Un bloque anidado se convierte en una sentencia. La sección de excepciones también puede contener bloques, pero generalmente el lugar donde se suele trabajar es en la zona ejecutable.

Las variables tienen como ámbito su propio bloque. En este caso, la variable Y solo será reconocida por el segundo bloque, y una vez finalizado este el bloque principal no la reconocerá; por el contrario, la variable X tiene como ámbito todo el bloque, ya que tiene vigencia en su propio bloque y en el bloque anidado, ya que este pertenece al bloque principal.

10.7 Sentencias SQL en PL

Generalmente, todas las sentencias DML pueden ser aplicadas a los programas PL. Así pues, la sentencia SELECT cambia su formato incluyendo INTO, las sentencias DML (INSERT, DELETE y UPDATE), COOMIT y ROLLBACK presentan el mismo formato que en SQL.

PL no soporta sentencias DDL o lenguaje de manipulación de datos (CREATE, DROP, etc.), ni tampoco DCL o lenguaje de control de datos (GRANT, REVOKE, etc.).

Al iniciar una sesión nueva es conveniente escribir:

`SET SERVEROUTPUT ON`: que muestra la salida después de ejecutar un programa PL.

`SET VERIFY OFF`: que elimina las variables de sustitución que han quedado activadas.

Si no se quiere escribir estas se pueden incluir en el fichero de inicio.

10.7.1 La sentencia SELECT

Se utiliza para recuperar datos de las tablas para que sean guardadas o bien en variables o en un registro. La sintaxis es la que se muestra a continuación:

```
SELECT LISTA_SELECCIONADA
INTO {NOMBRE_VARIABLE1 [,NOMBRE_VARIABLE2 ...] |
NOMBRE_REGISTRO}
FROM NOMBRE_TABLA
WHERE CONDICIÓN;
```

EJEMPLO 10.4

Obtener un bloque PL que calcule la suma de los salarios de la tabla PROFESORES visualizando su resultado.

```
DECLARE
      V_TOTAL NUMBER;
BEGIN
      SELECT SUM(SALPRO) INTO V_TOTAL FROM PROFESORES;
      DBMS_OUTPUT.PUT_LINE(V_TOTAL);
END;
```

EJEMPLO 10.5

Obtener un bloque PL que visualice el nombre del profesor y su salario de la tabla PROFESORES de número de profesor 106.

```
DECLARE
      V_NOMPRO VARCHAR2(15);
      V_SALPRO NUMBER(8,2);
BEGIN
      SELECT NOMPRO, SALPRO INTO V_NOMPRO, V_SALPRO
      FROM PROFESORES WHERE NUMPRO=106;
      DBMS_OUTPUT.PUT_LINE(V_NOMPRO);
      DBMS_OUTPUT.PUT_LINE(V_SALPRO);
END;
```

10.7.2 Las sentencias DML, COMMIT y ROLLBACK

Tienen el mismo formato que tienen en SQL de Oracle.

EJEMPLO 10.6

Insertar en la tabla PROFESORES un nuevo profesor a través de un bloque PL con los siguientes datos (111, 'Olvido Pino', '14/07/97', 105, '31/08/16', 1100, NULL, 'Web').

```
BEGIN
      INSERT INTO PROFESORES
      VALUES (111, 'OLVIDO PINO', '14/07/97 ', 105, '31/08/16 ', 1100,
      NULL, 'WEB');
END;
```

EJEMPLO 10.7

Suprimir el registro insertado anteriormente.

```
DECLARE
      V_NUMPRO PROFESORES.NUMPRO%TYPE: = 111;
BEGIN
      DELETE FROM PROFESORES WHERE NUMPRO= V_NUMPRO;
END;
```

Los comandos COMMIT y ROLLBACK se pueden introducir dentro de los bloques PL si existe en el programa una sentencia DML. Es conveniente utilizar estos comandos o bien al principio del bloque, lo cual permitirá validar los bloques ejecutados hasta ese instante, o ponerlos al final para validar el bloque que se está ejecutando.

10.7.3 Cursores SQL

GLOSARIO

Cursor: un cursor es un conjunto de registros devuelto por una instrucción SQL.

Cada vez que se crea una sentencia SQL el servidor abre un área de memoria en la que se analiza y ejecuta el comando. Esta área es a lo que se llama cursor, es, por tanto, un área de trabajo privada de SQL. Pueden ser de los siguientes tipos:

- IMPLÍCITOS: son los incorporados en el servidor. Los utiliza para ejecutar sentencias SQL.

Tabla 10.9 Tipos de cursores implícitos en Oracle

Tipos	Descripción
SQL%ROWCOUNT	Cuenta el número de filas afectadas por la sentencia SQL más reciente. Sirve para que nos cuente el número de filas del cursor
SQL%FOUND	Atributo booleano. Devuelve TRUE si la sentencia no afecta a alguna fila. Sirve para saber si el cursor tiene más datos o los ha leído todos
SQL%NOTFOUND	Igual que el anterior, pero da TRUE si la sentencia SQL no afecta a ninguna fila
SQL%ISOPEN	Devuelve FALSE si no se ha cerrado el cursor

- EXPLÍCITOS: son declarados por el programador; estos se verán posteriormente.

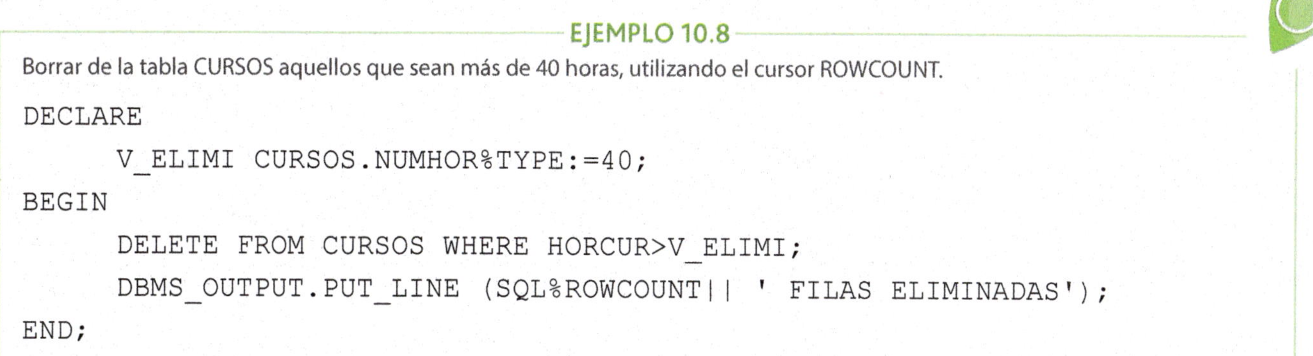

EJEMPLO 10.8

Borrar de la tabla CURSOS aquellos que sean más de 40 horas, utilizando el cursor ROWCOUNT.

```
DECLARE
     V_ELIMI CURSOS.NUMHOR%TYPE:=40;
BEGIN
     DELETE FROM CURSOS WHERE HORCUR>V_ELIMI;
     DBMS_OUTPUT.PUT_LINE (SQL%ROWCOUNT||  ' FILAS ELIMINADAS');
END;
```

10.8 Estructuras de control en los programas PL

Como cualquier lenguaje estructurado, el PL dispone de tres tipos de órdenes: secuenciales, selectivas y repetitivas. La primera son acciones que se ejecutan de manera lineal una tras otra, las dos últimas se apoyan en condiciones para su funcionamiento.

10.8.1 Estructuras selectivas

Nos permite seleccionar unas determinadas órdenes a ejecutarse dependiendo de una condición.

Pueden ser de tres tipos:

- IF-THEN o condicional simple, después de evaluar una condición y si esta es verdadera se producen acciones y si no se hace nada. Su sintaxis es la siguiente:

```
IF CONDICIÓN THEN
 órdenes;
END IF;
```

- IF-THEN-ELSE o condicional doble. Si la condición es falsa o NULL, entonces se ejecutan las órdenes que siguen a ELSE, en caso de ser verdaderas las que están dentro de THEN. Su sintaxis es la siguiente:

```
IF CONDICIÓN THEN
 órdenes;
ELSE
 órdenes;
END IF;
```

- IF-THEN-ELSIF o condición doble con otras dobles. Cuando sea posible, se utilizará la cláusula ELSIF en lugar de anidar tantas veces las sentencias IF. El código es más fácil de leer y de entender y la lógica está claramente definida. Si la acción de la cláusula ELSE únicamente consiste en otra sentencia IF, es preferible utilizar la sentencia ELSIF. Su sintaxis es la siguiente:

```
IF CONDICIÓN THEN
 órdenes;
ELSIF CONDICIÓN2 THEN
 órdenes;
```

```
ELSE
 órdenes;
END IF;
```

- CASE o condición para evaluar múltiples condiciones y devolver para cada una de ellas un valor diferente. Su sintaxis es:

```
CASE
 WHEN condición1 THEN órdenes;
 WHEN condición2 THEN órdenes;
 WHEN condición3 THEN órdenes;
 WHEN condición4 THEN órdenes;
 ELSE órdenes;
END CASE;
```

EJEMPLO 10.9

Diseñar un programa que, introduciendo una nota de un alumno por pantalla, permita decir: SUSPENSO si la nota es mayor o igual que 0 y menor que 5, APROBADO si es mayor o igual a 5 y menor que 7, NOTABLE si es mayor que 7 y menor o igual que 9, SOBRESALIENTE si es mayor que 9 y menor igual que 10, MATRÍCULA si es 10 y si se introduce un valor distinto a los dados sería una NOTA NO VALIDA.

```
DECLARE
      N NUMBER;
BEGIN
      DBMS_OUTPUT.PUT_LINE ('INTRODUZCA LA NOTA DEL ALUMNO: ');
      N:=&NOTA;
      DBMS_OUTPUT.PUT_LINE ('VALOR INTRODUCIDO '||N);
      IF (N>=0)AND (N<5) THEN
      DBMS_OUTPUT.PUT_LINE (N || ' SUSPENSO ');
      ELSIF N<7 THEN
      DBMS_OUTPUT.PUT_LINE (N|| ' APROBADO ');
      ELSIF N<9 THEN
      DBMS_OUTPUT.PUT_LINE (N|| ' NOTABLE ');
      ELSIF N <10 THEN
      DBMS_OUTPUT.PUT_LINE (N|| ' SOBRESALIENTE ');
      ELSIF N=10 THEN
      DBMS_OUTPUT.PUT_LINE (N|| ' MATRÍCULA ');
      ELSE
      DBMS_OUTPUT.PUT_LINE (N|| 'NOTA INVALIDA ');
      END IF;
      DBMS_OUTPUT.PUT_LINE ('FIN DE PROGRAMA ');
END;
```

10.8.2 Estructuras repetitivas o bucles

- WHILE (mientras). Nos permite asociar una determinada condición a la hora de ejecutar una serie de comandos. Se utiliza WHILE mientras la condición sea cierta. Su sintaxis es:

```
WHILE CONDICIÓN LOOP
 órdenes;
END LOOP;
```

EJEMPLO 10.10

Dado un número introducido por teclado, visualizar por pantalla todos los números iguales o inferiores a él. Hágase por la estructura WHILE.

```
DECLARE
      N NUMBER(3);
BEGIN
      N:=&NÚMERO;
      DBMS_OUTPUT.PUT('ESCRITURA DECRECIENTE CON WHILE: ');
      WHILE N > 0 LOOP
            DBMS_OUTPUT.PUT(N||  ' ');
            N := N-1;
      END LOOP;
      DBMS_OUTPUT.PUT_LINE('');
END;
```

- LOOP (hacer mientras). Nos permite acciones repetitivas sin condiciones globales y requiere la sentencia EXIT para finalizar el bucle. Si se omite esta última daría lugar a un bucle infinito.

```
LOOP
 órdenes;
EXIT [WHEN CONDICIÓN];
END LOOP;
```

EJEMPLO 10.11

Hágase el ejemplo anterior, pero con la estructura LOOP.

```
DECLARE
      N NUMBER(3);
BEGIN
      N:=&NÚMERO;
      DBMS_OUTPUT.PUT('ESCRITURA DECRECIENTE CON LOOP: ');
      LOOP
            DBMS_OUTPUT.PUT (N||' ');
            N := N-1;
            EXIT WHEN N<=0;
      END LOOP;
      DBMS_OUTPUT.PUT_LINE('');
END;
```

- FOR (para). Ejecuta órdenes si se conoce de antemano el número de veces que se va a ejecutar el bucle. Se hace referencia al bucle dentro del mismo y no se define en la zona declarativa. Utiliza expresiones para hacer referencia al valor del índice, no haciendo referencia a este como objetivo de una asignación. Su sintaxis es:

```
FOR INDICE IN [REVERSE] LIMITE_INFERIOR ..
LIMITE_SUPERIOR LOOP
 órdenes;
END LOOP;
```

EJEMPLO 10.12

Hágase el ejemplo anterior, pero con la estructura FOR.

```
DECLARE
      N NUMBER(3);
BEGIN
      N:=&NÚMERO;
      DBMS_OUTPUT.PUT('ESCRITURA DECRECIENTE CON FOR: ');
      FOR I IN REVERSE 1..N LOOP
            DBMS_OUTPUT.PUT(I||' ');
      END LOOP;
      DBMS_OUTPUT.PUT_LINE(' ');
END;
```

10.9 Ejercicios resueltos

1. Obtener un programa PL que, introduciendo tres coeficientes por teclado, obtenga los resultados de la ecuación de segundo grado. Se sobrentiende que el primer valor introducido corresponde al coeficiente A, el segundo al B y el tercero al C. Considerar si tiene o no soluciones reales.

```
SET SERVEROUTPUT ON
DECLARE
      A NUMBER;
      B NUMBER;
      C NUMBER;
      RESULTADO NUMBER; --DENTRO DE LA RAIZ
      R1 NUMBER;
      R2 NUMBER;
BEGIN
      A := &A;
      B := &B;
      C := &C;
      RESULTADO := (B*B) - (4*A*C);
      IF(RESULTADO>0) THEN
            R1 := (-B + SQRT(RESULTADO))/2*A;
            R2 := (-B - SQRT(RESULTADO))/2*A;
            DBMS_OUTPUT.PUT_LINE('LOS RESULTADOS SON: '
            || R1 || 'Y' || R2);
            ELSE IF (RESULTADO<0) THEN
            DBMS_OUTPUT.PUT_LINE('NO TIENE SOLUCIÓN' );
            ELSE
```

```
        R1 := (-B)/2*A;
        DBMS_OUTPUT.PUT_LINE ('LA SOLUCIÓN ES: ' || R1);
    END IF;
    END IF;
END;
```

2. Obtener un bloque PL área del tronco de una pirámide cuyos datos se introducen por teclado con base en forma de pentágono regular.

```
SET SERVEROUTPUT ON;
DECLARE
    TRONCO NUMBER;
    ABM1 NUMBER := &ABM1 ;
    ABM2 NUMBER := &ABM2;
    PBM1 NUMBER := &PBM1 * 5;
    PBM2 NUMBER := &PBM2 * 3;
    APOTEMA NUMBER := &APOTEMA;
BEGIN
    TRONCO := (ABM1*ABM1) + (ABM2*ABM2) +( ((PBM1 +
    PBM2)/2) * APOTEMA );
    DBMS_OUTPUT.PUT_LINE( 'EL TRONCO DE LA PIRÁMIDE CON
    BASE EN FORMA DE PENTÁGONO REGULAR '|| TRONCO );
END;
```

3. Diseñar un programa PL que introduzca un nuevo profesor con el código 111 asignado directamente en la variable, siendo el resto de los datos los siguientes: (Ana Olmedo, 14/07/96, 106, SYSDATE, 1100, NULL, Redes).

```
SET SERVEROUTPUT ON
DECLARE
    CODEMPLEADO PROFESORES.NUMPRO%TYPE:=111;
BEGIN
    INSERT INTO PROFESORES VALUES
    (CODEMPLEADO, 'ANA OLMEDO', '14/07/96',106,
    SYSDATE,1100, NULL, 'REDES');
    DBMS_OUTPUT.PUT_LINE('EL PROFESORES HA SIDO
    INTRODUCIDO CORRECTAMENTE');
END;
```

4. Mediante un bloque PL incrementar un 10% a los profesores que son de la especialidad Hardware, asignando a dicho valor una variable declarada.

```
SET SERVEROUTPUT ON
DECLARE
    AUMENTO NUMBER := 0.1;
BEGIN
    UPDATE PROFESORES
    SET SALPRO = SALPRO + SALPRO*AUMENTO
    WHERE ESPPRO LIKE '%HARDWARE%';
END;
```

5. Obtener un programa PL que obtenga el salario y el nombre del profesor de código 109.

```
SET SERVEROUTPUT ON;
DECLARE
      SALARIO PROFESORES.SALPRO%TYPE;
      NOMBRE PROFESORES.NOMPRO%TYPE;
BEGIN
      SELECT SALPRO, NOMPRO INTO SALARIO, NOMBRE
      FROM PROFESORES
      WHERE NUMPRO = 109;
      DBMS_OUTPUT.PUT_LINE( SALARIO ||' **** '||
      NOMBRE );
END;
```

6. Realizar un bloque PL que devuelva el número de cifras que tiene un número que se pasa por teclado mediante una variable de sustitución.

```
SET SERVEROUTPUT ON
DECLARE
      NÚMERO NUMBER;
BEGIN
      NÚMERO := &NÚMERO;
      DBMS_OUTPUT.PUT_LINE('EL NÚMERO DE CIFRAS DEL
      NÚMERO ES: '|| LENGTH(NÚMERO));
END;
```

RESUMEN

En esta unidad se ha aprendido que:

- PL/SQL es un lenguaje de bases de datos utilizado para realizar algoritmos que contengan sentencias SQL. Los bloques PL se clasifican en:
  - Anónimos, los cuales son similares a cualquier lenguaje de programación.
  - Subprogramas, los cuales tienen parámetros para ser invocados por otro bloque. Los subprogramas se dividen en:
    - o Funciones, las cuales se utilizan para devolver o calcular un valor.
    - o Procedimientos o programas capaces de ejecutar una serie de acciones.
- Un bloque PL se compone de cuatro secciones: declarativa, ejecutable, excepciones y final.
- Las variables en los programas se utilizan para almacenar de manera temporal, para manipular datos almacenados, para ser reutilizados de nuevo y para mantenimiento de los programas.
- En un bloque puede haber funciones aritméticas, carácter, conversión, fecha y diversas. Además, pueden incluirse sentencias SELECT, DML, COMMIT y ROLLBACK.
- Como cualquier otro lenguaje de programación, llevará estructuras secuenciales, selectivas y repetitivas.

EJERCICIOS PROPUESTOS

1. Obtener un bloque PL sobre la tabla PROFESORES que, introduciendo el número del profesor, muestre el nombre y el salario de este, para posteriormente ser actualizado y mostrado, teniendo en cuenta que, si el sueldo es mayor de 1500 €, se incrementará en un 15 % y, si es menor, en un 25 %.
2. Realizar un programa que devuelva el número de cifras de un número entero, introducido por teclado, mediante una variable de sustitución. No se utilizará la función LENGTH.
3. Dado un número introducido por teclado, visualizar por pantalla todos los números iguales o inferiores a él. Este programa se efectuará por todos los tipos de estructuras repetitivas.
4. Crear una tabla llamada TANGULOS con tres columnas: ángulo, seno, coseno. Rellenarla mediante un bloque PL de todos los ángulos comprendidos entre 0 y 90, en intervalos de diez en diez.
5. Dada una cadena introducida por teclado, obtiene como salida la cadena al revés. Se hará mediante el bucle WHILE.
6. Introduciendo un año por teclado, decir si este es bisiesto o no.
7. Realizar un programa que diga si un número introducido por teclado es capicúa o no y, además, cuente sus cifras.
8. Obtener la factorial de un número que se pasa por teclado mediante una variable de sustitución; considerar que el factorial de cero es uno y que no existen factoriales de números negativos.

TEST DE EVALUACIÓN

1. ¿Qué es un bloque PL anónimo?

a) Es un programa reutilizable.
b) Es un programa no reutilizable.
c) Es un bloque nombrado.

2. Las variables PL se declaran en la zona:

a) Declarativa.
b) Inicio.
c) Excepciones.

3. Un registro es una variable:

a) Escalar.
b) Referenciada
c) Compuesta.

4. Las variables host son:

a) Variables PL.
b) Variables no PL.
c) Enlace.

5. ¿Qué hace el atributo %TYPE?

a) Se utiliza cuando el valor almacenado en la variable se deriva de una columna de la tabla de la base de datos.
b) Se utiliza cuando el valor almacenado en la variable se deriva de una fila de la tabla de la base de datos.
c) Se utiliza cuando el valor almacenado en la variable se deriva de una columna de la tabla de otra base de datos.

6. La orden SET VERIFY OFF:

a) Muestra la salida después de ejecutar un programa PL.
b) Elimina las variables de sustitución que han quedado activas.
c) Reinicia todas las variables.

7. El cursor implícito SQL%FOUND:

a) Devuelve TRUE si la sentencia no afecta a alguna fila.
b) Devuelve FALSE si la sentencia no afecta a alguna fila.
c) Devuelve FALSE si no se ha cerrado el cursor.

8. Los comandos COMMIT y ROLLBACK se pueden introducir dentro de los bloques PL:

a) Nunca.
b) Siempre.
c) Si existe en el programa una sentencia DML.

U 11

Cursores explícitos

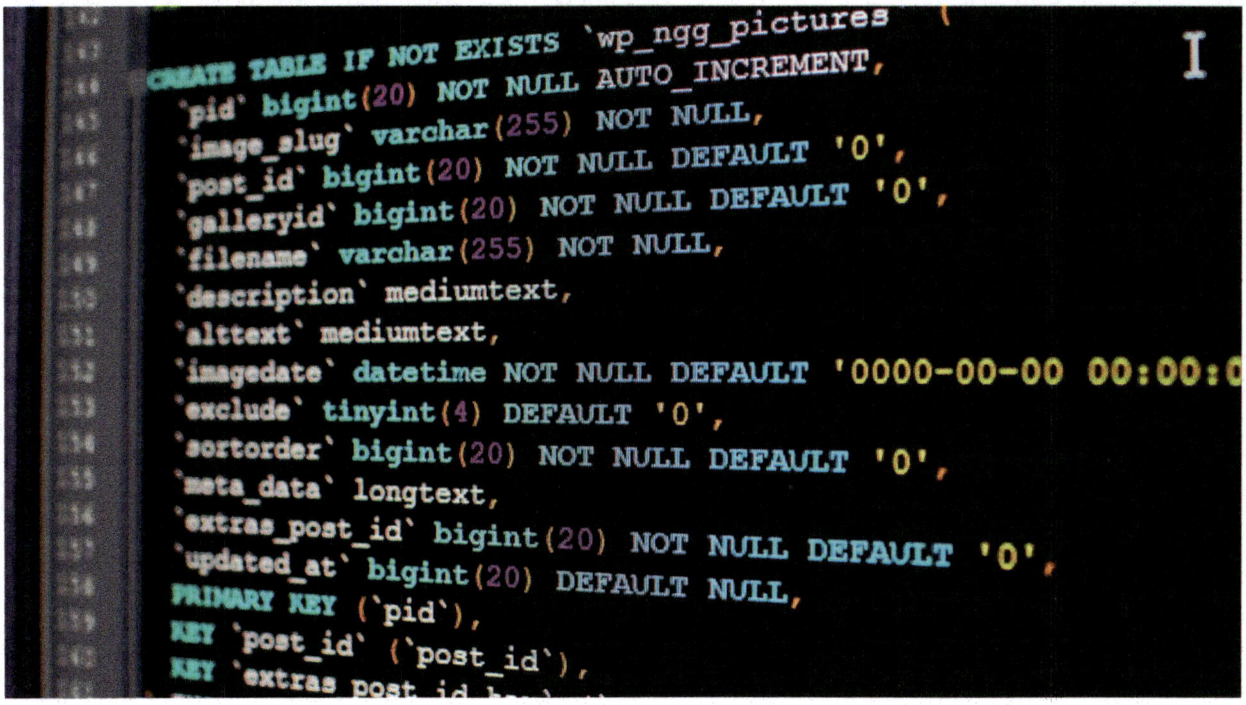

En esta unidad vas a estudiar:

- 11.1 Introducción a los cursores explícitos
- 11.2 Definición y operaciones
- 11.3 Cursores con parámetros
- 11.4 Cláusulas utilizadas en los cursores
- 11.5 Ejercicios resueltos

Con su estudio, vas a ser capaz de:

- Desarrollar bloques anónimos utilizando cursores.

11.1 Introducción a los cursores explícitos

Como vimos en el capítulo anterior, las sentencias SQL que son realizadas por el servidor tienen un cursor asociado de manera implícita. Aparte de estos existen otros cursores, los explícitos, que son creados por el programador y generan un espacio de memoria que debe reservar el servidor. Estos serán los que se estudien en este capítulo.

Los cursores explícitos se utilizan para trabajar con consultas que devuelven más de una fila y su función principal es ir mostrando los registros de la SELECT uno a uno mediante diferentes elementos del programa.

GLOSARIO

Cursor implícito: son los que se crean automáticamente y se utilizan siempre que se hace declaración de selección. Si se usa un cursor implícito, el sistema de administración de bases de datos (DBMS) realizará las operaciones de abrir, buscar y cerrar automáticamente.

Cursor explícito: son los que crea el programador de la base de datos. Se puede considerar como un puntero un conjunto de registros y el puntero se puede mover hacia delante dentro del conjunto de registros.

11.2 Definición y operaciones

Para trabajar con cursores, lo primero que se debe hacer es declararlos en el área declarativa del programa junto con las variables, constantes, tablas, registros y excepciones. Cuando se declara un cursor la SELECT que va implícita en el cursor no lleva INTO, pero sí cualquier otra palabra reservada como, ORDER BY, WHERE, GROUP BY y HAVING. La sintaxis para declarar un cursor es:

```
CURSOR NB_CURSOR IS SENTENCIA SELECT;
```

Una vez declarado se debe de abrir en la zona BEGIN del programa, la apertura del curso implica ejecutar la consulta de este, si esta no devuelve filas no se producirá ningún error en el programa. La sintaxis de apertura es:

```
OPEN NB_CURSOR;
```

La recuperación de datos en el cursor se hace con la orden FETCH y va recuperando las diferentes filas del juego de resultados de la SELECT. Para recuperar los valores de la fila actual se necesitan variables (tantas como campos tenga la SELECT) o registros con la misma estructura del cursor. La sintaxis es:

```
FETCH NB_CURSOR INTO [VARIABLE1, VARIABLE2, ...|
NB_REGISTRO];
```

Una vez utilizado el cursor, si no se necesita más podemos cerrarlo para que no ocupe memoria. La sintaxis de cerrado es:

```
CLOSE NB_CURSOR;
```

11.2.1 Atributos de los cursores explícitos

Un cursor tiene atributos asociados, éstos muestran el cursor en determinados momentos.

Tabla 11.1 Atributos asociados a los cursores explícitos

Atributo	Tipo	Descripción
%NOTFOUND	Booleano	Resulta TRUE si la recuperación más reciente no devuelve una fila. Se utiliza para marcar la salida de los bucles tipo LOOP
%FOUND	Booleano	Resulta TRUE si la recuperación más reciente devuelve una fila; complemento de %NOTFOUND. Se usa para marcar la salida de los bucles de tipo WHILE
%ROWCOUNT	Numérico	Da el número total de filas devueltas hasta ese momento
%ISOPEN	Booleano	Resulta TRUE si el cursor está abierto

- %NOTFOUND: se activa si el último FETCH no ha recuperado ninguna fila del cursor.

```
...
LOOP
    FETCH CURSOR INTO VARIABLES;
    EXIT WHEN CURSOR%NOTFOUND;
    ...
END LOOP;
...
```

- %FOUND: se activa si el último FETCH ha recuperado alguna fila del cursor.

```
...
WHILE CURSOR%FOUND LOOP
 ...
    FETCH CURSOR INTO VARIABLES;
END LOOP;
...
```

- %ROWCOUNT: devuelve el número de filas recuperadas hasta ese momento con la instrucción FETCH.

```
...
LOOP
      FETCH CURSOR INTO VARIABLE
      IF CURSOR%ROWCOUNT = 5
           THEN EXIT;
      END IF;
...
END LOOP;
...
```

- %ISOPEN: es verdadero cuando el cursor está abierto, falso si está cerrado.

```
...
IF CURSOR%ISOPEN THEN
      CLOSE CURSOR;
    ELSE OPEN CURSOR;
END IF;
...
```

EJEMPLO 11.1

Escribir un programa que visualice el nombre del profesor y la fecha de alta en la academia de la tabla PROFESORES, ordenados ascendentemente por fecha de alta. Realícese mediante los bucles WHILE y LOOP.

- Programa con WHILE

```
DECLARE
    CURSOR C_PROF IS
    SELECT NOMPRO, FINPRO FROM PROFESORES ORDER BY FINPRO;
    V_NOMPRO PROFESORES.NOMPRO%TYPE;
    V_FINPRO PROFESORES.FINPRO%TYPE;
BEGIN
    OPEN C_PROF;
    FETCH C_PROF INTO V_NOMPRO, V_FINPRO;
    WHILE C_PROF%FOUND LOOP
           DBMS_OUTPUT.PUT_LINE (V_NOMPRO||'*'||V_FINPRO);
           FETCH C_PROF INTO V_NOMPRO, V_FINPRO;
    END LOOP;
    CLOSE C_PROF;
END;
```

- Programa con LOOP

```
DECLARE
    CURSOR C_PROF IS
    SELECT NOMPRO, FINPRO FROM PROFESORES ORDER BY FINPRO;
    V_NOMPRO PROFESORES.NOMPRO%TYPE;
    V_FINPRO PROFESORES.FINPRO%TYPE;
BEGIN
    OPEN C_PROF;
    LOOP
           FETCH C_PROF INTO V_NOMPRO, V_FINPRO;
           EXIT WHEN C_PROF%NOTFOUND;
           DBMS_OUTPUT.PUT_LINE (V_NOMPRO||'*'||V_FINPRO);
    END LOOP;
    CLOSE C_PROF;
END;
```

11.2.2 Bucles FOR de cursor

Un bucle FOR de cursor procesa filas en un cursor explícito, abre, recupera y cierra de forma automática y no declara la variable registro, ya que se declara implícitamente. La sintaxis de esta estructura es:

```
FOR NB_REGISTRO IN NB_CURSOR LOOP
  órdenes;
  ...
END LOOP;
```

EJEMPLO 11.2

Resolver el ejemplo anterior con el bucle FOR.

```
DECLARE
      CURSOR C_PROF IS
      SELECT NOMPRO, FINPRO FROM PROFESORES ORDER BY FINPRO;
BEGIN
      FOR I IN C_PROF LOOP
            DBMS_OUTPUT.PUT_LINE (I.NOMPRO||'*'||I.FINPRO);
      END LOOP;
END;
```

11.3 Cursores con parámetros

Los parámetros permiten que los valores se transfieran a un cursor cuando este esté abierto, y se puede abrir varias veces en un programa, devolviendo el caso activo que se parametriza.

Cada parámetro formal de la declaración del cursor debe tener un parámetro real correspondiente en la sentencia OPEN. Los distintos tipos de datos del parámetro son los mismos que los de las variables escalares, pero no se les asigna tamaños. Los nombres de los parámetros son referenciados en la expresión de la consulta del cursor.

La sintaxis de cómo se declaran este tipo de cursores es la siguiente:

```
CURSOR NB_CURSOR [(NB_PARÁMETRO
TIPO_DATO[{:=|DEFAULT}EXPR]...)]
[RETURN TIPO_RETURN] IS SENTENCIA SELECT;
```

Los cursores paramétricos transfieren los valores de los parámetros a un cursor cuando se abre y se ejecuta la consulta y es capaz de abrir varias veces un cursor proporcionando un juego distinto cada vez.

EJEMPLO 11.3

Mediante cursores paramétricos, mostrar de la tabla CURSOS, los títulos de los cursos y su precio que han sido impartidos por el profesor 104 y 103.

```
DECLARE
    CURSOR C1 (NNUMPRO CURSOS.NUMPRO%TYPE) IS
    SELECT TITCUR, PRECUR FROM CURSOS WHERE NUMPRO = NNUMPRO;
    V_TITCUR CURSOS.TITCUR%TYPE;
    V_PRECUR CURSOS.PRECUR%TYPE;
BEGIN
    OPEN C1(104);
    DBMS_OUTPUT.PUT_LINE ('EL PROFESOR 104 HA IMPARTIDO: ');
    DBMS_OUTPUT.PUT_LINE ('______________________________');
    LOOP
        FETCH C1 INTO V_TITCUR, V_PRECUR;
        EXIT WHEN C1%NOTFOUND;
        DBMS_OUTPUT.PUT_LINE ('EL CURSO: '||V_TITCUR||' CON PRECIO:
        '||V_PRECUR);
    END LOOP;
    CLOSE C1;
    OPEN C1(103);
    DBMS_OUTPUT.PUT_LINE ('EL PROFESOR 103 HA IMPARTIDO: ');
    DBMS_OUTPUT.PUT_LINE ('______________________________');
    LOOP
        FETCH C1 INTO V_TITCUR, V_PRECUR;
        EXIT WHEN C1%NOTFOUND;
        DBMS_OUTPUT.PUT_LINE ('EL CURSO: '||V_TITCUR||' CON PRECIO: '
        ||V_PRECUR);
    END LOOP;
    CLOSE C1;
END;
```

11.4 Cláusulas utilizadas en los cursores

Existen dos cláusulas que se utilizan en los cursores, siempre que se realizan sentencias DML de tipo borrado y actualización. Estas cláusulas son:

- FOR UPDATE, cuya misión es bloquear filas antes de la modificación o borrado de los registros; el bloqueo le permite denegar el acceso mientras dura la transacción. Esta cláusula se coloca cuando se declara el cursor, siendo su sintaxis la siguiente:

  ```
  CURSOR NB_CURSOR IS SENTENCIA SELECT
  FOR UPDATE [ OF COL_TABLA_REFERENCIADA][NOWAIT];
  ```

  Donde NOWAIT devuelve error si las filas fueron bloqueadas.

- WHERE CURRENT OF, se utiliza para que haga referencia a la fila actual de un cursor explícito, permitiendo realizar modificaciones y supresiones a la fila que está tratando actualmente. Se escribe en la zona BEGIN y su sintaxis es la siguiente:

  ```
  WHERE CURRENT OF NOMBRE_CURSOR;
  ```

EJEMPLO 11.4

Crear una tabla llamada PROFESORES2 que sea copia de PROFESORES. Posteriormente crear un programa PL que permita borrar a los profesores de la tabla PROFESORES2 que no tienen comisión y los que la tienen se dividirá entre dos. Al ser sentencias de borrado y actualización se utilizarán las cláusulas FOR UPDATE y WHERE CURRENT OF. Validar definitivamente los datos.

```
CREATE TABLE PROFESORES2 AS SELECT * FROM PROFESORES;
DECLARE
     CURSOR C IS SELECT SALPRO, COMPRO FROM PROFESORES2 FOR UPDATE;
     V_SALPRO PROFESORES2.SALPRO%TYPE;
     V_COMPRO PROFESORES2.COMPRO%TYPE;
BEGIN
     OPEN C;
     LOOP
          FETCH C INTO V_SALPRO, V_COMPRO;
          EXIT WHEN C%NOTFOUND;
          IF V_COMPRO IS NULL THEN
          DELETE FROM PROFESORES2 WHERE CURRENT OF C;
          ELSE
          UPDATE PROFESORES2 SET COMPRO= COMPRO/2 WHERE CURRENT OF C;
          END IF;
     END LOOP;
     CLOSE C;
     COMMIT;
END;
```

11.5 Ejercicios resueltos

1. Diseñar un bloque PL que introduciendo el código de un profesor muestre los cursos que ha impartido.

```
SET SERVEROUTPUT ON
DECLARE
   CODIGO NUMBER :=&CODIGO;
   CURSOR C1 IS
   SELECT TITCUR FROM CURSOS
   WHERE NUMPRO=CODIGO;
   CURSO CURSOS.TITCUR%TYPE;
BEGIN
   OPEN C1;
   FETCH C1 INTO CURSO;
   WHILE (C1%FOUND) LOOP
        DBMS_OUTPUT.PUT_LINE('EL PROFESOR CUYO
        CODIGO ES: '|| CODIGO || ' ,HA IMPARTIDO: '
        || CURSO);
        FETCH C1 INTO CURSO;
   END LOOP;
   CLOSE C1;
END;
```

2. Realizar un programa PL que muestre el nombre del profesor y el nombre de los cursos con las horas que haya realizado.

```
DECLARE
  NOMBRE PROFESORES.NOMPRO%TYPE;
  CURSO CURSOS.TITCUR%TYPE;
  HORAS CURSOS.HORCUR%TYPE;
  CURSOR C1 IS
  SELECT P.NOMPRO, C.TITCUR, C.HORCUR
  FROM PROFESORES P, CURSOS C
  WHERE C.NUMPRO = P.NUMPRO ;
BEGIN
  OPEN C1;
  FETCH C1 INTO NOMBRE, CURSO, HORAS;
  WHILE C1%FOUND LOOP
       DBMS_OUTPUT.PUT_LINE(NOMBRE ||' *** '||
       CURSO ||' *** '|| HORAS ); FETCH C1 INTO
       NOMBRE, CURSO, HORAS;
  END LOOP;
  CLOSE C1;
END;
```

RESUMEN

- Los cursores explícitos se utilizan para trabajar con consultas que devuelven más de una fila y su función principal es ir mostrando los registros de la SELECT uno a uno mediante diferentes elementos del programa.
- Un cursor explícito hay que declararlo, abrirlo, recuperar los datos y cerrarlo al finalizar el programa. Se pueden utilizar atributos asociados a un cursor como: %NOTFOUND, %FOUND, %ROWCONUNT y %ISOPEN.
- Un cursor puede crearse con parámetros, los cuales permiten que los valores se transfieran a un cursor cuando este esté abierto, y se puede abrir varias veces en un programa, devolviendo un caso activo que se parametriza.

EJERCICIOS PROPUESTOS

1. Escribir un bloque PL que, recibiendo una cadena, muestre los nombres de los profesores y los nombres de los cursos de aquellos profesores que lleven esa cadena en su nombre.
2. Crear un bloque PL que muestre el profesor que más gana por especialidad.
3. Diseñar un bloque PL que, introduciendo el código de un curso, muestre el nombre del curso, el nombre de los alumnos que están matriculados, junto con su nota, siempre que tengan el curso suspenso.
4. Visualizar por especialidades de la tabla PROFESORES el nombre de la especialidad y la media de los salarios más la comisión (si es nula se pone a cero). No se pueden utilizar en el cursor funciones de grupo.
5. Crear un programa que visualice el curso más barato por profesor que lo imparte.

TEST DE EVALUACIÓN

1. ¿Qué cursor se activa si la última lectura no ha recuperado ninguna fila del cursor?

a) %NOTFOUND.
b) %FOUND.
c) %ROWCOUNT.

2. ¿Qué cursor se activa si la última lectura ha recuperado ninguna fila del cursor?

a) %NOTFOUND.
b) %FOUND.
c) %ROWCOUNT.

3. Un bucle FOR de un cursor:

a) Abre y cierra de forma automática.
b) Recupera de forma automática.
c) Tanto la a como la b son correctas.

4. En los cursores con parámetros se inician en la sentencia:

a) OPEN.
b) FECTH.
c) CLOSE.

5. ¿Qué sentencia se utiliza para que haga referencia a la fila actual de un cursor explícito, permitiendo realizar modificaciones y supresiones a la fila que está tratando actualmente?

a) FOR UPDATE.
b) NOWAIT.
c) WHERE CURRENT OF.

U 12

Variables PL compuestas

En esta unidad vas a estudiar:

- 12.1 Introducción
- 12.2 Registros
- 12.3 Tablas o vectores
- 12.4 Ejercicios resueltos

Con su estudio, vas a ser capaz de:

- Desarrollar bloques anónimos utilizando variables compuestas.

12.1 Introducción

Los tipos de datos compuestos hacen referencia a:

- Registros o grupo de elementos almacenados en campos; cada campo tiene su nombre y tipo de datos, siendo estos tipos de datos NUMBER, VARCHAR2, DATE, etc. Se utilizan para tratar datos diversos, como una unidad lógica.
- Tablas o vectores que contienen una columna y una clave primaria (índice), para dar acceso de tipo vector a determinadas filas. Se utiliza para hacer referencia y manipular las colecciones de datos, como un objeto completo. Todos los elementos de la tabla o el vector tienen el mismo tipo de dato.

GLOSARIO

Registro: es una estructura de datos que puede contener elementos de datos de diferentes tipos. Los registros consisten en diferentes campos, de forma similar a una fila de una tabla de base de datos.

12.2 Registros

Los registros contienen varios componentes llamados campos. No coinciden con el concepto de fila de una tabla de la base de datos. Los datos se organizan en colecciones de campos como estructura lógica. Son adecuados para recuperar filas de una tabla o almacenar información de los cursores. Se declaran las variables en la zona declarativa del programa PL. Presentan la siguiente sintaxis:

```
TYPE NOMBRE_TIPO_REGISTRO IS RECORD
(DECLARACION_CAMPO [, DECLARACION_CAMPO] ...);
NOMBRE_REGISTRO NOMBRE_TIPO_REGISTRO;
```

Donde `DECLARACION_CAMPO` tienen la siguiente estructura:

```
NOMBRE_CAMPO {TIPO_DATO_CAMPO|VARIABLE%TYPE|
TABLA.COLUMNA%TYPE|TABLA%ROWTYPE}
[[NOT NULL]{:= | DEFAULT} EXPRESION ]
```

EJEMPLO 12.1

Definir en la zona declarativa del programa un registro llamado PROFESOR que contenga el nombre del profesor, su salario y comisión.

```
TYPE REG_PROFESOR IS RECORD
(NOM_PROFESOR VARCHAR2(25),
SAL_PROFESOR NUMBER(7,2),
COM_PROFESOR NUMBER(7,2));
R_PROFESOR REG_PROFESOR;
```

EJEMPLO 12.2

Crear un bloque PL que utilizando un cursor, seleccione de la tabla PROFESORES el campo NUMPRO y NOMPRO, lo cargue en un registro y visualice los campos del registro posteriormente. Se introducirá un valor por pantalla que indique las filas del cursor que se quieren visualizar. Se ordenará ascendentemente.

```
DECLARE
      CURSOR C1 IS
      SELECT NUMPRO, NOMPRO
      FROM PROFESORES
      ORDER BY NUMPRO;

      TYPE REGISTRO IS RECORD
      (NUMPRO PROFESORES.NUMPRO%TYPE,
      NOMPRO PROFESORES.NOMPRO%TYPE);

      REG REGISTRO;
      V_NUM NUMBER:=&NÚMERO_FILAS;
BEGIN
      OPEN C1;
      FETCH C1 INTO REG;
      WHILE (C1%ROWCOUNT<=V_NUM) AND (C1%FOUND) LOOP
            DBMS_OUTPUT.PUT_LINE (REG.NUMPRO ||' '||REG.NOMPRO);
            FETCH C1 INTO REG;
      END LOOP;
      CLOSE C1;
END;
```

12.2.1 El atributo %ROWTYPE

Para declarar un registro basándose en una colección de columnas de una tabla o vista o cursor se utiliza al atributo %ROWTYPE. Los campos del registro tomarán automáticamente sus nombres y tipos de datos de la tabla, vista o cursor. El registro almacena, por tanto, una fila entera de los elementos. Su sintaxis es:

```
NOMBRE_REGISTRO OBJETO_REFERENCIADO%ROWTYPE;
```

Lo mejor que aporta este atributo es:

- El número y tipo de datos de las columnas de la base de datos pueden no ser conocidos.
- El número y tipos de datos de las columnas de la base de datos pueden cambiar en el momento de la ejecución.
- Es útil para recuperar una fila con la sentencia SELECT.

EJEMPLO 12.3

Realizar el ejemplo anterior utilizando el atributo %ROWTYPE.

```
DECLARE
      CURSOR C1 IS
      SELECT NUMPRO, NOMPRO
      FROM PROFESORES
      ORDER BY NUMPRO;

      REG C1%ROWTYPE;
      V_NUM NUMBER:=&NÚMERO_FILAS;
BEGIN
      OPEN C1;
      FETCH C1 INTO REG;
      WHILE (C1%ROWCOUNT<=V_NUM) AND (C1%FOUND) LOOP
            DBMS_OUTPUT.PUT_LINE (REG.NUMPRO ||' '||REG.NOMPRO);
            FETCH C1 INTO REG;
      END LOOP;
      CLOSE C1;
END;
```

12.3 Tablas o vectores

Las tablas o vectores en PL tienen tipos de datos con índice que se declara en BINARY_INTEGER y una columna de datos escalares o de registro que almacenan los datos de la tabla PL/SQL.

No tienen restricciones de espacio y aumentan dinámicamente según la necesidad que tenga el programa.

Se definen en la zona declarativa del programa y presentan la siguiente sintaxis:

```
TYPE NOMBRE_TIPO_TABLA IS TABLE OF
{TIPO_COLUMNA | VARIABLE%TYPE | TABLA.
COLUMNA%TYPE} [NOT NULL]
INDEX BY BINARY_INTEGER;
NOMBRE_TABLA  NOMBRE_TIPO_TABLA;
```

GLOSARIO

Tabla o vector: son tipos de datos que nos permiten almacenar varios valores del mismo tipo de dato. Es similar a un array. Consta de dos elementos: Un índice que permite acceder a los elementos del vector y los elementos o datos propiamente dichos.

EJEMPLO 12.4

Mostrar de forma ascendente los nombre y los salarios de los profesores mediante un cursor. Almacenando estos en dos variables, para posteriormente almacenarlos en dos vectores. Después se visualizarán los datos de los dos vectores cargados. El número de datos que se cargarán en los vectores, dependerá de una variable de sustitución que se pida por pantalla.

```
DECLARE
      CURSOR C1 IS
      SELECT NOMPRO, SALPRO FROM PROFESORES
      ORDER BY SALPRO;
      TYPE NOMPRO_VECTOR IS TABLE OF PROFESORES.NOMPRO%TYPE INDEX BY
      BINARY_INTEGER;
      NOM_VEC NOMPRO_VECTOR;
      TYPE SALPRO_VECTOR IS TABLE OF PROFESORES.SALPRO%TYPE INDEX BY
      BINARY_INTEGER;
      SAL_VEC SALPRO_VECTOR;
      V_NOMPRO PROFESORES.NOMPRO%TYPE;
      V_SALPRO PROFESORES.SALPRO%TYPE;
      I BINARY_INTEGER:=0;
      V_NUM NUMBER:=&NUM_FILAS;
BEGIN
      OPEN C1;
      FETCH C1 INTO V_NOMPRO, V_SALPRO;
      WHILE (C1%ROWCOUNT <= V_NUM) AND (C1%FOUND) LOOP
            I:= I+1;
            NOM_VEC(I):=V_NOMPRO;
            SAL_VEC(I):=V_SALPRO;
            FETCH C1 INTO V_NOMPRO, V_SALPRO;
      END LOOP;
      CLOSE C1;
      FOR I IN 1..V_NUM LOOP
            DBMS_OUTPUT.PUT_LINE (NOM_VEC(I));
            DBMS_OUTPUT.PUT_LINE (SAL_VEC(I));
      END LOOP;
END;
```

12.3.1 Tabla o vector de registros

Un vector o tabla de registros es una estructura de datos en la que en cada elemento de la tabla o vector se guarda un registro que proviene generalmente de un cursor. Puesto que solo se necesita una definición de tabla o vector para almacenar información acerca de todos los campos de una tabla de la base de datos, la tabla o vector de registros aumenta en gran medida la funcionalidad de las tablas o vectores.

Para crear el vector de registros se debe definir una variable registro con el atributo %ROWTYPE y declarar una variable tabla o vector donde se alojarán los elementos del registro. La sintaxis correspondiente a este concepto es la que sigue:

```
TYPE NOMBRE_TIPO_TABLA IS TABLE OF
NOMBRE_TABLA%ROWTYPE
INDEX BY BINARY_INTEGER;
NOMBRE_TABLA NOMBRE_TIPO_TABLA;
```

EJEMPLO 12.5

Diseñar una vector de registros que contenga de la tabla PROFESORES, el número, el nombre, el salario y la comisión, basados en un cursor; posteriormente, mostrar el vector de registros.

```
DECLARE
      CURSOR C1 IS
      SELECT NUMPRO, NOMPRO, SALPRO, COMPRO FROM PROFESORES
      ORDER BY NUMPRO;
      TYPE PROFESOR_C1_VECTOR IS TABLE OF C1%ROWTYPE
      INDEX BY BINARY_INTEGER;
      C1_VECTOR PROFESOR_C1_VECTOR;
      REG C1%ROWTYPE;
      I BINARY_INTEGER:=0;
BEGIN
      OPEN C1;
      FETCH C1 INTO REG;
      WHILE (C1%FOUND) LOOP
            I:= I+1;
            C1_VECTOR(I):=REG;
            FETCH C1 INTO REG;
      END LOOP;
      CLOSE C1;
      FOR I IN C1_VECTOR.FIRST..C1_VECTOR.LAST LOOP
            DBMS_OUTPUT.PUT_LINE (C1_VECTOR(I).NUMPRO|| ' ' ||
            C1_VECTOR(I).NOMPRO|| ' ' || C1_VECTOR(I).SALPRO||' ' ||
            C1_VECTOR(I).COMPRO);
      END LOOP;
END;
```

12.4 Ejercicios resueltos

1. Diseñar un programa que guarde en un vector las notas de los alumnos de la tabla MATRICULADO para posteriormente ir leyendo las notas del vector y calcular la media de todas las notas.

```
SET SERVEROUTPUT ON
DECLARE
   CURSOR C1 IS
   SELECT CALIFIC FROM MATRICULADO;
   TYPE NOTAS_VECTOR IS TABLE OF
   MATRICULADO.CALIFIC%TYPE
   INDEX BY BINARY_INTEGER;
   NOTAS NOTAS_VECTOR;
   REG C1%ROWTYPE;
   SUMA NUMBER :=0;
   MEDIA NUMBER;
   I BINARY_INTEGER :=0;
BEGIN
   OPEN C1;
   FETCH C1 INTO REG;
   WHILE (C1%FOUND) LOOP
         I := I + 1;
         NOTAS(I) := REG.CALIFIC;
         SUMA := SUMA + REG.CALIFIC;
         FETCH C1 INTO REG;
   END LOOP;
   FOR I IN NOTAS.FIRST .. NOTAS.LAST LOOP
         DBMS_OUTPUT.PUT_LINE('LA NOTA ES: ' ||
         NOTAS(I));
   END LOOP;
   MEDIA := ROUND(SUMA/C1%ROWCOUNT,3);
   DBMS_OUTPUT.PUT_LINE('LA MEDIA ES: ' || MEDIA);
   CLOSE C1;
END;
```

2. Diseñar un bloque PL que calcule la suma del salario (salario + comisión) de los profesores de la tabla PROFESORES. Se hará guardando los salarios en un vector.

```
DECLARE
   TYPE TIPO_SALARIOS IS TABLE OF PROFESORES.
   SALPRO%TYPE
   INDEX BY BINARY_INTEGER;
   TABLA_SALARIOS TIPO_SALARIOS;
   I BINARY_INTEGER:=0;
   CURSOR C1 IS SELECT SALPRO+NVL(COMPRO,0) FROM
   PROFESORES;
   SALAR NUMBER(8,2);
   SUMA NUMBER(8,2):=0;
BEGIN
   OPEN C1;
   FETCH C1 INTO SALAR;
   WHILE(C1%FOUND) LOOP
         TABLA_SALARIOS(I):=SALAR;
         FETCH C1 INTO SALAR;
         I:=I+1;
   END LOOP;
   CLOSE C1;
   FOR A IN 0..(I-1) LOOP
         DBMS_OUTPUT.PUT_LINE( 'SALARIO ' || (A+1)
         || ': ' || TABLA_SALARIOS(A) );
         SUMA:=SUMA+(TABLA_SALARIOS(A));
   END LOOP;
   DBMS_OUTPUT.PUT_LINE( 'SALARIO TOTAL ES: '||
   SUMA);
END;
```

RESUMEN

En esta unidad se ha aprendido que:

- Los registros contienen varios componentes llamados campos. Se utilizan para tratar datos relacionados pero distintos, como una unidad lógica. Los registros se pueden crear a través de un tipo registro o a través del atributo %ROWTYPE basados en un cursor.
- Las tablas o los vectores contienen una columna y una clave primaria (índice), para dar acceso de tipo vector a determinadas filas.
- Un vector o tabla de registros es una estructura de datos en la que en cada elemento de la tabla o vector se guarda un registro que proviene generalmente de un cursor.

EJERCICIOS PROPUESTOS

1. Diseñar un programa que guarde en un vector el nombre del alumno de la tabla ALUMNOS y la nota de la tabla MATRICULADO en otro vector, para posteriormente ir leyendo y visualizando ambos vectores y mostrar el nombre con su nota. Se entiende que ambas tablas tienen la misma dimensión o hay coordinación entre ellas.
2. Diseñar un programa que guarde en un vector un registro formado por el nombre y código postal de la tabla alumno. Paralelamente se creará un vector con la nota media por alumno de la tabla MATRICULADO. Ambos se ordenaran por número de alumno.
3. Introduciendo la especialidad en la tabla PROFESORES, cargar un cursor en una tabla de registros, para posteriormente, utilizando el método de la burbuja, ordenar dicha tabla y mostrarla.

TEST DE EVALUACIÓN

1. ¿Qué hace el atributo %ROWTYPE en un registro?

a) Los campos del registro tomarán automáticamente sus nombres y tipos de datos de la columna de la tabla, vista o cursor.

b) Los campos del registro tomarán automáticamente sus nombres y tipos de datos de la columna de la tabla, vista o sentencia SELECT.

c) Los campos del registro tomarán automáticamente sus nombres y tipos de datos de la columna de la tabla o vista.

2. Si se crea un tipo registro, ¿es necesario renombrarlo para tratarlo como un registro?

a) No.

b) Sí.

c) A veces.

3. ¿Con qué tipo de dato hay que definir el índice de un vector?

a) NUMER.

b) FLOAT.

c) BINARY INTEGER.

4. En los campos de los registros hay que especificar:

a) El nombre.

b) El tipo de dato.

c) Tanto la a como la b son correctas.

5. ¿Qué es un vector de registros?

a) Es una estructura de datos en la que en cada elemento de la tabla o vector se guarda un registro que proviene generalmente de un cursor.

b) Es una estructura de datos en la que en cada elemento de la tabla o vector se guarda un registro que proviene generalmente de una tabla.

c) Es una estructura de datos en la que en cada elemento de la tabla o vector se guarda un registro que proviene generalmente de una cadena de caracteres.

U 13

Gestión de excepciones

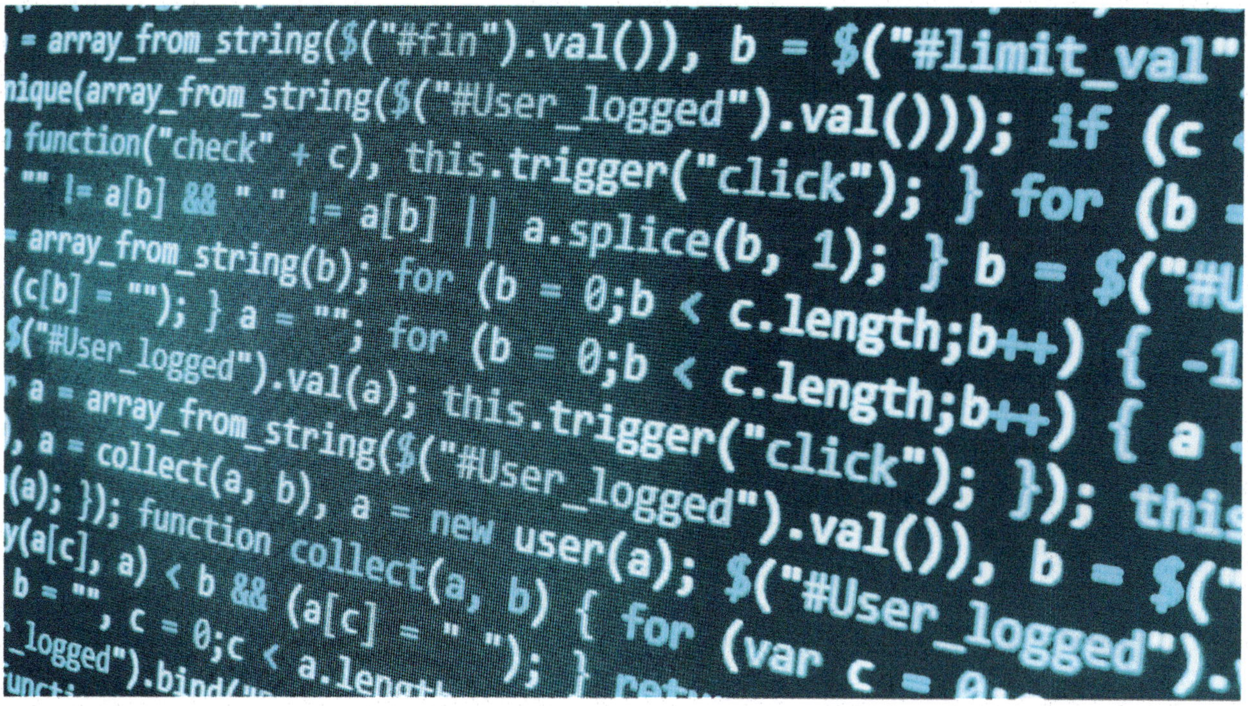

En esta unidad vas a estudiar:

- 13.1 Introducción
- 13.2 Excepciones internas
- 13.3 Excepciones definidas por el usuario
- 13.4 Excepciones asociadas a errores del servidor y propagación
- 13.5 El paquete RAISE_APLICATION_ERROR
- 13.6 Ejercicios resueltos

Con su estudio, vas a ser capaz de:

- Saber tratar los posibles errores que se produzcan en la ejecución de un programa.

13.1 Introducción

Con las excepciones se tratan errores de los mensajes que da el servidor. Una excepción es un identificador que surge durante la ejecución de un programa PL y termina con la realización de un conjunto de órdenes o acciones.

GLOSARIO

Error: mensajes que lanza el servidor cuando no se ha realizado de forma correcta la ejecución de un programa.

Existen los siguientes métodos para provocar una excepción:

- Cuando se produce un error del servidor, automáticamente se produce una excepción asociada.
- Cuando la predefine el usuario.

El área de excepciones en un programa PL es importantísimo, ya que, si un programa no tiene esta área, este se interrumpe dando el servidor los mensajes pertinentes. Si tiene área de excepciones el error se propaga a dicha área, y se lanzará el mensaje que este definido en la misma.

Las excepciones pueden ser **implícitas**, que son las predefinida y no predefinidas por el servidor, y **explícitas** o definidas por el usuario.

La sintaxis del área de excepciones es:

```
EXCEPTION
WHEN EXCEPCIÓN1 [ OR EXCEPCIÓN2 ...] THEN
 ordenes;
...
[WHEN EXCEPCIÓN3 [ OR EXCEPCIÓN4 ...] THEN
 ordenes;
... ]
[WHEN OTHERS THEN
 ordenes;
... ]
```

Donde `EXCEPCIÓN` es el nombre de la excepción estándar o definida por el usuario y `OTHERS` es la que irrumpe en cualquier otro caso.

13.2 Excepciones internas

Este tipo de excepciones son predefinidas por el servidor y se disparan ante un determinado error detectado por PL. No se declaran.

Tabla 13.1 Tipos de excepciones internas del servidor

Excepciones		Descripción
NO_DATA_FOUND	ORA-01403	Se produce cuando una orden del tipo SELECT INTO no ha devuelto ningún valor
ZERO_DIVIDE	ORA-01476	Sucede cuando se divide un valor por 0
INVALID_CURSOR	ORA-01001	Se produce cuando se lleva a cabo una operación ilegal en un cursor
TOO_MANY_ROWS	ORA-01422	Se produce cuando una orden SELECT INTO devuelva más de una fila

Excepciones		Descripción
INVALID_NUMBER	ORA-01722	Sucede cuando hay un fallo de conversión de una cadena a un número
DUP_VAL_ON_INDEX	ORA-00001	Se produce cuando se intenta introducir un duplicado en una tabla
LOGIN_DENIED	ORA-01017	Sucede cuando se introduce un nombre de usuario o contraseña no válido
CURSOR_ALREADY_OPEN	ORA-06511	Se produce cuando se intenta abrir un cursor que ya está abierto
STORAGE_ERROR	ORA-06500	Se produce cuando hay un fallo en memoria
VALUE_ERROR	ORA-06502	Se produce cuando hay un error de operación aritmética de conversión, de truncamiento o de restricción
TIMEOUT_ON_RESOURCE	ORA-00051	Sucede cuando se acaba el tiempo al coger determinados recursos
ACCESS_INTO_NULL	ORA-06530	Se produce cuando se intenta acceder a los atributos de un objeto no inicializado
COLLECTION_IS_NULL	ORA-06531	Se produce cuando se intenta acceder a elementos de una colección no inicializada
NOT_LOGGED_ON	ORA-01012	Se produce cuando se intenta acceder a la base de datos sin estar conectado a Oracle
PROGRAM_ERROR	ORA-06501	Sucede si hay un problema interno en la ejecución de un programa
ROWTYPE_MISMATCH	ORA-06504	Se produce cuando la variable HOST y la variable PL/SQL pertenecen a tipos incompatibles
SUBSCRIPT_OUTSIDE_LIMIT	ORA-06532	Sucede cuando se intenta acceder a una tabla o a un array con un valor de índice ilegal
SUBSCRIPT_BEYOND_COUNT	ORA-06533	Referencia a un elemento de un NESTED TABLE o VARRAY mediante el uso de un índice mayor que el número de elementos de la colección
CASE_NOT_FOUND	ORA-06592	No se selecciona ninguna de las opciones en las cláusulas WHEN de una sentencia CASE, y no hay una cláusula ELSE
SYS_INVALID_ROWID	ORA-01410	La conversión de una cadena de caracteres a ROWID universal falla porque la cadena de caracteres no representa un ROWID válido

EJEMPLO 13.1

Diseñar un programa PL, que permita introducir dos números por teclado y divida el primero entre el segundo. Tratar las excepciones internas que puedan surgir.

```
DECLARE
      PRIMERO NUMBER:=&1; SEGUNDO NUMBER:=&2;
      DIVISION NUMBER;
BEGIN
      DIVISION:= PRIMERO/SEGUNDO;
      DBMS_OUTPUT.PUT_LINE('EL RDO. DE LA DIVISION ES: '||DIVISION);
EXCEPTION
      WHEN ZERO_DIVIDE THEN
      DBMS_OUTPUT.PUT_LINE('IMPOSIBLE DIVIDIR POR 0');
END;
```

13.3 Excepciones definidas por el usuario

El usuario puede definir sus propias excepciones dependiendo del programa que esté desarrollando, ya que todas las posibles excepciones no están incluidas en el servidor. El proceso para crear excepciones definidas por el usuario es el que se muestra:

a) Se deben declarar en la sección DECLARE de la siguiente forma:

```
NOMBRE_EXCEPCIÓN EXCEPTION;
```

b) Se disparan o levantan en la sección ejecutable del programa con la orden RAISE.

```
RAISE NOMBRE_EXCEPCIÓN;
```

c) Se tratan en la sección EXCEPTION según el formato ya conocido.

```
WHEN NOMBRE_EXCEPCIÓN THEN TRATAMIENTO;
```

EJEMPLO 13.2

Definir un cursor que seleccione NOMPRO y COMPRO, ordenado por comisión de la tabla PROFESORES. Transferir a la tabla OTRA solo aquellos cuya comisión sea no nula sin exceder de diez registros.

- Creamos la tabla otra.

```
CREATE TABLE OTRA (NOMPRO VARCHAR2(30), COMPRO NUMBER(8,2));
```

- A continuación definimos el bloque.

```
DECLARE
      CURSOR C1 IS
      SELECT NOMPRO, COMPRO FROM PROFESORES ORDER BY 2;
      V_NOMPRO PROFESORES.NOMPRO%TYPE;
      V_COMPRO PROFESORES.COMPRO%TYPE;
      I BINARY_INTEGER:= 10;
      CONT NUMBER:=0;
      ERROR_COMISION EXCEPTION;
```

EJEMPLO 13.2 (continuación)

```
BEGIN
      OPEN C1;
      FETCH C1 INTO V_NOMPRO, V_COMPRO;
      WHILE (C1%ROWCOUNT <= I) AND (C1%FOUND) LOOP
            IF V_COMPRO IS NULL THEN
                  RAISE ERROR_COMISION;
            END IF;
            CONT:= CONT+1;
            INSERT INTO OTRA VALUES (V_NOMPRO, V_COMPRO);
            FETCH C1 INTO V_NOMPRO, V_COMPRO;
      END LOOP;
      CLOSE C1;
      EXCEPTION
            WHEN ERROR_COMISION THEN
            DBMS_OUTPUT.PUT_LINE (CONT ||'  REGISTROS INTRODUCIDOS');
END;
```

13.4 Excepciones asociadas a errores del servidor y propagación

Son también definidas por el usuario, ya que él es quien decide su asignación y funcionamiento, sin embargo, lo que hace es definir una determinada excepción que responda a un tipo de error de Oracle para asociar una excepción a alguno de estos errores internos de Oracle que no tienen excepciones predefinidas asociadas. Se hace de la siguiente forma:

a) Definimos la excepción en la sección declarativa.

```
NOMBRE_EXCEPCIÓN EXCEPTION;
```

b) Asociamos esa excepción a un determinado código de error mediante la directiva del compilador PRAGMA EXCEPTION_INIT, según el siguiente formato:

```
PRAGMA EXCEPTION_INIT (NOMBRE_EXCEPCIÓN, -
NÚMERO_ERROR_ORACLE);
```

c) Indicamos el tratamiento de la excepción como si se tratase de cualquier otra excepción definida o predefinida.

EJEMPLO 13.3

Utilización de PRAGMA EXCEPTION_INIT. En primer lugar, definir la excepción, después asociar al código de error 54, cuando se produzca ese error se visualizará el mensaje al final (-20001, 'este registro está bloqueado').

```
DECLARE
     REG_BLOQUEADO EXCEPTION;
     PRAGMA EXCEPTION_INIT(REG_BLOQUEADO, -54);
BEGIN
     FOR I IN (SELECT NOMPRO FROM PROFESORES WHERE NUMPRO = 106
     FOR UPDATE NOWAIT) LOOP
     EXIT;
     END LOOP;
EXCEPTION
     WHEN REG_BLOQUEADO THEN
     RAISE_APPLICATION_ERROR(-20001, 'ESTE REGISTRO ESTÁ BLOQUEADO');
END;
```

Cuando se produce una excepción se identifica el código de error asociado mediante dos funciones: SQLCODE y SQLERRM.

Tabla 13.2 Códigos de error asociado a las funciones

<table>
<tr><th>Funciones</th><th>Descripción</th></tr>
<tr><td>SQLCODE</td><td>Devuelve el número de error de Oracle de las excepciones internas. Se le asigna una variable NUMBER. Los valores DECODE son los siguientes:
<table>
<tr><th>Valor</th><th>Descripción</th></tr>
<tr><td>0</td><td>No se encontró ninguna excepción</td></tr>
<tr><td>1</td><td>Excepción definida por el usuario</td></tr>
<tr><td>+100</td><td>Excepción NO_DATA_FOUND</td></tr>
<tr><td>N.º negativo</td><td>Otro número de error del servidor</td></tr>
</table></td></tr>
<tr><td>SQLERRM</td><td>Devuelve datos carácter que contienen el mensaje de error asociado</td></tr>
</table>

EJEMPLO 13.4

En el siguiente ejemplo se recopilan todos los tipos de excepciones vistos.

- Creamos la tabla donde se guardarán los mensajes de las excepciones:

```
CREATE TABLE OTRA (COL1 VARCHAR2(50));
DECLARE
      COD_ERR NUMBER(6);
      VCOD VARCHAR2(10);
      VNOM VARCHAR2(15);
      ERR_BLANCOS EXCEPTION;
      NO_HAY_ESPACIO EXCEPTION;
      PRAGMA EXCEPTION_INIT(NO_HAY_ESPACIO, -1547);
BEGIN
      SELECT CODPRO, NOMPRO INTO VCOD, VNOM
      FROM PROFESORES;
      IF SUBSTR(VNOM,1,1)<= ' ' THEN
            RAISE ERR_BLANCOS;
      END IF;
      UPDATE PROFESORES SET NOMPRO=VNOM WHERE CODPRO=VCOD;
EXCEPTION
      WHEN ERR_BLANCOS THEN
            INSERT INTO TEMP2(COL1) VALUES ('ERROR BLANCOS');
      WHEN NO_HAY_ESPACIO THEN
            INSERT INTO TEMP2(COL1) VALUES ('ERROR TABLESPACE');
      WHEN NO_DATA_FOUND THEN
            INSERT INTO TEMP2(COL1) VALUES ('ERROR NO HABIA DATOS');
      WHEN TOO_MANY_ROWS THEN
            INSERT INTO TEMP2(COL1) VALUES ('ERROR DEMASIADOS DATOS');
      WHEN OTHERS THEN
            COD_ERR := SQLCODE;
            INSERT INTO TEMP2(COL1) VALUES (COD_ERR);
END;
```

Cuando un subprograma gestiona una excepción y este termina normalmente el control se reanuda en el bloque padre después del END del subbloque. Sin embargo, si hubiese una excepción en el hijo esta se propaga al padre, hasta que encuentre un manejador de la misma. Las excepciones tratadas en el subbloque han de ser declaradas en el bloque principal.

13.5 El procedimiento RAISE_APLICATION_ERROR

El paquete DBMS_STANDARD incluye un procedimiento muy útil llamado RAISE_APPLICATION_ERROR que sirve para levantar errores, definir y enviar mensajes de error. Su sintaxis es la siguiente:

```
RAISE_APPLICATION_ERROR(-NÚMERO_ERROR,
'MENSAJE_ERROR');
```

GLOSARIO

Paquete: programa principal que empaqueta subprogramas (procedimientos y funciones).

Donde número_error es un número comprendido entre –20000 y –20999 y mensaje_error es una cadena introducida por el programador de hasta 512 bytes.

EJEMPLO 13.5

Utilizando el paquete RAISE_APLICATION_ERROR, obtener un mensaje de error que diga que si el salario es mayor de 1000 € este está actualizado; en caso contrario, subir el salario un 7,5%. El número del profesor se introducirá por teclado mediante una variable de sustitución.

```
DECLARE
      SALARIO_ACTUAL NUMBER;
      CODIGO NUMBER:=&CODIGO_PRO;
BEGIN
      SELECT SALPRO INTO SALARIO_ACTUAL FROM PROFESORES
      WHERE NUMPRO = CODIGO;
      IF SALARIO_ACTUAL>1000 THEN
            RAISE_APPLICATION_ERROR(-20010, 'SALARIO ACTUALIZADO');
      ELSE
            UPDATE PROFESORES
            SET SALPRO=SALPRO*1.075
            WHERE NUMPRO = CODIGO;
            DBMS_OUTPUT.PUT_LINE('EMPLEADO ACTUALIZADO '|| CODIGO);
      END IF ;
END SUBIR_SUELDO;
```

13.6 Ejercicios resueltos

1. Diseñar un bloque PL sobre la tabla PROFESORES, que pasando por teclado el número de profesor, controle las siguientes excepciones: si el número de profesores es menor de 10 que se lance un mensaje que diga que hay menos de 10 profesores (será definida por el usuario), una segunda que al dividir el salario entre la comisión (si esta es nula se convierte en cero) genere un mensaje que diga que no se puede dividir entre cero y si aparece cualquier otra que diga que se ha producido una excepción no tratada.

```
DECLARE
   POCOS_PROFE EXCEPTION;
   NPRO NUMBER(4) :=0;
   SALAR NUMBER(8,2) := 0;
   COMIS NUMBER(8,2):=0;
   PROPORCION NUMBER;
BEGIN
   SELECT COUNT(*) INTO NPRO FROM PROFESORES;
   IF NPRO < 10 THEN
   RAISE POCOS_PROFE;
   END IF;
         SELECT SALPRO, NVL(COMPRO, 0) INTO
         SALAR, COMIS FROM PROFESORES WHERE
         NUMPRO=&NÚMERO_PROFESOR;
```

```
    PROPORCION := SALAR / COMIS;
    DBMS_OUTPUT.PUT_LINE('LA PROPORCION ES '
    ||PROPORCION);
EXCEPTION
    WHEN ZERO_DIVIDE THEN DBMS_OUTPUT.PUT_LINE('NO
    SE PUEDE DIVIDIR POR UN NÚMERO ENTRE CERO');
    WHEN POCOS_PROFE THEN DBMS_OUTPUT.PUT_LINE('HAY
    MENOS DE 10 PROFESORES');
    WHEN OTHERS THEN DBMS_OUTPUT.PUT_LINE('SE HA
    PRODUCIDO OTRA EXCEPCIÓN NO TRATADA');
END;
```

2. Diseñar un bloque PL que suba el precio de los cursos un 10%, introduciendo por teclado el código del curso que se quiere subir. Si el precio del curso es mayor de 480 € no se actualizará y se lanzará un mensaje (-20301 ' no se puede incrementar el precio del curso por ser mayor a 480 €'); para ello se utilizará el paquete RAISE_APPLICATION_ERROR.

```
SET SERVEROUTPUT ON
DECLARE
    PRECUR_SUBIDA CURSOS.PRECUR%TYPE;
    CODIGO CURSOS.NUMCUR%TYPE:=&CODIGO_CURSOS;
BEGIN
    SELECT PRECUR INTO PRECUR_SUBIDA FROM CURSOS
    WHERE NUMCUR=CODIGO;
    IF PRECUR_SUBIDA>480 THEN
    RAISE_APPLICATION_ERROR(-20301, 'NO SE PUEDE
    INCREMENTAR
    EL PRECIO DEL CURSO POR SER MAYOR A 480 €');
    ELSE
          UPDATE CURSOS SET PRECUR=PRECUR*1.1
          WHERE NUMCUR=CODIGO;
          DBMS_OUTPUT.PUT_LINE('SE HA ACTUALIZADO EL
          REGISTRO CON CODIGO' || CODIGO);
    END IF;
END;
```

RESUMEN

En esta unidad se ha aprendido que:

- Con las excepciones se tratan los errores en los mensajes que da el servidor. Son tratadas en el área de excepciones (EXCEPTION).
- Las excepciones se clasifican en tres grupos:

Internas

- Se disparan ante un determinado error detectado por PL.
- No se declaran.
- Son ejemplos: NO_DATA_FOUND, ZERO_DIVIDE, etc.

Definidas por el usuario

- Es el usuario quien las crea.
- Se declaran en la zona declarativa, se levantan en la sección ejecutable y se tratan en la zona de excepciones.

Asociadas a errores del servidor

- Son tambien definidas por el usuario.
- Responden a un tipo de error producido por Oracle.
- Se definen en la zona declarativa, se asocian a un determinado código de error y se tratan en el área de excepciones.

- El procedimiento RAISE_APPLICATION_ERROR sirve para levantar errores, definir y enviar mensajes de error.

EJERCICIOS PROPUESTOS

1. Escribir un bloque PL que permita incrementar la comisión un 7.5 % a un profesor de la tabla PROFESORES introducido por teclado. Habrá que tener en cuenta que, si la consulta no devuelve ninguna fila, se visualizará un mensaje 'Error. No encontrado' y, si la comisión es nula, otro mensaje que diga 'Error. Comisión nula'.
2. Diseñar un programa PL que suba la comisión 50 € a un profesor de la tabla PROFESORES introducido por teclado, teniendo en cuenta que, si esta fuese nula, se lanzará un mensaje (-20010 'no se puede incrementar por ser nula'). Se utilizará el paquete RAISE_APPLICATION_ERROR.
3. Diseñar un programa que, pasando por teclado un número de profesor y un valor, incremente el salario de ese profesor ese valor. Controlar con excepciones: una si el salario es nulo y otra si al profesor no se le encuentra.

TEST DE EVALUACIÓN

1. **¿Qué excepción interna se produce cuando se intenta acceder a un elemento de un objeto no inicializado?**
   a) ACCESS_INTO_NULL.
   b) COLECCTION_IS_NULL.
   c) ACCESS_IN_NULL.

2. **Cuando usamos la orden RAISE, estamos tratando de excepciones:**
   a) Definidas por el usuario.
   b) Internas.
   c) Asociadas al servidor.

3. **Cuando usamos la orden PRAGMA, estamos tratando de excepciones:**
   a) Definidas por el usuario.
   b) Internas.
   c) Asociadas al servidor.

4. **La excepción INVALID CURSOR es una excepción:**
   a) Definida por el usuario.
   b) Interna.
   c) Asociada al servidor.

5. **¿Qué procedimientos contiene el paquete DBMS_STANDARD?**
   a) RAISE_APLICATION_ERROR.
   b) VALUE_ERROR.
   c) NOT_LOGGED_ON.

U 14

Procedimientos, funciones y paquetes

En esta unidad vas a estudiar:

Con su estudio, vas a ser capaz de:

- Desarrollar procedimientos almacenados evaluando y utilizando las sentencias del lenguaje incorporado en el sistema gestor de bases de datos.

14.1 Introducción

Los subprogramas o bloques con nombre tienen parámetros para ser invocados desde otro bloque anónimo, subprograma o paquete. Los subprogramas mejoran el mantenimiento, la seguridad de los datos y el rendimiento. Se dividen en:

- Funciones que se utilizan para devolver o calcular un valor.
- Procedimientos o programas capaces de ejecutar una serie de acciones.

GLOSARIO

Parámetro o argumento: es un valor que cualquier comando recibe como información adicional para actuar de determinada manera. Se trata del valor que introduce el usuario para que el programa o el sistema operativo realice una tarea de forma concreta.

Se crea un procedimiento para almacenar una serie de acciones para ejecuciones posteriores, pudiendo contener cero o más parámetros, que pueden transferirse desde el entorno de llamada, no teniendo que devolver un valor.

Se crea una función cuando se quiere calcular un valor, el cual debe ser devuelto al entorno de llamada. Una función puede contener varios parámetros de entrada, pero una sola salida al programa principal.

Un paquete es un objeto almacenado en la base de datos y, que agrupa de manera lógica otros objetos (procedimientos y funciones) relacionados entre sí, encapsulándolos y convirtiéndolos en una unidad dentro de la base de datos.

14.2 Procedimientos

Un procedimiento es un bloque PL nombrado que realiza una determinada acción. Está almacenado en la base de datos como un objeto de esta y puede ser ejecutado múltiples veces y por diferentes usuarios si estos tienen privilegios de ejecución.

Los procedimientos promueven la reutilización y el mantenimiento de los programas y, una vez validados, pueden utilizarse en muchas aplicaciones. Si la definición cambia, solo se ve afectado el procedimiento y esto simplifica el mantenimiento.

La sintaxis correspondiente al procedimiento es la siguiente:

```
CREATE [OR REPLACE] PROCEDURE NB_PROCEDIMIENTO
(ARGUMENTO1 [ MODO 1] TIPO_DE_DATO1,
ARGUMENTO2 [ MODO2] TIPO_DE_DATO2, ...)
IS | AS
BLOQUE PL/SQL;
```

Donde:

ARGUMENTO: nombre de la variable PL cuyo valor se recibe.

MODO: IN, OUT, IN OUT.

TIPO_DE_DATO: tipo de dato del argumento.

14.2.1 Tipos de parámetros

Podemos transferir valores desde el entorno de llamada a través de parámetros.

Tabla 14.1 Tipos de parámetros existentes en un procedimiento

IN	OUT	IN OUT
Por defecto	Tiene que especificarse	Tiene que especificarse
Valor que se pasa al subprograma	Devuelve al entorno de llamada	Valor que se pasa al subprograma Devuelve al entorno de llamada
Parámetro formal constante	Variable no inicializada	Variable inicializada
Parámetro actual, que puede ser un literal, expresión, constante o variable inicializada	Tiene que ser una variable	Tiene que ser una variable

Entrada: IN

Pasa un valor constante desde el entorno de llamada al procedimiento. Valor por defecto; es el valor que se pasa a un subprograma, pudiendo ser literal, expresión, constante o variable.

EJEMPLO 14.1

Crear un procedimiento que incremente el salario de un profesor un 10%, se introducirá el número del profesor como parámetro de entrada.

```
CREATE OR REPLACE PROCEDURE SUBIDA_PRO
(V_NUMPRO IN PROFESORES.NUMPRO%TYPE)
IS
BEGIN
      UPDATE PROFESORES SET SALPRO=SALPRO*1.10
      WHERE NUMPRO = V_NUMPRO;
END SUBIDA_PRO;
```

La ejecución del procedimiento se haría así:

```
EXECUTE SUBIDA_PRO(107);
```

Salida: OUT

Pasa un valor desde el procedimiento al entorno de llamada. Tiene que ser una variable.

EJEMPLO 14.2

Crear un procedimiento VISULIZAR_PROF con tres parámetros: uno de entrada, que permita introducir el número del profesor y dos de salida que permita visualizar el salario y la especialidad de este.

```
CREATE OR REPLACE PROCEDURE VISULIZAR_PROF
(V_NUMPRO IN PROFESORES.NUMPRO%TYPE,
V_SALPRO OUT PROFESORES.SALPRO%TYPE,
V_ESPPRO OUT PROFESORES.ESPPRO%TYPE)
IS
BEGIN
     SELECT SALPRO, ESPPRO INTO V_SALPRO, V_ESPPRO FROM PROFESORES
     WHERE NUMPRO = V_NUMPRO;
END VISULIZAR_PROF;
```

El procedimiento está creado; ahora hay crear unas variables host y ejecutarlo, puesto que no hay programa principal que llame al procedimiento, por tanto, la ejecución se haría de la siguiente forma:

```
VARIABLE G_SALPRO NUMBER;
VARIABLE G_ESPPRO VARCHAR2(15);
EXECUTE VISULIZAR_PROF(104, :G_SALPRO, :G_ESPPRO);
PRINT G_SALPRO
PRINT G_ESPPRO
```

Entrada / Salida: IN OUT

Se pasa un valor al procedimiento y lo vuelve al entorno de llamada. El valor que se pasa tiene que ser una variable inicializada.

EJEMPLO 14.3

Crear un procedimiento llamado CAMBIO, que introduciendo una cadena la devuelva entre paréntesis.

```
CREATE OR REPLACE PROCEDURE CAMBIO
(V_CAM IN OUT VARCHAR2)
IS
BEGIN
     V_CAM:='('||V_CAM||')' ;
END CAMBIO;
```

La ejecución sería de la siguiente forma: primero se crearía una variable para almacenar la salida, a continuación, un bloque anónimo donde se pasa la variable de entrada sobre la variable creada, para posteriormente ejecutar el procedimiento y visualizar el parámetro.

```
VARIABLE G_CAM VARCHAR2(25);
BEGIN
 :G_CAM:='HOLA' ;
END;
/
EXECUTE CAMBIO(:G_CAM);
PRINT G_CAM;
```

14.2.2 Métodos para pasar parámetros

Existen tres métodos para pasar parámetros:

1. **Posicional:** lista de valores en el orden que se declaran los parámetros.
2. **Asociación nombrada:** lista de valores en orden arbitrario mediante la asignación (=>).
3. **Mixto:** mezcla de los dos anteriores. Lista de los primeros valores posicionalmente, y el resto, utilizando la sintaxis especial del método nombrado.

Para llamar desde un programa principal a un procedimiento se escribe: NB_PROCEDIMIENTO (PARÁMETROS).

EJEMPLO 14.4

Crear un procedimiento llamado AÑADIR que permita introducir elementos en la tabla TIPOS_SALARIO. Crear posteriormente un bloque PL anónimo que invoque al procedimiento y añada registros por los métodos anteriormente explicados.

```
CREATE OR REPLACE PROCEDURE AÑADIR
(V_TIPOSAL TIPOS_SALARIO.TIPOSAL%TYPE,
V_INFERIOR TIPOS_SALARIO.INFERIOR%TYPE,
V_SUPERIOR TIPOS_SALARIO.SUPERIOR%TYPE)
IS
BEGIN
      INSERT INTO TIPOS_SALARIO VALUES (V_TIPOSAL, V_INFERIOR, V_SUPERIOR);
END AÑADIR;

/*LOS MÉTODOS, EXPLICADOS ANTERIORMENTE, ESTÁN EN EL SIGUIENTE PROGRAMA
PRINCIPAL*/

BEGIN
      AÑADIR('MUY ALTO' , 5000 , 7449);
      AÑADIR(V_INFERIOR=>7500,
      V_SUPERIOR=>9999, V_TIPOSAL=>'SUPER ALTO');
      COMMIT;
END;
```

14.2.3 Otras características

Los procedimientos los encontramos almacenados en el diccionario de datos en la tabla USER_OBJECTS.

EJEMPLO 14.5

Ver los procedimientos existentes en la base de datos.

```
SELECT OBJECT_NAME, OBJECT_TYPE, STATUS
FROM USER_OBJECTS
WHERE OBJECT_TYPE = 'PROCEDURE';
```

La tabla USER_SOURCE del diccionario de datos permite ver el código fuente de los procedimientos mediante la siguiente sentencia:

EJEMPLO 14.6

Ver el código fuente del procedimiento llamado CAMBIO.

```
SELECT LINE, SUBSTR (TEXT,1,60)
FROM USER_SOURCE
WHERE NAME = 'CAMBIO';
```

Para borrar procedimientos se utiliza la siguiente orden:

```
DROP PROCEDURE NOMBRE_SUBPROGRAMA;
```

Para volver a compilar un procedimiento o una función utilizamos la orden ALTER.

```
ALTER {PROCEDURE|FUNCTION} NOMBRE_SUBPROGRAMA
COMPILE;
```

14.3 Funciones

Una función es un bloque nombrado PL/SQL que devuelve un valor, solamente tiene parámetros de entrada. Está almacenada en la base de datos como un objeto de la misma para repetidas ejecuciones. Su sintaxis es:

```
CREATE [OR REPLACE] FUNCTION NOMBRE_FUNCIÓN
(ARGUMENTO1 [MODO1] TIPO_DATO1,
ARGUMENTO2 [MODO2] TIPO_DATO2,...)
RETURN TIPO_DE_DATO IS | AS BLOQUE PL/SQL;
```

Donde:

ARGUMENTO: nombre de la variable PL cuyo valor se pasa en la función.

TIPO_DATO: tipo de dato del parámetro.

RETURN TIPO_DE_DATO: indica el tipo de dato que la función debe devolver.

MODO: siempre es IN y se puede omitir.

Si se crea una función dentro de un bloque PL no se escribirá la cláusula CREATE, únicamente FUNCTION nombre_función.

EJEMPLO 14.7

Crear una función que devuelva el salario de un profesor cuyo código es introducido como parámetro. La función se llamará GET_SALPRO.

```
CREATE OR REPLACE FUNCTION GET_SALPRO
(V_NUMPRO PROFESORES.NUMPRO%TYPE)
RETURN NUMBER
IS
      V_SALPRO PROFESORES.SALPRO%TYPE := 0;
BEGIN
      SELECT SALPRO INTO V_SALPRO FROM PROFESORES WHERE NUMPRO= V_NUMPRO;
      RETURN V_SALPRO;
END GET_SALPRO;
```

14.3.1 Ejecución

Mediante una variable HOST

Los pasos para seguir son:

- Definir una variable host:

```
VARIABLE NOMBRE_VARIABLE TIPO_DATO
```

- Ejecutar de la siguiente forma:

```
EXECUTE :NOMBRE_VARIABLE := NOMBRE_FUNCIÓN
(VALOR_DE_ENTRADA);
```

- Imprimir la variable host:

```
PRINT NOMBRE_VARIABLE
```

Invocarla desde un bloque PL

Se invoca desde un bloque y se carga en una variable de la siguiente forma:

```
<VARIABLE> := NOMBRE_FUNCION (PARÁMETRO)
```

EJEMPLO 14.8

Diseñar una función que devuelva el número de años comprendidos entre dos fechas, las cuales son introducidas como parámetros.

```
CREATE OR REPLACE FUNCTION FUNC_FECHA (FECHA1 DATE, FECHA2 DATE)
RETURN NUMBER
AS
      V_AÑOS NUMBER(6);
BEGIN
      V_AÑOS := ABS(TRUNC(MONTHS_BETWEEN(FECHA2,FECHA1)/12));
      RETURN (V_AÑOS);
END FUNC_FECHA;
```

EJEMPLO 14.9

Crear un bloque anónimo que llame a la función creada anteriormente y devuelva su valor.

```
DECLARE
      V_RES NUMBER;
BEGIN
      V_RES:=FUNC_FECHA('03/12/95','08/08/99');
      DBMS_OUTPUT.PUT_LINE(V_RES);
END;
```

Una función de usuario puede ser invocada desde una orden SQL:

- Como columna de una SELECT.
- En las condiciones WHERE y HAVING.
- En las cláusulas ORDER BY y GROUP BY.
- Cláusula VALUES en el comando INSERT.
- En la cláusula SET del comando UPDATE.

14.3.2 Otras características

Para borrar funciones se utiliza la siguiente orden:

```
DROP FUNCTION NOMBRE_FUNCION;
```

Las funciones las encontramos en la tabla USER_OBJECTS del diccionario de datos.

EJEMPLO 14.10

Visualizar la función creado anteriormente.

```
SELECT OBJECT_NAME, OBJECT_TYPE, STATUS
FROM USER_OBJECTS
WHERE OBJECT_TYPE = 'FUNC_FECHA';
```

La tabla USER_SOURCE del diccionario de datos permite ver el código fuente de las funciones mediante la siguiente sentencia:

EJEMPLO 14.11

Ver el código fuente de la función creada anteriormente.

```
SELECT LINE, SUBSTR (TEXT,1,60)
FROM USER_SOURCE
WHERE NAME = 'FUNC_FECHA';
```

Al igual que los procedimientos para volver a compilar una función utilizamos la orden ALTER de la siguiente forma:

```
ALTER {PROCEDURE|FUNCTION} NOMBRE_SUBPROGRAMA
COMPILE;
```

14.3.3 Recursividad en las funciones

El lenguaje PL permite la posibilidad de escribir programas recursivos incluyendo RETURN y el nombre de la función o el procedimiento según se requiera.

EJEMPLO 14.12

Diseñar una función recursiva que calcule el factorial de un número. La llamada se hará desde un bloque anónimo.

```
CREATE OR REPLACE FUNCTION F_RECURSIVA(N NUMBER)
RETURN NUMBER IS
BEGIN
      IF
            N=0  THEN RETURN 1;
      ELSE
            RETURN N*F_RECURSIVA(N-1);
      END IF;
END F_RECURSIVA;
```

La ejecución desde un bloque anónimo se hace:

```
DECLARE
      V_SOL NUMBER;
BEGIN
      V_SOL := F_RECURSIVA (&NUM);
      DBMS_OUTPUT.PUT_LINE (V_SOL);
END;
```

14.4 Paquetes

Los paquetes se utilizan para guardar subprogramas y otros objetos de la base de datos. No pueden ser llamados, parametrizados o anidados. Se componen de:

- **Cabecera o especificación:** en esta se declaran variables, excepciones, constantes, cursores y subprogramas disponibles para el usuario.
- **Cuerpo:** donde se definen completamente los cursores y los subprogramas.

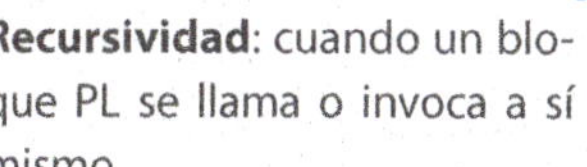

GLOSARIO

Recursividad: cuando un bloque PL se llama o invoca a sí mismo.

14.4.1 Características

Los paquetes presentan las siguientes ventajas:

- **Modularidad:** de manera lógica encapsulamos en un módulo nombrado las estructuras de programa relacionadas.
- **Más fácil de diseñar la aplicación:** podemos codificar y compilar una especificación sin su cuerpo, después también se podrá compilar los subprogramas almacenados que referencian al paquete.
- **Información oculta:** podemos decidir qué paquetes son públicos o privados.
- **Funcionalidad:** las variables y cursores públicos pueden ser compartidos por todos los subprogramas que se ejecutan en el entorno.
- **Más rendimiento:** cuando llamamos a un paquete por primera vez, se carga en memoria el paquete completo y en llamadas posteriores a los subprogramas relacionados con el paquete ya no necesitan hacer I/O en el disco.
- **Sobrecarga:** se puede crear subprogramas con el mismo nombre en el mismo paquete.

Las sintaxis en los paquetes es la siguiente:

- Cabecera o especificación

```
CREATE [OR REPLACE] PACKAGE NOMBRE_PAQUETE
IS | AS
 < Declaraciones de tipos, constante, variable,
 cursores, excepciones y otros objetos públicos>
 < Especificación de los subprogramas>
END NOMBRE_PAQUETE;
```

- Cuerpo

```
CREATE [OR REPLACE] PACKAGE BODY NOMBRE_PAQUETE
IS | AS
 < Declaraciones de tipo, constantes, variables,
 cursores, excepciones y otros objetos privados>
 < Cuerpo de los subprogramas>
 < Instrucciones iniciales>
END NOMBRE_PAQUETE;
```

Los objetos definidos en el paquete pueden ser utilizados por otros paquetes, siempre y cuando se tengan privilegios para usarlos y sean públicos (estén definidos en la cabecera). Los subprogramas definidos en el cuerpo son para uso exclusivo del paquete y se les llama privados.

Los paquetes se ejecutan con la instrucción EXECUTE. Con la siguiente sintaxis:

```
EXECUTE NOMBRE_PAQUETE.NOMBRE_SUBPROGRAMA
(PARÁMETROS);
```

Para borrar un paquete se usa la orden DROP, y hay que borrar, por un lado, la cabecera y, por otro el cuerpo, con la siguiente sintaxis:

```
DROP PACKAGE NOMBRE_PAQUETE;
DROP PACKAGE BODY NOMBRE_PAQUETE;
```

Los paquetes se encuentran en el diccionario de datos en las siguientes entradas: USER_OBJECTS y USER_SOURCE.

14.4.2 Declaración de cursores

Para declarar los cursores y que estos sean accesibles en el paquete hay que hacerlo en la cabecera y desarrollarlos en el cuerpo.

La declaración del cursor se incluirá en la cabecera del paquete indicando el nombre del cursor, los parámetros si procede y el tipo devuelto. Este último se indicará mediante RETURN tipo_de_dato; para cursores que devuelven filas enteras normalmente se usará %ROWTYPE .

Lo mismo que sucede con los cursores sucede cuando hay que declarar registros; se especifican o crean en la cabecera y se utilizan en el cuerpo.

EJEMPLO 14.13

Escribir un paquete para gestionar los profesores. El paquete se llamará GESTION y contará de los siguientes subprogramas:

a. Borrado de un profesor. Al borrar un profesor todos los que dependían de él pasan a su jefe.
b. Incremento del salario de todos los empleados. El porcentaje de incremento no podrá ser superior al 12%.

```
CREATE OR REPLACE PACKAGE GESTION AS
      CURSOR C_SAL RETURN PROFESORES%ROWTYPE;
      PROCEDURE BORRAR_PROFESOR (V_NUM_PROF NUMBER);
      PROCEDURE SUBIDA_PROFESOR_PCT (V_PCT_SUBIDA NUMBER);
END GESTION;

CREATE OR REPLACE PACKAGE BODY GESTION AS
      CURSOR C_SAL RETURN PROFESORES%ROWTYPE
      IS SELECT * FROM PROFESORES;
PROCEDURE BORRAR_PROFESOR(V_NUM_PROF NUMBER)
      IS
            PROF_DIR PROFESORES.JEFPRO%TYPE;
      BEGIN
            SELECT JEFPRO INTO PROF_DIR FROM PROFESORES
            WHERE NUMPRO = V_NUM_PROF;
            DELETE FROM PROFESORES WHERE NUMPRO= V_NUM_PROF;
            UPDATE PROFESORES SET JEFPRO = PROF_DIR
            WHERE JEFPRO = V_NUM_PROF;
END BORRAR_PROFESOR;
PROCEDURE SUBIDA_PROFESOR_PCT(V_PCT_SUBIDA NUMBER)
      IS
            SUBIDA_MAYOR EXCEPTION;
      BEGIN
            IF V_PCT_SUBIDA > 12 THEN
                  RAISE SUBIDA_MAYOR;
            END IF;
            FOR VR_C_SAL IN C_SAL LOOP
                  UPDATE PROFESORES SET SALPRO =
                  SALPRO + (SALPRO * V_PCT_SUBIDA / 100)
                  WHERE NUMPRO = VR_C_SAL.NUMPRO;
            END LOOP;
            EXCEPTION
                  WHEN SUBIDA_MAYOR THEN
                  DBMS_OUTPUT.PUT_LINE('SUBIDA NO PERMITIDA');
END SUBIDA_PROFESOR_PCT;
END GESTION;
```

EJEMPLO 14.14

Escribir un paquete para gestionar los profesores. El paquete se llamará BUSCAR_PROF y contará de los siguientes subprogramas:

a. Buscar un profesor al introducir el número del profesor.
b. Buscar un profesor al introducir el nombre del profesor.
c. Una función que devuelva el registro de un profesor. Este registro se deberá crear en la cabecera y ser utilizado en el cuerpo.
d. Un procedimiento interno que permita visualizar al profesor.

```
CREATE OR REPLACE PACKAGE BUSCAR_PROF
AS
      TYPE T_REG_PROF IS RECORD
      (     NUM_PROF PROFESORES.NUMPRO%TYPE,
            NOMBRE PROFESORES.NOMPRO%TYPE,
            NACIMIENTO PROFESORES.FNAPRO%TYPE,
            JEFE PROFESORES.JEFPRO%TYPE,
            INGRESO PROFESORES.FINPRO%TYPE,
            SALARIO PROFESORES.SALPRO%TYPE,
            COMISION PROFESORES.COMPRO%TYPE,
            ESPECIALIDAD PROFESORES.ESPPRO%TYPE);

      PROCEDURE VER_POR_NÚMERO
      (V_PROFESOR PROFESORES.NUMPRO%TYPE);
      PROCEDURE VER_POR_NOMBRE
      (V_NOMBRE PROFESORES.NOMPRO%TYPE);
      FUNCTION DATOS
      (V_NUMPRO PROFESORES.NUMPRO%TYPE)
      RETURN T_REG_PROF;
END BUSCAR_PROF;

CREATE OR REPLACE PACKAGE BODY BUSCAR_PROF IS
VG_PROF T_REG_PROF;
PROCEDURE VER_PROFESOR;
      PROCEDURE VER_POR_NÚMERO(V_PROFESOR PROFESORES.NUMPRO%TYPE)
      IS
      BEGIN
            SELECT * INTO VG_PROF
            FROM PROFESORES WHERE NUMPRO=V_PROFESOR;
            VER_PROFESOR;
      END VER_POR_NÚMERO;

      PROCEDURE VER_POR_NOMBRE(V_NOMBRE PROFESORES.NOMPRO%TYPE)
      IS
      BEGIN
            SELECT * INTO VG_PROF
            FROM PROFESORES WHERE NOMPRO=V_NOMBRE;
            VER_PROFESOR;
      END VER_POR_NOMBRE;
```

EJEMPLO 14.14 (continuación)

```
        FUNCTION DATOS (V_NUMPRO PROFESORES.NUMPRO%TYPE)
        RETURN T_REG_PROF
        IS
        BEGIN
                SELECT * INTO VG_PROF
                FROM PROFESORES WHERE NUMPRO=V_NUMPRO;
                RETURN VG_PROF;
        END DATOS;

        PROCEDURE VER_PROFESOR
        IS
        BEGIN
                DBMS_OUTPUT.PUT_LINE (VG_PROF.NUM_PROF || '*'
                || VG_PROF.NOMBRE || '*' || VG_PROF.NACIMIENTO
                ||'*' || VG_PROF.JEFE || '*' || VG_PROF.INGRESO
                || '*' || VG_PROF.SALARIO|| '*' || VG_PROF.COMISION
                || '*' || VG_PROF.ESPECIALIDAD);
        END VER_PROFESOR;
END BUSCAR_PROF;
```

14.4.3 Sobrecarga

La sobrecarga permite que varios subprogramas almacenados, declarados dentro de un mismo paquete, tengan el mismo nombre. Es útil cuando se necesita que los subprogramas tengan parámetros diferentes según proceda. Se puede decir que la sobrecarga:

- Utiliza el mismo nombre para diferentes subprogramas dentro de un paquete.
- Los parámetros formales de los subprogramas tienen que diferenciarse en número, orden o tipo de datos.
- Los programas sobrecargados deben ser subprogramas locales o empaquetados.

EJEMPLO 14.15

Crear un paquete llamado PRUEBA_SOBRECARGA que contenga dos funciones llamadas SUMA; una que permita sumar dos números y otra tres. Mostrar a través de una SELECT el funcionamiento de la sobrecarga.

```
CREATE OR REPLACE PACKAGE PRUEBA_SOBRECARGA IS
        FUNCTION SUMA (N1 NUMBER, N2 NUMBER)
        RETURN NUMBER;
        FUNCTION SUMA (N1 NUMBER, N2 NUMBER, N3 NUMBER)
        RETURN NUMBER;
END PRUEBA_SOBRECARGA;

CREATE OR REPLACE PACKAGE BODY PRUEBA_SOBRECARGA IS
        FUNCTION SUMA (N1 NUMBER, N2 NUMBER)
        RETURN NUMBER
        IS
```

EJEMPLO 14.15 (continuación)

```
        V_SUMA NUMBER;
    BEGIN
        V_SUMA:=N1+N2;
        RETURN V_SUMA;
    END;

    FUNCTION SUMA (N1 NUMBER, N2 NUMBER, N3 NUMBER)
    RETURN NUMBER
    IS
        V_SUMA NUMBER;
    BEGIN
        V_SUMA:=N1+N2+N3;
        RETURN V_SUMA;
    END;
END PRUEBA_SOBRECARGA;
```

Creamos una SELECT invocando la función creada anteriormente y pasando, respectivamente, dos y tres números, a través de la tabla SYS.DUAL.

```
SELECT PRUEBA_SOBRECARGA.SUMA(45, 28)FROM SYS.DUAL;
SELECT PRUEBA_SOBRECARGA.SUMA(45, 28, 35)
FROM SYS.DUAL;
```

Se observa que si se pasan dos o tres parámetros sobre la función sobrecargada el resultado que se obtiene es correcto. Para invocar a una función o procedimiento se escribe lo siguiente:

```
NOMBRE_PAQUETE.NOMBRE_PROCEDIMIENTO|
NOMBRE_FUNCION(PARÁMETROS);
```

14.4.4 Restricciones de funciones de paquetes

Los paquetes PL presentan las siguientes restricciones:

- No se permiten INSERT, UPDATE o DELETE.
- Solo funciones locales pueden modificar variables de un paquete.
- Las funciones remotas no pueden leer o escribir variables remotas de un paquete.
- Las funciones que leen o escriben variables de un paquete no pueden usar la opción de consultas en paralelo.
- Las llamadas a subprogramas que rompan las restricciones anteriores no se permiten.

14.5 Paquetes proporcionados

Varios procedimientos empaquetados vienen proporcionados con Oracle para permitir tanto el acceso a PL/SQL a ciertas características de SQL como para ampliar la funcionalidad de la base de datos.

Tabla 14.2 Paquetes proporcionados por Oracle

Paquete	Definición
DBMS_ALERT	Proporciona notificación de eventos de la BD
DBMS_APLICATION_INFO	Permite a las herramientas de aplicación y desarrolladores de aplicaciones informar a la BD del alto nivel de las acciones que se están realizando actualmente
DBMS_DDL	Recompila procedimientos, funciones y paquetes, y analiza índices, tablas y clústeres
DBMS_DESCRIBE	Devuelve una descripción de los argumentos para el procedimiento almacenado
DBMS_JOB	Regula la ejecución periódica de código PL/SQL
DBMS_LOCK	Solicita, convierte y libera bloqueos, los cuales son gestionados por los servicios de gestión de bloqueos de la BD
DBMS_MAIL	Envía mensajes desde Oracle Server directamente a un identificador Oracle Mail
DBMS_OUTPUT	Da salida a valores y mensajes desde disparadores, procedimientos almacenados o funciones
DBMS_PIPE	Envía mensajes desde una sesión a otra en la misma instancia
DBMS_SESSION	Proporciona acceso a SQL para enviar sentencias que alteren la sesión y obtener información de la sesión
DBMS_SHARED_POOL	Mantiene objetos en la memoria compartida de manera que no sean liberados por el mecanismo LRU habitual
DBMS_SQL	Utiliza SQL dinámico para acceder a la BD
DBMS_TRANSACTION	Controla transacciones lógicas y mejora el rendimiento de transacciones cortas no distribuidas
DBMS_UTILITY	Analiza objetos en un esquema particular, comprueba si el servidor se está ejecutando en modo paralelo y devuelve el tiempo
UTL_FILE	Añade capacidades de INPUT / OUTPUT a ficheros PL/SQL

14.5.1 DBMS_OUTPUT

Emite valores y mensajes desde disparadores, procedimientos almacenados y funciones. Se usa fundamentalmente para:

- Puede dar salida a resultados intermedios para propósitos de depuración.
- Este paquete permite a los desarrolladores seguir de cerca la ejecución de una función o un procedimiento, enviando mensajes y valores al búfer de salida.

Tabla 14.3 El paquete DBMS_OUTPUT

Función o procedimiento	Descripción
PUT	Añade texto desde el procedimiento a la línea actual del búfer de salida
NEW_LINE	Sitúa un marcador de final de línea en el búfer de salida
PUT_LINE	Combina la acción de PUT y NEW_LINE
GET_LINE	Recupera la línea actual del búfer de salida dentro del procedimiento
ENABLE/DISABLE	Habilita o deshabilita las llamadas a los procedimientos DBMS_OUTPUT

14.5.2 DBMS_DDL

Recompila procedimientos, funciones y paquetes y analiza índices, tablas y clústeres. No está permitido en disparadores.

Tabla 14.4 El paquete DBMS_DDL

Función o procedimiento	Descripción
ALTER_COMPILE	Recompila procedimientos, funciones o paquetes
ANALYZE_OBJECT	Analiza índices, tablas o clústeres. El cálculo es para todos los registros o para un porcentaje de registros

14.6 Ejercicios resueltos

1. Diseñar un procedimiento que permita borrar un curso cuyo número de curso se pasa como parámetro. Controlar como excepción si no existe dicho curso.

```
SET SERVEROUTPUT ON;
CREATE OR REPLACE PROCEDURE BORRARCURSO
(CODCURSO NUMBER) IS
   CONTADOR NUMBER := 0;
   NO_EXISTE_CURSO EXCEPTION;
BEGIN
   SELECT COUNT(NUMCUR) INTO CONTADOR FROM CURSOS
   WHERE NUMCUR = CODCURSO;
         IF (CONTADOR = 0) THEN
               RAISE NO_EXISTE_CURSO;
         ELSE
               DELETE FROM CURSOS WHERE NUMCUR = CODCURSO;
         END IF;
   EXCEPTION
         WHEN NO_EXISTE_CURSO THEN
         DBMS_OUTPUT.PUT_LINE('ERROR. NO EXISTE
         DICHO CURSO');
END BORRARCURSO;
```

2. Diseñar un procedimiento que permita mostrar los profesores cuya especialidad se pasa como parámetro, controlar con los posibles errores que se puedan producir.

```
CREATE OR REPLACE PROCEDURE MOSTRARPROFESOR (ESPE
IN PROFESORES.ESPPRO%TYPE)
IS
   CURSOR C1 IS SELECT NOMPRO FROM PROFESORES
   WHERE ESPPRO LIKE '%'||ESPE|| '%';
   REG C1%ROWTYPE;
   C NUMBER:=0;
BEGIN
   OPEN C1;
   LOOP
         FETCH C1 INTO REG;
         EXIT WHEN C1%NOTFOUND;
         C:=C+1;
         DBMS_OUTPUT.PUT_LINE(REG.NOMPRO);
   END LOOP;
   IF(C=0)THEN
         DBMS_OUTPUT.PUT_LINE('NO HAY NINGUN
         PROFESOR CON ESA ESPECIALIDAD');
   END IF;
END MOSTRARPROFESOR;
```

3. Diseñar una función que reciba la fecha de ingreso en la empresa de un profesor y muestre la edad sin decimales que esta tenía cuando ingresó en la misma.

```
CREATE OR REPLACE FUNCTION VER_EDAD_INGRESO
(FECHA DATE)
RETURN NUMBER
AS
   NACIMIENTO DATE;
   EDAD NUMBER;
BEGIN
   SELECT FNAPRO INTO NACIMIENTO FROM PROFESORES
   WHERE FINPRO=FECHA;
   EDAD := TRUNC(MONTHS_BETWEEN(FECHA,
   NACIMIENTO)/12);
   RETURN EDAD;
END;
```

4. Escribir un paquete completo para gestionar la tabla CURSOS. El paquete se llamará GEST_CURSO e incluirá, al menos, los siguientes subprogramas:

   a. Insertar un nuevo curso. Se introducirán como parámetros los diferentes atributos que componen la tabla. Se dará un mensaje de error si el número del curso estuviera repetido.

b. Borrar un curso. Se pasa como parámetro el número del curso y si este no existiera se dará un mensaje a través de una excepción.

c. Modificar la fecha de inicio. Se pasará como parámetro el número del curso y la nueva fecha de inicio.

d. Modificar fecha final. Ídem que el anterior, pero pasando la fecha de finalización.

e. Visualizar datos del curso pasando como parámetro el número del curso, también se incluirá una versión sobrecargada del procedimiento que recibirá el nombre del curso en vez del número.

f. Buscar curso por nombre. Función local que recibe el nombre y devuelve el número del curso.

```
CREATE OR REPLACE PACKAGE GEST_CURSO AS
PROCEDURE INSERTAR_CURSO(
V_NUMCUR CURSOS.NUMCUR%TYPE,
V_TITCUR CURSOS.TITCUR%TYPE,
V_PRECUR CURSOS.PRECUR%TYPE,
V_EDICUR CURSOS.EDICUR%TYPE,
V_HORCUR CURSOS.HORCUR%TYPE,
V_FINCUR CURSOS.FINCUR%TYPE,
V_FFICUR CURSOS.FFICUR%TYPE,
V_CRECUR CURSOS.CRECUR%TYPE,
V_NUMPRO CURSOS.NUMPRO%TYPE);
PROCEDURE BORRAR_CURSO (V_NUM_CURSO NUMBER);
PROCEDURE MODIFICAR_FECHAINI_CURSO(
V_NUM_CURSO CURSOS.NUMCUR%TYPE, V_FECHAINI
CURSOS.FINCUR%TYPE);
PROCEDURE MODIFICAR_FECHAFIN_CURSO( V_NUM_CURSO
CURSOS.NUMCUR%TYPE, V_FECHAFIN
CURSOS.FINCUR%TYPE);
PROCEDURE VISUALIZAR_DATOS_CURSO(
V_NUM_CURSO CURSOS.NUMCUR%TYPE);
PROCEDURE VISUALIZAR_DATOS_CURSO(
V_TÍTULO_CURSO CURSOS.TITCUR%TYPE);
END GEST_CURSO;

CREATE OR REPLACE PACKAGE BODY GEST_CURSO AS
FUNCTION BUSCAR_CURSO_POR_TÍTULO(N_CURSO VARCHAR2)
RETURN NUMBER;

/**************************************************/
PROCEDURE INSERTAR_CURSO(
V_NUMCUR CURSOS.NUMCUR%TYPE,
V_TITCUR CURSOS.TITCUR%TYPE,
V_PRECUR CURSOS.PRECUR%TYPE,
V_EDICUR CURSOS.EDICUR%TYPE,
V_HORCUR CURSOS.HORCUR%TYPE,
V_FINCUR CURSOS.FINCUR%TYPE,
```

```
V_FFICUR CURSOS.FFICUR%TYPE,
V_CRECUR CURSOS.CRECUR%TYPE,
V_NUMPRO CURSOS.NUMPRO%TYPE)
IS
BEGIN
   INSERT INTO CURSOS VALUES (V_NUMCUR, V_TITCUR,
   V_PRECUR, V_EDICUR,
   V_HORCUR, V_FINCUR, V_FFICUR, V_CRECUR,
   V_NUMPRO);
   DBMS_OUTPUT.PUT_LINE('SE HA INSERTADO EL
   CURSO '||V_NUMCUR||' DE TÍTULO '|| V_TITCUR);
EXCEPTION
   WHEN DUP_VAL_ON_INDEX THEN
   DBMS_OUTPUT.PUT_LINE('ERROR, NÚMERO DE CURSO
   DUPLICADO');
END INSERTAR_CURSO;

/***********************************************/
PROCEDURE BORRAR_CURSO(
V_NUM_CURSO NUMBER)
IS
BEGIN
   DELETE FROM CURSOS WHERE NUMCUR = V_NUM_CURSO;
   DBMS_OUTPUT.PUT_LINE('SE HA BORRADO EL CURSO '
   ||V_NUM_CURSO);
EXCEPTION
   WHEN NO_DATA_FOUND THEN
   DBMS_OUTPUT.PUT_LINE ('EL CURSO NO EXITE');
END BORRAR_CURSO;

/***********************************************/
PROCEDURE MODIFICAR_FECHAINI_CURSO(
V_NUM_CURSO CURSOS.NUMCUR%TYPE,
V_FECHAINI CURSOS.FINCUR%TYPE)
IS
BEGIN
   UPDATE CURSOS SET FINCUR = V_FECHAINI
   WHERE NUMCUR = V_NUM_CURSO;
   DBMS_OUTPUT.PUT_LINE('SE HA MODIFICADO LA FECHA
   DE INICIO DEL CURSO '||V_NUM_CURSO);
EXCEPTION
   WHEN NO_DATA_FOUND THEN
   DBMS_OUTPUT.PUT_LINE ('EL CURSO NO EXITE Y NO
   SE HA PODIDO MODIFICAR');
END MODIFICAR_FECHAINI_CURSO;

/***********************************************/
```

```
PROCEDURE MODIFICAR_FECHAFIN_CURSO(
V_NUM_CURSO CURSOS.NUMCUR%TYPE,
V_FECHAFIN CURSOS.FINCUR%TYPE)
IS
BEGIN
   UPDATE CURSOS SET FFICUR = V_FECHAFIN
   WHERE NUMCUR = V_NUM_CURSO;
   DBMS_OUTPUT.PUT_LINE('SE HA MODIFICADO LA FECHA
   DE FINAL DEL CURSO '||V_NUM_CURSO);
EXCEPTION
   WHEN NO_DATA_FOUND THEN
   DBMS_OUTPUT.PUT_LINE ('EL CURSO NO EXITE Y NO
   SE HA PODIDO MODIFICAR');
END MODIFICAR_FECHAFIN_CURSO;

/*********************************************/
PROCEDURE VISUALIZAR_DATOS_CURSO(
V_NUM_CURSO CURSOS.NUMCUR%TYPE)
IS
   REG_CURSO CURSOS%ROWTYPE;
BEGIN
   SELECT * INTO REG_CURSO FROM CURSOS WHERE
   NUMCUR= V_NUM_CURSO;
   DBMS_OUTPUT.PUT_LINE('NÚMERO: '||REG_CURSO.NUMCUR);
   DBMS_OUTPUT.PUT_LINE('TÍTULO: '||REG_CURSO.TITCUR);
   DBMS_OUTPUT.PUT_LINE('PRECIO: '||REG_CURSO.PRECUR);
   DBMS_OUTPUT.PUT_LINE('EDICION: '
   ||REG_CURSO.EDICUR);
   DBMS_OUTPUT.PUT_LINE('HORAS): '||REG_CURSO.HORCUR);
   DBMS_OUTPUT.PUT_LINE('FECHA DE INICIO: '
   ||REG_CURSO.FINCUR);
   DBMS_OUTPUT.PUT_LINE('FECHA DE FIN: '
   ||REG_CURSO.FINCUR);
   DBMS_OUTPUT.PUT_LINE('CREDITOS: '
   ||REG_CURSO.CRECUR);
   DBMS_OUTPUT.PUT_LINE('NÚMERO PROFESOR: '
   ||REG_CURSO.NUMPRO);
   END VISUALIZAR_DATOS_CURSO;

/*********************************************/
PROCEDURE VISUALIZAR_DATOS_CURSO(
V_TÍTULO_CURSO CURSOS.TITCUR%TYPE)
IS
   V_NUM_CURSO CURSOS.NUMCUR%TYPE;
   REG_CURSO CURSOS%ROWTYPE;
BEGIN
   V_NUM_CURSO:=BUSCAR_CURSO_POR_TÍTULO
   (V_TÍTULO_CURSO);
```

```
    SELECT * INTO REG_CURSO FROM CURSOS
    WHERE NUMCUR= V_NUM_CURSO;
    DBMS_OUTPUT.PUT_LINE('NÚMERO: '
    ||REG_CURSO.NUMCUR);
    DBMS_OUTPUT.PUT_LINE('TÍTULO: '
    ||REG_CURSO.TITCUR);
    DBMS_OUTPUT.PUT_LINE('PRECIO: '
    ||REG_CURSO.PRECUR);
    DBMS_OUTPUT.PUT_LINE('EDICION: '
    ||REG_CURSO.EDICUR);
    DBMS_OUTPUT.PUT_LINE('HORAS): '
    ||REG_CURSO.HORCUR);
    DBMS_OUTPUT.PUT_LINE('FECHA DE INICIO: '
    ||REG_CURSO.FINCUR);
    DBMS_OUTPUT.PUT_LINE('FECHA DE FIN: '
    ||REG_CURSO.FFICUR);
    DBMS_OUTPUT.PUT_LINE('CREDITOS: '
    ||REG_CURSO.CRECUR);
    DBMS_OUTPUT.PUT_LINE('NÚMERO PROFESOR: '
    ||REG_CURSO.NUMPRO);
END VISUALIZAR_DATOS_CURSO;

/***********************************************/
FUNCTION BUSCAR_CURSO_POR_TÍTULO(
N_CURSO VARCHAR2)
RETURN NUMBER
IS
    NÚMERO CURSOS.NUMCUR%TYPE;
BEGIN
    SELECT NUMCUR INTO NÚMERO FROM CURSOS
    WHERE TITCUR = N_CURSO;
    RETURN NÚMERO;
END BUSCAR_CURSO_POR_TÍTULO;
END GEST_CURSO;
```

RESUMEN

En esta unidad se ha aprendido que:

- Los subprogramas o bloques con nombre tienen parámetros para ser invocados desde otro bloque anónimo, subprograma o paquete. Se dividen en:
  - Funciones que se utilizan para devolver o calcular un valor.
  - Procedimientos o programas capaces de ejecutar una serie de acciones.
- Los procedimientos transfieren valores desde el entorno de llamada a través de parámetros de entrada, salida y entrada/salida. Estos se pueden pasar de forma posicional, asociación nombrada y de forma mixta.
- Las funciones devuelven un valor y solamente tienen parámetros de entrada. Las funciones pueden ser ejecutadas mediante variables host o ser invocadas desde un bloque PL.
- Los paquetes se utilizan para guardar subprogramas y otros objetos de la base de datos. Constan de:
  - Cabecera o especificación: en esta se declaran variables, excepciones, constantes, cursores y subprogramas disponibles para el usuario.
  - Cuerpo: donde se definen completamente los cursores y los subprogramas.
- La sobrecarga permite que varios subprogramas almacenados, declarados dentro de un mismo paquete, tengan el mismo nombre.

EJERCICIOS PROPUESTOS

1. Escribir un procedimiento que reciba una cadena y visualice el número del alumno y su nombre de todos los alumnos cuyo nombre contenga dicha cadena. Al finalizar, visualizar el número de empleados mostrados. Controlar los posibles errores que se puedan producir en la ejecución de este.
2. Realizar un procedimiento que suba el precio de los cursos un 10 % de aquellos que imparte un profesor que se pasa como parámetro. El cursor será diseñado con las cláusulas FOR UPDATE y WHERE CURRENT OF.
3. Crear un procedimiento que permita cambiar la especialidad a un profesor; se pasará como parámetro el nombre del profesor y la nueva especialidad. Controlar los posibles errores que se puedan producir.
4. Realizar un procedimiento que muestre los cursos que tienen más créditos.
5. Diseñar una función en la que, pasando una fecha como parámetro, diga los días que tiene el mes que la contiene.
6. Crear un paquete PL llamado FECHAS en cuyo cuerpo contenga las siguientes funciones:
   a. Introduciendo el año como parámetro, diga si este es bisiesto o no.
   b. Introduciendo el año y el mes en número. Decir si el mes es de 28, 29, 30 o 31 días.
   c. Introduciendo el año, el mes y el día como parámetros, devuelva el número de días transcurridos desde el uno de enero de ese año hasta el día seleccionado.
7. Diseñar un paquete que permita gestionar la tabla PROFESORES, que debe tener al menos los siguientes subprogramas:
   a. Insertar un nuevo profesor. El procedimiento recibe los datos oportunos y lo insertará. Se comprobará que el nombre no se duplique y le asignará como número de profesor el último número más uno.
   b. Borrar un profesor existente. Recibirá un parámetro con el código del profesor que borrar y los profesores que dependían de él pasarán a depender del profesor 101. Controlar si el profesor a borrar no existiera.
   c. Modificar el nombre del profesor. El procedimiento recibe el número del profesor y el nombre que modificar.
   d. Visualizar los datos del profesor. Se pasará como parámetro el número de profesor y mostrará su nombre, su salario y el número de cursos que ha realizado.
8. Crear un paquete PL llamado NÚMERO compuesto de las siguientes funciones que calculen:
   a. El cociente de dos números.
   b. El mayor de dos números.
   c. El menor de dos números.
   d. El MCD de dos números.

TEST DE EVALUACIÓN

1. **¿Cuántos valores devuelve una función?**
   a) Uno.
   b) Muchos.
   c) Ninguno.
2. **¿Qué tipo de parámetros existen en un procedimiento?**
   a) IN, OUT.
   b) IN OUT.
   c) Tanto la a como la b son correctas.
3. **El método posicional:**
   a) Es para variables.
   b) Es para pasar parámetros.
   c) Es para pasar parámetros globales.
4. **Las variables host se utilizan para ejecutar:**
   a) Paquetes.
   b) Procedimientos.
   c) Funciones.
5. **¿De qué se compone un paquete?**
   a) De cabecera y cuerpo.
   b) De especificación y cuerpo.
   c) Tanto la a como la b son correctas.
6. **¿Qué es la sobrecarga?**
   a) Crear subprogramas con el mismo nombre en el mismo paquete.
   b) Crear subprogramas con distinto nombre pero que hagan lo mismo en el mismo paquete.
   c) Crear subprogramas sin empaquetar.
7. **¿Qué paquete regula la ejecución periódica de un código PL?**
   a) DBMS_DDL
   b) DBMS_DESCRIBE
   c) DBMS_JOB
8. **¿Qué hace la tabla USER_SOURCE del diccionario de datos?**
   a) Permite ver el código fuente de los paquetes.
   b) Permite ver el código fuente de las funciones.
   c) Permite ver el código de los bloques anónimos.

U 15

Disparadores en la base de datos

En esta unidad vas a estudiar:

Con su estudio, vas a ser capaz de:

- Manejar y crear disparadores que se ejecuten al producirse un evento externo.

15.1 Introducción

GLOSARIO

Evento: suceso que provoca una reacción y hace que se active un programa.

Disparador: bloque PL que se ejecuta implícitamente cuando se produce un evento.

Un disparador o trigger es un bloque PL/SQL que se ejecuta implícitamente cuando ocurre un evento o acción detectada por el programa. Los disparadores pueden ser de dos tipos:

- De la base de datos: los cuales se ejecutan de forma implícita cuando se lanza una sentencia DML (INSERT, DELETE o UPDATE) hacia la tabla.
- De aplicación: se ejecutan de forma implícita cuando ocurre un evento particular en la aplicación.

15.2 Componentes de un disparador

Los disparadores garantizan que cuando se realiza una operación específica se realicen también las acciones relacionadas. Se deben utilizar para operaciones globales y no es conveniente definirlos para implementar reglas de integridad.

Al crear un disparador se tendrá en cuenta:

- El momento de ejecución en relación con el evento, pudiendo ser antes (BEFORE) de producirse el evento o sentencia DML o después (AFTER) de producirse el evento.
- El evento propiamente dicho pudiendo ser INSERT, DELETE o UPDATE.
- Los disparadores pueden ser de dos tipos dependiendo de la ejecución del cuerpo de este:
    - De sentencia: el cuerpo del disparador se ejecuta una vez para el evento.
    - De fila: el cuerpo del disparador se ejecuta una vez para cada registro afectado por el evento.

15.3 Gestión de disparadores

15.3.1 A nivel sentencia

Como se dijo anteriormente, el cuerpo del disparador se ejecuta una vez producido el evento. La sintaxis para este tipo de disparadores es:

```
CREATE [OR REPLACE] TRIGGER NOMBRE_DISPARADOR
{BEFORE | AFTER} EVENTO1
[ OR EVENTO2 OR EVENTO3 ...]
ON TABLE_NOMBRE
BLOQUE PL/SQL;
```

Donde evento es una sentencia INSERT, DELETE o UPDATE.

EJEMPLO 15.1

Diseñar un disparador llamado SEGURIDAD que restrinja la inserción de elementos el día 1 de todos los meses en la tabla CURSOS. Será a nivel sentencia y se ejecutará antes de producirse el evento.

```
CREATE OR REPLACE TRIGGER SEGURIDAD
BEFORE INSERT ON CURSOS
BEGIN
      IF(TO_CHAR(SYSDATE, 'DD') IN (01)) THEN
      RAISE_APPLICATION_ERROR (-20500, 'NO SE INSERTA EL DÍA 1');
      END IF;
END;
```

En este disparador, si se intenta introducir un registro en la tabla cursos no nos dejara, pues está restringida a la introducción de registros todos los primeros de mes.

La cláusula RAISE_APPLICATION_ERROR imprime el mensaje de usuario y provoca que falle. Su sintaxis es:

```
RAISE_APPLICATION_ERROR (- NÚMERO, 'MENSAJE');
```

Cuando un disparador falla, el gestor de la base de datos hace ROLLBACK sobre las sentencias que se hayan hecho con el disparador.

Se pueden combinar varios eventos de un disparador en uno solo, aprovechando los siguientes predicados condicionales: INSERTING, DELETING y UPDATING.

EJEMPLO 15.2

Modificar el ejemplo anterior para que esto ocurra al realizar una inserción, modificación o eliminación de datos el día 1 de cada mes.

```
CREATE OR REPLACE TRIGGER SEGURIDAD
BEFORE INSERT OR UPDATE OR DELETE
ON CURSOS
BEGIN
      IF (TO_CHAR (SYSDATE, 'DD') IN (01)) THEN
      IF DELETING THEN
      RAISE_APPLICATION_ERROR (-20501, 'NO SE PUEDE BORRA EL DÍA 1');
      ELSIF INSERTING THEN
      RAISE_APPLICATION_ERROR (-20502, 'NO SE PUEDE INSERTAR EL DÍA 1');
      ELSIF UPDATING ('PRECUR') THEN
      RAISE_APPLICATION_ERROR (-20503, 'NO SE PUEDE MODIFICAR EL PRECIO
      DEL CURSO EL 1');
      ELSE
      RAISE_APPLICATION_ERROR (-20504, 'NO SE PUEDE MODIFICAR EL DÍA 1');
      END IF;
      END IF;
END;
```

15.3.2 A nivel registro

El disparador se ejecuta una vez para cada registro afectado por el evento. Su sintaxis es la siguiente:

```
CREATE [OR REPLACE] TRIGGER NOMBRE_DISPARADOR
{BEFORE|AFTER} EVENTO 1 [OR EVENTO2 OR EVENTO3
...]
ON NOMBRE_TABLA
[REFERENCES {OLD AS ANTIGUO | NEW AS NUEVO}]
FOR EACH ROW
[WHEN CONDICIÓN]
BLOQUE PL/SQL;
```

Donde:

EVENTO: si el evento es UPDATE tiene la siguiente sintaxis: UPDATE [OF nombre_columna].

FOR EACH ROW: indica que el disparador es a nivel registro.

WHEN condición: evalúa la condición del disparador.

REFERENCES...: permite cambiar los prefijos OLD y NEW por otros.

EJEMPLO 15.3

Crear un disparador llamado SUBIDA_SAL_PROF que se ejecute después de cada modificación en la columna SALPRO en la tabla PROFESORES. Se guardarán los valores insertados en otra tabla llamada AUDITAR.

```
/*SI LA TABLA NO EXISTE SE CREA*/
CREATE TABLE AUDITAR
(COLUMNA1 VARCHAR2(200));

/* SE CREA EL DISPARADOR*/
CREATE OR REPLACE TRIGGER SUBIDA_SAL_PROF
AFTER UPDATE OF SALPRO
ON PROFESORES
FOR EACH ROW
BEGIN
      INSERT INTO AUDITAR VALUES ('SUBIDA DEL SALARIO DEL PROFESOR '
      ||:OLD.NUMPRO||' QUE ERA DE '||:OLD.SALPRO||' ES DE '||
      :NEW.SALPRO);
END;
/*AL MODIFICAR EN LA TABLA PROFESORES SE INTRODUCE UN REGISTRO EN LA
TABLA SUBIDAS*/
```

Hay que tener en cuenta que a un disparador se le invoca implícitamente y no admite ni COMMIT, ni SAVEPOINT, ni ROLLBACK.

Las operaciones que se pueden hacer con un disparador son:

- Activar o desactivar:

```
ALTER TRIGGER NOMBRE_DISPARADOR {ENABLE|DISABLE};
```

- Activar o desactivar asociados a tabla:

```
ALTER TRIGGER NOMBRE_DISPARADOR {ENABLE|DISABLE}
ALL TRIGGERS;
```

- Compilar:

```
ALTER TRIGGER NOMBRE_DISPARADOR COMPILE;
```

- Borrado:

```
DROP TRIGGER NOMBRE_DISPARADOR;
```

- Ver en el diccionario de datos:

```
USER_OBJECTS, USER_TRIGGERS Y DBA_TRIGGERS.
```

15.4 Pruebas sobre disparadores

Para probar el correcto funcionamiento de los disparadores es conveniente hacer lo siguiente:

- Probar cada una de las operaciones de datos sobre los disparadores, así como las operaciones sobre otros datos.
- Probar cada posibilidad de la cláusula WHEN.
- Provocar el disparo.
- Probar el efecto del disparador sobre otros disparadores que provocarán un evento hacia la misma tabla.
- Probar el efecto de otros disparadores sobre el actual.

EJEMPLO 15.4

Crear un disparador llamada BORRADO que se ejecute antes de borrar un profesor, de la tabla PROFESORES, guardando los datos borrados en la tabla AUDITAR.

```
CREATE OR REPLACE TRIGGER BORRADO
BEFORE DELETE ON PROFESORES
FOR EACH ROW
BEGIN
      INSERT INTO AUDITAR VALUES ('BORRADO PROFESOR ' || '*' ||
      :OLD.NUMPRO || '*' ||:OLD.NOMPRO || '*' ||:OLD.NOMPRO);
END;
```

EJEMPLO 15.5

Crear un disparador en la tabla PROFESORES llamado CALCULO_COM, para calcular la comisión de un profesor de la especialidad WEB cuando se añaden registros a la tabla PROFESORES o cuando se modifica el salario de esta espacialidad, teniendo en cuenta que al insertar la comisión valdrá 0 y cuando se modifica si esta es nula vale cero y si no es nula es la antigua comisión por el nuevo salario entre el antiguo.

```
CREATE OR REPLACE TRIGGER CALCULO_COM
BEFORE INSERT OR UPDATE OF SALPRO ON PROFESORES
FOR EACH ROW
WHEN (NEW.ESPPRO='WEB')
BEGIN
      IF INSERTING THEN :NEW.COMPRO:=0;
      ELSE
      IF :OLD.COMPRO IS NULL THEN
      :NEW.COMPRO:=0;
      ELSE
      :NEW.COMPRO:=:OLD.COMPRO*(:NEW.SALPRO/:OLD.SALPRO);
      END IF;
      END IF;
END;
```

15.5 Reglas e implementación

Las reglas fundamentales que rigen los disparadores son:

- No leer los datos de una tabla que se está transformando. Una tabla mutante es aquella que está siendo actualizada mediante sentencias DML, funciones o los efectos de una acción de integridad referencial (FOREIGN KEY).

EJEMPLO 15.6

Crear un disparador CHEQUEO que garantice que siempre que se añada un profesor a la tabla PROFESORES o se cambie un salario, el salario caiga dentro del establecido por el máximo y por el mínimo. La condición del disparador será que el nuevo profesor sea distinto del profesor 101.

```
CREATE OR REPLACE TRIGGER CHEQUEO
BEFORE INSERT OR UPDATE OF SALPRO, ESPPRO
ON PROFESORES
FOR EACH ROW
WHEN (NEW.NUMPRO<>101)
DECLARE
      V_MINSAL PROFESORES.SALPRO%TYPE;
      V_MAXSAL PROFESORES.SALPRO%TYPE;
BEGIN
      SELECT MIN(SALPRO), MAX(SALPRO) INTO
      V_MINSAL, V_MAXSAL
      FROM PROFESORES WHERE ESPPRO=:NEW.ESPPRO;
      IF (:NEW.SALPRO<V_MINSAL) OR (:NEW.SALPRO>V_MAXSAL) THEN
      RAISE_APPLICATION_ERROR (-20550, 'FUERA DE RANGO');
END IF;
END;
/*AL MODIFICAR UN SALARIO, SE PRODUCIRÁ UN ERROR DURANTE LA EJECUCIÓN
DEL DISPARADOR AL ESTAR CAMBIANDO O MUTANDO LA TABLA*/
```

- Combinando datos de una tabla restrictiva. Una tabla es restrictiva cuando un disparador tiene la necesidad de leer directamente una sentencia SQL o indirectamente mediante una restricción de integridad referencial.

EJEMPLO 15.7

Crear un disparador llamado CAMBIOS que intente actualizar en cascada la clave foránea para los registros hijos de la tabla PROFESORES, a partir del cambio de la clave primaria de la tabla PROFESORES.

```
CREATE OR REPLACE TRIGGER CAMBIOS
AFTER UPDATE OF NUMPRO ON PROFESORES
FOR EACH ROW
BEGIN
      UPDATE PROFESORES SET PROFESORES.NUMPRO =:NEW.NUMPRO
      WHERE PROFESORES.NUMPRO =:OLD.NUMPRO;
END;
/*AL MODIFICAR UN NÚMERO DE PROFESOR DE LA TABLA PROFESORES, PRODUCIRÁ
UN ERROR PUES ES CLAVE EXTRANJERA ESE MISMO CAMPO EN LA TABLA CURSOS*/
```

Los disparadores se implementan por las siguientes razones:

- **Seguridad:** permiten el acceso a las tablas según el valor de los datos.
- **Auditorías:** guardan los valores en otras tablas.
- **Integridad de datos:** implementan reglas complejas de integridad.
- **Integridad referencial:** implementan funcionalidad no estándar.
- **Replicación de datos:** copian tablas de manera sincronizada a través de réplicas.
- **Datos derivados:** calculan automáticamente valores que se derivan de otros datos.
- **Control de eventos:** controla los eventos de forma transparente.

GLOSARIO

Tabla mutante: es aquella tabla que se está transformando en el momento que se accede a ella para realizar una sentencia DML.

Tabla restrictiva: cuando un disparador tiene la necesidad de leer directamente una sentencia SQL.

15.6 Disparadores en las vistas

Este tipo de disparadores se usan para proporcionar la modificación de vistas que no se podrían hace mediante sentencias SQL.

EJEMPLO 15.8

Construir un disparador que permita realizar operaciones de actualización en la tabla PROFESORES a partir de la vista PROFES; el disparador se llamará GEST_PROFES y permitirá insertar, borrar y modificar la especialidad del profesor.

```
/*EN PRIMER LUGAR SE CREA LA VISTA SI ESTA NO EXISTE*/

CREATE OR REPLACE VIEW W_PROFES AS
SELECT PROFESORES.NUMPRO, NOMPRO, ESPPRO, COUNT (CURSOS.NUMCUR)
TOT_CURSOS
FROM PROFESORES, CURSOS WHERE CURSOS.NUMPRO = PROFESORES.NUMPRO
GROUP BY PROFESORES.NUMPRO, NOMPRO, ESPPRO;
```

EJEMPLO 15.8 (continuación)

```
/*SI SE INTENTA INTRODUCIR UN NUEVO REGISTRO A LA VISTA, NO DEJA, DEBIDO
A QUE LA VISTA ES COMPLEJA. A CONTINUACIÓN, CREAMOS EL DISPARADOR*/

CREATE OR REPLACE TRIGGER GEST_PROFES
INSTEAD OF DELETE OR INSERT OR UPDATE ON W_PROFES
FOR EACH ROW
BEGIN
      IF DELETING THEN
      DELETE PROFESORES WHERE NUMPRO=:OLD.NUMPRO;
      ELSIF INSERTING THEN
      INSERT INTO PROFESORES (NUMPRO, NOMPRO, ESPPRO)VALUES (:NEW.NUMPRO,
      :NEW.NOMPRO, :NEW.ESPPRO);
      ELSIF UPDATING ('ESPPRO') THEN
      UPDATE PROFESORES SET ESPPRO=:NEW.ESPPRO
      WHERE NUMPRO=:OLD.NUMPRO;
      ELSE
      RAISE_APPLICATION_ERROR (-20501, 'ERROR');
      END IF;
END;

/*SI SE INSERTA EN LA TABLA A TRAVÉS DE LA VISTA, YA SE NOS PERMITE PUES
EL DISPARADOR HA HECHO SU LABOR. */
```

15.7 Ejercicios resueltos

1. Construir un disparador de la base de datos que permita auditar las operaciones de inserción o borrado de datos que se realicen en la tabla PROFESORES según las siguientes especificaciones:

   a. En primer lugar, se creará una tabla AUDITAR con la columna llamada información de tipo VARCHAR2(200).

   b. Cuando se produzca cualquier manipulación se insertará una fila en la tabla AUDITAR que contendrá: fecha y hora, número de empleado, nombre y la operación realizada INSERCIÓN o BORRADO.

```
CREATE TABLE AUDITAR (INFO VARCHAR2(200));

CREATE OR REPLACE TRIGGER AUDITAR_INSERCION_
BORRADO
AFTER INSERT OR DELETE
ON PROFESORES
FOR EACH ROW
BEGIN
   IF INSERTING THEN
   INSERT INTO AUDITAR VALUES (SYSTIMESTAMP || ' '
   || :NEW.NUMPRO ||' ' || :NEW.NOMPRO || ' ' ||
   'INSERCION');
   ELSE IF DELETING THEN
         INSERT INTO AUDITAR VALUES (SYSTIMESTAMP
         || ' ' || :OLD.NUMPRO ||' ' || :OLD.NOMPRO
         || ' ' || 'BORRADO');
   END IF;
   END IF;
END;
```

RESUMEN

En esta unidad se ha aprendido que:

- Un disparador o trigger es un bloque PL/SQL que se ejecuta implícitamente cuando ocurre un evento o una acción detectada por el programa. Son de dos tipos:
  - De la base de datos: los cuales se ejecutan de forma implícita cuando se lanza una sentencia DML hacia la tabla.
  - De aplicación: se ejecutan de forma implícita cuando ocurre un evento particular en la aplicación.
- Tienen dos reglas fundamentales: no leer los datos de una tabla si esta se está transformando y cuando combina datos de una tabla restrictiva.
- Se pueden crear disparadores en las tablas y en las vistas.

EJERCICIOS PROPUESTOS

1. Escribir un disparador de base de datos que permita auditar las modificaciones en la tabla CURSOS insertado en la tabla AUDITAR creada anteriormente con los siguientes datos: fecha y hora, número de curso, título, la operación de modificación y el valor antiguo y el valor nuevo de cada columna modificada (solo las columnas modificadas).
2. Escribir un disparador de base de datos que haga fallar cualquier operación de modificación en la tabla PROFESORES del nombre o del número de un profesor, o que suponga una subida de sueldo superior al 10 %.
3. Diseñar un disparador llamado SEGURIDAD_ALUMNOS que restrinja la inserción de elementos el día 31 de diciembre en la tabla ALUMNOS. Será a nivel sentencia y se ejecutará antes de producirse el evento.

TEST DE EVALUACIÓN

1. **Los disparadores pueden ser:**
   a) De la BD y de aplicación.
   b) Siempre de la base de datos.
   c) Siempre de la aplicación.
2. **¿Qué es un evento en una base de datos?**
   a) Una unidad de tiempo.
   b) Una sentencia DCL.
   c) Una sentencia DML.
3. **¿Admiten COMMIT los disparadores?**
   a) No.
   b) Sí.
   c) A veces.
4. **¿Qué es una tabla restrictiva?**
   a) Cuando un disparador tiene la necesidad de leer directamente una sentencia SQL.
   b) Cuando un disparador tiene la necesidad de leer directamente una sentencia SQL o indirectamente mediante una restricción de integridad referencial.
   c) Cuando un disparador tiene la necesidad de leer directamente una sentencia SQL o indirectamente mediante una restricción de integridad de la entidad.
5. **¿Qué es una tabla mutante?**
   a) Aquella que está siendo actualizada mediante sentencias DML, funciones o los efectos de la integridad referencial.
   b) Aquella que está siendo actualizada mediante sentencias DML, funciones o los efectos de la integridad de la entidad.
   c) Aquella que está siendo actualizada mediante sentencias DML, funciones o los efectos de la integridad implícita.

Bloque 5

Otras bases de datos

U 16

Bases de datos NoSQL

En esta unidad vas a estudiar:

- 16.1 Introducción a las bases de datos NoSQL
- 16.2 Tipos
- 16.3 Bases de datos nativas o XML
- 16.4 Base de datos MongoDB

Con su estudio, vas a ser capaz de:

- Conocer los diferentes tipos de bases de datos no relacionales que existen en el mercado.
- Trabajar con las bases de datos NoSQL: BaseX y MongoDB.

16.1 Introducción a las bases de datos NoSQL

GLOSARIO

Atomicidad: es una propiedad del modelo ACID (Atomicity, Consistency, Isolation y Durability) que garantiza que una operación o transacción se ejecute como una unidad indivisible.

Big data: es el término que describe el gran volumen de datos, tanto estructurados como no estructurados, con los que trabajan las diferentes empresas.

Una base de datos NoSQL es aquella que almacena sus datos en un formato distinto a las tablas relacionales. Permiten almacenar los datos de forma más intuitiva y fácil de entender.

No requieren estructuras de datos fijas (tablas) y no garantizan la consistencia de la transacción ACID (atomicidad, consistencia, aislamiento y durabilidad) de las bases de datos relacionales y SQL.

Se utilizan generalmente para aplicaciones web en tiempo real y Big Data, ya que presentan muy buenas características en escalabilidad y disponibilidad.

Las principales ventajas que poseen las bases de datos NoSQL con respecto a las relacionales son:

- Flexibilidad. Los datos se almacenan de forma más libre, no existiendo rigidez en los esquemas de datos.
- Escalabilidad. Es la capacidad que tiene una base de datos de mejorar la disponibilidad y su comportamiento cuando se demandan más recursos. La escalabilidad se puede hacer verticalmente añadiendo más servidores (como en las bases de datos relacionales) y horizontalmente utilizando hardware elemental, lo cual permite ganar en tamaño y en potencia.
- Alto rendimiento. Tienen tiempos de respuestas muy rápidos.
- Disponibilidad. La replicación de la información se hace automáticamente en los centros de proceso de datos, en los servidores o en la nube.
- Alta funcionalidad. Permite almacenar datos distribuidos ya que tienen más capacidad de almacenamiento.

16.2 Tipos

Las bases de datos NoSQL se clasifican en los siguientes grupos:

- **Documentales.** Almacenan datos semiestructurados y descripciones en formato de documentos. Se utilizan para la gestión de contenido y el manejo de datos de aplicaciones móviles. Ejemplos de estas bases de datos son: MongoDB y BaseX.
- **Gráficas.** Almacenan datos de gráficos en nodos. Las bases de datos gráficas se aplican en sistemas que deben mapear relaciones, como plataformas de redes sociales, sistemas de reservas o gestión de relaciones con los clientes. Ejemplos de estas bases de datos son Neo4j e IBM Graph.
- **Valor clave.** Implementan un modelo de datos simple que empareja una clave única con un valor asociado. Son las mejores para almacenar y administrar sesiones y almacenamiento en caché en las aplicaciones web, administrar detalles en el carrito de la compra online o para administrar los detalles de la sesión para juegos multijugador. Entre las más utilizadas tenemos DynamoDB y Redis.
- **Almacenes de columna ancha.** Estas utilizan tablas, columnas y filas conocidas, como tablas de bases de datos relacionales, pero los nombres y el formato de las columnas pueden diferir de una fila a otra en una sola tabla. Entre las más usadas se encuentran Amazon SimpleDB y Cassandra.

16.3 Bases de datos nativas o XML

Introducción a las BBDD XML

Una base de datos nativa almacena los datos en formato XML. Soportan transacciones, acceso multiusuario y lenguajes de consulta.

Los datos almacenados en los documentos pueden consultarse mediante XPath o XQuery.

Las principales características que presentan estas bases de datos son:

- Utilizan el lenguaje XML para su tratamiento.
- La información está estructurada de manera jerárquica o de árbol.
- Los datos se presentan ordenados.
- Los datos conllevan etiquetas y marcajes para definir los mismos.

Las principales ventajas que presentan estas bases de datos son:

- Facilidad en la lectura y procesamiento.
- Fáciles de exportar e importar a los programas.
- Los documentos son fáciles de actualizar permitiendo añadir nuevas etiquetas.

Por otro lado, los principales inconvenientes son:

- Lentitud a la hora de acceder a los datos.
- Pueden existir problemas a la hora de garantizar la seguridad.
- Los sistemas gestores de este tipo de base de datos tienen ciertas limitaciones.

GLOSARIO

Lenguaje XML: es un lenguaje de formato simple basado en texto para representar la información de manera estructurada.

Árbol XML: es la estructura jerárquica y conceptual en la que se representa e interpreta un documento XML. Los documentos XML deben contener un elemento raíz u origen y del cuelgan elementos que pueden tener subelementos, texto y atributos.

Instalación de BaseX

BaseX es una base de datos XML nativa escalable, con un gran rendimiento y muy ligera. Permite implementar de manera muy eficaz consultas utilizando XPath y XQuery; además, posee una interfaz que permite acceso visual a los datos almacenados.

Entre sus principales características destacan:

- Alto rendimiento de almacenamiento.
- Se ajusta a los estándares del W3C (World Wide Web Consortium).
- Utiliza una arquitectura cliente/servidor.
- Visualizaciones de los datos muy interactivas, dando una visión general del documento con el que se está trabajando.
- Instalable prácticamente en cualquier sistema operativo.

Es gratuita y se puede descargar en el siguiente enlace: https://basex.org/download/

Para la instalación seguiremos los siguientes pasos:

1. Accedemos con el enlace dado y nos descargamos la versión deseada. En este caso descargaremos BaseX107.exe para Windows.
2. Una vez descargada, se instala la base de datos siguiendo el siguientes proceso:

Imagen 16.1 Proceso de instalación de BaseX.

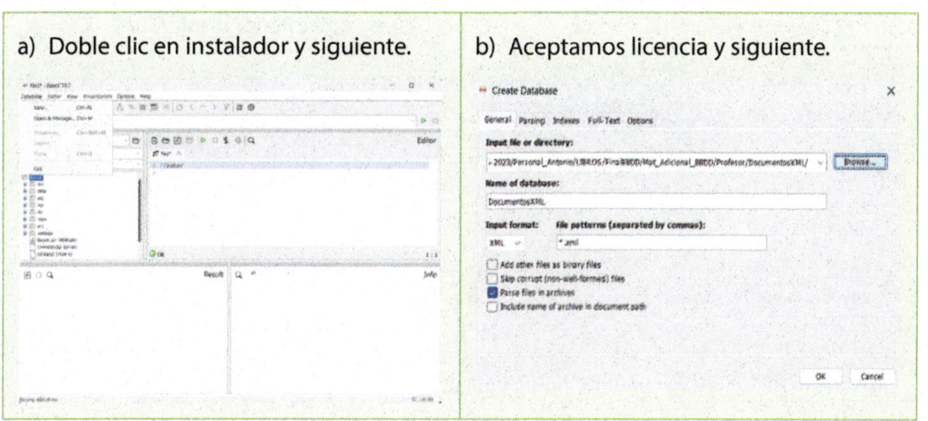

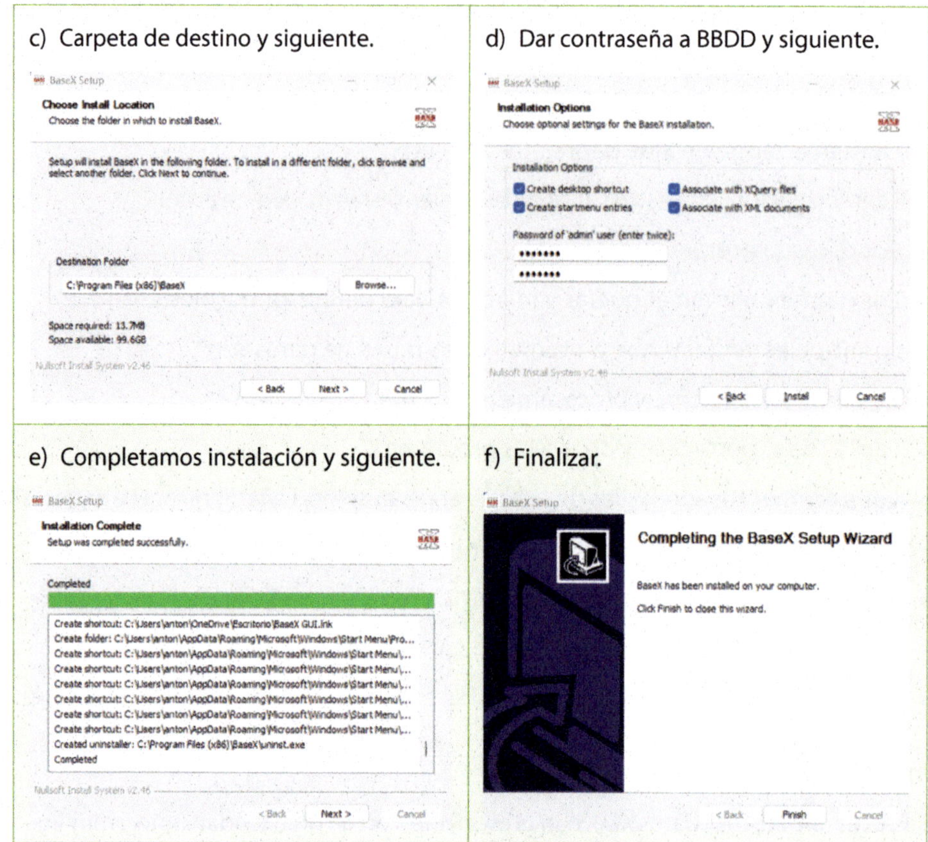

3. Se comprueba el correcto funcionamiento de la base de datos haciendo lo siguiente:

Imagen 16.2 Comprobación del funcionamiento.

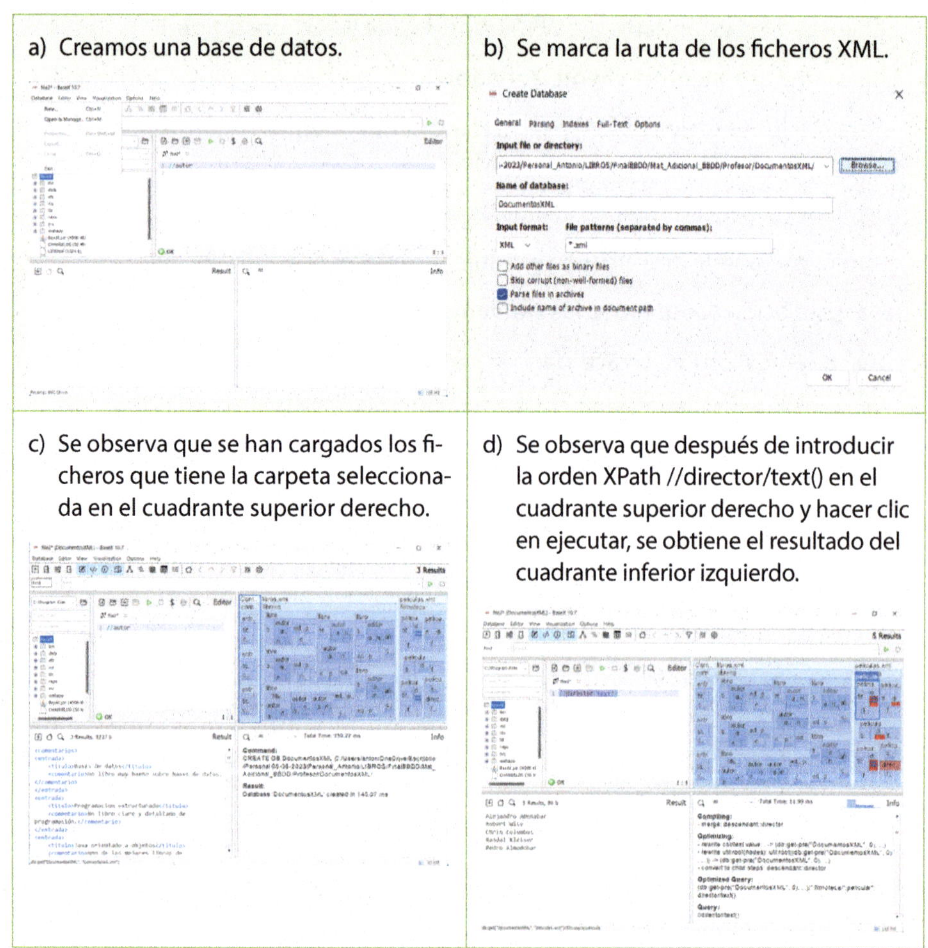

Estructura de los documentos XML

Un documento XML es un árbol de nodos. Un árbol es un grafo en el que cualquier pareja de vértices está conectada por un único camino (es decir, que no hay ciclos). Un árbol dirigido es un árbol en el que las aristas tienen dirección y todos los nodos menos uno tiene un único padre.

El nodo raíz en un árbol es el único que no tiene padre ni nodos hermanos. Los nodos hermanos son nodos que tienen el mismo padre.

Los nodos descendientes de un nodo son todos los nodos a los que se llega desde ese nodo. Los nodos ascendientes de un nodo son todos aquellos anteriores al nodo.

Un documento XML puede representarse como un árbol dirigido; en dicho árbol aparecen los siguientes tipos de nodos:

- Raíz
- Elemento
- Atributo
- Texto
- Comentario
- Instrucción de procesamiento
- Espacio de nombres

Un ejemplo de documento XML es el fichero películas.xml, el cual se muestra a continuación:

```
<?xml version="1.0" encoding="UTF-8"?>
<filmoteca>

    <pelicula>
        <titulo>Tesis</titulo>
        <director nacionalidad="Española">Alejandro Amenabar</director>
        <fechaEstreno año="1996"/>
    </pelicula>

    <pelicula>
        <titulo>Sonrisas y lagrimas</titulo>
        <director>Robert Wise</director>
        <fechaEstreno año="1965"/>
    </pelicula>

    <pelicula>
        <titulo>Harry Potter</titulo>
        <director nacionalidad="Estadounidense">Chris Columbus</director>
        <fechaEstreno año="2001"/>
    </pelicula>

    <pelicula>
        <titulo>Grease</titulo>
      <director nacionalidad="Estadounidense">Randal Kleiser</director>
```

```
        <fechaEstreno año="1978"/>
    </pelicula>

    <pelicula>
        <titulo>Mujeres al borde de un ataque de nervios</titulo>
        <directornacionalidad="Española">PedroAlmodóvar</director>
        <fechaEstreno año="1988"/>
    </pelicula>

</filmoteca>
```

Este fichero se puede poner en forma de árbol tal y como se muestra a continuación:

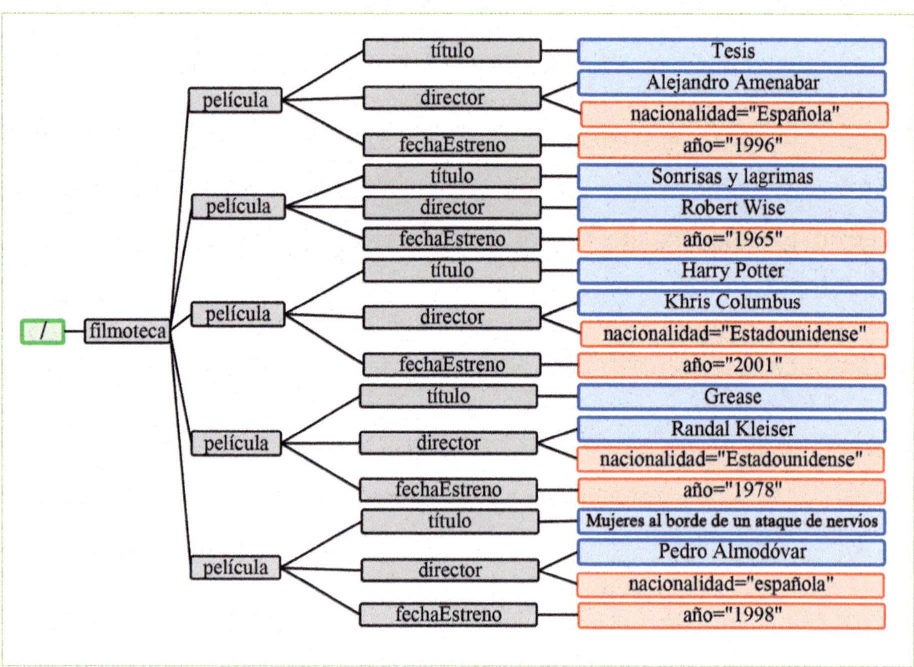

El nodo verde es el raíz, los grises son elementos, los azules son de texto y los rojos son de atributos.

Los nodos de texto no son como los nodos elemento ya que no tienen descendientes. Los nodos atributo son etiquetas adosada al elemento.

Consultas con XPath

XPath es un lenguaje que permite seleccionar diferentes nodos de un documento XML. Existen diferentes versiones de este lenguaje aprobadas por el W3C (World Wide Web Consortium), entre las que se encuentran:

- noviembre de 1999: XPath 1.0.
- enero de 2007: XPath 2.0.
- diciembre de 2010: XPath 2.0 (2.ª edición).
- abril de 2014: XPath 3.0.
- marzo de 2017: XPath 3.1.

XPath considera un documento XML como un árbol de nodos, tal y como se explicó anteriormente.

XPath nos permite extraer información o realizar consultas a los datos que contiene un documento XML.

En cualquier documento XML, cuando se ejecuta una sentencia XPath hay dos formas de especificar el contexto de la expresión:

d) Relativa: La selección se realizará partiendo del nodo actual.

e) Absoluta: La selección se realiza partiendo del nodo raíz.

Los **ejes (axis)** representan una relación del nodo en el que se está con respecto a los otros nodos del árbol; por tanto, permite seleccionar una parte de los nodos de un documento XML. Existen los siguientes ejes en XML:

- /

Indica los hijos del nodo raíz, si no, se especifica el hijo posteriormente. Si este se especificara aparecerían los hijos de ese hijo.

EJEMPLO 16.1

Diferentes situaciones donde se devuelve información de un nodo especificado.

Entrada	Salida
/filmoteca/pelicula/titulo	<titulo>Tesis</titulo> <titulo>Sonrisas y lagrimas</titulo> <titulo>Harry Potter</titulo> <titulo>Grease</titulo> <titulo>Mujeres al borde de un ataque de nervios</titulo>
/pelicula	No devuelve nada, pues película no es hijo del nodo raíz.
/filmoteca/director	No devuelve nada, pues director no es hijo de filmoteca.

- //

Indica los descendientes de un nodo. Si se escribe //nb_nodo, indica los hijos del nodo independientemente de los nodos que haya por delante.

EJEMPLO 16.2

Diferentes situaciones de descendientes de un nodo.

Entrada	Salida
//director	<titulo>Tesis</titulo> <titulo>Sonrisas y lagrimas</titulo> <titulo>Harry Potter</titulo> <titulo>Grease</titulo> <titulo>Mujeres al borde de un ataque de nervios</titulo>
//director//pelicula	No devuelve nada, pues película no es hijo de director.

- @

Selecciona el atributo.

EJEMPLO 16.3

Selección de atributos.

Entrada	Salida
//director/ @nacionalidad	nacionalidad="Española" nacionalidad="Estadounidense" nacionalidad="Estadounidense" nacionalidad="Española"
//fechaEstreno/@año	año="1996" año="1965" año="2001" año="1978" año="1988"
//@fechaEstreno	No devuelve nada, ya que fecha de estreno no es un atributo.

- ..

Selecciona el nodo padre.

EJEMPLO 16.4

Selección de un nodo padre.

Entrada	Salida
//director/..	<pelicula> <titulo>Tesis</titulo> <director nacionalidad="Española">Alejandro Amenabar</director> <fechaEstreno año="1996"/> </pelicula> <pelicula> <titulo>Sonrisas y lagrimas</titulo> <director>Robert Wise</director> <fechaEstreno año="1965"/> </pelicula> <pelicula> <titulo>Harry Potter</titulo> <director nacionalidad="Estadounidense">Chris Columbus</director> <fechaEstreno año="2001"/> </pelicula> <pelicula> <titulo>Grease</titulo> <director nacionalidad="Estadounidense">Randal Kleiser</director> <fechaEstreno año="1978"/> </pelicula> <pelicula> <titulo>Mujeres al borde de un ataque de nervios</titulo> <director nacionalidad="Española">Pedro Almodóvar</director> <fechaEstreno año="1988"/> </pelicula>

- **|**

Permite realizar varias rutas de visualización las cuales están separadas por |

EJEMPLO 16.5

Visualización de varias rutas del documento.

Entrada	Salida
//director/@nacionalidad|//titulo	<titulo>Tesis</titulo> nacionalidad="Española" <titulo>Sonrisas y lagrimas</titulo> <titulo>Harry Potter</titulo> nacionalidad="Estadounidense" <titulo>Grease</titulo> nacionalidad="Estadounidense" <titulo>Mujeres al borde de un ataque de nervios</titulo> nacionalidad="Española"

- **/node() o //node()**

El primero selecciona los hijos de un nodo, mientras que el segundo, todos los descendientes de un nodo.

EJEMPLO 16.6

Diferentes situaciones de node().

Entrada	Salida
//pelicula/node()	<titulo>Tesis</titulo> <director nacionalidad="Española">Alejandro Amenabar</director> <fechaEstreno año="1996"/> <titulo>Sonrisas y lagrimas</titulo> <director>Robert Wise</director> <fechaEstreno año="1965"/> <titulo>Harry Potter</titulo> <director nacionalidad="Estadounidense">Chris Columbus</director> <fechaEstreno año="2001"/> <titulo>Grease</titulo> <director nacionalidad="Estadounidense">Randal Kleiser</director> <fechaEstreno año="1978"/> <titulo>Mujeres al borde de un ataque de nervios</titulo> <director nacionalidad="Española">Pedro Almodóvar</director> <fechaEstreno año="1988"/>
//director/node()	Alejandro Amenabar Robert Wise Chris Columbus Randal Kleiser Pedro Almodóvar

- **/text() o //text()**

El primero selecciona únicamente el texto de un nodo; en cambio, el segundo indica el texto contenido en un nodo y el de todos sus descendientes.

EJEMPLO 16.7

Diferentes casos de text().

Entrada	Salida
//pelicula/text()	No devuelve nada, pues película no es un nodo terminal.
//director/text()	Alejandro Amenabar Robert Wise Chris Columbus Randal Kleiser Pedro Almodóvar

- *****

Selecciona todos los elementos.

EJEMPLO 16.8

Selección de todos los elementos de un nodo.

Entrada	Salida
//filmoteca/*	<pelicula> <titulo>Tesis</titulo> <director nacionalidad="Española">Alejandro Amenabar</director> <fechaEstreno año="1996"/> </pelicula> <pelicula> <titulo>Sonrisas y lagrimas</titulo> <director>Robert Wise</director> <fechaEstreno año="1965"/> </pelicula> <pelicula> <titulo>Harry Potter</titulo> <director nacionalidad="Estadounidense">Chris Columbus</director> <fechaEstreno año="2001"/> </pelicula> <pelicula> <titulo>Grease</titulo> <director nacionalidad="Estadounidense">Randal Kleiser</director> <fechaEstreno año="1978"/> </pelicula> <pelicula> <titulo>Mujeres al borde de un ataque de nervios</titulo> <director nacionalidad="Española">Pedro Almodóvar</director> <fechaEstreno año="1988"/> </pelicula>

EJEMPLO 16.8 (continuación)

Entrada	Salida
//director/*	No devuelve nada, pues director no tiene hijos y solo contine texto.
//filmoteca//*	<pelicula> <titulo>Tesis</titulo> <director nacionalidad="Española">Alejandro Amenabar</director> <fechaEstreno año="1996"/> </pelicula> <titulo>Tesis</titulo> <director nacionalidad="Española">Alejandro Amenabar</director> <fechaEstreno año="1996"/> <pelicula> <titulo>Sonrisas y lagrimas</titulo> <director>Robert Wise</director> <fechaEstreno año="1965"/> </pelicula> <titulo>Sonrisas y lagrimas</titulo> <director>Robert Wise</director> <fechaEstreno año="1965"/> <pelicula> <titulo>Harry Potter</titulo> <director nacionalidad="Estadounidense">Chris Columbus</director> <fechaEstreno año="2001"/> </pelicula> <titulo>Harry Potter</titulo> <director nacionalidad="Estadounidense">Chris Columbus</director> <fechaEstreno año="2001"/> <pelicula> <titulo>Grease</titulo> <director nacionalidad="Estadounidense">Randal Kleiser</director> <fechaEstreno año="1978"/> </pelicula> <titulo>Grease</titulo> <director nacionalidad="Estadounidense">Randal Kleiser</director> <fechaEstreno año="1978"/> <pelicula> <titulo>Mujeres al borde de un ataque de nervios</titulo> <director nacionalidad="Española">Pedro Almodóvar</director> <fechaEstreno año="1988"/> </pelicula> <titulo>Mujeres al borde de un ataque de nervios</titulo> <director nacionalidad="Española">Pedro Almodóvar</director> <fechaEstreno año="1988"/>

- **/@* o //@***

El primero selecciona todos los atributos de un nodo; en cambio, el segundo todos los atributos descendientes de un nodo.

EJEMPLO 16.9

Funcionamiento de /@* y //@*

Entrada	Salida

`//@*`	`nacionalidad="Española"`
	`año="1996"`
	`año="1965"`
	`nacionalidad="Estadounidense"`
	`año="2001"`
	`nacionalidad="Estadounidense"`
	`año="1978"`
	`nacionalidad="Española"`
	`año="1988"`

`//director/@*`	`nacionalidad="Española"`
	`nacionalidad="Estadounidense"`
	`nacionalidad="Estadounidense"`
	`nacionalidad="Española"`

- Los predicados se escriben entre corchetes después del eje. Los predicados permiten restringir la selección si cumplen una o varias condiciones. Entre los predicados más utilizados tenemos:
  - **[@atributo]** seleccionan los elementos de un atributo.

EJEMPLO 16.10

Selección de elementos del predicado con un atributo.

Entrada	Salida

`//director [@nacionalidad]`	`<director nacionalidad="Española">Alejandro Amenabar</director>`
	`<director nacionalidad="Estadounidense">Chris Columbus</director>`
	`<director nacionalidad="Estadounidense">Randal Kleiser</director>`
	`<director nacionalidad="Española">Pedro Almodóvar</director>`

- **[numero]** si hay varios resultados se elige uno de ellos por el orden de salida. El último elemento se selecciona con **last()**.

EJEMPLO 16.11

Diferentes situaciones del predicado con un número.

Entrada	Salida
//pelicula[1]	<pelicula> <titulo>Tesis</titulo> <director nacionalidad="Española">Alejandro Amenabar</director> <fechaEstreno año="1996"/> </pelicula>
//pelicula[last()]	<pelicula> <titulo>Mujeres al borde de un ataque de nervios</titulo> <director nacionalidad="Española">Pedro Almodóvar</director> <fechaEstreno año="1988"/> </pelicula>
//pelicula[last()-2]	<pelicula> <titulo>Harry Potter</titulo> <director nacionalidad="Estadounidense">Chris Columbus</director> <fechaEstreno año="2001"/> </pelicula>

- **[condicion]** seleccionan los nodos que cumplen una determinada condición. Las condiciones van marcadas con operadores lógicos (and, or, not()) , aritméticos (+, -, *, div, mod) y de comparación (=, =!, >, <, >=, <=).

Las comparaciones pueden hacerse entre valores de nodos, de atributos y con cadenas de texto (entre comillas).

La condición puede utilizar el valor del atributo o el texto del nodo.

Para referirse al propio valor de un elemento seleccionado se utiliza punto.

Un predicado puede llevar varias condiciones unidas por un operador lógico.

Se pueden escribir varios enunciados consecutivos, restringiendo cada uno de los cuales a sus anteriores.

EJEMPLO 16.12

Diferentes casos de condicionales.

Entrada	Salida
//pelicula[director= "Robert Wise"]	<pelicula> <titulo>Sonrisas y lagrimas</titulo> <director>Robert Wise</director> <fechaEstreno año="1965"/> </pelicula>

//director
[.="Robert Wise"]/..
	<pelicula>
	   <titulo>Sonrisas y lagrimas</titulo>
	   <director>Robert Wise</director>
	   <fechaEstreno año="1965"/>
	</pelicula>

//fechaEstreno [@año>1990]/..	<pelicula> <titulo>Tesis</titulo> <director nacionalidad="Española">Alejandro Amenabar</director> <fechaEstreno año="1996"/> </pelicula> <pelicula> <titulo>Harry Potter</titulo> <director nacionalidad="Estadounidense">Chris Columbus</director> <fechaEstreno año="2001"/> </pelicula>
//pelicula[director= "Robert Wise"] [fechaEstreno/@año= "1965"]	<pelicula> <titulo>Sonrisas y lagrimas</titulo> <director>Robert Wise</director> <fechaEstreno año="1965"/> </pelicula>
//pelicula[director= "Robert Wise" and fechaEstreno/@año= "1965"]	<pelicula> <titulo>Sonrisas y lagrimas</titulo> <director>Robert Wise</director> <fechaEstreno año="1965"/> </pelicula>

- **Expresiones anidadas**

Las expresiones se pueden anidar. La expresión anidada devuelve a la expresión exterior un valor para que este lo trate. Primero se debe ejecutar la expresión anidada para que pueda hacerlo la otra. El concepto es similar a las subconsultas realizadas en SQL.

EJEMPLO 16.13

Mostrar los títulos de las películas anteriores a Tesis sin utilizar expresiones anidadas.

a) Obtener el año de estreno de Tesis.

Entrada	Salida
`//titulo[.="Tesis"]/../fechaEstreno/@año`	`año="1996"`

b) Obtener las películas anteriores a 1996.

Entrada	Salida

`//fechaEstreno[@año<1996]/../titulo`	`<titulo>Sonrisas y lagrimas</titulo>`
	`<titulo>Grease</titulo>`
	`<titulo>Mujeres al borde de un ataque de nervios</titulo>`

EJEMPLO 16.14

Realizar el ejemplo anterior anidado las expresiones.

Entrada	Salida

`//fechaEstreno[@año<[//titulo[.="Tesis"]/../fechaEstreno/@año]]/..//titulo`	`<titulo>Sonrisas y lagrimas</titulo>`
	`<titulo>Grease</titulo>`
	`<titulo>Mujeres al borde de un ataque de nervios</titulo>`

Aparte de los ejes utilizados anteriormente, también se pueden utilizar los que se muestran en la siguiente tabla:

Tabla 16.1 Ejes utilizados en XPath

Ejes	Definición
ancestor	Indica todos los antecesores del nodo actual comenzando en el nodo principal y llegando hasta el raíz.
ancestor-or-self	Indica el nodo actual y todos sus antecesores, incluido el raíz.
attribute o @	Indica los atributos del nodo actual.
child	Indica los hijos del nodo actual.
descendant	Indica todos los hijos del nodo actual, y los hijos de sus hijos.
descendant-or-self	Indica el nodo actual y todos sus descendientes.
following	Indica todos los nodos que aparecen después del nodo actual, excepto los nodos descendant, attribute y namespace.
following-sibling	Indica todos los nodos que tienen el mismo padre que el nodo actual y aparecen después del nodo actual en el documento de origen.

Ejes	Definición
`namespace (no soportado)`	Indica todos los nodos que están en el ámbito del nodo actual. En este caso, el nodo actual debe ser un nodo de elemento.
`parent`	Indica el nodo padre del nodo actual. Se puede abreviar con dos puntos (..).
`preceding`	Indica todos los nodos que preceden al nodo actual.
`preceding-sibling`	Indica todos los nodos que tienen el mismo padre que el nodo actual.
`self`	Indica el propio nodo actual. Se puede abreviar escribiendo (.).

EJEMPLO 16.15

Resolver utilizando XPath con ejes los siguientes apartados.

a) Devolver todos los nodos hijos de filmoteca.

```
/child::filmoteca/child::element()
```

b) Devolver los descendientes del nodo película.

```
/child::filmoteca/child::pelicula/descendant::element()
```

c) Devolver los nodos películas descendientes de filmoteca.

```
//descendant::pelicula
```

d) Selecciona los descendientes del película que ocupa la posición 3 en el documento.

```
/descendant::pelicula[3]
```

e) Devolver el nombre del director de nacionalidad española.

```
//child::director[attribute::nacionalidad="Española"]
```

Funciones XPath

Las funciones que se pueden utilizar en XPath son:

- Booleanas: devuelven un valor booleano, verdadero o falso, 0 o 1, etc.

Tabla 16.2 Funciones booleanas

Función	Definición
`boolean(arg)`	Transforma un argumento a booleano.
`not(arg)`	Devuelve lo contrario a lo que se pasa.
`true()`	Devuelve verdadero.
`false()`	Devuelve falso.
`lang()`	Devuelve verdadero si en el nodo está especificado el atributo y, en caso contrario, devuelve falso.

- Nodos: devuelven información sobre los nodos.

Tabla 16.3 Funciones de nodos

Función	Definición
`count(node-set)`	Devuelve el número de elementos del nodo en formato numérico.
`last()`	Devuelve un número que contiene el tamaño del contexto.
`local-name(node-set)`	Devuelve la parte local del nombre extendido del primer elemento del nodo.
`name(node-set)`	Ídem al anterior, pero devuelve QName.
`namespace-uri(node-set)`	Ídem al anterior, pero devuelve la URI; si no existe, retorna la cadena vacía.
`position()`	Devuelve la posición del elemento de contexto dentro del contexto.

- Numéricas: devuelven un valor numérico.

Tabla 16.4 Funciones numéricas

Función	Definición
`number(arg)`	Convierte un argumento a numérico.
`sum(node-set)`	Devuelve el valor de la suma de todos los elementos del nodo-set convertido a numérico.
`floor(node-set)`	Devuelve el entero menor más próximo al parámetro.
`ceiling(node-set)`	Devuelve el entero mayor más próximo al parámetro.
`round(node-set)`	Ídem al anterior, pero devuelve la URI; si no existe, retorna la cadena vacía.
`position(number)`	Devuelve el entero más cercano al parámetro.

`max(node-set),`
`min(node-set),`
`avg(node-set)`
	Devuelven, respectivamente, el máximo, el mínimo, la media de los nodos.

`count(node-set)`	Cuenta el número de nodos.

- Cadenas: devuelven cualquier tipo de cadena.

Tabla 16.5 Funciones de cadenas de caracteres

Función	Definición
`string(arg)`	Convierte un argumento a cadena.
`concat(string, ...)`	Devuelve la unión de todos los argumentos que se pasan.
`starts-with(string, string)`	Devuelve true si la primera cadena comienza con la segunda y false en caso contrario.
`contains(string, string)`	Devuelve true si true si la primera cadena contiene la segunda y false en caso contrario.
`substring-before(string, string)`	Devuelve una subcadena formada por los caracteres de la cadena del parámetro hasta que se encuentra la primera ocurrencia de la segunda cadena.

Función	Definición
`substring-after(string, string)`	Devuelve una subcadena formada por los caracteres de la cadena del parámetro hasta que se encuentra la primera ocurrencia de la segunda cadena hasta el final.
`substring(string, number, number)`	Devuelve una cadena compuesta por los caracteres del primer argumento, comenzando por la posición que indique el segundo hasta el final; si hay tercer argumento indica la longitud de la cadena a devolver.
`string-length(string)`	Devuelve la longitud de caracteres del argumento.
`normalize-space(string)`	Devuelve la cadena del argumento normalizada, es decir, sin espacios.
`traslate(string, string, string)`	Devuelve la cadena que es el resultado de sustituir caracteres en el primer parámetro dados en el segundo y en el tercero.
`data(atributo|nodo)`	Devuelve el valor de un atributo o nodo.

EJEMPLO 16.16

Realizar las siguientes consultas con XPath utilizando funciones de cadenas de caracteres.

a) ¿Cuántas películas hay en total en el documento?

```
count(//pelicula)
```

b) Seleccionar aquellos directores (sin etiquetas) cuyo nacionalidad sea española, es decir, que empiece por 'Esp'.

```
//director[substring(@nacionalidad,1,3)='Esp']/text()
```

c) Obtener los directores cuyo nombre empieza por 'R'.

```
//pelicula[substring(director,1,1)='R']/director
```

d) Obtener el año más bajo de estreno de las películas.

```
min(//fechaEstreno/data(@año))
```

Consultas con XQuery

XQuery es un lenguaje creado para buscar y extraer elementos y atributos de un documento XML. XPath va dentro de XQuery en la ejecución de las consultas; de hecho, XQuery 2.0 y XPath 3.1 comparten el mismo modelo de datos y soportan las mismas funciones y operadores.

Una consulta XQuery lee un conjunto de datos en XML y devuelve como resultado otro conjunto de datos en el mismo formato, es decir, en XQuery las expresiones y los valores que devuelven son dependientes del contexto.

La XQuery está compuesta por cinco cláusulas distintas, las cuales se especifican a continuación en la siguiente tabla:

Tabla 16.6 Cláusulas en XQuery

Clásula	Definición
FOR	Vincula una o más variables a expresiones escritas en XPath, creando un flujo de tuplas en el que cada tupla está vinculada a una de las variables.
LET	Vincula una variable al resultado completo de una expresión añadiendo esos vínculos a las tuplas generadas por una cláusula FOR o, si no existe ninguna cláusula FOR, creando una única tupla que contenga esos vínculos.
WHERE	Filtra tuplas eliminando las que no cumplen la condición dada. Entendiéndose por tupla cada valor devuelto.
ORDER BY	Ordena las tuplas según criterio.
RETURN	Genera resultados de la consulta en una o varias tuplas, después de haber sido filtrada y ordenada.

- FOR: cada nodo recuperado por la expresión es vinculado a una sola tupla.

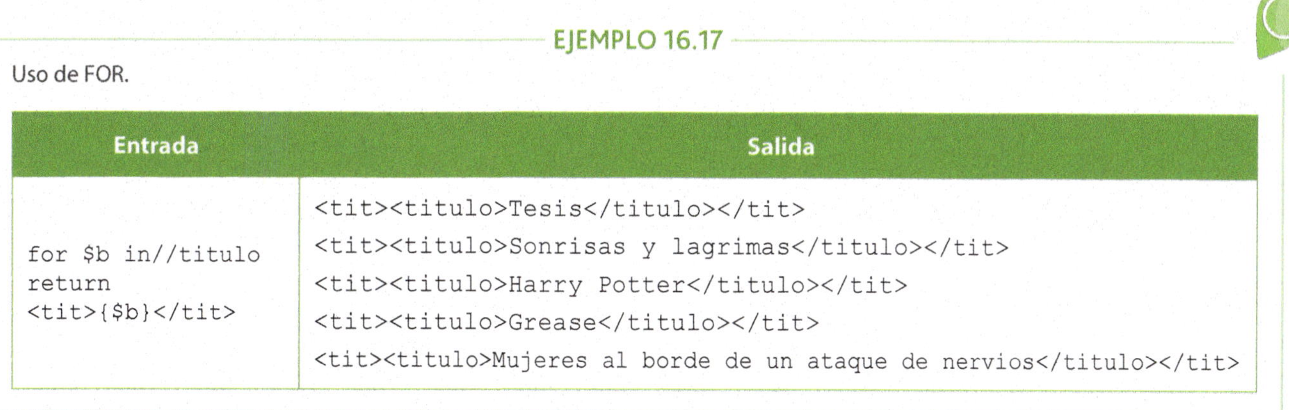

EJEMPLO 16.17

Uso de FOR.

Entrada	Salida
for $b in//titulo return <tit>{$b}</tit>	<tit><titulo>Tesis</titulo></tit> <tit><titulo>Sonrisas y lagrimas</titulo></tit> <tit><titulo>Harry Potter</titulo></tit> <tit><titulo>Grease</titulo></tit> <tit><titulo>Mujeres al borde de un ataque de nervios</titulo></tit>

- LET: todos los nodos recuperados estarán en una única tupla.

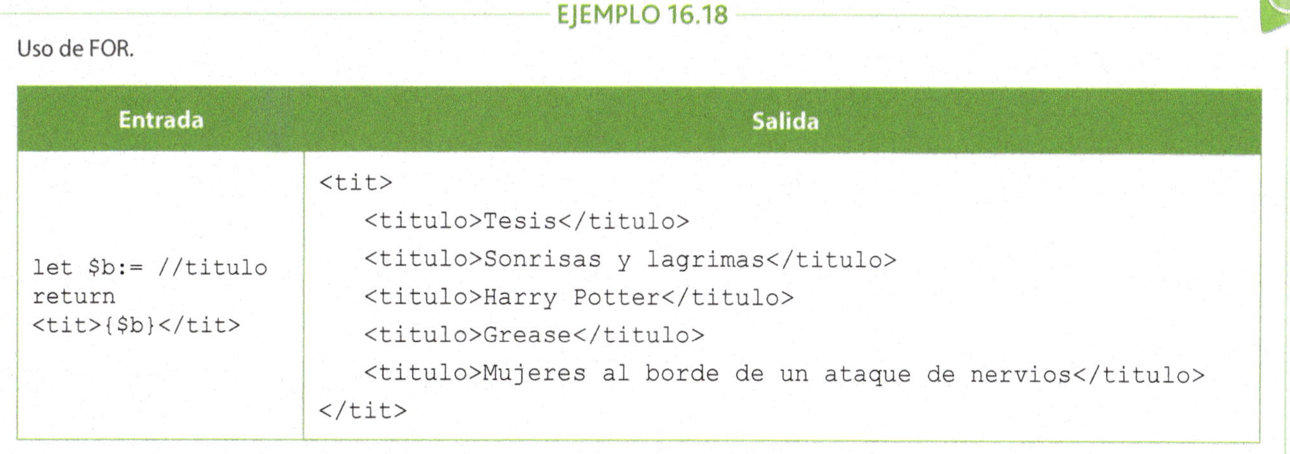

EJEMPLO 16.18

Uso de FOR.

Entrada	Salida
let $b:= //titulo return <tit>{$b}</tit>	<tit> <titulo>Tesis</titulo> <titulo>Sonrisas y lagrimas</titulo> <titulo>Harry Potter</titulo> <titulo>Grease</titulo> <titulo>Mujeres al borde de un ataque de nervios</titulo> </tit>

- WHERE: filtra las tuplas generadas por FOR y LET y contiene una expresión que es evaluada por cada tupla. Si en la evaluación de la condición es falso esta no se visualiza.

EJEMPLO 16.19

Visualizar las películas que fueron estrenadas antes de 1980.

Entrada	Salida

`for $b in //titulo`
`where $b/../`
`fechaEstreno/`
`@año<"1980"`
`return $b/text()`
	`Sonrisas y lagrimas`
	`Grease`

- ORDER: indica en qué orden se tiene que obtener la visualización. La opción por defecto es descendente.

EJEMPLO 16.20

Visualizar las películas que fueron estrenadas antes de 1980.

Entrada	Salida

`for $b in //titulo`
`order by $b/../`
`fechaEstreno/@año`
`return $b`
	`<titulo>Sonrisas y lagrimas</titulo>`
	`<titulo>Grease</titulo>`
	`<titulo>Mujeres al borde de un ataque de nervios</titulo>`
	`<titulo>Tesis</titulo>`
	`<titulo>Harry Potter</titulo>`

- RETURN: da formato a la información de salida. La información recuperada puede obtenerse en diferentes formatos html, xml, pdf u otros.

EJEMPLO 16.21

Mostrar todas las películas entre etiquetas <tit> y </tit>.

Entrada	Salida

`for $b in //titulo`
`return <tit>{$b/`
`text()}</tit>`
	`<tit>Tesis</tit>`
	`<tit>Sonrisas y lagrimas</tit>`
	`<tit>Harry Potter</tit>`
	`<tit>Grease</tit>`
	`<tit>Mujeres al borde de un ataque de nervios</tit>`

- Expresiones, cuantificadores y operadores.

  a) Expresiones condicionales: IF-THEN-ELSE

Esta expresión se utiliza para dar un formato diferente a la salida dependiendo la información de esta. Se pueden obtener diferentes salidas en función de que se cumpla o no una condición dada. Si se utiliza IF hay que utilizar obligatoriamente ELSE, pero si no queremos hacer nada se escribirá ELSE().

EJEMPLO 16.22

Obtener el título de las películas cuya fecha de estreno es superior al año 2000. Si han sido estrenadas en el año 2000 o después irán entre las etiquetas <actuales></actuales>; si han sido estrenadas antes no se tendrán en cuenta. Se ordenarán por el atributo año de estreno.

```
for $b in //titulo
order by $b/../fechaEstreno/@año
return
if ($b/../fechaEstreno/@año>"2000")
then <actuales>{$b/text()}</actuales> else()
```

b) Cuantificadores existenciales

EVERY: recupera aquellas tuplas en las que todos los nodos cumplan la condición.

SOME: recupera aquellas tuplas en las que algún nodo cumpla la condición.

La sintaxis de estos identificadores es:

```
for $var1 in ruta_Xpath
where some|every $var2 in ruta_Xpath satisfies
(condición)
return ruta_XPath
```

EJEMPLO 16.23

Título de todas las películas en el que al menos uno de sus directores se llame 'Pedro Almodóvar'.

```
for $b in //titulo
where some $a in $b/../director satisfies ($a="Pedro Almodóvar")
return $b/text()
```

EJEMPLO 16.24

Titulo de todas las películas en el que todos sus directores son 'Robert Wise'.

```
for $b in //titulo
where every $a in $b/../director satisfies ($a="Robert Wise")
return $b/text()
```

c) Operadores y funciones matemáticas

XQuery tiene funciones y operadores aritméticos para recuperar la información.

Tabla 16.7 Operadores aritméticos

Operadores	
Matemáticos	+, -, *, div(*), idiv(*), mod
Comparación	=, !=, <, >, <=, >=, not()
Secuencia	union (|), intersect, except
Redondeo	floor(), ceiling(), round(), trunc()

Tabla 16.8 Diferentes tipos de funciones

Funciones	
De agrupación	count(), min(), max(), avg(), sum()
De cadena	concat(), string-length(), startswith(), ends-with(), substring(), upper-case(), lower-case(), string()
Uso general	distinct-values(), data(), empty(), exits()

Distinct-values(): obtiene los valores de la consulta sin repetir, es decir, los valores que se devuelven repetidos muestra solo uno de ellos.

Data(): devuelve el valor de los nodos y de los atributos.

EJEMPLO 16.25

Mostrar las diferentes nacionalidades de los directores.

```
for $b in distinct-values(data(//director/@*))
return $b
```

Empty(): devuelve cierto cuando la expresión no devuelve nada.

Exists(): devuelve cierto cuando la expresión devuelve al menos un valor. Hace lo mismo que si se niega la función empty().

EJEMPLO 16.26

Mostrar los directores que no tienen nacionalidad en la etiqueta director.

```
for $b in //director
where (empty($b/@nacionalidad))
return $b
```

EJEMPLO 16.27

Mostrar los directores que tienen nacionalidad en la etiqueta director. Obténgase con las funciones exists y empty.

```
for $b in //director
where not(empty($b/@nacionalidad))
return $b
```

```
for $b in //director
where exists($b/@nacionalidad)
return $b
```

d) Comentarios

Los comentarios en XQuery, a diferencia de XML, van entre los siguientes caracteres (: :) .

Sentencias de actualización de la información

Las sentencias de actualización permiten hacer altas, bajas y modificaciones de los nodos y demás elementos de un documento XML.

- INSERT. Se utiliza para insertar nodos en un documento XML. Tiene tres formas de sintaxis:

```
insert node ELEMENTO into EXPRESION
insert node ELEMENTO following EXPRESION
insert node ELEMENTO preceding EXPRESION
```

Donde:

INTO, el contenido se añade después del último hijo especificado.

FOLLOWING, el contenido se añade inmediatamente después de los nodos especificados.

PRECEDING, el contenido se añade antes de los nodos especificados.

EJEMPLO 16.28

Realizar las siguientes acciones:

a) Insertar una película en la última posición del documento películas.xml con la siguiente información:

<pelicula> <titulo>La vida es bella</titulo>

<director nacionalidad="Italiana"> Roberto Benigni </director>

<fechaEstreno año="1997"/>

</pelicula>

b) Inserta en el documento película.xml de la BD los nodos de películas del documento externo nueva_peli.xml ubicado en D:XML/nueva_peli.xml'

Entrada	Salida

`insert node`
`<pelicula>`
`<titulo>La vida es bella</titulo>`
`<director nacionalidad="Italiana">`
`Roberto Benigni`
`</director>`
`<fechaEstreno año="1997"/>`
`</pelicula>`
`into /filmoteca`
	Inserta una película en el documento peliculas.xml en la última posición.

`for $de in doc ('file:///D:XML/nueva_peli.xml')`
`filmoteca/pelicula`
`return`
`insert node $de into /filmoteca`
	Inserta en el documento películas de la BD los nodos de películas del documento externo nueva_peli.xml ubicado en D:XML/nueva_peli.xml'

- REPLACE NODE: sustituye el nodo especificado en nodo con el valor nuevo.

```
replace node NODO with VALOR_NUEVO
```

Donde:

NODO debe devolver un único ítem; si es un elemento,

VALOR_NUEVO debe ser también un elemento.

Si es un nodo de texto o atributo, su valor será actualizado con la concatenación de todos los valores de VALOR_NUEVO.

EJEMPLO 16.29

Cambiar la etiqueta titulo por tit y poner el acento en lágrimas.

Entrada	Salida
`replace node //pelicula[director="Robert Wise"]/titulo with <tit>Sonrisas y lágrimas</tit>`	Cambia el valor de la etiqueta poniendo título por tit y, además, pone acento a la palabra lágrimas, que no lo tenía.

- REPLACE VALUE: actualiza el valor del nodo especificado en nodo con valor nuevo. Si nodo es un valor de texto o atributo, su valor será actualizado con la concatenación de todos los valores de valor nuevo.

```
replace value of NODO with VALOR_NUEVO
```

EJEMPLO 16.30

Cambiar el título de la película 'Sonrisas y lágrimas' por 'Carcajadas' del director Robert Wise.

Entrada	Salida
`replace value of node //pelicula[director="Robert Wise"]/titulo with 'Carcajadas'`	Cambia el contenido de la etiqueta título por 'Carcajadas' de la película cuyo director es Robert Wise.

- DELETE: elimina nodos.

```
delete node EXPRESION
```

EJEMPLO 16.31

Borrar la película del director 'Robert Wise'.

Entrada	Salida
`delete node /filmoteca/pelicula[director="Robert Wise"]`	Borra la película cuyo director es Robert Wise.

- RENAME: renombra los nodos devueltos en nodo (debe devolver una relación de nodos o atributos) por el nuevo nombre.

```
for $n in ruta_nodo return rename node $n 'nuevo_nb'
```

EJEMPLO 16.32

Cambiar la nombre de los nodos <película> por <peli>.

Entrada	Salida
`for $n in //pelicula return rename node $n as 'peli'`	Cambia el valor de la etiqueta de película a peli.

Funciones de Oracle que permiten generar ficheros XML

Las funciones XML de Oracle permiten convertir las tablas de una base de datos relacional a documentos XML, para que puedan tratarse en una base de datos nativa.

Para poner en práctica estas funciones es necesario tener instalada una base de datos Oracle y un entorno de desarrollo Developer. Este software ya fue instalado en el capítulo inicial de este texto.

Además, se va a utilizar las base de datos que contiene las tablas PROFESORES, ALUMNOS, CURSOS y MATRICULADO que fue utilizada en la base de datos SQL.

Existen numerosas funciones para generar documentos XML, aunque aquí se expondrán las más usadas.

a) XMLElement y XMLAtributes

La primera función se usa para transformar un valor relacional en un elemento XML en la forma <elementName>valor</elementName>, mientras que la segunda coloca atributos en un elemento XML retornado por la consulta.

XMLElement es una de las funciones más importantes de SQL/XML. Es importante entender que la función de XMLElement devuelve un valor de tipo XMLType, no una cadena de caracteres.

EJEMPLO 16.33

Partiendo de las tablas creadas con Oracle en los capítulos iniciales, PROFESORES, CURSOS, MATRICULADO y ALUMNOS:

a) Obtener los nombres de los profesores entre etiquetas de nombre <profesores>.

```
SELECT XMLELEMENT("profesor", nompro)
FROM profesores;
```

b) Obtener por cada profesor la siguiente estructura XML:

```
<profesor ID="101" nac="1990-12-14">
    <nombre>Juan Pérez</nombre>
    <salario>1950</salario>
</profesor>
```

```
SELECT XMLELEMENT("profesor",
       XMLATTRIBUTES(p.numpro AS "ID", p.fnapro as "nac"),
       XMLELEMENT("nombre", p.nompro),
       XMLELEMENT("salario", p.salpro)) as Profesores
FROM profesores p;
```

c) Obtener por cada curso la siguiente estructura XML:

```
<curso NUMCUR="201" TITCUR="INTRODUCCIÓN A XML">
    <profesor NUMPRO="101" Nombre="Juan Pérez"></profesor>
    <precio>600</precio>
</curso>
```

```
SELECT XMLELEMENT("curso", XMLATTRIBUTES(c.numcur, c.titcur),
   XMLELEMENT("profesor", XMLATTRIBUTES(c.numpro,
   (SELECT p.nompro FROM profesores p
   WHERE p.numpro= c.numpro) as "Nombre")),
   XMLELEMENT("precio", c.precur))
FROM cursos c;
```

EJEMPLO 16.33 (continuación)

d) Obtener un documento XML de la tabla profesores que presente la siguiente estructura:

```
<?xml version="1.0"?>
<PROFESORES>
    <PROFESOR>
        <NOMPRO>Juan Pérez</NOMPRO>
        <SALPRO>1950</SALPRO>
        <ESPPRO>Web</ESPPRO>
    </PROFESOR>
...
<PROFESORES>
```

```
select replace (replace(dbms_xmlgen.getxml
('select nompro, salpro, esppro from profesores'),
'ROW','PROFESOR'),
'PROFESORSET', 'PROFESORES')
AS «Documento profesores.xml»
from dual;
```

b) XMLForest

Convierte cada uno de sus parámetros de argumento para XML y devuelve un fragmento de XML, que es la concatenación de estos argumentos convertidos.

EJEMPLO 16.34

De la tabla profesores, crear un elemento profesor y anidar en él los elementos número, nombre y salario. Poner alias a los elementos.

```
SELECT XMLELEMENT("profesores",
   XMLFOREST(p.numpro id, p.nompro nombre, p.salpro salario))
   "Profesores Elementos"
   FROM profesores p;
```

c) XMLAgg

Es una función de agregación. A partir de una colección de fragmentos XML, devuelve un único documento agregado; es similar a las funciones SUM y AVG de SQL.

EJEMPLO 16.35

De la tabla profesores, crear un elemento profesores, en el que dentro del cual aparezca la etiqueta especialidad con el nombre y la especialidad del profesor.

```
SELECT XMLELEMENT("Profesores",
   XMLAGG(XMLELEMENT("especialidad",
   p.nompro||' '||p.esppro)
   ORDER BY p.nompro)) as "lista de profesores"
   FROM profesores p;
```

d) XMLConcat

Produce un valor XML dadas dos o más expresiones de tipo XML; si alguna de las expresiones se evalúa como nula, es ignorada.

EJEMPLO 16.36

Obtener el nombre del profesor y la especialidad del profesor entre etiquetas y concatenados:

```
SELECT XMLCONCAT(XMLELEMENT("nombre", p.nompro),
XMLELEMENT("especialidad", p.esppro)) AS "Resultado" FROM profesores
p;
```

e) XMLComment

Añade comentarios a la salida. Añade un comentario a cada elemento que devuelve.

EJEMPLO 16.37

Obtener el nombre del profesor y la especialidad del profesor entre etiquetas y concatenados:

```
SELECT XMLCOMMENT('Esto es un comentario')
   AS "Comentario" FROM dual;
```

Creación de una tabla con datos XML y extracción de estos

Se puede crear una tabla SQL en la que alguno de sus campos contenga documentos XML. El campo que albergará dicho documento XML tiene que estar definido como XMLTYPE cuando se crea la tabla.

Para visualizar los datos de los documentos XML podemos meter sentencias XPath o XQuery que seleccionen las parte del documento que se requiera.

EJEMPLO 16.38

Realizar las siguientes acciones:

a) Diseñar una tabla TABLA_XML_PRUEBA que contenga las siguientes columnas: una que contenga el código del empleado de tipo numérico (clave primaria) y otro de tipo XML para guardar documentos XML de cada empleado.

```
CREATE TABLE TABLA_XML_PRUEBA
(CODEMP NUMBER PRIMARY KEY,
 DATOSEMP XMLTYPE);
```

b) Introducir dos empleados en la tabla creada anteriormente.

```
INSERT INTO TABLA_XML_PRUEBA VALUES (1,
XMLTYPE('<empleado>
            <codigo>123</codigo>
            <apellido>GARCIA</apellido>
            <oficio>FONTANERO</oficio>
            <salario>1300</salario>
        </empleado>'));

INSERT INTO TABLA_XML_PRUEBA VALUES (2,
XMLTYPE('<empleado>
            <codigo>124</codigo>
            <apellido>RUIZ</apellido>
            <oficio>ALBAÑIL</oficio>
            <salario>1100</salario>
        </empleado>'));
```

EJEMPLO 16.38 (continuación)

c) Obtener el apellido de los trabajadores.

```
SELECT EXTRACTVALUE (DATOSEMP, '/empleado/apellido')
FROM TABLA_XML_PRUEBA;
```

d) Obtener del registro 1 el apellido si su código es el 123.

```
SELECT EXTRACTVALUE (DATOSEMP, '/empleado/apellido')
FROM TABLA_XML_PRUEBA
WHERE EXISTSNODE (DATOSEMP, '/empleado[codigo=123]')=1;
```

16.4 Base de datos MongoDB

16.4.1 Introducción a las BBDD Mongo

MongoDB es una base de datos NoSQL de código abierto (código fuente de software abiertamente accesible que puede ser modificado o distribuido por cualquier persona) con mucha flexibilidad y escalabilidad, lo que le hace óptimo para aplicaciones empresariales y web con gran transferencia de información.

Las principales ventajas que presenta esta base de datos son:

- Muy buena escalabilidad horizontal, es decir, gran capacidad para mejorar la disponibilidad y comportamiento cuando se demandan más recursos en la empresa, como pueden ser servidores.
- Flexibles al esquema, es decir, no requieren esquemas fijos como requieren las bases de datos relacionales, sino que permiten esquemas cambiantes y modificables.
- Extrae los datos de forma rápida al realizar las consultas.
- Fácil de configurar e implementar y de integrar en otras herramientas.
- Indexación flexible, es decir, los datos se pueden indexar a una gran variedad de formas de rápida recuperación.
- Capaz de almacenar tipos de datos complejos y no estructurados (documentos JSON).

GLOSARIO

JSON: es un formato de texto que forma parte del sistema de JavaScript del que deriva su sintaxis, y tiene como objetivo almacenamiento e intercambio de datos.

Los inconvenientes que presenta son:

- Limitación en las transacciones.
- Algunas consultas complejas son difíciles de realizar.
- Utiliza muchos recursos del sistema.
- Aunque es de código abierto, la gestión de clústeres, de seguridad y la monitorización son de pago.
- Comunidad de uso bastante limitada, lo que hace que la ayuda en línea no sea óptima.
- Utiliza más requerimiento de hardware que las relacionales.
- Su gestión es mucho más compleja.
- No tiene muy buen escalado vertical, es decir, cuando se añade hardware a los equipos.

16.4.2 Instalación de MongoDB

En primer lugar, instalamos la base de datos, la cual se descarga en el siguiente enlace:

https://www.mongodb.com/try/download/enterprise

Imagen 16.3 Proceso de instalación de la base de datos MongoDB.

a) Doble clic en instalador y siguiente.	b) Aceptamos licencia y siguiente.
c) Escoger instalación completa y siguiente.	d) Se gestionan los servicios de configuración y siguiente.
e) Instalación de MongoDB Compass y siguiente.	f) Instalación de la base de datos.
g) Proceso de instalación.	h) Finalización de la instalación.

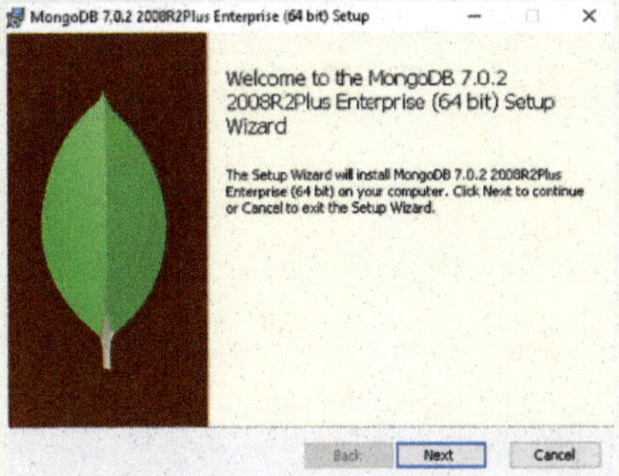

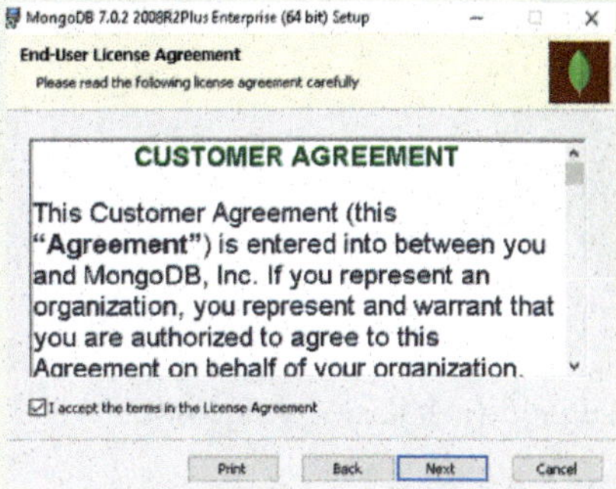

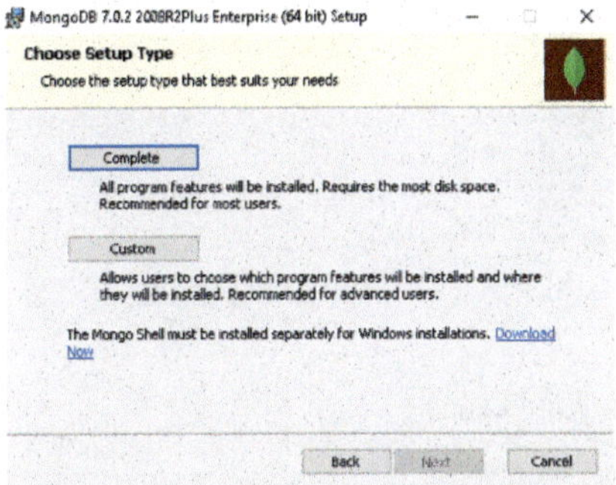

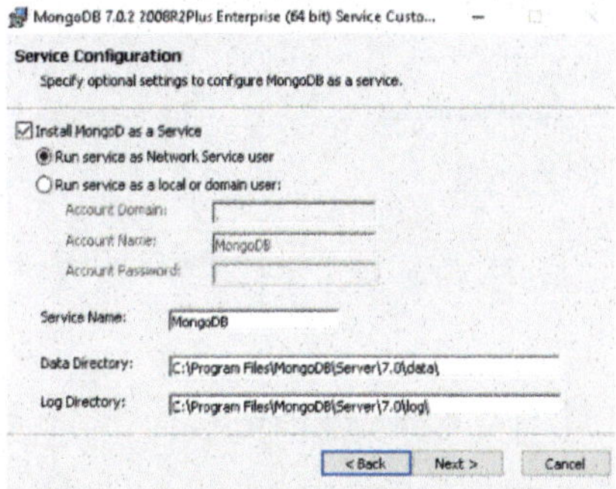

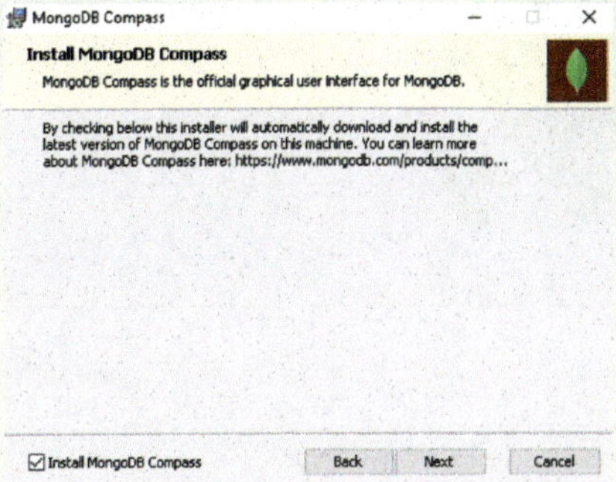

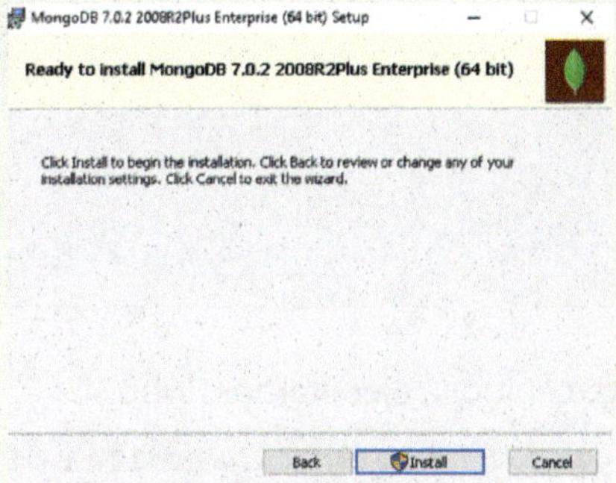

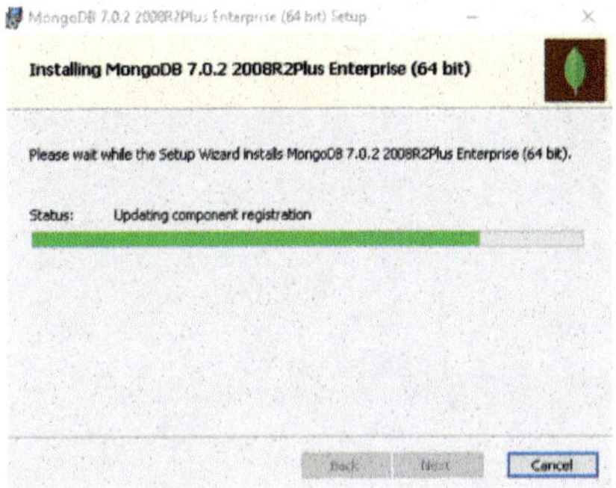

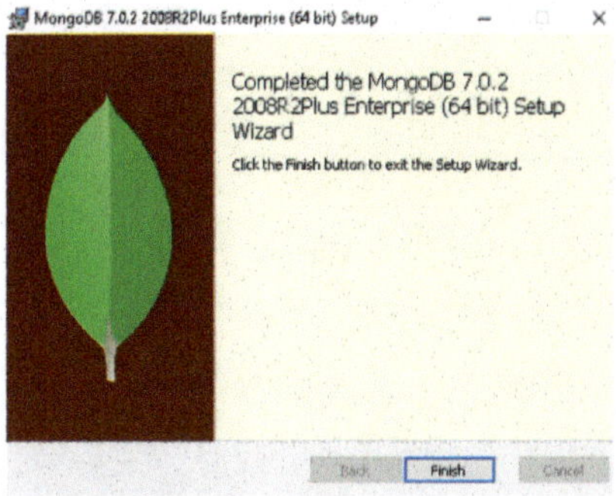

En segundo lugar, se instala el entorno de trabajo Robo3T, el cual puede descargarse en el siguiente enlace: https://github.com/Studio3T/robomongo

Imagen 16.4 Proceso de instalación del entorno de desarrollo Robomongo.

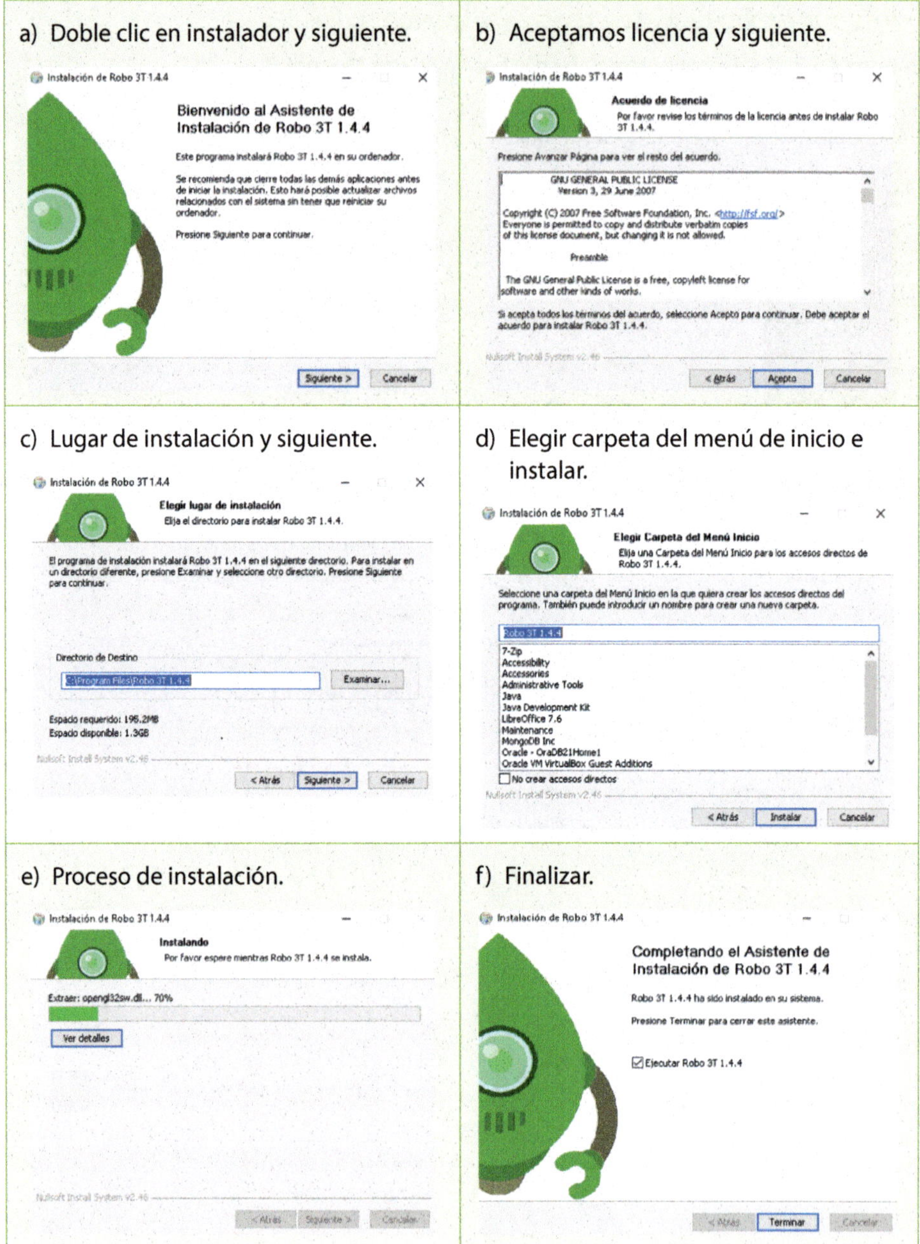

En tercer lugar, ejecutamos Robo3T.

Imagen 16.5 Puesta en marcha de la base de datos desde Robomongo.

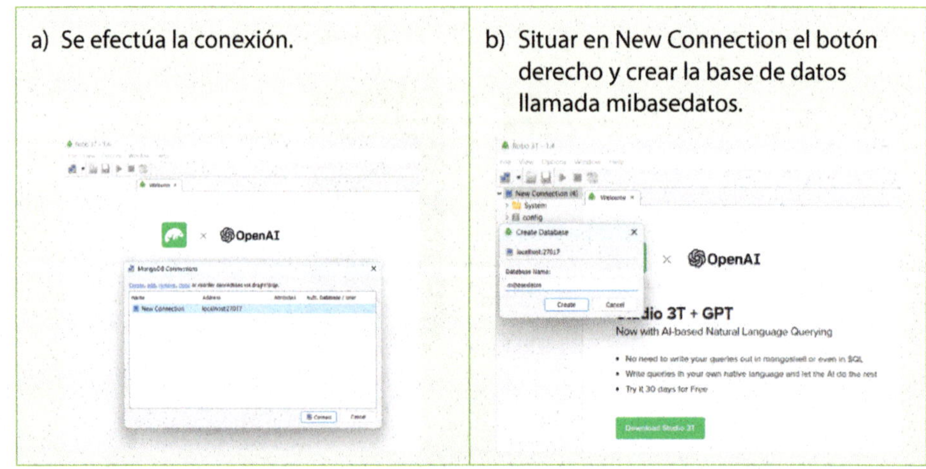

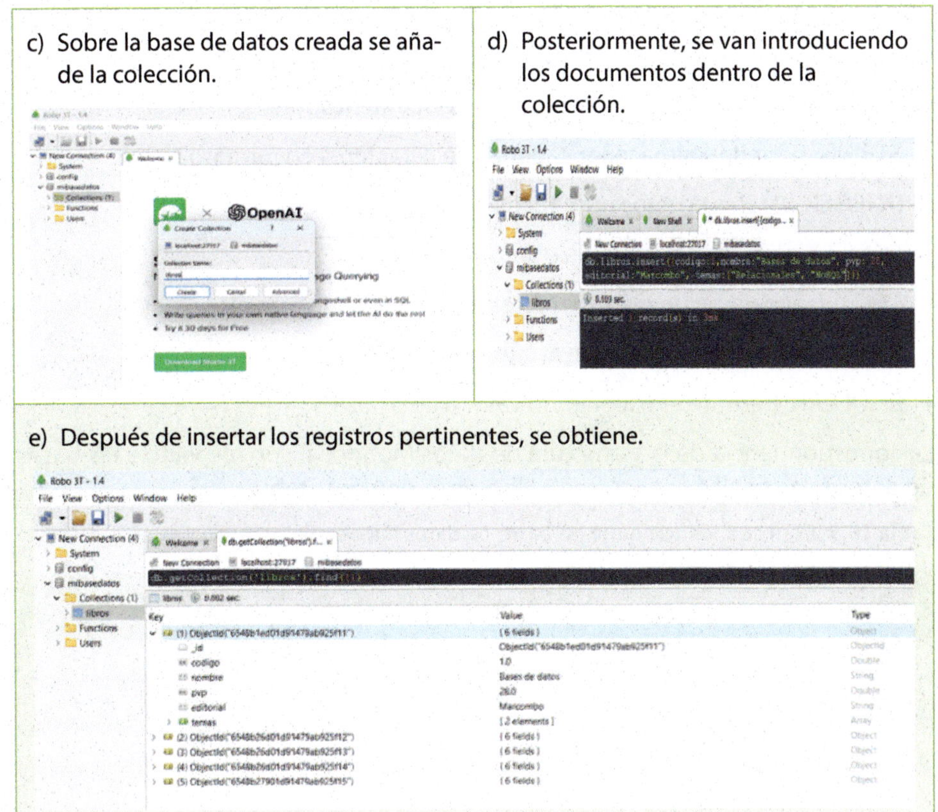

c) Sobre la base de datos creada se añade la colección.

d) Posteriormente, se van introduciendo los documentos dentro de la colección.

e) Después de insertar los registros pertinentes, se obtiene.

16.4.3 Estructura de los documentos

MongoDB es una base de datos documental. Las bases de datos están organizadas en colecciones y las colecciones en documentos.

Una colección es un conjunto de documentos y su estructura es algo similar a las tablas en las bases de datos relacionales.

Un documento sería como un registro de una tabla relacional, con la diferencia de que los campos pueden ser compuestos, es decir, arrays, objetos, etc. Además, es importante resaltar que los documentos de una misma colección pueden tener diferentes campos, lo que hace que estas bases de datos sean mucho más flexibles que las relacionales.

MongoDB utiliza formato JSON (JavaScript Object Notation) para representar la información de un documento.

Un documento de una colección persona en JSON podría ser:

```
{
  codigo: 1,
  nombre: 'Antonio',
  apellidos: 'López',
  oficio: ['analista','programador'],
  salario: 1890,
  comisión: [100, 200]
}
```

Hay que hacer notar que el documento tiene seis campos, dos de ellos compuestos (array): oficio y comisión.

El documento va entre llaves y los arrays entre corchetes.

Por otro lado, el nombre de los campos puede llevar comillas o no y el valor de los campos van entre comillas, dobles o simples, salvo si son numéricos.

Los tipos de datos que puede soportar un documento son:

- STRING: permiten almacenar cadenas de caracteres en formato UTF-8.
- INTEGER: valores enteros numéricos.
- DOUBLE: almacena valores de punto flotante.
- OBJECT: almacena un documento embebido o dentro de otro.
- ARRAY: permite almacenar un array con elementos de distinto tipo.
- BOOLEAN: permite almacenar un valor true o false.

La correspondencia de la estructura de datos MongoDB con respecto a las bases de datos relacionales es la que se refleja en la siguiente tabla.

Tabla 16.9 Correspondencia entre las bases de datos relacionales y MongoDB

Bases de datos relacionales	MongoDB
Base de datos	Base de datos
Tabla	Colección
Registro	Documento
Columna	Campo
Índice	Índice
Join	Documento embebido o referencia

16.4.4 Operaciones básicas con documentos

a) Operaciones básicas

Todos los comandos MongoDB se escriben en minúscula y los más usados son:

Tabla 16.10 Comandos básicos en MongoDB

Operación	Valor devuelto
show databases	Obtiene una relación de las bases de datos disponibles.
db	Obtiene la base de datos actual.
show collections	Obtiene las colecciones de la base de datos.
use nb_base_datos	Utiliza la base de datos mencionada; si no existe, la creará al añadir el objeto.
//	Comentarios.

b) Inserción

Para añadir o insertar registros se utiliza .save o .insert, con los siguientes formatos:

```
db.nb_coleccion.save(información en formato JSON) ;
db.nb_coleccion.insert(información en formato JSON) ;
```

Donde bd es la base de datos actual, el nombre de la colección, que si no existe la crea.

EJEMPLO 16.39

Crear una base de datos llamada mibasedatos2 que contenga una colección llamada alumnos. Alumnos debe de contener el nombre, el email, la asignatura, la calificación y la edad. Introducir al menos seis documentos.

```
use mibasedatos2;
db.alumnos.drop();

alumno1={nombre:'Esmeralda',email:'e@gmail.com',asignatura:'BBDD',
calif:7, edad:18};
db.alumnos.save(alumno1);

alumno2={nombre:'Lucia', email:'l@gmail.com', asignatura:'BBDD',
calif:8, edad:19};
db.alumnos.save(alumno2);

db.alumnos.insert({nombre:'Elena', email:'el@gmail.com',
asignatura:'PROG', calif:4, edad:18});

db.alumnos.insert({nombre:'Eva', email:'ev@gmail.com',
asignatura:'BBDD', calif:3, edad:20 });

db.alumnos.insert({nombre:'Luisa', email:'lu@gmail.com',
asignatura:'PROG', calif:6, edad:18 });

db.alumnos.insert({nombre:'Paula', email:'p@gmail.com',
asignatura:'BBDD', calif:5, edad:17 });
```

Si hacemos la siguiente selección básica:

```
db.alumnos.find( ) ;
```

se muestran todos los documentos de la colección.

Además, a cada documento se le asigna un identificador único llamado _id. Este tiene un código hexadecimal formado por 16 bytes y se puede asignar de forma manual con el valor que se quiera, escribiendo en la creación del documento un campo más con este identificador. `_id: "valor"`

c) Consulta básicas

Para consultar una colección de una base de datos se usa la orden **.find()** con la siguiente sintaxis:

```
db.nombre_coleccion.find( ) ;
```

Si escribimos `db.alumnos.find( );` se muestran todos los campos de cada colección incluido el campo _id que ha generado automáticamente el gestor, tal y como se explicó anteriormente.

Si añadimos a la orden anterior **.sort()**, lo que se hace es ordenar ascendentemente (opción por defecto) la salida obtenida. Si Se quiere de manera descendente, igualaremos el campo por el que se quiere ordenar a -1.

EJEMPLO 16.40

Realizar las siguientes consultas a la base de datos alumnos creada anteriormente.

a) Obtener los datos de la colección ordenados por nombre.

```
db.alumnos.find().sort({"nombre":1})
```

b) Visualizar los datos de manera descendente por calificación.

```
db.alumnos.find().sort({"calif":-1})
```

Si se quieren realizar búsquedas de documentos que cumplan una o varias condiciones, se utilizará la siguiente sintaxis:

```
db.nombre_coleccion.find( filtro , campos ) ;
```

En filtro se indica la condición de búsqueda añadiendo el valor a buscar. Si se omite devuelve todos los documentos.

En campos se especifican los campos a devolver de los documentos de la consulta. Si se desea devolver más de un campo se escribirán los campos a mostrar con uno si se quiere mostrar o con cero si no se quiere mostrar. El campo _id, a no ser que no se especifique con cero, siempre se mostrará.

Para contar documentos se usa la sentencia .count().

EJEMPLO 16.41

Hacer las siguientes consultas sobre la base de datos alumnos.

a) Buscar el alumno de nombre Eva.

```
db.alumnos.find({nombre:"Eva"})
```

b) Visualizar el email de Luisa.

```
db.alumnos.find({nombre:"Luisa"},{"email":1})
```

c) Visualizar nombre y calificación de los alumnos de BBDD.

```
db.alumnos.find({asignatura:"BBDD"},{"nombre":1,"calif":1})
```

d) Visualizar cuántos alumnos hay en bases de datos y programación.

```
db.alumnos.find({"asignatura":"BBDD"}).count()
db.alumnos.find({"asignatura":"PROG"}).count()
```

d) Consultas con selectores de comparación

Se utilizan en las comparativas de las condiciones. Entre los principales operadores de comparación tenemos:

Tabla 16.11 Operadores de comparación

Operador	Significado
$eq	Igual a un valor
$gt	Mayor que un valor
$gte	Mayor o igual que un valor
$lt	Menor que un valor

Operador	Significado
$lte	Menor o igual que un valor
$ne	Distinto a un valor
$in	Coincide con una lista de valores
$nin	No coincide con una lista de valores

EJEMPLO 16.42

Realizar las siguientes consultas utilizando operadores de comparación sobre la colección alumnos.

a) Obtener los alumnos con calificación mayor o igual que 6.

```
db.alumnos.find({"calif":{$gte:6}})
```

b) Obtener los alumnos de bases de datos con notas entre 7 y 9 incluidas.

```
db.alumnos.find({asignatura:"BBDD","calif":{$gte:7,$lte:9}})
```

c) Obtener los documentos con una nota distinta de 7.

```
db.alumnos.find({"calif":{$ne:7}})
```

d) Obtener los alumnos que tienen una calificación mayor que 7.

```
db.alumnos.find({calif:{$gt:7}})
```

e) Visualizar nombre, asignatura y calificación de los que su calificación no sea mayor que 7.

```
db.alumnos.find({calif:{$lte:7}},{"nombre":1 ,"asignatura":1,
"calif":1})
```

e) Consultas con selectores lógicos

Los operadores lógicos permiten que se realicen dos o más condiciones, entre ellos tenemos:

Tabla 16.12 Operadores lógicos

Operador	Significado
$or	Selecciona documentos que cumplan cualesquiera de las condiciones indicadas.
$and	Selecciona documentos que cumplan todas las condiciones indicadas.
$not	Niega una condición.
$exists	Operador booleano, permite filtrar la búsqueda teniendo en cuenta la existencia del campo de la expresión.

EJEMPLO 16.43

Realizar sobre la base de datos alumnos las siguientes consultas utilizando operadores lógicos.

a) Obtener los documentos cuya calificación sea 5, 7 u 8.

```
db.alumnos.find({$or:[{calif:5},{calif:7},{calif:8}]})
```

b) Visualizar los documentos de programación que tienen una nota superior a 7.

```
db.alumnos.find({$and:[{asignatura:"PROG"},{calif:{$gt:7}}]})
```

c) Visualizar los documentos que tienen de nombre Eva o Pedro.

```
db.alumnos.find({$or:[{nombre:"Eva"},{nombre:"Pedro"}]})
```

d) Visualizar los alumnos que son de BBDD y tienen una calificación igual a 7.

```
db.alumnos.find({$and:[{asignatura:"BBDD"},{calif:{$eq:7}}]})
```

e) Obtener los registros que tengan una calificación.

```
db.alumnos.find({"calif":{$exists:true}})
```

f) Modificación y operadores

Para actualizar o modificar datos de los documentos se utiliza el comando .update() con la siguiente sintaxis:

```
db.nombre_coleccion.update(
filtro_busqueda,
nuevos_datos,
{ upsert: booleano, multi: booleano } ) ;
```

Donde:

Filtro_busqueda, indica la condición para buscar los documentos a modificar.

Nuevos_datos, especifican los nuevos datos que se incluirán en el registro buscado. El resultado final del documento es el que se escribe en nuevos_datos.

Si se quieren modificar datos de un solo documento se utiliza .updateOne() y si es de muchos, .updatemany().

Además, existen dos campos:

- Upsert, indica que, si el filtro de búsqueda no encuentra ningún resultado, es tratado como nuevo documento.
- Multi, indica que en caso de que el filtro de búsqueda devuelve más de un resultado, el cambio lo hará en todos los documentos; en caso contrario, solo modificará el primero que encuentre, es decir, el que tenga menor id.

Los principales operadores de modificación son:

Tabla 16.13 Operadores de modificación

Operador	Significado
$set	Modifica un documento con las nuevas propiedades.
$unset	Permite eliminar propiedades de un documento.
$inc	Incrementa la cantidad a los campos especificados.
$rename	Cambia el nombre a los campos.

EJEMPLO 16.44

Realizar las siguientes acciones.

a) Cambiar el nombre a Eva por Eva María.

```
db.alumnos.updateOne({nombre: "Eva"},{$set:{"nombre": "Eva María"}})
```

b) Modifica la edad de Eva María a 24 años.

```
db.alumnos.updateOne({nombre: "Eva María"},{$set:{"edad":24}})
```

c) Borrar la edad de Luisa.

```
db.alumnos.updateOne({nombre:"Luisa"},{$unset:{"edad":""}})
```

d) Incrementar la edad de Eva María en una unidad.

```
db.alumnos.update({nombre:"Eva María"},{$inc:{"edad":1}})
```

e) Subir un punto a todas las notas de programación.

```
db.alumnos.updateMany({asignatura:"PROG"},{$inc:{"nota":1}})
```

g) Borrado

Para borrar documentos se usa .remove(). Se pueden eliminar todos los documentos que cumplen una condición, todos y borrar toda colección con .drop().

Para borrar un documento usamos la siguiente sintaxis:

```
db.nombre_colección.remove( { nombre : valor } ) ;
```

Si lo escribimos así, borramos documentos que cumplen la condición y si lo escribimos omitiendo {nombre : valor } borramos todos los documentos, pero no la colección.

Para borrar toda la colección usamos:

```
db.nombre_colección.drop( ) ;
```

EJEMPLO 16.45

Realizar las siguientes acciones partiendo de la base de datos creada anteriormente.

a) Borrar a todos los alumnos que se llamen Elena.

```
db.alumnos.remove({nombre:"Elena"});
```

b) Borrar a todos los alumnos.

```
db.alumnos.remove();
```

c) Borrar la colección.

```
db.alumnos.drop();
```

16.4.5 Las fechas en MongoDB

MongoDB es una base de datos muy potente con las fechas. El tipo de dato que admite fechas es date.

Una fecha es un entero de 64 bits que almacena el año, mes, día, horas, minutos, segundos y milisegundos desde el 1 de enero de 1970; si fuera anterior a esta date, almacenaría un valor negativo.

EJEMPLO 16.46

Partiendo la siguiente base de datos:

```
db.trabajadores2.insert({codigo:1, nombre: "Antonio Ortega", sal: 1800, fechaContratacion : new Date("01,01,2000"), experto:["MySQL", "Oracle", "BaseX"]})
db.trabajadores2.insert({codigo:3, nombre: "Luis Cernuda", sal: 1950,  fechaContratacion : new Date("15,02,2001"), experto:["MongoDB"]});
db.trabajadores2.insert({codigo:4, nombre: "Luis García", sal: 1900, fechaContratacion : new Date("10,06,2002"), experto:["Oracle", "MongoDB"]});
db.trabajadores2.insert({codigo:5, nombre: "Ana Solevita", sal: 2000, fechaContratacion : new Date("20,09,2003"), experto:["BaseX", "MongoDB"]});
db.trabajadores2.insert({codigo:6, nombre: "Antonio Porras", sal: 1900, fechaContratacion : new Date("05,12,2004"), experto:["Oracle", "Cassandra"]});
db.trabajadores2.insert({codigo:7, nombre: "Antonia Muñoz", sal: 1900, fechaContratacion : new Date("25,01,2005"), experto:["Cassandra"]});
db.trabajadores2.insert({codigo:8, nombre: "Laura Noblejas", sal: 1800, fechaContratacion : new Date("08,04,2006")});
```

a) Obtener los trabajadores que han sido contratados después del 18 de agosto del 2022.

```
db.trabajadores2.find({"fechaContratacion":
{"$gt" : new Date("2022-05-18")}}) ;
```

b) Obtener los trabajadores que han sido contratados entre el 1 de marzo del 2018 y el 1 de enero del 2020.

```
db.trabajadores2.find({fecha_cont:{$gte:
newISODate("2018-03-01"),$lte:new SODate("2020-01-01")}});
```

16.4.6 Operaciones con arrays

a) **Inserciones**

Las inserciones de un documento que contenga un campo array van entre [] y se rigen por la siguiente sintaxis:

```
Db.nb_collecion.insert ( { campo1 : "valor1", campo2 : "valor2" , … , campoArray : [ "valor0" , "valor1", … , "valorn"]}) ;
```

b) **Consultas**

Para consultar los elementos de un array se escribirá el array y el elemento a consultar siguiendo la siguiente sintaxis:

```
Db.nb_collecion.find ( { campo1 : "valor1", … , selector_logico: [{campoArray : "valor0" , … }]});
```

c) **Modificación**

Los operadores de modificación permiten modificar o actualizar un elemento del array. Dichos operadores son:

Tabla 16.14 Operadores de modificación de los elementos de un array

Operador	Significado
$push	Añade un elemento al array.
$addToSet	Agrega elementos a un array, solo si estos no existen.
$each	Se usa en conjunto con $push o $addToSet para indicar que se añaden varios elementos al array.
$pop	Elimina el primer o último valor del array. -1 borra el primero y 1 el último.
$pull	Elimina los valores del array que cumpla una condición.

La sintaxis de la modificación:

```
db.coleccion.update( { nb_campo_modificar :
numero } , {Operador_modificación :
{ campoArray : "valor" } } ) ;
```

EJEMPLO 16.47

Partiendo de la siguiente base de datos, obtener.

```
db.trabajador.drop();

db.trabajador.insert({codigo:1, nombre: "Antonio Ortega", sal: 1800,
empresa:"InfoService", experto:["MySQL", "Oracle", "BaseX"]})

db.trabajador.insert({codigo:2, nombre: "Pedro Sanz", sal: 1850,
empresa:"InfoService", experto:["Oracle", "BaseX"]});

db.trabajador.insert({codigo:3, nombre: "Luis Cernuda", sal: 1950,
empresa:"InfoService", experto:["MongoDB"]});

db.trabajador.insert({codigo:4, nombre: "Luis García", sal: 1900,
empresa:"InfoService", experto:["Oracle", "MongoDB"]});

db.trabajador.insert({codigo:5, nombre: "Ana Solevita", sal: 2000,
empresa:"SerDigital", experto:["BaseX", "MongoDB"]});

db.trabajador.insert({codigo:6, nombre: "Antonio Porras", sal: 1900,
empresa:"SerDigital", experto:["Oracle", "Cassandra"]});

db.trabajador.insert({codigo:7, nombre: "Antonia Muñoz", sal: 1900,
empresa:"SerDigital", experto:["Cassandra"]});

db.trabajador.insert({codigo:8, nombre: "Laura Noblejas", sal: 1800,
empresa:"SerDigital"});
```

EJEMPLO 16.47 (continuación)

a) Trabajadores que sean expertos en la base de datos Cassandra.

```
db.trabajador.find({experto:"Cassandra"})
```

b) Trabajadores expertos en Oracle o MongoDB.

```
db.trabajador.find({$or:[{experto:"Oracle"},{experto:"MongoDB"}]})
```

c) Obtener los trabajadores que son de la empresa Serdigital y ganan más de 1950 € y que sean expertos en MongoDB o Cassandra.

```
db.trabajador.find({$and:[{$or:[{experto:"MongoDB"},{experto:"Cassan-
dra"}]},{empresa:"SerDigital"},{sal:{$gte:1950}}]})
```

d) Añadir MongoDB al trabajador con código 1.

```
db.trabajador.updateOne({codigo:1}, {$push:{experto: "MongoDB"}})
```

e) Añadir experto en SQLite a los trabajadores que no tengan ninguna experiencia.

```
db.trabajador.update({experto: {$exists: false}}, {$push: {experto:
'SQLite'}}, {multi: true});
db.trabajador.update({experto: {$exists: false}}, {$ addToSet:
{experto: 'SQLite'}}, {multi: true});
```

f) Añadir experto en SQLite al array con códigos 1 y 2.

```
db.trabajador.
updateMany({$or:[{codigo:2},{codigo:1}]},{$push:{experto:
"SQLite"}})
```

g) Borrar la primera especialidad del trabajador con código 3.

```
db.trabajador.updateOne({codigo:3},{$pop:{experto:-1}})
```

h) Borrar de todos los trabajadores los expertos en SQLite, si lo son.

```
db.trabajador.remove({experto:"SQLite"});
```

i) Visualizar los trabajadores de la empresa SerDigital que ganan entre 1700 y 1850 € (incluidos) y sean expertos en MongoDB y Cassandra.

```
db.trabajador.find({$and:[{$or:[{experto:"MongoDB"},{experto:
"Cassandra"}]},{empresa:"Serdigital"},{sal:{$gte:1950}}]});
```

j) Aumentar 50 euros a los trabajadores de la empresa SerDigital.

```
db.trabajador.updateMany({empresa:"SerDigital"},{$inc:{sal: 50}})
```

16.4.7 Funciones

Las funciones permiten trabajar con datos para realizar operaciones con numerosos documentos en una colección. Las más importantes se pueden clasificar en:

a) De grupo

Tabla 16.15 Funciones de grupo

Función	Valor devuelto
$first	El primer valor de un campo en un grupo. Si el grupo no está ordenado, el valor mostrado será impredecible.
$last	El último valor de un campo en un grupo. Si el grupo no está ordenado, el valor mostrado será impredecible.
$max	El valor más alto de un determinado campo dentro un grupo.
$min	El valor más pequeño de un determinado campo dentro de un grupo.
$avg	La media aritmética de los valores dentro del campo especificado.
$sum	La suma todos los valores de un campo.

b) Aritméticas

Tabla 16.16 Funciones aritméticas

Función	Resultado
$add	Realiza la suma de un array de números.
$divide	Divide dos números.
$mod	Obtiene el resto de una división.
$multiply	Multiplica dos números.
$substract	A partir de dos números realiza la resta.
$trunc	Trunca un número.
$abs	Devuelve el valor absoluto de un número.
$pow	Eleva un número a la potencia especificada.
$sqrt	Calcula la raíz cuadrada.
$exp	Eleva el valor e a un número dado.
$ln, $log	Obtiene el logaritmo neperiano o natural de un numero dado.
$ceil, $floor	Da el número entero mayor más cercano al dado. Da el número entero menor más cercano al dado.

c) Funciones de cadenas

Tabla 16.17 Funciones alfanuméricas

Función	Resultado
$concat	Concatena varias cadenas.
$substr	Devuelve una subcadena de una cadena, a partir de la posición indicada hasta una longitud especificada.
$toLower	Convierte cadenas a minúsculas.
$toUpper	Convierte cadenas a mayúsculas.
$strcasecmp	Compara cadenas. Devuelve 0 si son equivalentes, 1 si la primera es mayor que la segunda y -1 si la segunda es mayor que la primera.
$split	Divide un string y lo guarda en un array.
$strLenCP	Obtiene el número de caracteres que hay en un string.

d) Funciones de fechas

Tabla 16.18 Funciones para fechas

Función	Valor devuelto
$dayOfYear	Día del año entre 1 y 366.
$dayOfMonth	Día del mes entre 1 y 31.
$dayOfWeek	Dia de la semana 1 domingo y 7 sábado.
$year	Año en formato yyyy.
$month	Mes entre 1 y 12.
$hour	Hora entre 0 y 23.
$minute	Minutos entre 0 y 59.
$second	Segundos.
$dateToString	Fecha en formato cadena.

16.4.8 La agregación pipeline

La agregación pipeline o tuberías de agregación se basa en someter una colección a un conjunto de operaciones o etapas, que se irán convirtiendo y transformando en un conjunto de documentos pertenecientes a la colección hasta obtener un conjunto de documentos con el resultado deseado. Las etapas son las siguientes:

Tabla 16.19 Etapas de la agregación pipeline

	Descripción	Multip.
$project	Cambia la forma del documento. La proyección permite modificar la representación de los datos, por lo que, en general, se emplea para darles una forma con la que resulte más cómodo trabajar.	1:1
$match	Filtra los resultados. Permite filtrar los documentos para que en el resultado de la etapa solo estén aquellos que cumplen ciertos criterios. Se puede filtrar antes o después de agregar los resultados, en función del orden en que se define esta etapa.	n:1
$group	Agrupación. Agrupa distintos documentos según compartan el valor de uno o varios de sus atributos, y realizar operaciones de agregación sobre los elementos de cada uno de los grupos. Se utiliza en las funciones sum, max, min, avg, etc.	n:1
$sort	Ordenación de documentos.	1:1
$skip	Salta N elementos.	n:1
$limit	Elige N elementos para el resultado.	n:1
$unwind	Normaliza arrays.	1: n
$out	Envía el resultado a una salida, se almacena en la BD como una nueva colección.	1:1

La multiplicidad se refiere a cuántos documentos obtenemos como resultado después de aplicar la etapa, por ejemplo, 1:1 se aplica a un documento y se obtiene uno, n:1 se aplica a n documentos y se obtiene 1, y así sucesivamente.

El formato es el siguiente:

```
DB.COLECCION.AGGREGATE ([
{$ETAPA1: { ... }}, { $ETAPA2: { ... }}, ......]);
```

Condiciones de agregación:

Tabla 16.20 Condiciones de agregación

Nombre	Descripción
$cond	Evalúa una expresión y, dependiendo del resultado, devuelve el valor de una de las dos expresiones. Recibe tres expresiones en una lista ordenada o tres parámetros con nombre. {$COND:[<EXPRESION_BOLEANA>, <CASO_TRUE>, <CASO_FALSE>]}
$ifNull	Devuelve o bien el resultado no nulo de la primera expresión o el resultado de la segunda expresión si la primera da como resultado nulo. Acepta dos expresiones como argumentos. El resultado de la segunda expresión puede ser nulo. {$IFNULL:[<EXPRESION>, <EXPRESIONSIESNULL>]}

EJEMPLO 16.48

Dada la siguiente base de datos llamada profesores:

```
db.profesores.insert({identificador: 1, datos: "Alberto Delgado",
salario: 1700, especialidad: "Informática", trienios: 3, ptri: 45})
```

```
db.profesores.insert({identificador: 2, datos: "Eliseo Angelina",
salario: 1800, especialidad: "Matemáticas", trienios: 5, ptri: 40})
```

```
db.profesores.insert({identificador: 3, datos: "Luisa Sanz", salario:
1850,  especialidad: "Informática", trienios: 2, ptri: 45})
```

```
db.profesores.insert({identificador: 4, datos: "Alicia Rey", salario:
1950, especialidad: "Matemáticas", trienios: 1, ptri: 40})
```

```
db.profesores.insert({identificador: 5, datos: "Juan Garrido",
salario: 1800, especialidad: "Informática", trienios: 6, ptri: 45})
```

```
db.profesores.insert({identificador: 6, datos: "Ana Amador", salario:
1900, especialidad: "Informática", trienios: 1, ptri: 45})
```

```
db.profesores.insert({identificador: 7, datos: "Elisa Vega", salario:
1750,  especialidad: "Matemáticas", trienios: 3, ptri: 40})
```

```
db.profesores.insert({identificador: 8, datos: "Fidel Valle",
salario: 1800, especialidad: "Matemáticas", trienios: 5, ptri: 40})
```

a) Obtener los datos de los profesores y la especialidad. Visualizar ambas en mayúsculas.

```
db.profesores.aggregate([{$project : {datos : {$toUpper : "$datos"}
, especialidad: {$toUpper : "$especialidad"} , _id : 0}}]);
```

b) Obtener los datos del profesor y el total que percibe por trienios (trienios * ptri).

```
db.profesores.aggregate([{$project:{datos:"$datos",
total_por_trienio:{$multiply:["$trienios","$ptri"]}}}])
```

c) Obtener el total que percibe cada profesor (salario + trienios * ptri).

```
db.profesores.aggregate([{$project: {datos:"$datos",
total:{$add:["$salario",{$multiply:["$trienios","$ptri"]}]}}}]);
```

d) Por cada especialidad obtener el número de profesores y el máximo salario.

```
db.profesores.aggregate([{
$group:{_id: "$especialidad", maxSalario: { $max: "$salario" }}}]);
```

e) Por cada especialidad obtener el número de profesores, la suma de los salarios y el total del importe de los trienios.

```
db.profesores.aggregate([{
$group:{ _id: "$especialidad",
     totalProfesores: { $sum : 1 },
     totalImporTrienio: { $sum : { $multiply: ["$trienios", "$ptri"]
} }}}]);
```

f) Igual que el ejercicio anterior, pero mostrando solo la especialidad informática.

```
db.profesores.aggregate([{
$match: {especialidad: "Informática"}},
{$group: {
_id: "$especialidad", totalProfesores: { $sum: 1 },
totalImporTrienio: { $sum: { $multiply: ["$trienios", "$ptri"] } }}}])
```

EJEMPLO 16.48 (continuación)

g) Obtener el salario más alto.

```
db.profesores.aggregate([{$group:{_id:"SalarioMaximo",
maxSal:{$max:"$salario"}}}])
```

h) Obtener la suma de los salarios de los profesores cuyo nombre contenga M o m.

```
db.profesores.aggregate([ {$match: { datos: /M/m } },
{ $group: {  _id: "Salario total", sumaSalarios: { $sum: "$salario"
} } }])
```

i) Obtener por cada especialidad del profesor el salario más caro.

```
db.profesores.aggregate([{ $group: { _id: "$especialidad",
salarioMasAlto: { $max: "$salario" }}}])
```

Las funciones para arrays son, entre otras:

Tabla 16.21 Funciones para arrays

Nombre	Descripción
$arrayElemAt	Devuelve el elemento especificado en el índice.
$concatArrays	Devuelve un array concatenado en una cadena.
$filter	Toma los elementos de un array y devuelve otro array con esos elementos.
$isArray	Determina si un operando es array o no. Devuelve true o false.
$size	Devuelve el número de elementos del array.
$slice	Especifica el número de elementos de un array que se devolverán en la consulta.

EJEMPLO 16.49

Dada la siguiente base de datos llamada profesores2.

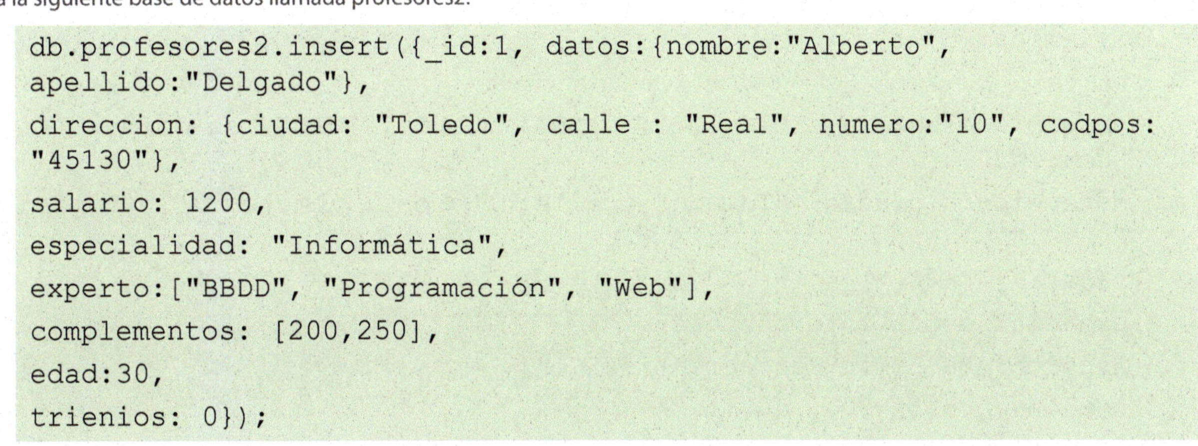

```
db.profesores2.insert({_id:1, datos:{nombre:"Alberto",
apellido:"Delgado"},
direccion: {ciudad: "Toledo", calle : "Real", numero:"10", codpos:
"45130"},
salario: 1200,
especialidad: "Informática",
experto:["BBDD", "Programación", "Web"],
complementos: [200,250],
edad:30,
trienios: 0});
```

EJEMPLO 16.49 (continuación)

```
db.profesores2.insert({_
id:2,datos:{nombre:"Eliseo",apellido:"Angelina"},
direccion: {ciudad:"Madrid", calle :"Alegria", numero:"12", codpos:
"28203"},
salario: 1800,
especialidad: "Matemáticas",
experto:["BBDD", "Algebra", "Calculo"],
complementos: [200,250, 120],
edad:45,
trienios: 5});

db.profesores2.insert({_id:3, datos:{nombre:"Luisa",
apellido:"Sanz"},
direccion: {ciudad: "Toledo", calle : "Sol", numero:"3", codpos:
"45012"},
salario: 1800,
especialidad: "Informática",
experto:["BBDD", "Web", "Calculo"],
complementos: [200],
edad:37,
trienios: 2});

db.profesores2.insert({_id:4, datos:{nombre:"Alicia",
apellido:"Rey"},
direccion: {ciudad: "Madrid", calle: "Alcalá", numero:"7", codpos:
"28003"},
salario: 1800,
especialidad: "Matemáticas",
experto:["BBDD", "Algebra", "Calculo"],
complementos: [200, 50],
edad:30,
trienios: 1});

db.profesores2.insert({_id:5, datos:{nombre:"Juan", apellido:
"Garrido"},
direccion: {ciudad: "Toledo", calle: "Reyes", numero:"2", codpos:
"45001"},
salario: 1800,
especialidad: "Informática",
experto:["BBDD", "Hardware", "SSOO"],
complementos: [300, 50],
edad:50,
trienios: 5});
```

EJEMPLO 16.49 (continuación)

```
db.profesores2.insert({_id:6, datos:{nombre:"Ana", apellido:
"Amador"},
direccion: {ciudad: "Madrid", calle: "Atocha", numero:"10", codpos:
"28045"},
salario: 1900,
especialidad: "Informática",
experto:["BBDD", "Programación"],
complementos: [300, 50, 60, 120],
edad:33,
trienios: 1});

db.profesores2.insert({_id:7, datos:{nombre:"Elisa", apellido:
"Vega"},
direccion: {ciudad: "Madrid", calle: "León", numero:"53", codpos:
"28047"},
salario: 1750,
especialidad: "Matemáticas",
experto:["Algebra", "Programación"],
complementos: [120],
edad:40,
trienios: 3});

db.profesores2.insert({_id:8, datos:{nombre:"Fidel", apellido:
"Valle"},
direccion: {ciudad: "Toledo", calle: "Petunia", numero:"5", codpos:
"45047"},
salario: 1500,
especialidad: "Matemáticas",
experto:["Algebra"],
complementos: [],
edad:25,
trienios: 0});
```

a) Obtener los datos de los profesores y la especialidad. Visualizar ambas en mayúsculas.

```
db.profesores2.aggregate([{ $project:
    {"datos.nombre":{$toUpper:"$datos.nombre"},
    "datos.apellido":{$toUpper:"$datos.apellido"},
    especialidad:{$toUpper:"$especialidad"}}}]);
```

b) Por cada especialidad obtener el número de profesores y el total de los salarios.

```
db.profesores2.aggregate([{ $group: {
            _id: "$especialidad",
            numprofesores: { $sum: 1 },
            sumaSalarios: { $sum: "$salario" } } }]);
```

EJEMPLO 16.49 (continuación)

c) Mostrar de la especialidad de informática el máximo salario.

```
db.profesores2.aggregate([{$match: {especialidad:"Informática"}},
{$group:{_id:"$especialidad", maxSalarios:{$max:"$salario"}}}]);
```

d) Devolver la ciudad y el campo datos descompuesto en nombre y apellido y el primer y el último tema en que es experto el profesor. Ordenar por ciudad.

```
db.profesores2.aggregate
([{$sort:{ "direccion.ciudad":1}},
{$project:{población: "$direccion.ciudad",nombre:
"$datos.nombre",apellido:"$datos.apellido",
experto1:{$arrayElemAt:["$experto",0]},
expertoultimo: {$arrayElemAt:["$experto", -1]}}}]);
```

e) Devolver el nombre del profesor, el número de temas en el que es experto, el número de complementos que tiene y ambos arrays concatenados (experto y complementos).

```
db.profesores2.aggregate([{$project:{datos:"$datos.nombre",
    numExperto:{$size:{"$ifNull":["$experto",[]]}},
    numComplementos:{$size: {"$ifNull":["$complementos",[]]}},
    concatenados:{$concatArrays: ["$experto","$complementos"]}}}]);
```

f) Devolver de los profesores que son expertos en BBDD el número de estos y la media de edad.

```
db.profesores2.aggregate([{$match:{experto:"BBDD"}},{$group:{_id:"BBDD",
contador:{$sum:1},media:{$avg:"$edad"}}}])
```

g) Obtener la suma de los complementos de cada profesor (nombre y apellido).

```
db.profesores2.aggregate([{$project:{_id:0,
nombre:"$datos.nombre",
apellido:"$datos.apellido",
sumaComplementos: {$sum:"$complementos"}}}]);
```

h) Obtener el máximo de las sumas de todas las primas.

```
db.profesores2.aggregate([{$group: {_id:0,
maxComplementos: {$max: {$sum: "$complementos"}}}}]);
```

i) Obtener el salario total de cada profesor (nombre y apellido); se obtendrá sumando al salario la suma de sus primas.

```
db.profesores2.aggregate([{$project:
{_id:0, nombre:"$datos.nombre", apellido:"$datos.apellido",
salarioTotal: {$sum:{$add: ["$salario", { $sum: "$complementos"
}]}}}}]);
```

j) Obtener el nombre y la ciudad, así como el número de temas en que es experto.

```
db.profesores2.aggregate([{ $project: {
 _id: 0, nombre: "$datos.nombre", ciudad: "$direccion.ciudad",
 numConocimientos: { $size: "$experto" } } }]);
```

16.4.9 Relaciones entre documentos

Los métodos para referenciar documentos son:

a) Referencias manuales

En las que se guarda el campo _id de un documento como referencia en otro documento. Similar al concepto de clave ajena en el modelo relacional.

EJEMPLO 16.50

Crear la base de datos profesores3 y posteriormente realizar las consultas.

```
db.profesores3.insertOne({_id:1, nombre:"Juan Blanco",
salario:1600});
db.profesores3.insertOne({_id:2, nombre:"Eva Ruíz", salario:1500});
db.profesores3.insertOne({_id:3, nombre:"Ana Alba", salario:1700});
db.profesores3.insertOne({_id:4, nombre:"Sol Salobreña",
salario:1600});
db.profesores3.insertOne({_id:5, nombre:"Mar Illán", salario:1600});

db.cursos.insertOne({_id:1, titulo: "MongoDB", horas:
40, creditos:4, fechacomienzo: new Date("10,10,2023"),
profesores3:[1,3]});
db.cursos.insertOne({_id:2, titulo: "Java", horas: 60, creditos:6,
fechacomienzo: new Date("30,10,2023"), profesores3:[4]});
db.cursos.insertOne({_id:3, titulo: "Oracle", horas:50, creditos:5,
fechacomienzo: new Date("10,11,2023"), profesores3:[2, 5]});
```

a) Mostrar los profesores que imparten el curso 1.

```
db.cursos.findOne({_id:1})
```

b) Recuperar los profesores cuyo _id se encuentre enlazado a este curso.

```
db.profesores3.find({_id: {$in :
db.cursos.findOne({_id:1}).profesores3}})
```

c) Igual que en el punto anterior, pero devolviendo el array de documentos.

```
db.profesores3.find({_id:{$in :
db.cursos.findOne({_id:1}).profesores3}}).toArray()
```

d) Devolver los profesores del curso 2 que tienen el salario mayor de 1500 €.

```
db.profesores3.find({_id:
{$in : db.cursos.findOne({_id:2}).profesores3}, salario:
{$gt:1500}}).toArray()
```

b) DBRefs

Son referencias de un documento a otro utilizando el valor del campo _id del primer documento, el nombre de la colección y opcionalmente el nombre de la DB.

16.4.10 *Índices*

Los índices incrementan la velocidad de búsqueda que el usuario realiza en las consultas. Sin los índices limitan la cantidad de documentos a inspeccionar, lo que hace que la respuesta de la base de datos sea más rápida.

Los índices se pueden crear y eliminar según se necesiten y pueden adaptarse a los requisitos de la aplicación de consulta en evolución y se pueden declarar en cualquier campo del documento.

Los índices se clasifican en dos grupos:

a) Simples. Si se genera en un único campo del documento. Se crea con createIndex seguido del campo en el que se quiere incluir.

b) Compuesto. Si se genera en dos o más campos del documento. Se crea también con createIndex seguido de los campos en los que se quiere incluir.

EJEMPLO 16.51

En la base de datos llamada profesores2 crear un índice simple del campo especialidad de orden inverso y otro compuesto de los campos salario y trienios.

```
db.profesores2.createIndex( {especialidad : -1} );
db.profesores2.createIndex( {salario : 1, trienios : 1} )
```

16.5 Ejercicios resueltos

1. Dados los documentos XML, formados por libreria.xml y comntarios.xml:

```
<?xml version="1.0" encoding="UTF-8"?>
<libreria>
      <libro año="2023">
            <titulo>Bases de datos</titulo>
            <autor>
                  <apellido>Ahijado</apellido>
                  <nombre>Antonio</nombre>
            </autor>
            <editorial>Marcombo</editorial>
            <precio>28.30</precio>
            <cantidad>3</cantidad>
      </libro>
      <libro año="2022">
            <titulo>Gestión de bases de datos</titulo>
            <autor>
                  <apellido>Ahijado</apellido>
                  <nombre>Antonio</nombre>
            </autor>
            <editorial>Marcombo</editorial>
            <precio>28.30</precio>
            <cantidad>6</cantidad>
      </libro>
      <libro año="2023">
            <titulo>Administración de SGBD</titulo>
            <autor>
                  <apellido>Ahijado</apellido>
                  <nombre>Antonio</nombre>
```

```
    </autor>
           <autor>
                <apellido>Pérez</apellido>
                <nombre>Elena</nombre>
           </autor>
           <editorial>Marcombo</editorial>
           <precio>20.80</precio>
           <cantidad>6</cantidad>
      </libro>
           <libro año="2016">
           <titulo>Programación estructurada</titulo>
           <autor>
                <apellido>Ahijado</apellido>
                <nombre>Antonio</nombre>
    </autor>
           <autor>
                <apellido>Pérez</apellido>
                <nombre>Elena</nombre>
           </autor>
           <autor>
                <apellido>Heras</apellido>
                <nombre>Pilar</nombre>
           </autor>
           <editorial>SDEditores</editorial>
           <precio>30.80</precio>
           <cantidad>7</cantidad>
      </libro>
      <libro año="2018">
           <titulo> Java orientado a objetos</titulo>
           <editor>
                <apellido>Delgado</apellido>
                <nombre>Jose</nombre>
                <afiliacion>ALS</afiliacion>
           </editor>
           <editorial>Canals</editorial>
           <precio>16.80</precio>
           <cantidad>4</cantidad>
</libro>
      <libro año="2017">
           <titulo> Entornos de desarrolllo</titulo>
           <editor>
                <apellido>Parra</apellido>
                <nombre>Julian</nombre>
                <afiliacion>ASS</afiliacion>
           </editor>
           <editorial>Alaska</editorial>
```

```
            <precio>12.80</precio>
            <cantidad>5</cantidad>
</libro>
</libreria>

<?xml version="1.0" encoding="UTF-8"?>
<comentarios>
<entrada>
    <titulo>Bases de datos</titulo>
    <comentario>Un libro muy bueno sobre bases de
datos.</comentario>
</entrada>
<entrada>
    <titulo>programación estructurada</titulo>
    <comentario>Un libro claro y detallado de
programación.</comentario>
</entrada>
<entrada>
    <titulo>Java orientado a objetos</titulo>
    <comentario>Uno de los mejores libros de
programación OO</comentario>
</entrada>
</comentarios>
```

Realizar las siguientes tareas usando BaseX.

a) Visualizar los libros que tengan más de un autor. Ordenados por título.

```
for $b in //libro
let $c := $b//autor
where count($c) > 1
order by $b/titulo
return $b/titulo
```

b) Títulos de los libros del año 2023.

```
for $b in //libro
where $b/@año = "2023"
return $b/titulo
```

c) Títulos de todos los libros del archivo libros.xml y todos los comentarios de estos almacenados en comentarios.xml.

```
for $t in //titulo, $e in //entrada
where data($t = $e/titulo)
return
<comentario>{ $t, $e/comentario }</comentario>
```

d) Poner los títulos de todos los libros y su primer autor. En caso de que exista más de un autor, poner "y otros".

```
for $b in //libro
return
```

```
<libro>
  { $b/titulo }
    { for $a at $i in $b/autor
      where $i <= 1 return
      <autor>
        {string($a/nombre), ", " ,string($a/apellido)}
      </autor> }
    { if (count($b/autor) > 1)
      then <autor>y otros</autor>
      else () }
</libro>
```

e) Títulos de los libros en los que al menos uno de sus autores es Elena Pérez.

```
for $b in //libro
where some $a in $b/autor
  satisfies ($a/apellido="Pérez" and
$a/nombre="Elena")
return $b/titulo
```

f) Obtener una lista ordenada de los apellidos de todos los autores y editores.

```
for $l in distinct-values(//(autor | editor)/apellido)
order by $l
return <apellidos>{ $l }</apellidos>
```

g) Obtener el nodo libro con todos sus hijos salvo el nodo precio del libro "Bases de datos".

```
for $b in //libro
where $b/titulo = "Bases de datos"
return
<libro>
{ $b/@* }
{ $b/* except $b/precio }
</libro>
```

h) Obtener todos los nodos libros si hay alguno que tenga al menos un autor.

```
for $b in //libro
where not(empty($b/autor))
return $b
```

2. De la base de datos MongoDB PROFESORES2, realizar las siguientes consultas:

a) Crear una consulta para visualizar el nombre y el salario de los profesores que ganan más de 1500 €.

```
db.profesores2.find({salario:{$gt:1500}},
{"datos.nombre":1,"salario":1})
```

b) Visualizar los datos y el salario de todos los profesores que son de la especialidad de informática.

```
db.profesores2.find({especialidad:"Informática"},
datos:1,trienios:1})
```

c) Decrementar el salario 10 € a los profesores con 35 años o menos.

```
db.profesores2.update( { edad:{$lte:35} } ,
{ $inc: { salario : -10 } },{multi:true} )
```

d) Borrar los trabajadores que tienen un salario inferior a 1200 €.

```
db.profesores2.remove( { salario:{$lt:1200} } )
```

e) Visualizar los profesores expertos en programación o en cálculo.

```
db.profesores2.find({$or:[{experto:
"Programación"},{experto:"Cálculo"}]})
```

f) Añadir al profesor 1 que sea experto en cálculo.

```
db.profesores2.updateOne({codigo:1},
{$push:{experto: "Cálculo"}})
```

g) Obtener el apellido de los profesores en mayúsculas y la edad.

```
db.profesores2.aggregate([{$project : {datos :
{$toUpper : "$datos.apellido"} , edad: 1 ,
_id : 0}}]);
```

h) Obtener los datos de los profesores y la especialidad. Visualizar ambas en mayúsculas.

```
db.profesores2.aggregate([{$project :
{"datos.nombre": {$toUpper : "$datos.nombre"} ,
especialidad: {$toUpper : "$especialidad"} ,
_id : 0}}]);
```

i) Por cada especialidad obtener el número de profesores y la media de los salarios de cada especialidad.

```
db.profesores2.aggregate([{$group:{_
id:"$especialidad", mediaSalario:
{ $avg: "$salario" }}}]);
```

j) Obtener la suma de los salarios de los profesores cuyo apellido empiece por A.

```
db.profesores2.aggregate([ {$match:
{ "datos.apellido": /^A/ } },
{ $group: { _id: "Salario total", sumaSalarios: {
$sum: "$salario" } } }])
```

RESUMEN

- Una base de datos NoSQL es aquella que almacena sus datos en un formato distinto a las tablas relacionales. Permiten almacenar los datos de forma más intuitiva y fácil de entender.
- Se pueden clasificar en los siguientes grupos: documentales, gráficas, valor clave y almacenes de columna ancha.
- Entre las bases de datos documentales se encuentran las nativas o XML y MongoDB.
- Las bases de datos XML almacenan los datos en formato XML y pueden consultarse mediante XPath o XQuery.
- MongoDB es una base de datos NoSQL de código abierto (código fuente de software abiertamente accesible que puede ser modificado o distribuido por cualquier persona) con mucha flexibilidad y escalabilidad, lo que lo hace óptimo para aplicaciones empresariales y web con gran transferencia de información.

EJERCICIOS PROPUESTOS

1. **Con los documentos XML dados anteriormente libreria.xml y comentarios.xml, realizar las siguientes consultas usando BaseX.**
   a) Visualizar los libros que tengan un autor. Ordenar por título.
   b) Título de cada uno de los libros junto con el número de autores de cada libro.
   c) Títulos de los libros en los que al menos uno de sus autores es Antonio Ahijado.
   d) Obtener el nodo libro con todos sus hijos salvo el nodo editorial del libro "Programación estructurada".
   e) Obtener todos los nodos libros si hay alguno que tenga al menos un autor. Realícese con exists.
   f) Título de los libros en los que todos los autores es Antonio Ahijado.
2. **De la base de datos MongoDB profesores2, realizar las siguientes consultas:**
   a) Obtener los datos de los trabajadores de la especialidad de matemáticas y con salario superior a 1750 €.
   b) Aumentar el salario a los profesores de la especialidad de informática 100 €.
   c) Obtener los profesores que son de informática, expertos en web y programación y que ganan más de 1950 €.
   d) Añadir una prima de 50 € a los profesores de códigos 1 y 2.
   e) Visualizar la media de los salarios de los profesores.
   f) Visualizar el medio de los profesores que tienen un trienio.
   g) Obtener la media de los salarios de los profesores que su nombre acabe en la cadena "isa".
   h) Obtener el máximo de los salarios de los profesores cuyo nombre termina en o.
   i) Devolver el código postal y el campo datos descompuesto en nombre y apellido y el primer tema en que es experto el profesor. Ordenar por código postal.
   j) Devolver los profesores expertos en álgebra y el número de profesores que hay.

TEST DE EVALUACIÓN

1. **La base de datos NoSQL Cassandra es de tipo:**
   a) Documental
   b) Valor clave
   c) Almacenes de columna ancha
2. **Las consultas en una base de datos XML se hacen con:**
   a) XPath y UpdateQuery
   b) XQuery y XPath
   c) XQuery
3. **¿Qué indica @ en una base de datos XML?**
   a) No sirve para XML.
   b) Selecciona nodos.
   c) Selecciona un atributo de un nodo.
4. **¿Qué hace FOR en una XQuery?**
   a) Vincula una o más variables a expresiones escritas en XPath.
   b) Vincula una variable al resultado completo de una expresión añadiendo esos vínculos a las tuplas.
   c) Ambas son correctas.
5. **¿Qué hace el operador SOME en una XQuery?**
   a) Recupera aquellas tuplas en las que todos los nodos cumplan la condición.
   b) Recupera aquellas tuplas en las que algún nodo cumpla la condición.
   c) Ambas son correctas.
6. **¿Qué hace XMLForest?**
   a) Convierte cada uno de sus parámetros de argumento para XML.
   b) Convierte cada uno de sus parámetros de argumento para XML y devuelve un fragmento de XML, que es la concatenación de estos argumentos convertidos.
   c) Es una función de agregación.
7. **Algo similar a lo que llamamos registro en una base de datos relacional, en MongoDB, ¿cómo se le llama?**
   a) Colección
   b) Campo
   c) Documento
8. **En MongoDB, se visualizan los datos utilizando la sentencia:**
   a) Aggregate
   b) Find
   c) Drop
9. **En MongoDB, ¿qué hace la función $match?**
   a) Agrupa.
   b) Filtra.
   c) Cambia la forma del documento.
10. **En MongoDB, los índices se clasifican en:**
    a) Básicos y complejos.
    b) No tienen clasificación.
    c) Simples y compuestos.

U 17

Bases de datos objeto relacional (BDOR)

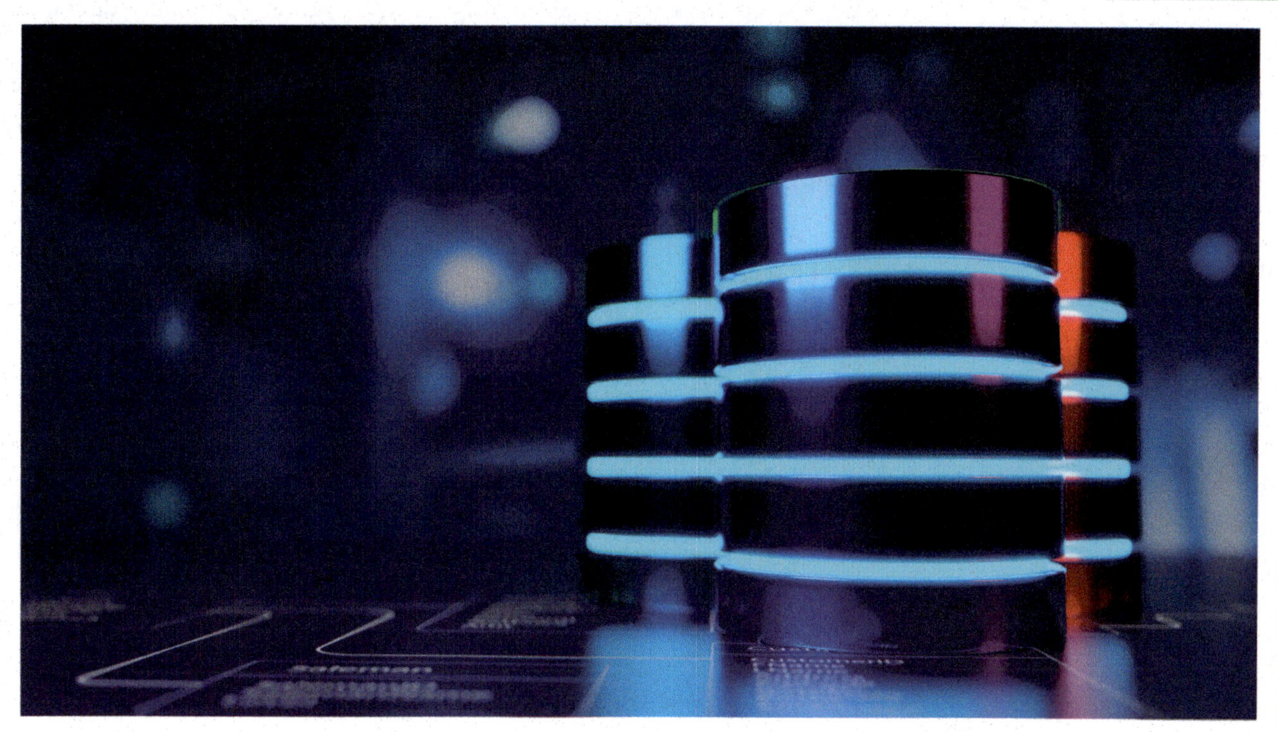

En esta unidad vas a estudiar:

- 17.1 Introducción a las BDOR
- 17.2 Ventajas e inconvenientes
- 17.3 Tipos de colección
- 17.4 Tipos de objetos
- 17.5 Ejercicios resueltos

Con su estudio, vas a ser capaz de:

- Gestionar la información almacenada en bases de datos objeto relacional, evaluando y utilizando las posibilidades que proporciona el sistema gestor.

17.1 Introducción a las BDOR

Las bases de datos tradicionales o relacionales son bastante complejas a la hora de ser utilizadas con lenguajes de programación orientados a objetos como pueden ser Java o C++ entre otros.

GLOSARIO

Tipos de datos colección: son atributos multivaluados que aparecen en un campo de la tabla.

Varray: vector que se guarda en un atributo de una tabla.

Este fue uno de los principales motivos por los que las bases de datos tradicionales fueron avanzando para que pudieran ser utilizadas por la orientación a objetos. Debido a esta necesidad, las bases de datos tradicionales evolucionaron a BDOR.

Las bases de datos objeto relacional se caracterizan porque integran dos conceptos: el de las bases de datos relacionales tradicionales y el paradigma de la orientación a objetos. Se pretende por tanto utilizar conceptos de las bases relacionales sobre la organización de los de los datos complejos.

Los datos complejos que utilizan estas bases de datos son:

- Colecciones, que pueden ser de dos tipos varrays o tipos de variables que pueden tener más de un elemento y tablas anidadas formada por un conjunto de elementos todos del mismo tipo.
- Tipos estructurados que permiten poder representar de manera directa los atributos compuestos en el modelo entidad relación.
- Objetos de gran tamaño que permiten almacenar datos de varios Gbytes.

Estos modelos permiten trabajar con un sistema relacional que puede almacenar los objetos en tablas.

17.2 Ventajas e inconvenientes

Las principales ventajas de una BDOR son:

- Permite trabajar con datos elementales y complejos.
- Permite trabajar con métodos, los cuales serán procedimientos y funciones.
- Se pueden utilizar propiedades de la orientación a objetos como es la herencia.
- Se pueden almacenar varios valores en un elemento de la base.
- Se pueden anidar tablas en un elemento de la base.
- Se referencia diferentes elementos de la base.
- Es compatible con bases de datos relacionales.

Como principales inconvenientes tenemos:

- Mayor complejidad en el modelo de datos.
- Mas lentitud a la hora de acceder a los elementos de la base.
- El modelo de datos queda totalmente desnormalizado.

17.3 Tipos de colección

Los tipos de datos colección son atributos multivaluados que se aparecen en un campo de la tabla; al haber en un campo varios datos se rompe el principio de la primera forma normal, que decía que cualquier información de un campo debe ser atómica, es decir, formada por un único dato.

Se puede decir, por tanto, que las BDOR pueden admitir en los diferentes campos de las tablas tipos de datos compuestos o colección, es decir, arrays o tablas anidadas.

Los tipos de datos colección quedan almacenados como objetos de la base de datos para que puedan ser utilizados cuando se requieran.

17.3.1 Varrays

Son colecciones de elementos homogéneos que tienen un número fijo de elementos (aunque se puede cambiar el número de elementos en tiempo de ejecución), siendo la información que se guarda en cada elemento del mismo tipo de datos. Ellos usan números secuenciales como subíndices, los cuales determinan el lugar donde se localiza el dato.

Para entender el párrafo anterior, imaginemos que existe una tabla donde se guarda el código del empleado, el nombre y los teléfonos del trabajador; en este último se podría guardar un array de un elemento, si tiene un teléfono, o de dos si tiene dos teléfonos; o nulo si no tiene teléfono.

Cuando trabajamos con este tipo de datos, lo primero que se debe de hacer es crearlo y, posteriormente, asignarlo a la tabla o tablas donde se quiera utilizar.

La sintaxis de creación de este tipo de datos es:

```
CREATE TYPE NOMBRE_TIPO AS VARRAY(TAMAÑO_VARRAY)
OF TIPO_DATO
```

EJEMPLO 17.1

Crear un VARRAY llamado COMIS para guardar las diferentes comisiones del trabajador (3 como máximo), para posteriormente crear una tabla llamada TRABAJADORES con cuatro campos código del trabajador, nombre, salario y comisión; a este último se le asignará el varray. Insertar tres registros donde se observe el funcionamiento del varray.

```
CREATE TYPE COMIS AS VARRAY(3) OF NUMBER(3);
CREATE TABLE TRABAJADORES(
CODIGO NUMBER(3) PRIMARY KEY,
NOMBRE VARCHAR2(15),
SALARIO NUMBER(4),
COMISION COMIS);

INSERT INTO TRABAJADORES VALUES
(01, 'LUIS ALBERTO', 1950, COMIS (100, 150));
INSERT INTO TRABAJADORES VALUES
(02, 'MARTA MANUELA', 2520, COMIS (60));
INSERT INTO TRABAJADORES VALUES
(03, 'MARIA MANUELA', 1800, NULL);
```

Los elementos del varray se pueden acceder o recuperarlos como cualquier otro elemento de la base de datos.

EJEMPLO 17.2

En la tabla TRABAJADORES creada anteriormente, obtener:

a. *Visualizar los nombres y las comisiones de la tabla usando alias de tabla.*

```
SELECT A.NOMBRE, A.COMISION FROM TRABAJADORES A;
```

b. *Modificar las comisiones de María Manuela añadiendo una de 200 €.*

```
UPDATE TRABAJADORES SET COMISION=COMIS(200)
WHERE NOMBRE ='MARIA MANUELA';
```

c. *Diseñar un bloque PL que visualice los nombres y el número de comisiones que tiene cada trabajador y la suma de todas ellas.*

```
SET SERVEROUTPUT ON
DECLARE
      CURSOR CUR IS SELECT * FROM TRABAJADORES;
      CADENA VARCHAR2(50) ;
      SUMA NUMBER;
BEGIN
      FOR I IN CUR LOOP
            DBMS_OUTPUT.PUT_LINE(I.NOMBRE ||', NÚMERO DE COMISIONES: '||
            I.COMISION.COUNT);
            CADENA:= '*';
            SUMA:=0;
                  FOR J IN 1..I.COMISION.COUNT LOOP
                        CADENA:=CADENA ||I.COMISION(J)|| '*';
                        SUMA:=SUMA+I.COMISION(J);
                  END LOOP;
            DBMS_OUTPUT.PUT_LINE(CADENA) ;
            DBMS_OUTPUT.PUT_LINE('LA SUMA DE LAS COMISIONES ES: ' ||SUMA) ;
      END LOOP;
END;
```

17.3.2 Tablas anidadas

GLOSARIO

Tabla anidada: tabla que se guarda dentro de un campo de una tabla.

Una tabla anidada es una tabla que está introducida dentro de un campo de otra tabla. Generalmente, una tabla anidada proviene de una relación entre una entidad regular y otra débil, siendo esta última la que se anida dentro de la regular. Ejemplos de tablas anidadas podrían ser habitaciones dentro de hoteles, familiares dentro de trabajadores, etc.

El proceso que se debe seguir para obtener una tabla anidada es el siguiente:

a) Se genera un tipo con los campos que va a contener la tabla.

```
CREATE OR REPLACE TYPE NOMBRE_TIPO AS OBJECT
(CAMPOS_TIPO, … );
```

b) Se convierte el tipo a tabla, siendo esta tabla la que se anide en la principal.

```
CREATE TYPE NOM_TABLA_ANI AS TABLE OF NOMBRE_TIPO;
```

c) Se genera la tabla y en alguno de sus campos se introduce la tabla anterior o se genera un tipo al que se le asigna la tabla anidada y, posteriormente, se convierte en tabla al tipo. En ambos casos se utilizará la sentencia NESTEAD TABLE. La sintaxis del primer caso es:

```
CREATE TABLE NOMBRE_TABLA(
CAMPO1 TIPO_DATO PRIMARY KEY,
...
CAMPO_TB_ANIDADA NOM_TABLA_ANI)
NESTED TABLE CAMPO_TB_ANIDADA STORE AS NOMBRE;
```

Y del segundo:

```
CREATE TYPE TIP_NOMBRE AS OBJECT (
CAMPO1 TIPO_DATO,
...
CAMPO_TB_ANIDADA NOM_TABLA_ANIDADA);
CREATE TABLE NOMBRE_TABLA OF TIP_NOMBRE
(CAMPO1 PRIMARY KEY)
NESTED TABLE CAMPO_TB_ANIDADA STORE AS NOMBRE;
```

Donde la cláusula NESTEAD TABLE sirve para identificar la columna que contendrá la tabla anidada, mientras que la cláusula STORE AS dice el nombre de la tabla en el que se guardarán las direcciones del atributo de cualquier registro de la tabla anidada; sirve cualquier nombre, pues el gestor lo organiza a nivel interno como él considera conveniente.

EJEMPLO 17.3

Crear un tipo llamado TIP_HIJOS que contenga el número de hijos, el nombre, la edad y el sexo. Posteriormente, crear un tipo llamado TABLA_ANIDADA que contenga el tipo anterior y que sea guardado como una tabla. Crear una tabla llamada EMPLEADOS_ANIDADA con los siguientes campos identificador del empleado, apellidos, especialidad e hijos, este último contendrá el tipo tabla anidada creada anteriormente.

```
CREATE OR REPLACE TYPE TIP_HIJOS AS OBJECT
(
NUMERO NUMBER(2),
NOMBRE VARCHAR2(30),
EDAD NUMBER(2),
SEXO VARCHAR2(10)
);

CREATE TYPE TABLA_ANIDADA AS TABLE OF TIP_HIJOS;
CREATE TABLE EMPLEADOS_ANIDADA
(
ID NUMBER(2)PRIMARY KEY,
APELLIDOS VARCHAR2(35),
ESPECIALIDAD VARCHAR2(35),
HIJOS TABLA_ANIDADA
)
NESTED TABLE HIJOS STORE AS HIJOS_ANIDADA;
```

Las sentencias DML se realizan sobre los elementos que no contienen datos complejos; se llevan a cabo de la misma forma que se hacía hasta ahora.

A continuación, se realizarán varios ejemplos en los que se realizarán INSERT, DELETE y UPDATE tanto sobre la tabla anidada como sobre la tabla contenedora.

EJEMPLO 17.4

Insertar en la tabla EMPLEADOS_ANIDADA tres empleados: el primero con dos hijos, el segundo con otros dos y el tercero con uno.

```
INSERT INTO EMPLEADOS_ANIDADA VALUES (1, 'AHIJADO', 'PROGRAMADOR',
TABLA_ANIDADA (TIP_HIJOS (1, 'ANTONIO', 15, 'HOMBRE'), TIP_HIJOS (2,
'JESUS', 12, 'HOMBRE')));
INSERT INTO EMPLEADOS_ANIDADA VALUES (2, 'PEREZ', 'ANALISTA',
TABLA_ANIDADA (TIP_HIJOS (1, 'ELENA', 10, 'MUJER'),TIP_HIJOS (2, 'HUGO',
7, 'HOMBRE')));
INSERT INTO EMPLEADOS_ANIDADA VALUES (3, 'DELGADO', 'PROGRAMADOR',
TABLA_ANIDADA (TIP_HIJOS (1, 'MARTA', 15, 'MUJER')));
```

El operador TABLE se utiliza para acceder a la fila que se quiere y, generalmente, va asociado a las sentencias DML siempre que se quiera modificar, añadir o borrar una fila de la tabla anidada.

EJEMPLO 17.5

Se ha olvidado añadir una hija al empleado de código 2. Introducir en la tabla anidada el siguiente registro (3, 'MARTA', 8, 'MUJER').

```
INSERT INTO TABLE (SELECT HIJOS FROM EMPLEADOS_ANIDADA WHERE ID=2)
VALUES (TIP_HIJOS (3, 'MARTA', 8, 'MUJER'));
```

EJEMPLO 17.6

Al introducir los datos del ejemplo anterior deberíamos haber puesto MARIA en vez de MARTA. Modifíquese dicho dato.

```
UPDATE TABLE (SELECT HIJOS FROM EMPLEADOS_ANIDADA WHERE ID=2)
SET NOMBRE='MARIA' WHERE NOMBRE='MARTA';
```

EJEMPLO 17.7

Introducir un nuevo hijo al empleado 3 con los siguientes datos (2, 'CARMEN', 0, 'MUJER') y, posteriormente, eliminarlo.

```
INSERT INTO TABLE (SELECT HIJOS FROM EMPLEADOS_ANIDADA WHERE ID=3)
VALUES (TIP_HIJOS (2, 'CARMEN', 0, 'MUJER'));

DELETE FROM TABLE (SELECT HIJOS FROM EMPLEADOS_ANIDADA WHERE ID=3) WHERE
NÚMERO=2;
```

Para visualizar elementos de la tabla que contiene la tabla anidada, se emplea la sentencia SELECT teniendo en cuenta las siguientes consideraciones:

- Se visualizan solo campos que no contienen la tabla anidada, se hace igual que en las tablas relacionales.

EJEMPLO 17.8

Visualizar el apellido y la especialidad de todos los empleados.

```
SELECT APELLIDOS, ESPECIALIDAD FROM EMPLEADOS_ANIDADA;
```

- Se visualizan campos de la tabla principal y de la tabla anidada, se hace mediante la orden CURSOR. Es conveniente poner alias a las tablas.

EJEMPLO 17.9

Visualizar el apellido y el nombre de los hijos de los diferentes empleados que tiene la empresa.

```
SELECT APELLIDOS, CURSOR (SELECT TT.NOMBRE FROM TABLE(T.HIJOS) TT)
FROM EMPLEADOS_ANIDADA T;
/* SI NO SE DESEA ESCRIBIR ALIAS SE PUEDE PONER ASÍ*/
SELECT APELLIDOS, CURSOR (SELECT NOMBRE FROM TABLE(HIJOS))
FROM EMPLEADOS_ANIDADA;
```

- Se visualizan campos solo de la tabla anidada, se hace mediante la orden THE, siendo su sintaxis la siguiente:

```
SELECT ... FROM THE (SUBCONSULTA) WHERE ...
```

EJEMPLO 17.10

Obtener el nombre y edad de los hijos del empleado PEREZ mayores de 7 años.

```
SELECT NOMBRE, EDAD
FROM THE (SELECT T.HIJOS FROM EMPLEADOS_ANIDADA T WHERE
APELLIDOS='PEREZ') WHERE EDAD>7;
```

También se pueden escribir en las consultas funciones a nivel fila y a nivel grupo. Las funciones de grupo pueden usarse de dos formas: la primera usa la tabla anidada dentro de un cursor y la segunda se trata como si fueran dos tablas independientes una la tabla contenedora y la otra la anidada. A continuación, se muestran algunos ejemplos utilizando funciones de grupo.

EJEMPLO 17.11

Mostrar el apellido del empleado y el número de hijos que tiene cada uno.

```
/* TABLA ANIDADA DENTRO DE UN CURSOR*/
SELECT APELLIDOS, CURSOR (SELECT COUNT (*) FROM TABLE(HIJOS))
FROM EMPLEADOS_ANIDADA;
/* COMO DOS TABLAS INDEPENDIENTES*/
SELECT APELLIDOS, COUNT(*)
FROM EMPLEADOS_ANIDADA, TABLE(HIJOS)
GROUP BY APELLIDOS;
```

EJEMPLO 17.12

Visualizar el apellido y el número de hijos varones de los empleados con dos hijos.

```
/* TABLA ANIDADA DENTRO DE UN CURSOR*/
SELECT APELLIDOS,
CURSOR (SELECT COUNT(*) FROM TABLE(HIJOS)WHERE SEXO='HOMBRE')
FROM EMPLEADOS_ANIDADA
WHERE (SELECT COUNT(*) FROM TABLE(HIJOS) WHERE SEXO= 'HOMBRE')=2;

/* COMO DOS TABLAS INDEPENDIENTES*/
SELECT APELLIDOS,COUNT(*)
FROM EMPLEADOS_ANIDADA, TABLE(HIJOS)
WHERE SEXO = 'HOMBRE'
GROUP BY APELLIDOS
HAVING COUNT(*)=2;
```

EJEMPLO 17.13

Diseñar un procedimiento MOSTRAR_HIJOS que reciba un identificador de la tabla EMPLEADOS_ANIDADA y muestre el nombre de los hijos que tiene. Si el identificador no existiera se dará una excepción donde se lance el mensaje "El empleado no existe". Ejecutar el procedimiento.

```
CREATE OR REPLACE PROCEDURE MOSTRAR_HIJOS(IDENTIFICADOR NUMBER) IS
      CURSOR C1 IS
      SELECT NOMBRE FROM THE(SELECT T.HIJOS FROM EMPLEADOS_ANIDADA T
      WHERE ID = IDENTIFICADOR);
      REGISTRO C1%ROWTYPE;
BEGIN
      OPEN C1;
      LOOP
            FETCH C1 INTO REGISTRO;
            EXIT WHEN C1%NOTFOUND;
            DBMS_OUTPUT.PUT_LINE(REGISTRO.NOMBRE);
      END LOOP;
      CLOSE C1;
EXCEPTION
      WHEN NO_DATA_FOUND THEN
      DBMS_OUTPUT.PUT_LINE('EL EMPLEADO NO EXISTE');
END MOSTRAR_HIJOS;

/*EJECUCIÓN DEL PROCEDIMIENTO*/
SET SERVEROUTPUT ON
EXECUTE MOSTRAR_HIJOS(1);
```

17.4 Tipos de objetos

17.4.1 Introducción a los tipos de objetos

En Oracle se pueden crear CLASES a través de los TIPOS DE OBJETOS. Como pasa en una clase, el tipo de objetos estará creado por atributos y métodos, los cuales tienen las mismas características que en la orientación a objetos.

Un tipo de objeto consta de dos partes:

- La cabecera o especificación que constituye la interfaz a las aplicaciones, donde se declaran las estructuras de datos o atributos y las operaciones para manipular los datos o los métodos.
- El cuerpo define o desarrolla los diferentes métodos.

La sintaxis de creación de un tipo de objeto es:

Cabecera:

```
CREATE OR REPLACE TYPE NOMBRE_TIPO AS OBJECT(
<ESPECIFICACIÓN DE LOS ATRIBUTOS>
STATIC|MEMBER|CONSTRUCTOR PROCEDURE|FUNCTION
NOMBRE_SUBPRO (PAR1 TIPO_DATO, …)
[RETURN TIPO_VALOR_RETORNO] - SI ES FUNCIÓN.
… );
```

Cuerpo:

```
CREATE OR REPLACE TYPE BODY NOMBRE_TIPO AS
<IMPLEMENTACIÓN DE LOS MÉTODOS>
END;
```

Donde `<IMPLEMENTACIÓN DE LOS MÉTODOS>` tiene el siguiente:

```
[STATIC|MEMBER]PROCEDURE NOMBRE_PROCEDIMIENTO
[(PARL, PAR2, ...)]
IS
    DECLARACIONES;
BEGIN
    INSTRUCCIONES;
END;
```

```
[STATIC|MEMBER|CONSTRUCTOR] FUNCTION NOMBRE_
FUNCION
[(PARL, PAR2, ...)] RETURN TIPO_VALOR_RETORNO
IS
    DECLARACIONES;
BEGIN
    INSTRUCCIONES;
END;
```

Para borrar un tipo se emplea la sentencia `DROP`, destacando que primero borramos el tipo con la siguiente sintaxis:

```
DROP TYPE NOMBRE_TIPO;
```

y luego el cuerpo con la siguiente sintaxis:

```
DROP TYPE BODY NOMBRE_TIPO;
```

o viceversa.

17.4.2 Atributos y métodos

Los atributos son las características individuales que diferencian un objeto de otro y determinan su apariencia, estado u otras cualidades.

Los atributos pueden tener los siguientes tipos de datos: NUMBER, DATE, VARCHAR, LONG, LONG RAW, BINARY_INTEGER, BOOLEAN, RECORD, etc. El tipo de dato de un atributo puede ser otro tipo de objeto, por lo que la estructura de datos puede ser tan complicada como sea necesario.

Un método es un subprograma (procedimiento o función) que se declara en la especificación de un tipo de objeto usando las palabras clave MEMBER o STATIC o CONSTRUCTOR. A continuación, se define cada uno de ellos:

- MEMBER: son los métodos que se utilizan para interactuar con los diferentes objetos, pudiendo ser procedimientos y funciones.
- STATIC: son métodos estáticos independientes de las diferentes instancias del objeto; también son procedimientos y funciones.
- CONSTRUCTOR: sirven para inicializar los diferentes objetos, siendo una función cuyos argumentos son los valores de los atributos del objeto, devolviendo al objeto inicializado. Por cada objeto que hay existe un constructor predefinido en Oracle, pudiéndose sobrescribir y crear otros adicionales. Los constructores llevarán en la cláusula RETURN la expresión RETURN SELF AS RESULT.

EJEMPLO 17.14

Diseñar un tipo llamado TIP_PROFE con los siguientes atributos: identificador del profesor de tipo numérico, nombre del profesor de tipo cadena y salario del profesor de tipo numérico. Además, constará de dos métodos: un procedimiento que asigne valor al atributo nombre y una función que devuelva el valor del atributo nombre.

```
CREATE OR REPLACE TYPE TIP_PROFE AS OBJECT
(
IDENTIFICADOR NUMBER(2),
NOMBRE VARCHAR2(20),
SALARIO NUMBER(7,2),
MEMBER PROCEDURE SET_NOMBRE(CAD VARCHAR2),
MEMBER FUNCTION GET_NOMBRE RETURN VARCHAR2
);

CREATE OR REPLACE TYPE BODY TIP_PROFE AS
     MEMBER PROCEDURE SET_NOMBRE (CAD VARCHAR2) IS
     BEGIN
          NOMBRE:=CAD;
     END;

     MEMBER FUNCTION GET_NOMBRE RETURN VARCHAR2 IS
     BEGIN
          RETURN NOMBRE;
     END;
END;
```

Si no se define el método CONSTRUCTOR es necesario inicializar el objeto. En el siguiente ejemplo se muestra esta situación.

EJEMPLO 17.15

En el tipo TIP_PROFE, visualizar el nombre del profesor.

```
SET SERVEROUTPUT ON
DECLARE
      NB TIP_PROFE := TIP_PROFE (NULL,NULL,NULL) ;
BEGIN
      NB.SET_NOMBRE('ANTONIO PÉREZ' );
      DBMS_OUTPUT.PUT_LINE (NB.GET_NOMBRE);
END;
```

EJEMPLO 17.16

Crear un tipo para calcular la longitud de la circunferencia llamado LONG_CIR con una función constructora la cual será desarrollada en el cuerpo.

```
CREATE OR REPLACE TYPE LONG_CIR AS OBJECT
(
RADIO NUMBER,
LONGITUD NUMBER,
CONSTRUCTOR FUNCTION LONG_CIR (RADIO NUMBER)
RETURN SELF AS RESULT
);


CREATE OR REPLACE TYPE BODY LONG_CIR AS
CONSTRUCTOR FUNCTION LONG_CIR (RADIO NUMBER)
RETURN SELF AS RESULT
AS
      C_PI CONSTANT NUMBER := 3.1416;
BEGIN
      SELF.RADIO := RADIO;
      SELF.LONGITUD := 2 * C_PI * RADIO ;
RETURN;
END;
END;
```

EJEMPLO 17.17

Invocar el tipo LONG_CIR usando tres atributos. Los dos primeros asegurarán que el atributo LONGITUD tiene un valor inicial correcto (úsese NEW) y el tercero mediante valores inicializados.

```
SET SERVEROUTPUT ON
DECLARE
      R1 LONG_CIR;
      R2 LONG_CIR;
      R3 LONG_CIR:=LONG_CIR(NULL) ;
BEGIN
      R1 := NEW LONG_CIR (10);
      DBMS_OUTPUT.PUT_LINE ('LA LONGITUD R1 : '|| R1.LONGITUD);
      R2 := NEW LONG_CIR (12);
      DBMS_OUTPUT.PUT_LINE ('LA LONGITUD R2 : '|| R2.LONGITUD);
      R3.RADIO := 5;
      R3.LONGITUD := R3.RADIO * 3.1416 * 2;
      DBMS_OUTPUT.PUT_LINE ('LA LONGITUD R3 : '|| R3.LONGITUD);
END;
```

El parámetro llamado SELF, especificado anteriormente en los métodos constructores, permite que:

- Todos los métodos que llevan tipo de objeto aceptan como primer parámetro una instancia predefinida del mismo tipo denominada SELF.
- Independientemente de que se declare implícita o explícitamente, SELF es siempre el primer parámetro pasado a un método.

El modo de acceso de SELF no se declara explícitamente en funciones y en procedimientos; si no se declara su modo de paso de parámetro por omisión es IN OUT.

La especificación de un método se hace junto con la creación de su tipo, y debe llevar siempre asociada una directiva de compilación PRAGMA RESTRICT_REFERENCES, para evitar que los métodos manipulen la base de datos o las variables del paquete PL/SQL. Tienen el siguiente significado:

- WNDS: no se permite al método modificar las tablas de la base de datos.
- WNPS: no se permite al método modificar las variables del paquete PL/SQL.
- RNDS: no se permite al método leer las tablas de la base de datos.
- RNPS: no se permite al método leer las variables del paquete PL/SQL.

EJEMPLO 17.18

Diseñar un tipo llamado CLIENTES_T con los siguientes atributos: el número del cliente, el nombre, la dirección, el teléfono y la fecha de nacimiento y una función que devuelva la edad con la directiva de compilación PRAGMA RESTRICT_REFERENCES para evitar que los métodos manipulen las tablas de la base de datos o las variables PL.

```
CREATE OR REPLACE TYPE CLIENTES_T AS OBJECT (
CLINUM NUMBER,
CLINOMB VARCHAR2(20),
DIRECCION VARCHAR2 (20),
TELEFONO VARCHAR2(20),
FECHA_NAC DATE,
MEMBER FUNCTION EDAD RETURN NUMBER,
PRAGMA RESTRICT_REFERENCES (EDAD, WNDS)
) ;

CREATE OR REPLACE TYPE BODY CLIENTES_T AS
MEMBER FUNCTION EDAD RETURN NUMBER IS
      N NUMBER;
      D DATE;
      A NUMBER;
      B NUMBER;
BEGIN
      D:= SYSDATE;
      N:= TO_CHAR(D, 'YYYY')-TO_CHAR(FECHA_NAC, 'YYYY');
      A:= TO_CHAR(SYSDATE, 'MM');
      B:= TO_CHAR(FECHA_NAC, 'MM');
      IF (A < B) OR ((A = B) AND (A<B))
      THEN A:= A+1;
      END IF;
      RETURN A;
END;
END;
```

Si se desean comparar u ordenar tipos definidos como objetos es necesario usar los métodos MAP u ORDER, de los cuales solo se puede definir uno de ellos por cada tipo.

- Los métodos MAP son funciones que devuelven un valor escalar como pueden ser VARCHAR2, NUMBER, DATE, etc., y se usarán para comparar y ordenar por criterios establecidos.
- Los métodos ORDER utilizan los atributos del objeto para realizar cálculos o compararlos con otros objetos de mismo tipo que recibe como parámetro de entrada. Devuelve un valor negativo si el parámetro de entrada es mayor que el atributo, un valor positivo si ocurre lo contrario y cero si ambos son iguales. Suelen ser más complejos que los anteriores.

EJEMPLO 17.19

Crear un tipo TIP_CURSOS con el código del curso, título, fecha de inicio. Dicho tipo tendrá una función MAP que al iniciar dos objetos diga si sus códigos son iguales o no.

```
CREATE OR REPLACE TYPE T_CURSOS AS OBJECT(
CODIGO NUMBER,
TITULO VARCHAR2(35),
FECHA_INI DATE,
MAP MEMBER FUNCTION COMP_CODIGO RETURN NUMBER
);


CREATE OR REPLACE TYPE BODY T_CURSOS
IS
MAP MEMBER FUNCTION COMP_CODIGO RETURN NUMBER IS
      BEGIN
      RETURN CODIGO;
      END;
END;
SET SERVEROUTPUT ON
DECLARE
      P1 T_CURSOS:= T_CURSOS(NULL, NULL, NULL);
      P2 T_CURSOS:= T_CURSOS(NULL, NULL, NULL);
BEGIN
      P1.CODIGO:=1;
      P1.TÍTULO:= 'BASES DE DATOS OO';
      P2.CODIGO:=1;
      P2.TÍTULO:= 'PROGRAMACIÓN JAVA';
      IF P1=P2 THEN
      DBMS_OUTPUT.PUT_LINE ('LOS OBJETOS SON IGUALES');
      ELSE
      DBMS_OUTPUT.PUT_LINE ('LOS OBJETOS SON DIFERENTES');
      END IF;
END;
```

EJEMPLO 17.20

Crear un tipo llamado CLIENTE_TIP, con el código del cliente, su nombre y su dirección. Dicho tipo tendrá una función ORDER desarrollado en el body.

```
CREATE OR REPLACE TYPE CLIENTE_TIP AS OBJECT (
ID NUMBER,
NOMBRE VARCHAR2(20),
DIRECCION VARCHAR2(30),
ORDER MEMBER FUNCTION COMPARAR (C CLIENTE_TIP) RETURN INTEGER);

CREATE OR REPLACE TYPE BODY CLIENTE AS
ORDER MEMBER FUNCTION COMPARAR (C CLIENTE_TIP) RETURN INTEGER IS
BEGIN
      IF ID < C.ID
      THEN
      RETURN -1; -- CUALQUIER NÚMERO NEGATIVO VALE.
      ELSIF ID > C.ID THEN
      RETURN 1; -- CUALQUIER NÚMERO POSITIVO VALE.
      ELSE
      RETURN 0;
      END IF;
      END IF;
END;
END;
```

17.4.3 Tablas de objetos

Como se explicó anteriormente, un tipo está formado por atributos y métodos los cuales realizan determinadas tareas sobre los atributos del tipo o de la clase. Una de las ventajas de las BDOR es que permiten almacenar los objetos en tablas. Una tabla de objetos se obtiene a partir del tipo y en ella se guardan los objetos uno por cada fila.

GLOSARIO

Tabla de objetos: tabla que guarda objetos.

Las tablas de objetos se crean con la orden

```
CREATE TABLE NOMBRE_TABLA OF NOMBRE_TIPO
```

y se deberá especificar en la creación qué atributo del tipo va a ser clave primaria (PRIMARY KEY).

EJEMPLO 17.21

Crear un tipo T_PROFESORES con un identificador, un nombre, una especialidad y un tipo T_TOTAL (tiene que ser creado previamente y asignarle a T_PROFESORES) que contenga el salario y la comisión. Convertir este tipo a tabla de objetos llamando a la tabla de objetos TAB_PROFESORES. Asígnese al identificador la clave primaria.

```
CREATE OR REPLACE TYPE T_TOTAL AS OBJECT
(
SALARIO NUMBER(7,2),
COMISION NUMBER(7,2)
);

CREATE OR REPLACE TYPE T_PROFESORES AS OBJECT
(
IDENTIFICADOR NUMBER(2),
NOMBRE VARCHAR2(30),
ESPECIALIDAD VARCHAR2(30),
TOTAL T_TOTAL
);

CREATE TABLE TAB_PROFESORES OF T_PROFESORES (
IDENTIFICADOR PRIMARY KEY);

DESC TAB_PROFESORES
NOMBRE      ¿NULO?  TIPO
-------------    --------    ------------
IDENTIFICADOR    NOT NULL    NUMBER(2)
NOMBRE           VARCHAR2(30)
ESPECIALIDAD     VARCHAR2(30)
TOTAL            T_TOTAL
```

En las tablas de objetos se pueden hacer cualquier sentencia DML o consultas sobre sus atributos como si fueran tablas relacionales normales.

EJEMPLO 17.22

Insertar en la tabla de objetos TAB_PROFESORES creada anteriormente los siguientes registros (1, 'Josito Toledo', 'Analista', (1500, 200)), (2, 'Josito Cáceres', 'Programador', (1400, 100)) y (3, 'Josito Sevilla', 'Programador', (1300, 50)).

```
INSERT INTO TAB_PROFESORES VALUES (1, 'JOSITO TOLEDO', 'ANALISTA',
T_TOTAL (1500, 200));
INSERT INTO TAB_PROFESORES VALUES (2, 'JOSITO CÁCERES', 'PROGRAMADOR',
T_TOTAL (1400, 100));
INSERT INTO TAB_PROFESORES VALUES (3, 'JOSITO SEVILLA', 'PROGRAMADOR',
T_TOTAL (1300, 50));
```

EJEMPLO 17.23

Realizar las siguientes operaciones en la tabla de objetos TAB_PROFESORES:

a. *Seleccionar aquellos profesores cuya comisión es mayor de 100 €.*

b. *Modifica la comisión del profesor 3 de 50 a 75 €.*

c. *Diseñar un bloque PL que muestre el nombre del profesor y el total de dinero que recibe al mes, es decir, salario más comisión.*

```
SELECT NOMBRE FROM TAB_PROFESORES A WHERE A.TOTAL.COMISION>100;

UPDATE TAB_PROFESORES A SET A.TOTAL.COMISION=75
WHERE A.IDENTIFICADOR =3;

SET SERVEROUTPUT ON
DECLARE
	CURSOR CL IS SELECT * FROM TAB_PROFESORES;
	SUMA NUMBER:=0;
BEGIN
	FOR I IN CL LOOP
		SUMA:=I.TOTAL.SALARIO+I.TOTAL.COMISION;
		DBMS_OUTPUT.PUT_LINE(I.NOMBRE ||
		'TIENE DE SALARIO TOTAL '|| SUMA ||'€');
		SUMA:=0;
	END LOOP;
END;
```

17.4.4 Referencias

El operador REF permite referenciar a un objeto desde un atributo de un tipo. El atributo del tipo almacena las referencias al objeto del tipo definido e implanta una relación entre dos tipos de objetos. Cualquier columna de un tipo con REF guarda un tipo de dato puntero que apunta a la otra fila del otro tipo y contiene un identificador del objeto fila (OID) de dicha fila.

GLOSARIO

Referencia: operador que relaciona a un objeto desde otro atributo de un tipo.

EJEMPLO 17.24

Generar dos tipos, uno llamado T_HOSPITAL, con tres atributos código numérico de 2, nombre cadena de 20 y ciudad cadena de 20. Generar otro llamado T_MEDICOS con los siguientes atributos código numérico de 2, nombre cadena de 20, especialidad cadena de 20, salario numérico de 5 enteros y dos decimales y uno llamado código de hospital que referencie a T_HOSPITAL.

```
CREATE OR REPLACE TYPE T_HOSPITAL AS OBJECT
(CODIGO_HOS NUMBER(2),
NOMBRE_HOS VARCHAR2(20),
CIUDAD_HOS VARCHAR(20));

CREATE OR REPLACE TYPE T_MEDICOS AS OBJECT
(CODIGO_MED NUMBER(2),
NOMBRE VARCHAR2(20),
ESPECIALIDAD VARCHAR2(20),
SALARIO NUMBER(7,2),
CODIGO_HOS REF T_HOSPITAL);
```

EJEMPLO 17.25

Convertir los tipos a tablas, una llamada TAB_HOSPITAL con clave primaria, el código del hospital y otra llamada TAB_MEDICOS con clave primaria código del médico.

```
CREATE TABLE TAB_HOSPITAL OF T_HOSPITAL
(CODIGO_HOS PRIMARY KEY);
CREATE TABLE TAB_MEDICOS OF T_MEDICOS
(CODIGO_MED PRIMARY KEY);
```

EJEMPLO 17.26

Insertar en las tablas anteriores dos hospitales y cinco médicos.

```
INSERT INTO TAB_HOSPITAL VALUES (1, '12 OCTUBRE', 'MADRID');
INSERT INTO TAB_HOSPITAL VALUES (2, 'LA PAZ', 'MADRID');

INSERT INTO TAB_MEDICOS
SELECT 1, 'LÓPEZ', 'CARDIOLOGÍA', 1700, REF(H)
FROM TAB_HOSPITAL H WHERE H.CODIGO_HOS=1;
INSERT INTO TAB_MEDICOS
SELECT 2, 'MORANTE', 'OBSTETRICIA', 1900, REF(H)
FROM TAB_HOSPITAL H WHERE H.CODIGO_HOS=2;
INSERT INTO TAB_MEDICOS
SELECT 3, 'MATA', 'DIGESTIVO', 2000, REF(H)
FROM TAB_HOSPITAL H WHERE H.CODIGO_HOS=1;
INSERT INTO TAB_MEDICOS
SELECT 4, 'CIRUELO', 'CARDIOLOGÍA', 2100, REF(H)
FROM TAB_HOSPITAL H WHERE H.CODIGO_HOS=2;
INSERT INTO TAB_MEDICOS
SELECT 5, 'LÓPEZ', 'OBSTETRICIA', 1700, REF(H)
FROM TAB_HOSPITAL H WHERE H.CODIGO_HOS=1;
```

Como se dijo anteriormente, mediante el operador REF se definen referencias a otros objetos. Ahora para acceder a un objeto referenciado por REF se utiliza el operador DEREF.

EJEMPLO 17.27

(a) Visualizar el nombre, el salario del médico y los datos del hospital al que están adscritos. (b) Visualizar el nombre del médico de código 2 y los datos del hospital al que está adscrito. (c) Obtener el identificador del objeto cuyo nombre es *'CIRUELO'.*

```
SELECT NOMBRE, SALARIO, DEREF(CODIGO_HOS) FROM TAB_MEDICOS;

SELECT NOMBRE,DEREF(CODIGO_HOS) FROM TAB_MEDICOS
WHERE CODIGO_MED=1;

SELECT REF(P)FROM TAB_MEDICOS P WHERE P.NOMBRE='CIRUELO';
```

17.4.5 Herencia en los tipos

Un tipo puede tener tipos hijos o subtipos; estos últimos heredan atributos y métodos del tipo padre o supertipo. Aparte de los atributos y métodos que heredan del tipo padre, los subtipos pueden tener sus propios atributos y métodos y pueden redefinir los métodos que heredan; esta propiedad se la conoce en la orientación a objetos como polimorfismo. Para aclarar estos conceptos vamos a ofrecer un ejemplo.

EJEMPLO 17.28

Diseñar un tipo padre llamado T_PERSONAL con los siguientes atributos: código, apellido, fecha de nacimiento, nivel de estudios y una función que devuelva la edad, otra que devuelva el código, otra que devuelva el apellido y otra que devuelva todos los datos. Desarrollar las funciones en el BODY.

```
CREATE OR REPLACE TYPE T_PERSONAL AS OBJECT
(CODIGO VARCHAR2(4),
APELLIDO VARCHAR2(25),
FEC_NAC DATE,
NIV_EST VARCHAR2(15),
MEMBER FUNCTION EDAD RETURN NUMBER,
FINAL MEMBER FUNCTION GET_CODIGO RETURN VARCHAR2,
MEMBER FUNCTION GET_APELLIDO RETURN VARCHAR2,
MEMBER FUNCTION VER_DATOS RETURN VARCHAR2) NOT FINAL;

CREATE OR REPLACE TYPE BODY T_PERSONAL AS
MEMBER FUNCTION EDAD RETURN NUMBER IS
ED NUMBER;
BEGIN
      ED := TO_CHAR (SYSDATE, 'YYYY') - TO_CHAR(FEC_NAC, 'YYYY');
      RETURN ED;
END;

FINAL MEMBER FUNCTION GET_CODIGO RETURN VARCHAR2 IS
BEGIN
      RETURN CODIGO;
END;

MEMBER FUNCTION GET_APELLIDO RETURN VARCHAR2 IS
BEGIN
      RETURN APELLIDO;
END;

MEMBER FUNCTION VER_DATOS RETURN VARCHAR2 IS
BEGIN
      RETURN 'CODIGO: ' || CODIGO || ', APELLIDO: ' || APELLIDO ||
      ', EDAD: ' || EDAD();
END;
END;
```

GLOSARIO

Herencia: es el mecanismo por el cual un tipo hereda los atributos, procedimientos y funciones de otro tipo.

Polimorfismo: se refiere a la propiedad por la que es posible enviar mensajes sintácticamente iguales a objetos de tipos distintos.

Hay que declarar las siguientes clausulas en el ejemplo anterior:

NOT FINAL (incluida al final de la definición del tipo) indica que se pueden derivar subtipos, si no se incluye esta cláusula se considera que es **FINAL** (no puede tener subtipos).

FINAL (al final de un método): los subtipos no pueden redefinirlo.

EJEMPLO 17.29

Diseñar un tipo llamado T_ALUMNO que sea hijo de T_PERSONAL y que herede los atributos y métodos de este. Tendrá los siguientes atributos: curso y nota media, además tendrá una función que devuelva la nota y otra función que redefina el método VER_DATOS creado en la clase padre. Desarrollar estas funciones en el BODY.

```
CREATE OR REPLACE TYPE T_ALUMNO UNDER T_PERSONAL
(
CURSO VARCHAR2(10),
NOTA_MEDIA NUMBER,
MEMBER FUNCTION NOTA RETURN NUMBER,
OVERRIDING MEMBER FUNCTION VER_DATOS RETURN VARCHAR2
);


CREATE OR REPLACE TYPE BODY T_ALUMNO AS
MEMBER FUNCTION NOTA RETURN NUMBER IS
BEGIN
     RETURN NOTA_MEDIA;
END;
OVERRIDING MEMBER FUNCTION VER_DATOS RETURN VARCHAR2 IS
     CADSUPERTIPO VARCHAR2(50);
BEGIN
     CADSUPERTIPO := (SELF AS T_PERSONAL).VER_DATOS;
     RETURN CADSUPERTIPO || ', CURSO: ' || CURSO || ', NOTA FINAL: '||
     NOTA_MEDIA;
END;
END;
```

EJEMPLO 17.30

Diseñar un tipo llamado T_PROFE que sea hijo de T_PERSONAL y que herede los atributos y métodos de este. Tendrá los siguientes atributos: especialidad y antigüedad; además, tendrá una función que devuelva la especialidad, otra que devuelva la antigüedad y otra función que redefina el método VER_DATOS creado en la clase padre. Desarrollar estas funciones en el BODY.

```
CREATE OR REPLACE TYPE T_PROFE UNDER T_PERSONAL
(
ESP VARCHAR2(20),
ANT NUMBER(2),
MEMBER FUNCTION ESPECIALIDAD RETURN VARCHAR2,
MEMBER FUNCTION ANTIGUEDAD RETURN NUMBER,
OVERRIDING MEMBER FUNCTION VER_DATOS RETURN VARCHAR2
);

CREATE OR REPLACE TYPE BODY T_PROFE AS
MEMBER FUNCTION ESPECIALIDAD RETURN VARCHAR2 IS
BEGIN
      RETURN ESP;
END;
MEMBER FUNCTION ANTIGUEDAD RETURN NUMBER IS
BEGIN
      RETURN ANT;
END;
OVERRIDING MEMBER FUNCTION VER_DATOS RETURN VARCHAR2 IS
      CADSUPERTIPO VARCHAR2(50);
BEGIN
      CADSUPERTIPO := (SELF AS T_PERSONAL).VER_DATOS;
      RETURN CADSUPERTIPO || ', ESPECIALIDAD: ' || ESP ||
      ', ANTIGÜEDAD: '|| ANT;
END;
END;
```

Teniendo en cuenta que:

UNDER dice cuál es el padre del tipo en el que estamos.

OVERRIDING se utiliza para redefinir el método; anula un método que existe en la clase padre.

SELF AS permite referirse a un objeto sobre el que se invocó en la función o en el procedimiento.

EJEMPLO 17.31

Convertir a tablas los tipos T_ALUMNO y T_PROFE con su respectiva clave primaria e introduce dos profesores y tres alumnos.

```
CREATE TABLE TAB_ALUMNOS OF T_ALUMNO (CODIGO PRIMARY KEY);
CREATE TABLE TAB_PROFESOR OF T_PROFE (CODIGO PRIMARY KEY);

INSERT INTO TAB_ALUMNOS VALUES (01, 'PEDRO LÓPEZ', '12/06/02',
'BACHILLERATO', 'PRIMERO', 7);
INSERT INTO TAB_ALUMNOS VALUES (02, 'MANOLO GARCÍA', '22/07/05', 'ESO',
'SEGUNDO', 8);
INSERT INTO TAB_PROFESOR VALUES (03, 'JUAN VALLE', '22/07/00',
'INGENIERO', 'SOFTWARE', 18);
INSERT INTO TAB_PROFESOR VALUES (04, 'LUISA ELEGANCIA', '22/07/99',
'GRADUADO', 'EXACTAS', 20);
INSERT INTO TAB_ALUMNOS VALUES (05, 'ANA GALANA', '22/07/05', 'CFGM',
'SEGUNDO', 5);
```

EJEMPLO 17.32

Realizar las siguientes consultas sobre las tablas creadas anteriormente: (a) Selecciona de la tabla alumnos su código, nombre, curso y nota final. (b) Muestra de la tabla alumnos la función GET_CODIGO, GET_NOMBRE, EDAD y NOTA. (c) Muestra de la tabla profesores el nombre y la función ver datos.

```
SELECT CODIGO, APELLIDO, CURSO, NOTA_MEDIA FROM TAB_ALUMNOS;

SELECT A.GET_CODIGO(), A.GET_APELLIDO(), A.EDAD(), A.NOTA()
FROM TAB_ALUMNOS A;

SELECT P.VER_DATOS() FROM TAB_PROFESOR P;
```

17.5 Ejercicios resueltos

1. Crear un varray tamaño 5 y de tipo de datos NUMBER (4,8) para guardar comisiones, es decir, como mínimo tendrá una y como máximo las 5. Crear posteriormente una tabla VENDEDORES con los siguientes campos código (COD_VEN) de tipo numérico de 3, nombre (NOM_VEN) de tipo cadena de dimensión 25, fecha de nacimiento (FECHA_NA) de tipo fecha, salario (SALAR) de tipo numérico de 5 y un campo COMMIS que contenga el varray creado anteriormente. Insertar unos cuantos registros en la tabla VENDEDORES y, por último, crear un bloque que muestre la suma de las comisiones de los empleados.

```
CREATE OR REPLACE TYPE COMISION IS VARRAY (5)
OF NUMBER (6,2);
CREATE TABLE VENDEDORES
(COD_VEN NUMBER (3),
NOM_VEN VARCHAR2 (25),
FECHA_NA DATE,
SALAR NUMBER (5),
COMMIS COMISION);
```

```
INSERT INTO VENDEDORES (COD_VEN, NOM_VEN,
FECHA_NA, SALAR, COMMIS) VALUES (10, 'PEDRO',
'30/12/70',15000, COMISION (2000,1000,5000));
INSERT INTO VENDEDORES (COD_VEN, NOM_VEN,
FECHA_NA, SALAR, COMMIS) VALUES (11, 'NADIA',
'27/02/75',10000, COMISION (4000,9000));
INSERT INTO VENDEDORES (COD_VEN, NOM_VEN,
FECHA_NA, SALAR, COMMIS) VALUES (12, 'DANIEL',
'28/03/68',16000, COMISION (3000, 1200, 5000,
2000, 3000));
INSERT INTO VENDEDORES (COD_VEN, NOM_VEN,
FECHA_NA, SALAR, COMMIS) VALUES (20, 'EVA',
'11/08/80',9000, COMISION (2000));
INSERT INTO VENDEDORES (COD_VEN, NOM_VEN,
FECHA_NA, SALAR, COMMIS) VALUES (25, 'DAVID',
'30/07/92',9000, COMISION (2000, 1000, 5000,
7500));
INSERT INTO VENDEDORES (COD_VEN, NOM_VEN,
FECHA_NA, SALAR, COMMIS) VALUES (17, 'SARA',
'27/10/85',8500, COMISION(8000));

SET SERVEROUTPUT ON
DECLARE
   CURSOR C1 IS SELECT * FROM VENDEDORES;
   REG C1%ROWTYPE;
   TOTAL NUMBER:=0;
   X NUMBER:=0;
BEGIN
   OPEN C1;
   FETCH C1 INTO REG;
   WHILE C1%FOUND LOOP
         LOOP
         X:=X+1;
         TOTAL := TOTAL + REG.COMMIS(X);
         EXIT WHEN(X >= REG.COMMIS.COUNT);
         END LOOP ;
         DBMS_OUTPUT.PUT_LINE('LA COMISION DE '
         ||REG.NOM_VEN||' ES ' ||TOTAL);
         TOTAL:=0;
         X:=0;
         FETCH C1 INTO REG ;
   END LOOP ;
   CLOSE C1;
END ;
```

2. Partimos de las siguientes tablas relacionales: ALUMNO con información referente a los alumnos de un instituto y ASIGNATURAS_ALUMNOS que guarda información de las asignaturas en las que están matriculados los alumnos, estableciéndose una relación de tipo 1-M entre una entidad regular y otra débil, tal y como se muestra a continuación.

```
CREATE TABLE ALUMNOS (
IDALUM NUMBER(3)PRIMARY KEY,
NOM_ALUM VARCHAR2(40),
APE_ALUM VARCHAR2(40),
CALLE_ALUM VARCHAR2(40),
NUM_ALUM NUMBER(3),
CIUDAD_ALUM VARCHAR2(40),
CODPOS_ALUM NUMBER(5),
TEL1_ALUM VARCHAR2(10),
TEL2_ALUM VARCHAR2(10),
TEL3_ALUM VARCHAR2(10));

CREATE TABLE ASIGNATURA_ALUM (
IDALUM NUMBER(3),
IDASIG NUMBER(3),
DES_ASIG VARCHAR2(50),
NOTA_ASIG NUMBER(2,2),
PRIMARY KEY (IDALUM, IDASIG),
FOREIGN KEY (IDALUN) REFERENCES ALUMNO);
```

Se desea crear una BDOR siguiendo los pasos que se muestran a continuación:

a) Crear un tipo llamado T_DIRECCION que permita almacenar la dirección del alumno. Crear un tipo llamado T_TELEFONOS que guarde los teléfonos de los alumnos.

```
CREATE OR REPLACE TYPE T_DIRECCION AS OBJECT
(CALLE_ALUM VARCHAR2(40),
NUM_ALUM  NUMBER(3),
CIUDAD_ALUM  VARCHAR2(40),
CODPOS_ALUM NUMBER(5));
CREATE OR REPLACE TYPE T_TELEFONO AS VARRAY(3) OF
VARCHAR2(9);
```

b) Crea un tipo T_ASIGNATURA_ALUM basándonos en la tabla ASIGNATURA_ALUM y, posteriormente, se creará una tabla anidada TIPO_ASIGNATURA_ALUM para guardar el tipo creado con anterioridad.

```
CREATE OR REPLACE TYPE T_ASIGNATURA_ALUM AS OBJECT
(
IDEASIG NUMBER(3),
DES_ASIG VARCHAR2(50),
NOTA_ASIG NUMBER(4,2));

CREATE TYPE TIPO_ASIGNATURA_ALUM AS TABLE OF
T_ASIGNATURA_ALUM;
```

c) Crear un objeto llamado TIPO_ALUMNO_NOTA_TOTAL que contenga los atributos de la tabla ALUMNO y los tipos asociados a ella, otro que contenga la tabla anidada y una función que devuelva la media del alumno (desarrollada en el BODY).

```
CREATE TYPE TIPO_ALUMNO_NOTA_TOTAL AS OBJECT (
IDALUMNO NUMBER(3),
NOM_ALUM VARCHAR2(40),
APE_ALUM VARCHAR(40),
DIRECCION T_DIRECCION,
TELEFONO T_TELEFONO,
LINEAS_ASIG TIPO_ASIGNATURA_ALUM,
MEMBER FUNCTION MEDIA_ALUM RETURN NUMBER);

CREATE OR REPLACE TYPE BODY TIPO_ALUMNO_NOTA_TOTAL
AS
MEMBER FUNCTION MEDIA_ALUM RETURN NUMBER IS
   TOTAL NUMBER:=0;
   MEDIA NUMBER:=0;
   LINEA T_ASIGNATURA_ALUM;
BEGIN
   FOR I IN 1..LINEAS.COUNT LOOP
         LINEA:= LINEAS_ASIG (I);
         TOTAL:=TOTAL+LINEA.NOTA_ASIG; MEDIA:=TOTAL/I;
   END LOOP;
   RETURN MEDIA;
END;
END;
```

d) Crear una tabla de objetos llamada LIN TABLA_ALUMNOS_TOTAL para guardar la información que proceda del TIPO_ALUMNO_NOTA_MEDIA.

```
CREATE TABLE TABLA_ALUMNOS_TOTAL OF
TIPO_ALUMNO_NOTA_TOTAL
(IDALUMNO PRIMARY KEY)
NESTED TABLE LINEAS_ASIG STORE AS TABLA_ASIG2;
```

e) Insertar dos registros en la tabla anterior, uno con dos líneas de asignatura y otro con una.

```
INSERT INTO TABLA_ALUMNOS_TOTAL VALUES (1, 'JUAN
CARLOS',' LÓPEZ',
T_DIRECCION ('CALLE DE LOS NOGALES', 17,
'MADRID',28028), T_TELEFONO ('72033335',
'45221255'),
TIPO_ASIGNATURA_ALUM (
T_ASIGNATURA_ALUM (1, 'MATEMÁTICAS', 7.20),
T_ASIGNATURA_ALUM (2, 'FÍSICA Y QUÍMICA', 4.50)));
```

```
INSERT INTO TABLA_ALUMNOS_TOTAL VALUES (2,
'JUAN',' MALLORCA',
T_DIRECCION ('CALLE DE LA ALEGRÍA', 11,
'TOLEDO',45130), T_TELEFONO ('72733335',
'45021255'),
TIPO_ASIGNATURA_ALUM (
T_ASIGNATURA_ALUM (1, 'MATEMÁTICAS', 7.20)));
```

f) Visualizar de la tabla TABLA_ALUMNOS_TOTAL la descripción de la asignatura y la nota que sea superior a 5 del primer registro introducido.

```
SELECT DES_ASIG, NOTA_ASIG FROM THE
(SELECT T.LINEAS_ASIG FROM TABLA_ALUMNOS_TOTAL T
WHERE IDALUMNO=1)
WHERE NOTA_ASIG>=5;
```

g) Visualizar por cada alumno, el nombre, el apellido y el nombre de las asignaturas y sus notas.

```
SELECT IDALUMNO, NOM_ALUM, APE_ALUM, CURSOR(SELECT
TT.DES_ASIG, TT.NOTA_ASIG FROM TABLE
(T.LINEAS_ASIG) TT)
FROM TABLA_ALUMNOS_TOTAL T;
```

h) Eliminar el primer registro de la tabla anidada cuando el identificador de la asignatura es 1.

```
DELETE FROM TABLE (SELECT LINEAS_ASIG FROM TABLA_
ALUMNOS_TOTAL WHERE IDALUMNO = 1) PRIMERA
WHERE
VALUE(PRIMERA)= T_ASIGNATURA_ALUM (1,
'MATEMÁTICAS', 7.20);
```

i) Visualizar para todos los alumnos el identificador, el nombre y apellidos y la nota media de cada uno de ellos.

```
SELECT IDALUMNO, NOM_ALUM, APE_ALUM, TOT.LINEAS_ASIG,
TOT.MEDIA_ALUM() FROM TABLA_ALUMNOS_TOTAL TOT;
```

RESUMEN

En esta unidad se ha aprendido que:

- Las bases de datos objeto relacional se caracterizan porque integran dos conceptos: el de las bases de datos relacionales tradicionales y el paradigma de la orientación a objetos. Incluyen datos complejos como colecciones, tipos estructurados y objetos de gran tamaño.
- Los tipos de datos colección son atributos multivaluados que aparecen en diferentes campos de la tabla. Pueden ser:

Varrays

- Elementos homogéneos que tienen un número fijo de elementos, siendo la información que se guarda en cada elemento del mismo tipo de datos.

Tablas anidadas

- Es una tabla que está dentro de un campo de otra tabla.

- Se pueden crear clases a través de tipos de objetos. Los tipos de objeto tienen una cabecera donde se declaran los datos y las funciones y procedimiento (métodos), y un cuerpo donde se desarrollan los diferentes métodos.
- Una tabla de objetos es el lugar donde se guardan los objetos de los tipos (clases).
- El operador REF permite referenciar a un objeto desde un atributo de un tipo. El atributo del tipo almacena las referencias al objeto del tipo definido e implanta una relación entre dos tipos de objetos.
- Un tipo puede tener tipos hijos o subtipos; estos últimos heredan atributos y métodos del tipo padre o supertipo. Aparte de los atributos y métodos que heredan del tipo padre, los subtipos pueden tener sus propios atributos y métodos y pueden redefinir los métodos que heredan; esta propiedad se conoce en la orientación a objetos como polimorfismo.

EJERCICIOS PROPUESTOS

1. Partimos de las siguientes tablas relacionales: FACTURA con información referente a las distintas facturas existentes en la empresa, y LINEA_FACTURA, que guarda información de los distintos asientos de cada una de las facturas, estableciéndose una relación de tipo 1-M entre una entidad regular y otra débil, tal y como se muestra a continuación.

```
CREATE TABLE FACTURA (
IDFACT NUMBER(3)PRIMARY KEY,
FECHAFACT DATE);
CREATE TABLE LINEA_FACTURA (
IDFACT NUMBER(3),
NUMLINEA NUMBER(3),
DESCLINEA VARCHAR2(50),
CANTIDAD NUMBER(5,2),
PRECIO NUMBER(5,2),
PRIMARY KEY (IDFACT, NUMLINEA),
FOREIGN KEY (IDFACT) REFERENCES
FACTURA);
```

Se desea crear una BDOR siguiendo los pasos que se muestran a continuación:

a. Crear un tipo T_LINEA_FACTURA basándonos en la tabla LINEA_FACTURA y posteriormente se creará una tabla anidada TIPO_LINEA_FACTURA para guardar el tipo creado con anterioridad.
b. Crear un objeto llamado TIPO_FACTURA_TOTAL que contenga los atributos de la tabla FACTURA, otro que contenga la tabla anidada y una función que devuelva el total por factura (desarrollada en el BODY).
c. Crear una tabla de objetos llamada TABLA_FACTURA_TOTAL para guardar la información que proceda del TIPO_FACTURA_TOTAL.
d. Insertar dos registros en la tabla anterior: uno con tres líneas de factura y otro con dos.
e. Visualizar de la tabla TABLA_FACTURA_TOTAL la descripción de la línea, la cantidad y el precio de aquellas líneas que contengan un precio mayor de 200 € y que sean de la factura que tenga el mismo código que el primer registro introducido.
f. Visualizar, por cada factura, el identificador, la fecha y la descripción de todas las líneas de factura.
g. Eliminar el primer registro de la tabla anidada cuando el identificador de la factura es 1.
h. Visualizar, para todas las facturas, el código, la fecha de emisión y el total facturado en cada una.

2. Partimos de una entidad regular llamada HOTELES, la cual tiene los siguientes atributos: código (CODHOT) numérico de cuatro, nombre (NOMHOT) carácter de 20, dirección (DIRHOT) carácter de 40, teléfono (TLFHOT) numérico de 9, ciudad (CIUHOT) carácter de 15, código postal (COPHOT) numérico de 5. La entidad débil de identidad HABITACION con los siguientes atributos número (NUMHAB) numérico de 4, tipo (TIPHAB) carácter de 25 y precio (PREHAB) numérico de 6 con 2 decimales. Se desea obtener:

a. El modelo entidad relación, el modelo relacional y físico.
b. Obtener un modelo objeto relacional, anidando la entidad débil en un campo de la regular, es decir, por cada HOTEL habrá un campo que guarde todas sus HABITACIONES.
c. Cargar la tabla y su anidada con los valores que se deseen.
d. Visualizar los hoteles que están en Barcelona.
e. Del hotel 1, visualizar el nombre del hotel y los tipos de habitación que tiene.
f. Visualizar de todos los hoteles la cantidad de dinero que puede ganar con todas las habitaciones en un día.
g. Diseñar un procedimiento que diga el número de habitaciones que tiene cada hotel,
h. Visualizar del hotel 2 la habitación más cara,
i. Obtener del hotel 1 aquellas habitaciones de precio mayor a 50 € noche.
j. Insertar en el hotel ALEGRIA una habitación.
k. Modificar la habitación 2 del hotel BARCELONA NIGHT el precio a 63 €.
l. Borrar del hotel BRISA MARINA la habitación 3.
m. Diseñar un procedimiento de todos los hoteles con el máximo de ganancia de un día.

3. Partimos del siguiente modelo de datos relacional:

Los atributos que componen las diferentes entidades en el **modelo de conceptual** son:

CLIENTES	SUCURSAL
DNICLI: DNI del cliente. PRIMARY KEY. VARCHAR NOMCLI: nombre del cliente. VARCHAR APE1CLI: primer apellido del cliente. VARCHAR APE2CLI: segundo apellido del cliente. VARCHAR CALLECLI: calle donde vive el cliente. VARCHAR NUMCLI: número de la vivienda del cliente. NUMBER CIUDADCLI: ciudad donde vive el cliente. VARCHAR CODPOSCLI: Código postal del cliente. NUMBER TEL1CLI: número de teléfono 1 del cliente. VARCHAR TEL2CLI: número de teléfono 2 del cliente. VARCHAR TEL3CLI: número de teléfono 3 del cliente. VARCHAR	CODSUC: código de la sucursal. PRIMARY KEY. NUMBER NOMSUC: nombre de la sucursal. VARCHAR CALLESUC: calle de la sucursal. VARCHAR NUMSUC: número de la sucursal. NUMBER CIUDADSUC: ciudad donde está la sucursal. VARCHAR CODPOSSUC: código postal de la sucursal. VARCHAR TEL1SUC: teléfono 1 de la sucursal. VARCHAR TEL2SUC: teléfono 2 de la sucursal. VARCHAR. TEL3SUC: teléfono 3 de la sucursal. VARCHAR
CUENTA	**TRANSACCIÓN**
NUMCUE: número de cuenta. PRIMARY KEY. NUMBER DATCUE: datos de la cuenta. VARCHAR TIPCUE: tipo de cuenta. VARCHAR	NUMTRAN: n.º de la transacción. PRIMARY KEY. NUMBER NUMCUE: número de cuenta. PRIMARY KEY. NUMBER FECHATRAN: fecha realización transacción. DATE CANTTRAN: importe de la transacción. NUMBER

El **modelo lógico** es el que se muestra a continuación a través de las siguientes tablas relacionales:

CLIENTES (#<u>DNICLI</u>, NOMCLI, APE1CLI, APE2CLI, CALLECLI, NUMCLI, CIUDADCLI, CODPOSCLI, TEL1CLI, TEL2CLI, TEL3CLI)

SUCURSAL (#<u>CODSUC</u>, NOMSUC, CALLESUC, NUMSUC, CIUDADSUC, CODPOSSUC, TEL1SUC, TEL2SUC, TEL3SUC)

CUENTA (#<u>NUMCUE</u>, DATCUE, TIPCUE, *DNICLI*, *CODSUC*)

TRANSACCIONES (#<u>*NUMCUE*</u>, #<u>NUMTRAN</u>, FECHATRAN, CANTTRAN)

Las relaciones con # y subrayado indican clave primaria, y las cursivas, claves foráneas.

Se pide:

a. Crear un tipo llamado TIP_NOMBRE que contenga el nombre del cliente y sus apellidos.

b. Crear un tipo llamado TIP_DIRECCION que contenga la calle, el número, la ciudad y el código postal.

c. Crear un tipo llamado TIP_TELEFONO que contenga los tres teléfonos que existen.

d. Crear un tipo llamado TIP_CLIENTES que contenga el DNI del cliente y el TIP_NOMBRE, TIP_DIRECCION y TIP_TELEFONO creados anteriormente.

e. Crear un tipo llamado TIP_SUCURSAL que contenga el código y el nombre de la sucursal, y los tipos TIP_DIRECCION y TIP_TELEFONO creados anteriormente.

f. Crear un tipo TIP_TRANSACCION, transacción que contendrá el número, la fecha y la cantidad de la transacción.

g. Al tipo TIP_TRANSACCION convertirlo en tabla llamada TAB_TRANSACCIÓN para anidarla en un tipo.

h. Crear un TIP_CUENTA que contenga el número de la cuenta, datos de la cuenta, tipo de cuenta, un campo llamado LIN_TRANS que contenga la tabla anidada del punto anterior y una función TRANS_DINERO que sumará las cantidades de las diferentes transacciones; el body de esta función se desarrollará posteriormente. Referenciar con los tipos TIP_CLIENTES y TIP_SUCURSAL.

i. Convertir los tipos TIP_CLIENTES, TIP_SUCURSAL y TIP_CUENTA en tablas TAB_CLIENTES, TAB_SUCURSAL y TAB_CUENTA, respectivamente.

j. Desarrollar la función enunciada en el punto 9h.

k. Insertar en la tabla TAB_CLIENTES tres clientes, cada uno con una cuenta, en TAB_CUENTA tres cuentas, la primera con dos transacciones, la segunda con tres y la tercera con ocho, y en TAB_SUCURSALES dos sucursales: una relacionada con una cuenta y la otra con dos.

l. Visualizar el número de cuenta, los datos de la cuenta y el tipo de la cuenta de TABLA_CUENTA.

m. Visualizar NUMCUENTA, datos de la cuenta y las cantidades de la cuenta de número 1.

n. Visualizar el número de cuenta, datos de la cuenta y la media de las cantidades de la cuenta de número 2.

o. Ídem ejercicio anterior, diciendo el número de transacciones que hay en cada día.

p. De la tabla anidada obtener todos los datos de la cuenta número 2.

q. De la tabla anidada de la cuenta número 3 obtener la suma de la cantidades y el número de cantidades que hay agrupadas por fecha, descartando las sumas de las cantidades mayores de 200.

r. Obtener el nombre del cliente y el número de transacciones que tiene.

s. Visualizar la sucursal y el número de cuentas que tiene.

t. Insertar una nueva transacción para la cuenta número 2.

u. Borrar de la cuenta número 3 las transacciones cuya cantidad sea mayor o igual de 300.

v. Modificar de la tabla transacción de la cuenta número 2 su cantidad del primer registro.

TEST DE EVALUACIÓN

1. **¿Qué es un varray?**
   a) Son colecciones de elementos homogéneos que tienen un número fijo de elementos y todos los elementos tienen el mismo tipo de datos.
   b) Son colecciones de elementos heterogéneas que tienen un número fijo de elementos y todos los elementos tienen el mismo tipo de datos.
   c) Son colecciones de elementos homogéneos que tienen un número fijo de elementos y cada elemento tiene un tipo de dato diferente.

2. **¿Para qué sirve la cláusula NESTAD TABLE en una tabla?**
   a) Indica que es la tabla anidada.
   b) Para identificar la columna que contiene la tabla anidada.
   c) Para identificar la fila que contiene la tabla anidada.

3. **Para visualizar los campos de una tabla principal y de una tabla anidada, se hace con la cláusula:**
   a) CURSOR.
   b) THE.
   c) No hace falta especificar ninguna.

4. **Para visualizar los campos de una tabla anidada, se hace con la cláusula:**
   a) No hace falta especificar nada.
   b) CURSOR.
   c) THE.

5. **¿En qué parte del tipo se desarrollan los métodos?**
   a) En la cabecera.
   b) En la especificación.
   c) En el cuerpo.

6. **¿Qué métodos sirven para iniciar objetos?**
   a) MEMBER.
   b) STATIC.
   c) CONSTRUCTOR.

7. **¿Qué métodos son funciones que devuelven un valor escalar, que se usan para comparar y ordenar?**
   a) MAP.
   b) ORDER.
   c) SELF.

8. **¿Qué permite hacer el operador REF?**
   a) Referenciar a un objeto desde un atributo de un tipo.
   b) Referenciar un objeto con relaciones.
   c) Tanto a como b son correctas.

Bloque 6

Seguridad de los datos

U 18

Gestión de la seguridad de los datos

En esta unidad vas a estudiar:

- 18.1 Introducción a la seguridad en las bases de datos
- 18.2 Recuperación de fallos
- 18.3 Copias de seguridad
- 18.4 Exportación e importación de bases de datos
- 18.5 Migración de la base de datos
- 18.6 Transferencia de datos entre sistemas gestores

Con su estudio, vas a ser capaz de:

- Ejecutar tareas de aseguramiento de la información, analizándolas y aplicando mecanismos de salvaguarda y transferencia.

18.1 Introducción a la seguridad en las bases de datos

Se entiende por seguridad de los datos al conjunto de medidas que se toman para evitar acceso indebido y robos en estos para ser tratados de manera inadecuada.

Se puede decir, por tanto, que la seguridad de la base de datos tiene tres vertientes:

- Confidencialidad: es quizá la vertiente más importante. Garantiza que la información está protegida para no ser divulgada sin consentimiento. La garantía se lleva a cabo por un conjunto de reglas que limitan el acceso a la información.
- Integridad: permite que solo puedan acceder a los datos personas autorizadas. A quienes accedan a los datos se les aplicará protocolos de autentificación, políticas internas y sistemas de control de acceso.
- Disponibilidad: se refiere a que la información de la base de datos está dispuesta para ser usada. Debiéndose garantizar su funcionamiento y confiabilidad de esta.

GLOSARIO

Fallo o error en un SGBD: caídas que se producen en el sistema por el mal funcionamiento del hardware o software.

Las mejores prácticas de seguridad son las siguientes:

- Enmascarar los datos, es decir, permitir a los usuarios ver la información que necesitan.
- Limitarse a los servicios, aplicaciones y funcionalidades realmente necesarias, y así disminuir el riesgo de acceso a cualquier información.
- Mantener actualizadas las bases de datos.
- Utilizar herramientas que permitan analizar los datos.
- Hacer frecuentemente copias de seguridad.
- Emplear fuentes de alimentación ininterrumpidas (SAI) que permitan garantizar que no haya corte de energía en el servidor.

18.2 Recuperación de fallos

Se entiende por fallo del sistema gestor de bases de datos aquellas caídas que se producen en el sistema debido al mal funcionamiento del hardware o del software que afectan a las transacciones o grupo de sentencias DML que se están produciendo.

Se dice que un SGBD es eficiente siempre que es capaz de levantarse o recuperarse automáticamente cuando se ha producido un fallo.

Siempre que existe una transacción, el sistema gestor tiene que ser capaz de asegurar que dicha transacción se ha realizado de manera exitosa y, por tanto, que ha guardado los datos en la base de manera correcta.

Los fallos se pueden producir por:

- Caída del sistema. Durante la ejecución de la transacción se produce un fallo de software, hardware o red.
- Fallo de disco. Algunos bloques del disco pueden perder los datos por mal funcionamiento de la lectura y escritura en el disco. Esto puede producirse cuando se lee o escribe una transacción.
- Problemas físicos y catástrofes. Se produce cuando falta suministro de energía, incendio, robo o sabotaje.

- Ataques externos y virus, se produce si hay entrada de un virus que no permita que las transacciones se realicen correctamente. Es conveniente que tenga un antivirus seguro y actualizado.
- Producidos por errores de diseño de la base de datos, si la base de datos no tiene un buen diseño, es posible que las transacciones no se realicen de forma adecuada en la misma.
- Un error de la transacción o del sistema en operaciones de la transacción puede hacer que esta falle, por ejemplo, si se produce un desbordamiento.
- Condiciones de excepción de la transacción. Durante la ejecución de transacciones pueden presentarse condiciones que requieran la cancelación de esta.
- Concurrencia en la transacción. Se entiende por concurrencia cuando dos usuarios aceden a la misma transacción al unísono. Cuando ocurre esto se producen bloqueos como forma de autoprotección del sistema gestor. Los bloqueos son mecanismos que previenen conflictos entre las transacciones, que acceden a los mismos recursos, bien sea un objeto de usuario (tabla o registro), o un objeto del sistema no visible por los usuarios (como estructuras de datos compartidas y registros del diccionario de datos).

El bloqueo en Oracle es completamente automático y no requiere acción por parte del usuario; estos previenen la interacción destructiva entre transacciones concurrentes; es, además, un mecanismo automático que utiliza el nivel más bajo aplicable de restricción; por tanto, ofrece además un grado más alto de concurrencia y máxima integridad de datos. También permite al usuario bloqueos de datos manuales.

Oracle permite dos modos de bloqueo:

- Exclusivo: previene la comparación de un recurso. La primera transacción que bloquea el recurso es la única que puede alterarlo, hasta liberar el bloqueo.
- Compartido: permite la compartición de un recurso. Múltiples usuarios leyendo datos pueden compartir los datos, manteniendo bloqueos para prevenir el acceso concurrente por una escritura.

18.3 Copias de seguridad

Se define copia de seguridad al proceso que consiste en duplicar la información de un soporte, con el fin de poder recuperarlos en caso de fallo del primer lugar donde está alojada la información. Las copias de seguridad en las empresas son importantísimas, pues salvaguardan el negocio.

Existen diferentes tipos de copias de seguridad, pero los más usados son:

- **Completa.** Todos los datos se copian en sus diferentes archivos y carpetas, es decir, se hace un duplicado de todos los datos guardados. La restauración de una copia de seguridad completa es rápida. Sin embargo, cada ejecución es lenta y ocupa más espacio con respecto a las otras tipologías.
- **Incremental.** Se realiza una copia de seguridad completa, y las siguientes copias que se vayan haciendo incluirán únicamente los cambios desde la última copia de seguridad. El proceso de backup es mucho más rápido y requiere menos espacio que la copia completa.
- **Diferencial.** Se realiza una copia de seguridad de todos los cambios realizados desde la última copia de seguridad completa. Es mucho más rápida y requiere menos espacio de almacenamiento que una copia completa. Las restauraciones son más lentas que una copia de seguridad completa y más rápida que una incremental.

GLOSARIO

Copia de seguridad: consiste en duplicar la información de un soporte otro.

Backup: copia de seguridad o copia de reserva a una copia de los datos originales de un sistema de información o de un conjunto de software.

- **Espejo.** Guardan aquellos datos que se modifiquen en tiempo real. Es un reflejo fiel de la fuente que se está respaldando, lo que implica que un archivo eliminado en el origen, también se eliminará en la copia de seguridad. Debido a esto, este tipo de copia de seguridad debe usarse con precaución.

Otros autores también establecen la siguiente clasificación:

- **En frío,** esta copia de seguridad se hace parando la base de datos, evitando que los usuarios puedan conectarse cuando se está haciendo la copia, lo que permite que se haga de manera estable.
- **En caliente,** no se detiene la base de datos, pudiendo acceder a ella los usuarios mientras se realiza la copia de seguridad.

Las copias de seguridad deben de realizarse de forma periódica, pudiéndose hacer de forma diaria si es completa o una copia semanal completa y una diferencial o incremental diaria.

18.3.1 Herramienta gráfica para copias de seguridad de datos

Para hacer una copia de seguridad completa de la base de datos a través de la herramienta gráfica SQL Developer de Oracle vamos a seguir los siguientes pasos:

Lo primero que debemos hacer es conectarnos como usuario administrador o DBA.

Una vez conectados, se va al menú contextual opción HERRAMIENTAS y se selecciona copia de la base de datos; aparece el siguiente cuadro de diálogo:

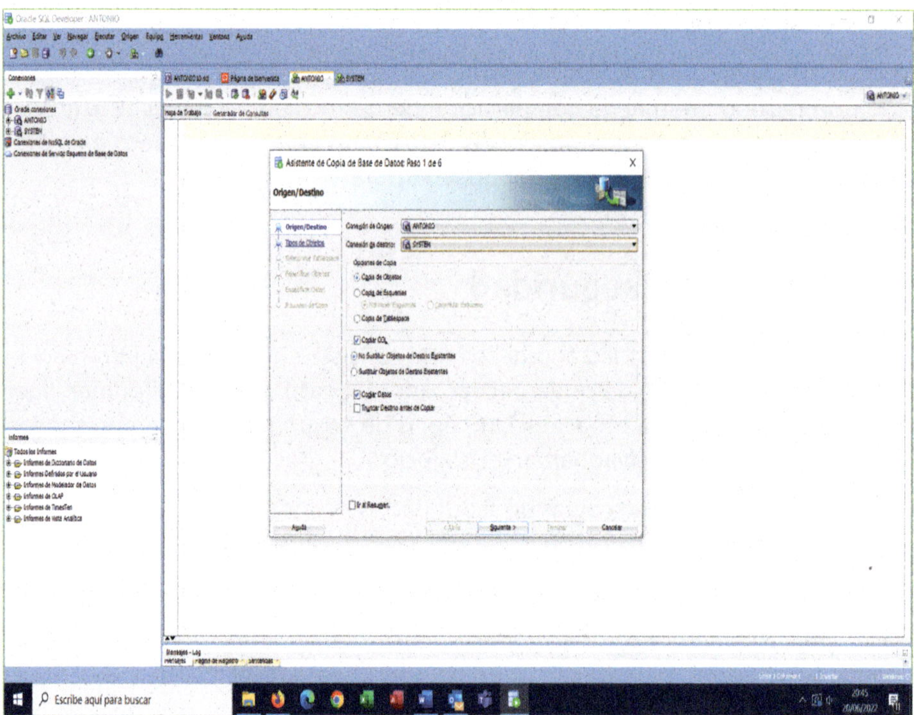

Imagen 18.1 Asistente de copia de base de datos (I).

En este cuadro de diálogo se elige cuál es el origen y el destino donde se quiere hacer la copia de la base de datos. Además, existen tres opciones de copia, de los objetos (tablas, vistas, etc.), de los esquemas o de los tablespaces. Las siguientes opciones se elegirán según convenga.

Una vez realizado el primer proceso pasamos al siguiente cuadro de diálogo que tendrá el siguiente contenido:

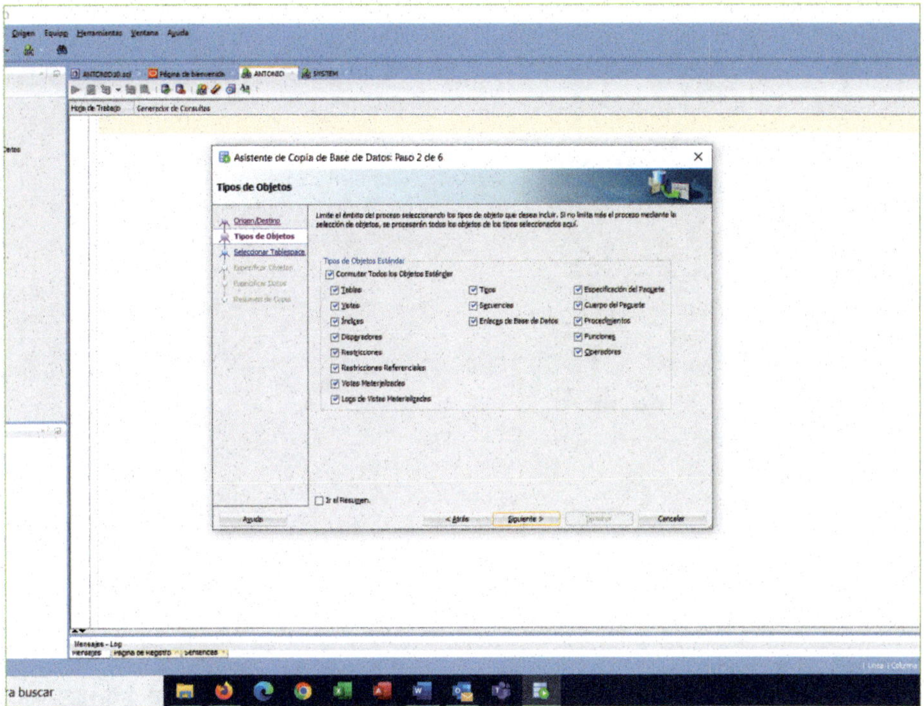

Imagen 18.2 Asistente de copia de base de datos (II).

Aquí se seleccionan los objetos sobre los que se quiere hacer la copia de seguridad; pueden ser todos tal y como se marca en la figura o los que considere el administrador de la base de datos.

En el siguiente paso se seleccionan todos o parte de los objetos de los que se quiere hacer la copia, tal y como se muestra en la siguiente figura:

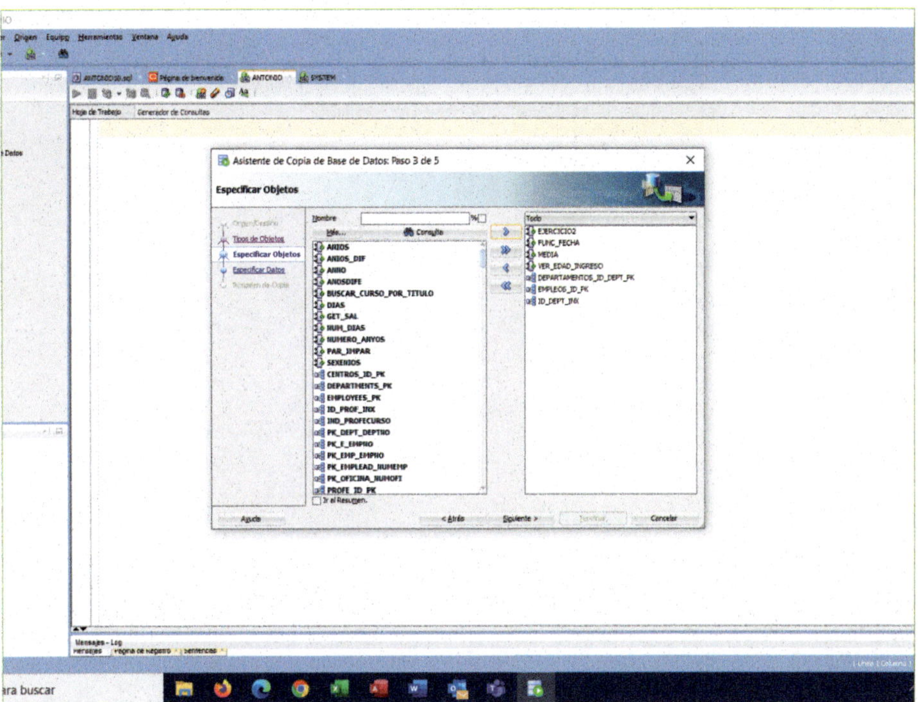

Imagen 18.3 Asistente de copia de base de datos (III).

Una vez seleccionado lo que se necesita, pasamos al paso siguiente, en el que se seleccionan los datos que interesan:

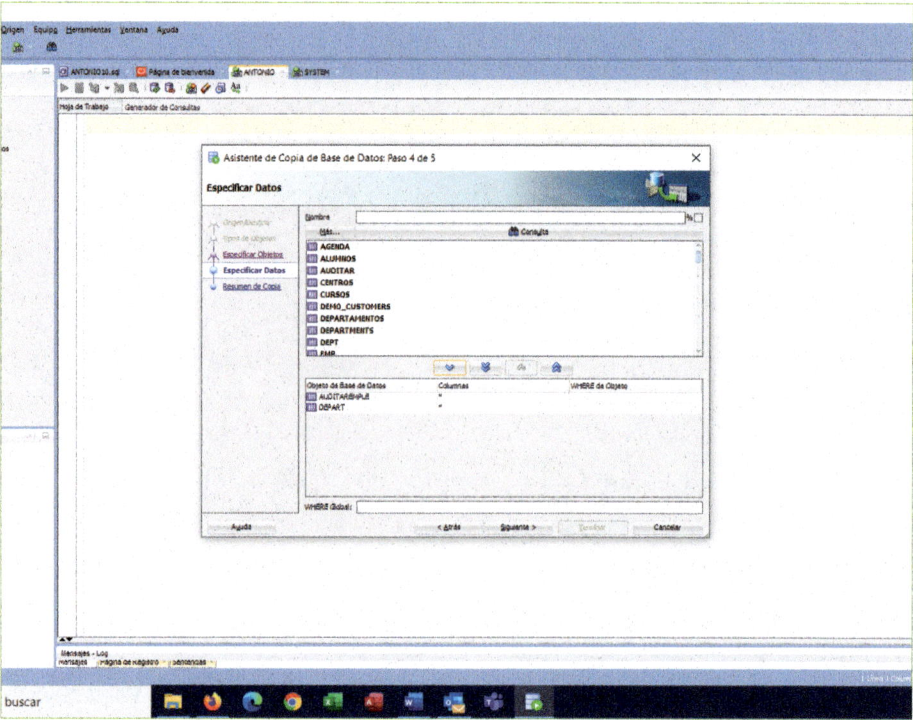

Imagen 18.4 Asistente de copia de base de datos (IV).

Y, por último, se obtiene un resumen de la copia de seguridad, tal y como se muestra en la siguiente figura:

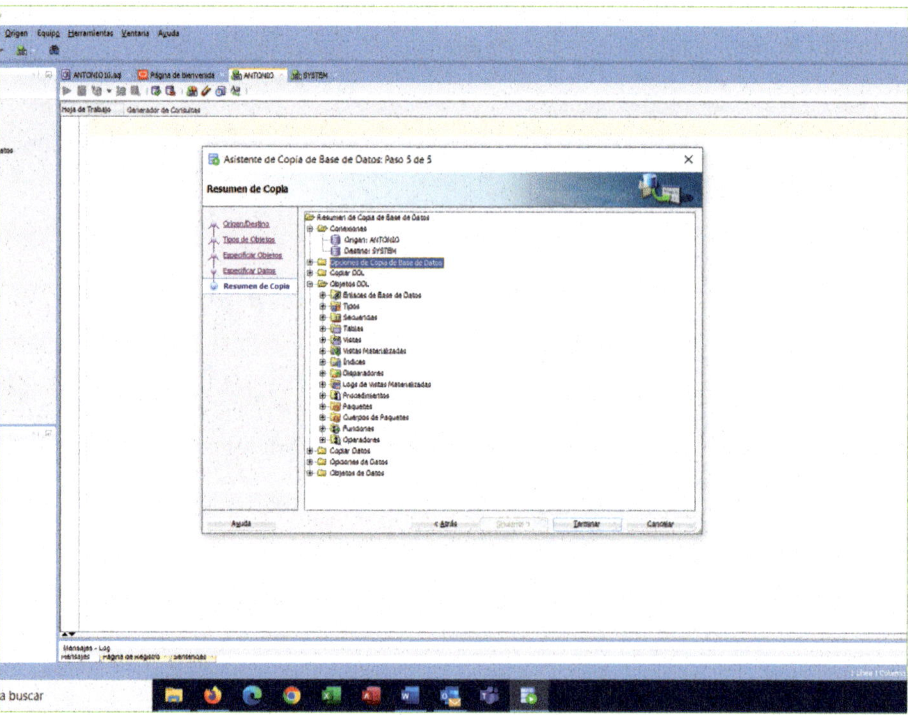

Imagen 18.5 Asistente de copia de base de datos (V).

18.4 Exportación e importación de bases de datos

18.4.1 Exportación

Exportar una base de datos significa disponer de la misma en un archivo para que luego pueda ser dada a otro usuario o llevada a otra máquina, para que pueda usarse para finalidades de almacenamiento o de distribución.

En Oracle se puede exportar solo un objeto de la base de datos, por ejemplo, una tabla o una vista, o todo el esquema de un determinado usuario.

A continuación, se mostrará cómo se realiza una exportación de todo un esquema. Para ellos vamos a la herramienta SQL Developer y nos situamos en el menú contextual, en la parte de HERRAMIENTAS, elegimos la opción exportación de bases de datos y se obtiene el siguiente cuadro de diálogo:

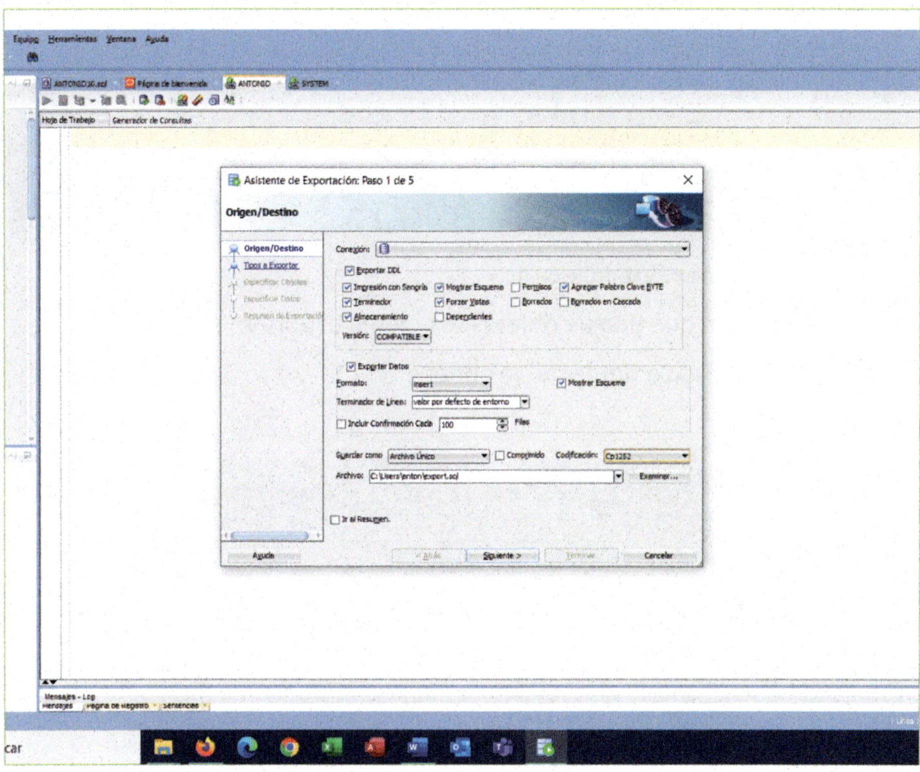

Imagen 18.6 Asistente de exportación (I).

Hay cosas interesantes a destacar:

- Formato: elegimos la opción INSERT, pues queremos exportarla a una base de datos relacional, pero tiene otras opciones de exportación como XML, JSON, HTML, PDF, etc.
- Terminador en línea: indica a que sistema operativo se importará.
- Confirmación en línea: indica que cada 100 líneas se hace un COMMIT cuando se importe.
- Archivo: será un fichero SQL que se guardará donde se indique.

Dando a siguiente obtenemos la siguiente pantalla:

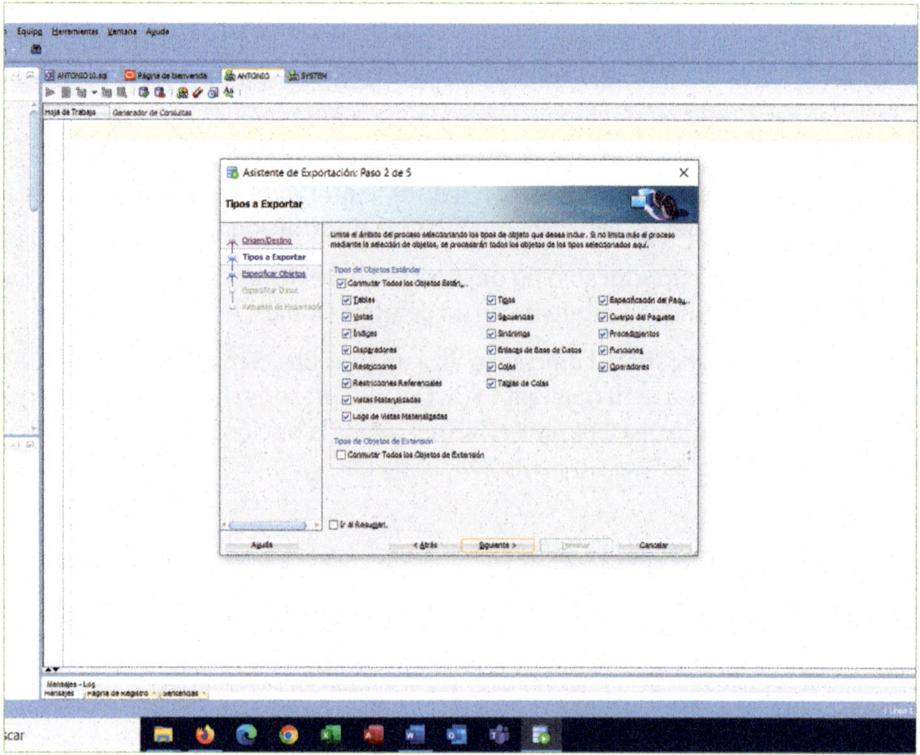

Imagen 18.7 Asistente de exportación (II).

Aquí se seleccionan qué tipo de objetos se quieren exportar.

A continuación, dando a siguiente, se obtiene:

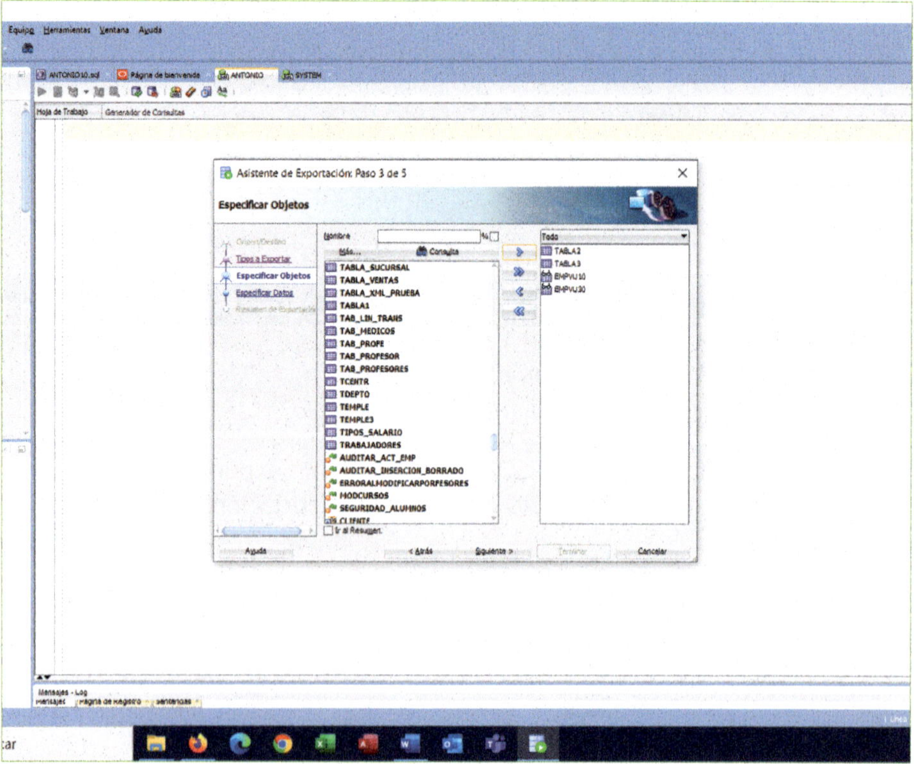

Imagen 18.8 Asistente de exportación (III).

Se seleccionan los objetos que se quieren exportar y se tiene un cuadro de diálogo sobre el tipo de datos que queremos tener (se omite este) y, por último, se obtiene un resumen de la exportación y un fichero SQL que será de utilidad para cuando se realice la importación.

18.4.2 Importación

Importar una base de datos significa restaurar los datos del archivo a una base de datos de destino. Puede importar una base de datos al mismo servidor de base de datos o bien a otro.

El fichero script .SQL que se obtiene como salida en la exportación, puede ser portado a otro o el mismo equipo y ejecutarlo allí y generar la base de datos.

18.5 Migración de la base de datos

Se entiende por migración de una base de datos al proceso mediante el cual se transfieren los datos de un sistema de almacenamiento a otro/s con un sistema operativo distinto al inicial.

GLOSARIO

Migración: es el proceso mediante el cual se transfieren los datos de un sistema de almacenamiento a otro/s con un sistema operativo distinto del inicial.

El proceso de migración se lleva a cabo para reemplazar servidores o unidades de almacenamiento.

Hay que tener en cuenta los siguientes factores en un proceso de migración:

- El tiempo que durará la migración.
- Tiempo que estará inactiva la base de datos.
- Riesgo para el negocio derivando de los problemas técnicos de compatibilidad.

Para realizar un proceso de migración vamos a la herramienta SQL Developer y nos situamos en el menú contextual, en la parte de HERRAMIENTAS y elegimos la opción migración. El proceso es similar a la exportación, obteniéndose lo siguiente:

1. Crear un repositorio sobre el proyecto de migración.
2. Crear un proyecto de migración que sirva como contenedor de la migración.
3. Elegir la conexión a la base de datos de terceros.
4. Capturar la información de metadatos de terceros en el repositorio de migración.
5. Convertir la información de metadatos capturada en información de metadatos específicos de Oracle.
6. Transferir las vistas, los disparadores, los programas almacenados, etc., a Oracle.
7. Generar un script de creación de la base de datos Oracle.
8. Mover los datos de la base de datos a terceros a base de datos Oracle.

18.6 Transferencia de datos entre sistemas gestores

A continuación, se establece una comparativa entre las bases de datos relacionales más utilizadas:

Tabla 18.1 Comparativa entre las diferentes bases de datos relacionales

Base de datos	Características	Ventajas	Inconvenientes
Oracle	Soporta grandes bases de datos, muy robusta y segura. Presenta como lenguaje el PL/SQL	Muy usada a nivel mundial, es multiplataforma, multiusuario, intuitiva y cómoda en su uso. Existen versiones gratuitas para aprendizaje	Requiere trabajadores formados en Oracle y gran coste de la información
MySQL	Pertenece a Oracle. Licencia GPL (licencia de derecho de autor ampliamente usada en el mundo del software libre y código abierto) y comercial	Fácil de instalar. Tiene varios motores de almacenamiento. Capaz de agrupar transacciones	Es limitada y no da soporte
PostgreSQL	Permite alta concurrencia de transacciones de manera ágil. Es muy escalable	Es de código abierto y compatible con varios sistemas operativos. Fácil de configurar. Admite gran volumen de datos. Trabaja bien las transacciones y los disparadores	No es muy intuitiva en aprendizaje. Presenta tiempos de respuesta lentos
SQL Server	Software propietario. Muy segura.	Permite trabajar de manera ágil con las transacciones. Es multiplataforma y multiusuario	Consume mucha memoria RAM. Es más barata que Oracle

En la siguiente tabla se muestra una comparativa del tipo de datos de las bases de datos expuestas anteriormente:

Tabla 18.2 Comparativa de los diferentes SGBD en relación al tipo de datos que soporta

	Oracle	MySQL	PosgreSQL	SQLServer
Caracteres	CHAR NCHAR NVARCHAR2 VARCHAR2 LONG RAW LONG RAW	CHAR VARCHAR TINYBLOB TINYTEXT ENUM	VARCHAR(N) CHARACTER(N) CHAR(N) TEXT	CHAR VARCHAR TEXT NCHAR NVARCHAR NTEXT
Numéricos	NUMBER BINARY_FLOAT BINARY_DOUBLE INT FLOAT	TINYINT SMALLINT MEDIUMINT INT INTEGER FLOAT DOUBLE DECIMAL NUMERIC	SMALLINT INTEGER BIGINT DECIMAL NUMERIC REAL SERIAL	BIGINT NUMERIC BIT SAMLLINT DECIMAL INT TINYINT FLOAT REAL
Fecha y hora	DATE TIMESTAMP INTERVAL	DATE DATETIME TIMESTAMP TIME YEAR	DATE TIMESTAMPTZ	DATE DATETIMEOFFSET DATETIME2 SMALLDATETIME DATETIME TIME
Objetos / binarios	BFILE BLOB CLOB NCLOB	BLOB	BYTEA	BINARY VARBINARY IMAGE

RESUMEN

En esta unidad se ha aprendido que:

- La seguridad de los datos es el conjunto de medidas que se toman para evitar acceso indebido y robos en estos con el fin de que sean tratados de manera inadecuada.
- Un fallo del sistema a las caídas que se producen debido al mal funcionamiento del hardware o software que afecta a las transacciones.
- Una copia de seguridad de los datos es duplicar la información de un soporte, puede ser completa, incremental, diferencial y espejo.
- Exportar una base de datos significa disponer de esta en un archivo para que luego pueda ser dada a otro usuario o llevada a otra máquina.
- Importar una base de datos significa restaurar los datos del archivo a una base de datos de destino.
- Migrar una base de datos es el proceso mediante el cual se transfieren los datos de un sistema de almacenamiento a otro con un sistema operativo distinto al inicial.

EJERCICIOS PROPUESTOS

1. Instalar PostgreSQL, crear en ella una pequeña base de datos y hacer una copia de seguridad de estos.
2. Instalar una MySQL, crear en ella una pequeña base de datos, realizar una exportación de esta y luego probar a importarla bien en la misma o en otra distinta.

TEST DE EVALUACIÓN

1. **¿Qué permite que a una base de datos solo puedan acceder personas autorizadas?**
   a) Confidencialidad.
   b) Integridad.
   c) Disponibilidad.
2. **¿Qué se produce cuando el SGBD tiene caídas debido al mal funcionamiento del software o hardware?**
   a) Fallo.
   b) Errores.
   c) Tanto la a como la b son correctas.
3. **¿Qué dos métodos de bloqueo permite Oracle?**
   a) Inclusivo y compartido.
   b) Exclusivo y posesivo.
   c) Exclusivo y compartido.
4. **Cuando se realiza una copia de seguridad de todos los cambios realizados desde la última copia de seguridad completa, estamos ante una copia de seguridad:**
   a) Completa.
   b) Incremental.
   c) Diferencial.
5. **Restaurar los datos del archivo a una base de datos es una:**
   a) Copia de seguridad.
   b) Exportación.
   c) Importación.

Bibliografía

De Miguel, A. y otros, *Diseño de bases de datos. Problemas resueltos*, Ed. Rama.

Luque, I. y otros, *Bases de datos desde Chen hasta Codd con Oracle*, Ed. Rama.

Roldán Martínez, D, *Domine Oracle 11g*, Ed. Rama.

Silberschatz, A., Korth, H. y S. Sudarshan, *Fundamentos de Bases de Datos,* Ed. McGraw Hill.

Sitio web de Oracle:

https://www.oracle.com/es/index.html

https://docs.oracle.com/es-ww/iaas/Content/GSG/Reference/tutorials.htm

https://www.mongodb.com/es

https://basex.org/